KB160730

위험사회를 넘어, 안심사회의 조건

'위험사회 한국'의 소통현실 성찰
그리고 '안전국가-안심사회'를 위한 과제

이 저서는 2014년 정부(교육부)의 재원으로 한국연구재단의 지원을 받아
수행된 연구임 (NRF-2014S1A6A4024699)

위험사회를 넘어, 안심사회의 조건

'위험사회 한국'의 소통현실 성찰
그리고 '안전국가-안심사회'를 위한 과제

김원제 지음

머리말

■ ■ ■ "국가는 없었다. … 아무도 책임지지 않는다."

세월호 참사, 메르스 사태를 겪으며 우리는 절망했다. 가습기 살균제 사태에 이어 지진 위험 등에서 드러난 우리 정부의 위기관리 능력은 국가의 존재를 의심하게까지 한다.

'헬(hell)'과 과거 우리나라 명칭인 '조선'을 합한 '헬조선'이라는 자조 섞인 말이 유행어가 된 지 오래다. '지옥 같은 대한민국', 우리 사회의 부정적인 현실에 대한 자조적인 한탄이다.

대한민국이라는 공동체를 이끄는 정부와 정치권, 사법부는 이미 국민에게 신뢰를 잃었다. 국민 또한 계층과 이념, 세대, 지역으로 갈려 서로에 대한 불신을 키워 가고 있다. 권위와 가치는 무너졌고, 소통은 끊겼다. 사회적 자본은 고갈됐고 편법과 반칙, 각자도생의 승리지상주의가 그 자리를 메웠다.

모든 국민이 잠재적인 집단따돌림의 대상이자 동시에 주체가 되는 사회가 되었다. 이러한 현상은 학교며 군대 그리고 직장에서 매일같이 일어나고 있다. 이러한 현상들이 합쳐져 사회구성원 전체가 무한경쟁, 상호 질시, 상호 비방, 모욕 속에 던져졌다. 이는 결국 전체 구성원의 인간성을 철저히 마모시키며, 더욱 살벌한 적자생존 우승열패 승자독식의 사회를 만든다.

2014년 세월호 참사 후 3년이 지났지만 참사 당시와 달라진 것은 없다. 기억하겠다는 약속도 많이 흐려졌다. 2015년 메르스 사태를 겪으면서 우리는 국가의 존재이유에 대해 아프게 성찰했다. 그런데 어느새 우리는 무기력함과 무감각으로 일상을 영위하고 있다.

오늘의 시대는 부끄러움이 없는 시대이다. 부끄러움은 사라지고 후안무치의 세상이 됐으며 물신적 세속주의에 깊이 물들어 있다. 부끄러움을 안다는 것은 자기를 돌아보고 자기반성의 삶을 사는 것이다. 부끄러움을 안다는 것은 옳고 그름을 분간할 수 있다는 뜻이고, 모든 합리성은 여기서부터 출발한다. 부끄러워해야 할 사람들은 오히려 큰소리를 치고 수치나 모멸의 공격적 언어로 사태를 무마한다. 우리는 부끄러움 가운데서 스스로 부조리를 바라볼 수 있는 것이다.

2014년 우리 사회는 세월호를 통해 자신을 스스로 돌아볼 기회를 만났지만, 사건의 교훈을 충분히 곱씹지 못한 채 또다시 '망각의 바다'로 항해를 계속했다. 2015년 메르스 사태는 우리가 잊었든 또는 잊고 싶었든 적폐에 대한 대가를 치르지 않는 한 앞으로의 항해도 순탄치 않을 것임을 증명한다. 십만여 명의 국민이 거리로 나와 '힘들다'고 하는데도 외면하는 '일방통행'과 '불통'의 시대. 그 어느 때보다 '소통'이 그리운 때다.

우리는 모두 언제 침몰할지 모르는 '세월호'에 타고 있는 듯하며, 국가는 우리를 구해줄 의지도 능력도 없어 보인다. 바야흐로 위험의 시대, 불안과 절망의 시대, 불신과 배반의 시대다. 죽은 사회로 나아가는 듯하다.

정녕 희망은 없는가. 대한민국 곳곳에서 경고음이 맹렬하게 터지고 있다. 그러나 듣는 이 없고 절망을 넘어서 체념이 세상을 채우고 있다.

이래서는 안 된다. 하여 준엄한 성찰이 요구된다. 우리의 미래를 위해, 희망을 찾아야 한다. 신뢰를 되찾아야 한다. 현실이 아무리 힘들더라도, 우리는 필연으로 저항할 수 있고 사회를 변형할 수 있는 주체다. 세월호, 메르스를 계기로 시민의 권리가 드러나고, 국가와 기업 때문에 공공성, 윤리성이 반증되는 역설, 또는 변증법. 그것이 의미이고 가치이기 때문이다.

오늘 우리가 안고 있는 위험요소는 무엇인지, 현재 견딜 만한 것인지, 나아가 어떻게 한계점을 극복할 것인지를 사회구성원과 소상히 나누는 소통이 절실히 요구된다. 이러한 과정이 간과된 결과 나타난 극심한 부작용을 우리는 세월호 참사, 메르스 사태에서 경험하고 가습기 살균제, 지진 위험 등에서 다시금 확인하고 있다. 사회의 복잡성과 불확실성이 커질수록 우리는 더 자주 위험에 대해 소통하는 방법을 찾아야 한다. 이러한 소통 노력이야말로 불확실한 위험요소가 범람하는 사회에서 사회적 신뢰를 유지하고 바람직한 변화로 이끄는 촉매제가 될 것이다.

목민심서 진황6조 중 제1조 비자(備資)편에서 다산(茶山)은 "흉년에 구제를 위한 행정은 예비하는 것이 최선이니 예비하지 않으면 모두 구차할 뿐이다. 풍년에 예비하지 않고 흉년에 구제하지 않으면 그 죄가 살인과 다름없다"고 설파한다. '재난을 예방하는 것은 재앙을 당하고 은혜를 베푸는 것보다 나은 것이다'라는 게 선생의 생각이다.

각종 재난이나 테러, 위험으로부터 국민을 지키고 보호(안전)하는 것이 국가의 역할이다. 이른바 '안전국가'이다. 안전국가를 만들기 위해서는 먼저 시민들이 안심할 수 있는 토대를 만들어야 한다. 안전국가는 일종의 최종적인 목표고 이를 실현하기 위한 중간 단계로 사회의 각종 불안요소를 줄여나감으로써 국민으로부터 안전에 대한 신뢰를 확보하는 것이 필수적이다.

국가는 '안전(安全)'을 얘기하지만, 국민은 걱정과 불안으로 '안심(安心)'하지 못하고 있다. 정부와 전문가들이 안전하다고 강조해도 국민이 믿지 못하면 아무 소용이 없다. 광우병, 메르스, 원자력 등 우리네 삶을 위협하는 위험요소들은 안전하다고 얘기하는 정부와 전문가에 대한 신뢰에 기반을 둔 불안감 해소를 통해 극복 가능한 것이다. 그래야 안심할 수 있는 것이다.

세월호 참사 이후 안전이 화두로 떠올랐지만 지금 당장 안전국가로 가기는 힘든 만큼 시민들이 '안심할 수 있는 상태'를 만들어야 한다. 안전을 넘어 국민이 안심하고 살아갈 수 있는 사회 즉 '안심사회'를 구축하는 것도 국가의 막중한 역할이다. 객관적 위험 그 자체를 줄이려는 노력도 중요하나, 위험에 대한 국민의 주관적인 인식인 불안을 줄이려는, 즉 국민안심을 증대시키는 방안은 국민의 안전을 지향하는 정부의 필수적인 정책 활동이라고 하겠다. 우리 헌법 제10조에도 "모든 국민은 인간으로서의 존엄과 가치를 가지며, 행복을 추구할 권리를 가진다. 국가는 개인이 가지는 불가침의 기본적 인권을 확인하고 이를 보장할 의무를 진다"고 나와 있다. 하여 위험이 생기거나 사고가 날 염려가 없다는 안전의 개념을 넘어서는, 위험에 대한 모든 걱정을 떨쳐 버리고 마음을 편히 가질 수 있는 안심 개념으로의 패러다임 변화가 요구된다. 위험사회 극복을 위한 기본목표도 '안전사회(safety society)'가 아니라 '안심사회(relief society)'로 설정해야 할 것이다. 위험사회의 극복, 회복과정을 거쳐 안심사회로의 진전이 우리의 나아갈 방향이다.

600년 전 세종대왕은 백성을 하늘로 삼고, 백성들의 말을 경청하고, 참된 도움을 주려고 노력함으로써 뜻과 말과 마음이 통하는 '3통1평(三通一平)'의 리더십을 실현했다. '3통(言通, 心通, 志通)'은 말이 통하고, 뜻(목표)이 통하고, 마음까지 통해 한마음이 되어야 한다는 뜻이다. '1평'은 지향하는 목적이 개인이나 집단의 이익을 넘어 국가와 민족을 위하는 높은 차원이 돼야 한다는 것이다. 한 뜻, 한 말, 한마음으로 통해야 한다. 한 뜻은 내 뜻이 아무리 좋더라도 우리의 뜻으로 만들기 위해 합의 공감의 과정이 중요하다는 것을 의미한다. 한 말은 경청의 자세를, 한 마음은 믿음과 소망, 사랑, 솔선수범을 의미한다. 세종대왕이 정치사회적으로 혼란했던 시기를 극복하고 행복한 국가 건설을 이룬 배경에는 3통1평의 소통 리더십이 있었다.

한국사회가 지니는 위험을 공론화하고, 시스템적으로 대비하려는 정부 차원의 노력들은 비교적 최근 활발해지는 편이지만, 여전히 학술적 차원에서의 연구는 미흡한 상황이다. 기존 한국사회의 위험을 분석한 연구들은 서구의 위험사회이론에 근거하여 한국사회를 분석하거나, 특정 사고나 재난재해에 대한 단편적 분석에 그치고 있으며, 한국사회의 위험시스템을 세밀하게 분석하여 대응방안을 제시하기보다는 대중적 처방의 제시에 머무르고 있다는 한계를 갖고 있다. 위험사회로서 한국의 현실을 상세하게 분석하고, 이를 통해 안심사회로 나아가기 위한 실용성 있는 대안을 제시하는 연구가 시급하게 필요한 시점이다. 이러한 배경에서 이 연구는 한국사회에서 리스크 커뮤니케이션의 이론적 논의를 촉발하고 그 실체적 적용을 통해 '안전-안심 한국'의 조건 및 전략적 방향을 모색하고자 한다.

이에 이 연구저술은 두 가지 목표를 갖는다.

첫째, 한국사회의 위험 이슈들에 대한 사회적 분석과 진단이다. 파편적으로 수행되어온 한국사회의 위험 이슈들을 다양한 사례를 묶어 총체적 차원에서 분석하여 한국사회의 위험특성에 대한 분석적 성찰을 수행한다. 이를 통해 우리 사회가 갖는 독특한 위험특성을 고려한 '한국사회 위험'의 이론적 기틀을 마련하고자 한다.

둘째, 한국사회의 지속성장과 안심사회 구축을 위한 처방전을 탐색한다. 위험 관련 논쟁이 과학적인 장르를 벗어나 사회·문화적 맥락에서 다루어지고 있는 현실을 고려하여 한국사회의 위험들을 사회·문화적 차원에서 조망한다. 한국사회의 위험에 대한 이론적 논의를 촉발하고, 그 실체적 적용을 통해 '안전한 한국, 안심사회 구축'을 위한 이론적 단초를 마련하고자 한다. 정부 당국자, 언론, 학계, 대중 등 다양한 이해관계자들이 한국사회의 위험을 직시하고, 그 의미를 이해하는 데에 중요한 기준 제시 및 한국사회의 미래 지속가능한 성장을 위한 위험예방과 저감을 위한 실용적인 처방전을 모색하고자 하는 것이다.

위험사회를 극복하기 위해서는 사회적 신뢰시스템이 구축되어야 하는바, 그 수단으로서 리스크 커뮤니케이션의 역할을 조망한다. 커뮤니케이션 합리성 기반 참여민주주의가 구현되어야 하는 이유를 탐색한다.

이 저술은 총 4개의 장으로 구성된다. '문제제기-진단-성찰-대안모색'의 흐름이다.

1장은 한국사회의 미래를 위한 성찰적 아젠다인 '리스크 코리아'에 대한 문제제기이다. 현 단계에서 '위험사회' 논의를 해야 하는 당위성을 모색한다. 희망이 없는 불신의 시대, 무감각하고 무관심사회를 사는 한국인의 삶에서 그 이유를 찾는다. 이대로 주저앉을 수는 없는바, 우리의 미래를 위해 희망을 찾아 나선다. 위험, 위기 그리고 재난에 대한 개념적 이해를 바탕으로 위험사회 한국의 문제적 현실에 대해 성찰이 요구되는 이유와 맥락을 이해한다. 시스템적 위험에 직면한 한국사회의 위험특성을 살펴보고, 위험사회 극복을 위해 필요한 것('성찰적 이성')에 대해 살펴본다.

2장은 한국사회 리스크 이슈를 선별하여 소통현실을 진단한다. 크게 다섯 가지 주제를 대상으로 한다. 첫째, 위험사회 한국의 모습을 극명하게 보여준 2014년 세월호 참사 사례를 대상으로 한국사회의 모순, 정부와 언론의 문제 등을 집중적으로 분석한다. 둘째, 2015년 메르스 사태를 대상으로 낯선 전염병의 공포가 한국사회를 어떻게 강력한 위험사회 국면으로 나아가게 했는지를 분석하여 그 대안을 모색한다. 셋째, X-event 위험인 원자력 이슈를 대상으로 그간 우리 사회의 갈등 국면에 대해 분석하고 상호 신뢰 증진을 위한 소통시스템은 어떻게 정비되어야 하는지를 고찰한다. 넷째, 첨단기술이 촉발하는 디지털 리스크와 IoT 문명 리스크를 분석하는데, 정보격차, 디지털중독, 아이디스오더 등 첨단 스마트시대 불안과 갈등을 잉태하는 새로운 위험들에 대해 분석하고 그 대안을 모색한다. 다섯째, 생활 위험 이슈들로 도시생활 위험 이슈, 식품 위험 이슈, 먹는 물 위험 이슈,

가습기 살균제 사망 이슈, 기후변화 및 지구온난화 이슈 등을 분석한다.

3장은 위험사회를 극복하고 안전국가로 나아가기 위한 조건으로서 안심사회가 구현되어야 하는바, 안심사회는 신뢰시스템에 기반할 때에 가능함을 성찰한다. 안심사회의 개념 및 조건을 규정하고, '협력적 거버넌스' 구축을 통해 위기-위험관리 시스템을 혁신해야 하는 이유를 성찰한다. 또한 협력적 거버넌스 작동을 위해서는 신뢰시스템에 기반한 리스크 커뮤니케이션 거버넌스(시티즌십)가 구축되어야 함을 성찰한다.

4장은 안심사회의 조건으로서 사회적 신뢰회복과 커뮤니케이션 합리화 방안에 대해 모색한다. 안전국가-안심사회의 사회적 조건으로서 국가사회적 신뢰회복은 커뮤니케이션 합리성, 즉 소통 활성화에 기반한다는 점을 전제로 리스크 커뮤니케이션 합리화, 활성화를 위한 이론적, 실제적 조건들을 탐색한다. 리스크 커뮤니케이션 시스템의 필요성과 원칙, 개념, 그 과제 및 지향, 모델 및 전략, 원칙 등을 체계적으로 정리한다.

이 연구저술은 미래 한국사회의 기반을 공고히 하고, 지속성장 가능한 사회 구현을 위한 조건 및 방향성을 모색하는 데 기여할 것으로 기대된다. 기업, 정부 당국자, 언론, 학계 등 다양한 독자들이 한국사회의 위험현실과 안심사회 구축을 위한 중요한 과제들을 이해하고 위험사회의 전반적인 상황을 이해하는 데 큰 도움을 줄 것이다. 소통활성화를 통한 신뢰시스템 구축이라는 구체적인 대안은 향후 '안심사회' 구축을 목표로 하는 정부정책의 수립에도 이바지할 수 있을 것이다. 또한 한국사회에 배태되어 있는 위험현실과 진단의 중요성에 대한 사회적 관심을 촉발할 것으로 기대된다. 궁극적으로 위험 및 리스크 커뮤니케이션에 대한 사회적, 국가적 관심을 촉발, 잠재적 위험 혹은 실제 위기상황에서 유용한 지침으로 활용할 수 있을 것이다.

2017년 4월
김원제

목 차

프롤로그:
촛불 시민혁명과 소셜미디어 진화가 촉발한 커뮤니케이션 혁명

혁명이다.

시민혁명, 명예혁명, 민주혁명, 촛불혁명. 2016년 11월에 촉발된 촛불은 2017년 새해 아침, 역사의 횃불이 되었다. 그렇게 역사가 되었음이다.

분노한 민심과 민의의 촛불이 광장을 점령했고, 정치권을 추동했으며, 대통령과 청와대, 언론과 검찰, 재벌을 압박했다. 탄핵소추안 국회 통과를 이끌어낸 것도, '최순실 게이트' 국회 청문회의 결정적 장면을 연출한 것도, 특검에 힘을 실어준 것도, 오롯이 촛불이었다.

2016년 겨울, 광화문광장에는 축제와 시위가 있다. 환희와 분노가 있다. 함성과 노래가 있다. 개인으로서 시민은 분노와 희망을 함께하는 수백만 시민이 있음을 알았고, 평범한 사람들의 결집된 행동이 얼마나 거대한 물결이 되는지 보았고, 너무나 견고해 보였던 부패한 권력을 시민의 힘으로 뒤흔드는 경험을 했다. 촛불은 소통의 매개체이며, 의지표명의 강력한 수단이자 시민운동의 한 표현인 것이다.

혁명은 '정당함'을 표현하는 언어다. 세계와 인간과 삶의 본질인 '좋음'을 구현하기 위한, 즉 실존의 문제를 극복하기 위한 생각과 말과 행동이기 때문이다. 세계와 인간과 삶의 본질을 억압하고 왜곡하는 낡은 체제(앙시앵 레짐)를 새로운 체제로 대체하는 것, 이것이 바로 혁명이다(김윤철, 2017. 1. 3).

2016년의 촛불은 2008년 여름의 촛불을 떠오르게 한다.

2008년 '미국산 쇠고기 수입반대 촛불집회'는 건강과 안전이라는 생명권 요구에서 출발했지만, 내용적 측면에서는 이명박 정부의 일방통행식 불통 정치, 민주주의 퇴행에 대한 반발이었다(노현웅, 2016. 12. 21). 2008년 촛불집회는 1987년 6월 항쟁 이후 가장 많은 사람이 참여해 가장 오래 지속되었던, 우리 사회의 문제

와 대안에 관해 가장 치열하게 학습하고 토론했던 대사건이었다. 그러나 2008년 촛불집회는 이후 망각되고, 왜곡되고, 폄훼당해왔다. 그것의 혁명성과 주체성은 거세되고, 광우병 공포에 사로잡힌 광기의 순간으로만 기록되었다.

그것은 진실이 아니다. 당시 촛불집회에 나온 사람들의 동기는 단지 '쇠고기'가 아니었다. 국민의 다수가 선출한 권력이지만, 그 권력의 잘못된 정책을 국민의 힘으로 바꾸겠다는 의지였다.

2008년과 비교했을 때 2016년의 참여자들은 국가와 정치에 더 깊은 불신을 보였지만, 동시에 예전보다 훨씬 더 강한 자신감과 정치적 자의식, 낙관과 희망을 품고 있다. 국민이 주인인데 국가는 국민을 내던졌다. 그래서 국민이 일어나서 국가를 바꾸기로 한 것이다. 이것이 촛불의 메시지다.

2008년 '미국산 쇠고기 수입반대 촛불집회'는 보수 정부의 역공에 따라 물대포와 강제 진압의 상처 속에 마무리됐다. 그러나 촛불집회의 경험은 공동체에 대한 고민을 품은 민주시민이라는 '씨앗'을 뿌렸다. 촛불집회 참가자들은 당시 경험을 통해 '집단 정체성'을 형성했다.

2016년의 촛불은 진화했다. 광장의 경험을 축적해온 시민들이 촛불시위에서 선제적으로 의제를 던지고 국면을 뚫어냈다. 광장 또한 진화했다. 시민들이 쏟아낸 풍자와 해학은 벽을 허물고 저변을 넓혔다. 온라인에서 끝없이 생산된 풍자 글과 사진들은 집회를 즐거운 축제로 끌어올렸다. 광장은 갈수록 성숙해져갔다. 폭력을 동원하지 않아도 국민적 요구를 국회에, 법원에, 언론에 전달할 수 있는 힘과 저력을 갖춰갔다. 온·오프라인이, 세대가, 계층이 결합됐다.

1000만의 촛불. 2016년은 시민의 거대한 힘을 제대로 세력화한 첫 번째 '역사의 장'으로 남게 됐다. 촛불집회는 2016년 10월 29일부터 매주 토요일마다 열렸고 2016년 마지막 날인 31일 열 번째를 기록했다. 1차 집회 때 광화문광장에서 3만 개로 시작된 촛불은 2차 때 20만 개로 늘어나더니 3차 때 처음으로 100만 개를 기록했다. 이후 촛불은 전국으로 횃불처럼 번지더니, 결국 6차 촛불집회에서 헌정 사상 최대 인원이 참가해 232만 개의 촛불을 밝혔다. 1차 이후 64일 동안 10차례에 걸친 집회에 참가한 시민은 연 누적 인원 1000만 명을 돌파했다. 1987년 6월 항쟁 당시 연인원(300~500만 명)을 뛰어넘는 역대 최대 규모다. 이는 우리나라 헌정사는 물론 세계적으로도 전례를 찾기 어려운 진기록이다.

촛불시민들은 촛불로 정치권을, 공권력을, 언론을, 재벌을 압박했다. 촛불시민이, 촛불광장이 이룩한 새 비전이다.

촛불이 온 사회를 뒤덮기까지 불과 2달여의 시간밖에 걸리지 않았다. 이는 일정 부분 스마트미디어, 소셜미디어 환경 덕분이다. 시민들은 한 손에 촛불을, 다른 한 손에 스마트폰을 들었다. 스마트폰에 연결되는 순간 개체는 바로 전체가 된다. 온라인을 통해 무수한 집단과 소모임이 만들어지고 세상에 떠도는 정보들을 실시간으로 확인할 수 있다. 정보의 독점을 통한 지배와 통제가 무력해지는 순간이다. 카카오톡, 페이스북 등 사회관계망서비스(소셜네트워크서비스, SNS)를 통해 연결된 시민들은 자신의 정치적 목소리를 보다 쉽게 전달하고 하나의 의견을 모을 수 있게 됐다. 뿐만 아니라 SNS를 통해 일반 시민이 정치인에게도 영향을 미칠 수 있고, 정보를 모을 수 있게 됐다. 끊임없이 정치적 셈법으로 박근혜 대통령 탄핵을 저울질했던 정치권을 시민들은 SNS를 통해 채찍질했다. 탄핵 가결의 키였던 새누리당 비박계 의원들을 움직인 것도 모바일을 통해 연결된 촛불국민이었다.

시민들은 타는 목마름으로 민주주의 만세를 외쳐봤자 제 목만 아프지 그다지 효과가 없다는 사실을 깨달았다. 목마른 자가 우물을 판다고 국회의원에게 직접 '카톡'을 보내기로 결정했다. 박근혜 대통령을 탄핵하라고 모바일 메시지를 전송했고 김기춘 전 청와대 비서실장이 청문회에서 거짓말을 한다고 제보했다. 마치 인터넷방송처럼 청문회 생중계를 보며 의원에게 카톡을 하면 텔레비전 속 의원이 메시지를 읽는 일이 벌어졌다. 그 순간 '나'는 비선실세보다 막강한 '랜선실세'가 됐다. 랜선(인터넷망)을 타고 정치적 의사표현이 터져 나오자 시민들은 '비선실세'를 패러디해 스스로를 '랜선실세'라고 불렀다(고승혁, 2017. 1. 2). 전인미답의 낯선 민주주의가 시작된 셈이다.

인터넷 가상집회도 나왔다. 바쁜 일상으로 광화문 촛불집회에 참석하지 못한 이들이 인터넷 가상집회장으로 모여 최순실 게이트 진상규명을 촉구했다. 현장에 참석하지 못한 사람들은 방송 대신 인터넷, 모바일을 통해 정보를 얻었다. 페이스북 라이브 비디오는 생생한 현장을 생중계한다. 라이브 비디오는 정통 미디어들의 방송 서비스를 대체하거나 보완할 수 있는 현장감 있는 매체의 역할을 톡톡히 했다. 게다가 좋아요, 화나요 등 감정 표현 스티커를 보낼 수 있으며 실시간으로 몇 명이 시청하는지 확인할 수 있고 댓글까지 참여할 수 있는 본격적인 양방향 방송의 기능을 훌륭하게 수행했다.

촛불시민들은 탄핵 정국에서 엄지손가락으로 정치를 '밀어서 잠금해제'하는 데 성공했다. '엄지 민주주의'의 핵심가치는 토론이다. 좀 더 솔직하게 표현하면 정치인이든 시민이든 서로 너나들이하며 수다 한 번 떨어보자는 뜻이다.

1987년 시민들이 광장에 모인 과정은 2016년과 닮았다. 집요하게 '팩트'를 추적한 언론, 감춰졌던 진실에 대한 분노, 그리고 두려움과 무관심을 극복한 행동이 있었다. 광장에 모인 시민들은 '대한민국의 주권은 국민에게 있고 모든 권력은 국민으로부터 나온다'는 헌법 1조 2항을 증명했다. 시작은 닮았지만 행동에 이르는 과정엔 시대적인 차이가 있다. 87년엔 언론보도가 교수·종교인·학생회 등의 의미 부여 시간을 거친 뒤 시민사회로 확산됐다. 디지털 시대는 '오피니언 리딩'이라는 의미 부여 단계를 단축시켰다. 시민들은 SNS에서 실시간으로 의견을 나누고 '다수의 상식'을 광장의 질서와 원칙으로 만들어냈다(한영익 외, 2017. 1. 9).

SNS는 시민의 정책 거버넌스 기제로 역할하기 시작했고, 새로운 정보환경의 변화가 시민들의 자발적인 의제형성과 확산-여론형성-조직화-정치동원 메커니즘을 선순환적으로 촉진시킨 주요 원인으로 작용하고 있으며, 정보의 소통과 공유가 확대된 미디어 환경에서 정책 거버넌스의 취약한 제도화 수준은 사회운동의 발생과 지속을 자극하는 역설을 드러냈다. 결국, SNS가 전통적인 미디어가 담아내지 못했던 국민여론을 응집시켜 혁명을 불러일으킬 수 있는 파워를 지녔다고 볼 수 있다.

광장의 촛불을 이끈 주역들은 새로운 세대이다. 개인주의와 평등 감수성을 체화하며 자란, 세계에서 가장 빨리 타인과 접속할 수 있는 '디지털 네이티브' 세대이다. 이들 '촛불세대'는 다양성, 인정, 자유, 평등, 인권, 민주주의, 평화 등 근대적 가치들을 수평적 의사소통구조, 내적 동기에 기인한 자율적 참여, 개방성과 유연성을 바탕으로 한 네트워크 등 탈근대적 방식을 통해 구현하고자 한다. 이들에게 디지털 세상은 집단지성 구축의 장이요, 유기적 연대의 실험장이며, 저항의 광장 그 자체이다. 이들은 이제 정의와 민주주의에 관한 대안적 프레이밍(틀 짜기)을 시도하고 있다(이나영, 2017. 1. 1).

오늘 우리는 촛불을 들어, SNS 소통을 통해 우리가 살아 있음을 확인한다. 하여 계속 (광장에) 나가야 한다. 직접민주주의를 더 활성화해야 한다. 우리가 변하지 않으면 세상은 바뀌지 않음을 깨달았기 때문이다.

"… 아름다운 이곳에/ 내가 있고 네가 있네/ 손잡고 가보자/ 달려보자 저 광야로/ 우리 모여서/ 말해보자 새 희망을 … 오늘도 너를 만나러 가야지 말해야지/ 먼 훗날에 너와 나 살고 지고/ 영원한 이곳에/ 우리의 새 꿈을 만들어 보고파"

2016년 마지막 날 밤에 촛불을 든 우리네 시민은 '아름다운 강산'을 함께 부르며 아름다운 나라를 만들겠다는 희망을 염원했다.

"민주주의는 목소리다." 촛불시민은 말한다.

촛불시민혁명의 주역은 그 어떤 조직 동원과 무관하게 오로지 개인의 결심에 따라 참여한 '자발적 시민들'이었다. 시민 스스로가 리더십을 발휘한 것이다. 촛불시민혁명의 주인은 사회적 생명체인 사람이다. 나를 대표하는 것은 오직 나 자신이다. 저마다의 세계에서 중심인 것이다. 그러면서도 SNS를 기반으로 강력하고 광범위한 연대협력을 추구한다. 시민들은 광장을 플랫폼 삼아 강력한 생태계를 형성한다. 연대의 힘을 확신하는, 개별 시민이 주역이었음을 우리는 잊지 말아야 할 것이다. 정치사회적 관심을 시작하고 지속하는 것, 삶과 생활에 기초하여 새로움을 말하고 요구하는 것, 그리고 통로와 매개를 만들고 조직하는 것, 이 모두가 일상에 자리해야 한다. 우리에게는 많은 연결과 결속의 기회가 있다. 하여 우리가 염원하는 인간다운 세상, 희망의 새 삶은 우리 자신의 용기 있는 상상력과 집단적 지혜로부터만 열린다는 것을 깨닫고 다짐해야 할 것이다.

Chapter **1** | 미래 한국사회를 위한 성찰적 과제,
'리스크 코리아'

1 '위험사회' 논의의 당위성

우리는 희망의 메시지를 사람들에게 보여줘야 한다.
다른 세상이 가능하다고 말해야 한다.
-켄 로치(Ken Loach) 감독,
<나, 다니엘 블레이크(I, Daniel Blake)>(2016)로 칸영화제 황금종려상 수상 후

1.1. 위험한 사회를 사는 우리

무관심 사회, 죽은 사회에 사는 우리

무관심의 시대다. 타인 그리고 사회에 대한 '무관심'이 팽배하다. 무감각, 무관심 사회는 비인간적 소외의 결과를 낳는다. 급기야 어지간한 재난사건 소식에는 놀라지 않는 '무감각 사회'가 되고 있다. 그 결과 병든 사회, 죽은 사회로 나아가고 있다.

언젠가부터 우리 사회에 깊게 자리 잡은 '무관심.' 누군가가 길을 가다가 봉변을 당하거나 아파 쓰러져도 못 본 척 지나가곤 한다. 타인의 일에 휘말려 들지 않으려고 한다.

1964년 어느 날 미국 뉴욕의 주택가에서 키티 제노비스라는 여성이 강도에게 살해되었지만, 이 광경을 지켜본 많은 사람들 중 어느 누구도 그녀를 도와주거나 경찰에 신고하지 않았다. 이처럼 주위에 사람들이 많음에도 어려움에 처한 사람을 돕지 않게 되는 현상을 뜻하는 '제노비스 신드롬(Genovese syndrome)'은 어떠한 사건이 일어났을 때 다른 사람들의 행동에 따라 판단하는 현상을 의미한다. 대중적 무관심 또는 방관자 효과(bystander effect)라고도 한다. 우리는 자신의 권리를 주장하지만 실은 역으로 타인에 대한 권리를 침해하기 싫다는 핑계로 타인과의 경계선에서 그들에 대한 무관심을 형성하고 있다. 이런 무관심은 방관자들을 대거 만들어내기 시작했고, 결과적으로 사회적인 문제로 대두된 것이다(김원제·박성철, 2016).

무관심의 대상은 다양하다. 생활고에 시달리다 일가족이 동반자살한 사건이 한국사회에 만연한 사회적 무관심을 증명한다. 돈의 문제, 생활고의 문제가 있지만 근본적으로 사회적인 무관심이 생명에 대한 가치(價値) 문제로까지 연결됐기 때문이다.

1인 가구가 늘면서 고독사가 증가하고 있다. 고독사란 주로 혼자 사는 사람이 돌발적인 질병 등으로 사망하는 것을 말한다. 고독사는 부검 등의 절차를 거치기에 판단이 모호해 실제로는 이보다 훨씬 더 많을 것으로 예상된다. 고독사하는 사람의 대부분은 경제적으로 빈곤하고 사회적 소외계층이다. 공과금 등의 계속된 미납으로 법원 집행관이 강제퇴거를 위해 집에 들어가서야 유골이 된 이들을 발견한 사례를 보면 알 수 있다. 현대사회의 철저한 개인주의로 1인 가구는 사회적으로 단절되어 이웃으로부터 도태되고 이는 우울증을 일으킬 가능성이 크다.

자살률은 그 시대의 삶의 질을 나타내는 사회적 질병이다. 우리나라는 경제협력개발기구(OECD) 회원국 중 압도적인 1위를 차지하는 '자살 공화국'이라는 오명에서 벗어나지 못하고 있다. 2014년에만 1만4000명 가까운 국민이 스스로 목숨을 끊었다. 특히 극심한 학업 부담과 취업난을 겪고 있는 20대 이하 청소년 1,450명이 스스로 목숨을 끊은 것으로 나타났다(음상준, 2015. 10. 11). 최근 청소년 사이에서는 영어로 지옥을 뜻하는 '헬(hell)'과 과거 우리나라 명칭인 '조선'을 합한 '헬조선'이라는 자조 섞인 말이 나오고 있다. '지옥 같은 대한민국'이란 뜻이다. 극심한 양극화 현상, 만연한 부패, 상류층의 갑질, 노동자에게 희생을 강요하는 분위기 등 우리 사회의 부정적인 현실을 자조적으로 말할 때 쓰인다.

타인에 대한 무관심도 사회적인 것이라서 다양한 사회적, 비인간적 소외의 결과를 낳는다. 상대방을 아프게 하는 가장 예의 바르고도 잔인한 방법이 무관심이다. 칼로 낸 상처보다 말로 낸 상처가 더 아프고, 말로 낸 상처보다 무관심의 상처가 더 아프다고 하지 않던가. 교통사고를 목격하고도 관심 없다는 듯 스마트폰에 열중하고, 늦은 밤 뺑소니차에 치어 담벼락에 비스듬히 누워 신음하고 있는 사람이 아들인지도 모르고 무관심하게 지나친 아버지도 있으며, 이웃집에 사는 사람이 죽은 지 몇 달 만에 발견되기도 한다. 무관심은 물질적 풍요 속에 정신적 빈곤에 허덕이는 우리 사회의 구조적인 문제이다(정종민, 2014. 10. 19). 무관심은 치유될 수 없기 때문이다.

무관심은 모든 사회적 현상에 대한 등 돌림이다. 가·부를 따지지 않고 아예 차가운 냉소로 등을 돌리고 있는 것이다. 정치가 됐건 경제가 됐건 아예 관심이 없으니, 등이 터지고 머리가 깨져도 나와는 상관이 없다는 무서운 무반응인 것이다. 여기까지 이른 사회는 그야말로 병든 사회, '죽은 사회'가 된다.

무관심은 결국 '흉기 사회'로 나아간다. 사회 안전보다 나의 안전이라는 개인적 합리성을 추구하고 이는 다시 더 많은 총기 사고라는 집단적 비합리성을 낳는 사회, 이게 미국이다. 그런데 미국인은 남을 죽이지만, 한국인은 자기를 죽인다. 2014년 미국인 총기 사망자는 1만2563명, 한국인 자살자는 1만3836명이었다. 한국인에게는 총이 없지만, 한국사회 자체가 대량살상무기인 셈이다(이대근, 2015. 11. 24). 강한 이기심과 치열한 경쟁심을 서로 부추기며 모두가 힘든 삶을 살아가고 있음이다.

노벨평화상 수상자 엘리 위젤(Elie Wiesel)은 "무관심으로 인해 사람은 실제로 죽기 전에 이미 죽어버린다"고 말했다. 한국사회가 당면하고 있는 갖가지 문제들에 대한 외면과 기피, 무감각과 무관심이 많아질수록, 사회적 부정부패의 누적은 물론 고통을 당하면서도 마땅한 관심을 받지 못하고 투명인간 취급을 당한 사람들의 절망적 자살, 묻지 마 살인 등 죽은 사회 징후는 폭넓게 퍼져나갈 것이다. 청년들에서부터 노년에 이르기까지 다양한 모습으로 삶에 대한 의욕을 악화시키고 인생의 무의미를 증가시키는 결과를 가져오게 될 것이다(김원제·박성철, 2016).

위험에 무감각한 방관사회

무관심이 심화되어 심각한 재난, 위험마저 무감각한 사회가 되고 있다. 주지하다시피 우리는 다양한 위험(risk)에 노출되는 실로 '위험한 세상'에 살고 있다. 이른바 '위험사회(risk society)'이며, 위험이 없는 '위험제로'의 사회는 이제 불가능하다는 것을 말한다. 위험과 함께하는 사회가 우리의 삶으로 들어온 것이다.

각종 재난 및 대형 사건 사고가 끊임없이 발생하는 것은 압축적이고 돌진적인 근대화의 일그러진 결과로 위험사회의 징후를 잘 나타내고 있다. 그래서 그 어느 때보다 안전문제가 중요한 사회적 이슈로 부상하고 있다. 위험요소가 다양해지고, 예상치 못한 사건이 범람하다보니 우리 사회는 작은 재난사건 소식에는 놀라지 않는 '무감각 사회'가 되었다.

위험에 지속적으로 노출되면 시민사회는 위험에 무감각해지고, 시민적 통제의 가능성도 점점 낮아진다. 위험이 더 이상 우발적이거나 비정상적인 것이 아니라 위험 자체가 정상적인 것으로 여겨지는 불안 폭증의 시대, 위험 일상화의 시대로 진입하는 것이다.

잊을 만하면 되풀이되는 대형참사 소식은 어느새 이것이 당연한 일인 양 행세하며 우리 곁에 자리 잡는다. 사방에서 들려오는 뉴스는 '너는 위험에 처했다. 너는 안전하지 않다. 너희 아이들의 안전은 국가나 학교가 책임져주지 않는다'는 메시지를 아주 분명하게 전달하고 있다. 그런 상황에서는 불안해서 도저히 견딜 수가 없다. 우리의 뇌는 점점 더 흥미 위주나 위기를 자세히 묘사한 기사에 노출되어서 둔감해진다.

2014년 4월 '잔인한 봄'을 잉태한 세월호 참사 100여 일 후 CBS <김현정의 뉴스쇼> 김현정 앵커는 한국사회의 현실을 비통하게 성찰한다. "잔인한 봄은 그렇게 갔다. 언제 그랬냐는 듯 바다가 낭만의 푸른빛을 쏟아내며 손짓하는 계절이 왔다. 사람들에게서 세월호는 잊히고 있다. 하지만 나는 오늘도 다짐한다. 끝까지 세월호를 놓지 않아야 한다고. 이 모든 부조리를 기억하고 끝까지 바로 잡아야 한다고. 나는, 결코, 입만 동동거리는, 부끄러운 저널리스트는 아니어야 한다고. 2014년 봄은 끝날 때까지 끝난 게 아니라고."(PD저널, 2014. 7. 21)

세월호는 이제 우리 사회의 부실과 부조리를 상징하는 말로 쓰이고 있다. '아직 침몰하지 않은 세월호', '천천히 침몰하고 있는 세월호' 등과 같은 비유법이 안전 분야뿐 아니라 사회시스템 전반에까지 구사되는 상황이다.

'잊지 않겠습니다.' 세월호 참사 이후 많은 이들이 수없이 되뇌었다. 허망, 탄식, 비판, 비난, 절규, 포기 등의 수많은 감정들. 하지만 얼마 지나지 않아 세월호는 잊혀져갔다. 적어도 국가는 그러하고자 했다. 세월호 참사에 대한 국정조사가 이뤄지고, 정부가 국가개조까지 천명했지만, 선언에 그쳤다.

2011년 후쿠시마 원전 폭발사고가 발생했을 때도 그랬다. 그런데 이 사건 이후 우리나라에서는 큰 변화가 없었다. 물론 원전에 대한 경각심은 조금 생겼는지 모르겠지만 그 위험에 대한 대응은 그렇게 나타나지 않았다. 우리의 사고가 변화되는 것도 없었고, 사회나 개인에게 있어서 핵발전소나 핵문제에 대한 위험감지는 나타나지 않았다. 오히려 북한의 핵무기에 대한 불안이 우리 사회의 모든 부분을 짓누르고 있다는 느낌뿐이었다. 이런 것을 보면 확실히 우리나라에서는 위험에 대한 감수성이 없다. 위험하다는 것에 대해서 그렇게 진지하지 않다는 것이다. 체르노빌이 유럽에 영향을 끼치고, 위험사회라는 인식이 급속하게 퍼졌던 유럽에 비할 때 우리나라는 그런 감수성이 없다는 것이다. 이러한 위험에 대한 감수성의 부족은 결국 이 나라에서 끝없는 사고와 사태로 이어지고 있다(당당뉴스, 2014. 5. 8). 비슷한 사건들이 이어지는데도 고쳐지지 않고, 사람이 이렇게 죽어나가도 그때뿐이다. 이것이 결국 세월호 사건으로까지 이어진 것이다.

결국 우리는 '방관사회'의 허탈함을 맞이한다. 한국사회는 방관사회다. 시민들은 참여하지 않고 방관한다. 방관은 군대 내무반이나 세월호 선상에서만 일어나는 일이 아니다. 그것은 우리네 일상이다. 사회 구석구석에 만연한 것이 '나만 빼고', '나와는 상관없다'는 사고방식이다. '공적 정의'를 위해 참여하는 시민은 극소수다. 대학의 학생회든, 기업의 노조든, 시민단체든 공적 이해를 위한 기구에 참여하는 시민의 수가 우리처럼 적은 나라는 드물다(한겨레신문, 2014. 8. 18). 한국사회가 위대한 정치혁명의 전통을 지녔음에도 여전히 민주적인 사회를 이루지 못한 것은 참여사회로 나아가지 못한 채 방관사회에 고착돼버렸기 때문이다.

오래된 미래, '위험사회(Risk Society)'

울리히 벡(Ulrich Beck)은 1986년에 출간한 ≪위험사회(Risk Society)≫라는 책에서 현대 서구사회를 문명의 화산 위에서 살아가는 '위험사회(risk society)'로 규정했다.

그에 따르면, "근대산업사회는 그 발전과정에서 과학기술의 과도한 도구적 활용으로 그에 따른 수많은 문명적 파행성을 낳아왔는데, 이제 그 파행성은 인간생존 자체를 위협하는 '위험'의 논리로 변질되어 사회체제 전반에 침투해 있다. 이는 대도시에서 두드러지게 나타나는데, 교통사고, 환경오염, 산업재해, 인간성 파괴 등이 바로 그것이다. 과학 및 기술은 그간 현대의 환경적 위험과 그 밖에 다른 위험들에 대한 해결책으로 간주되어왔지만 오히려 정반대로 그런 위험들에 대한 원인이 되어가고 있다"는 것이다. 즉, 과학기술의 진보와 사회진보가 조화롭게 진행되지는 않는다는 것이다. 바로 이것이 이전의 산업적 사회발전 단계와 위험사회를 구분하는 요인이다. 벡은 선진국은 후기결핍의 사회(post-scarcity society), 즉 물질적 부족함이 해소된 사회에 살고 있다고 간주한다. 그래서 과거와는 전혀 다른 새로운 위험이 대두되고, 부메랑 효과와 위기의 전염이 발생한다는 것이다. 세계화로 인해, 위기의 증식은 세계사회를 단일한 위험 공동체로 만든다. 농약과 독소는 수입된 음식물 속으로 되돌아오며, 유황의 방출은 비를 산성화시키며, 이산화탄소의 방출은 지구의 기후를 변화시킨다는 것이다. 여기에서 빈부격차는 큰 힘을 발휘하지 못한다. 벡의 재치 있는 표현을 빌리자면, "빈곤은 위계적이지만 스모그는 민주적이다." 부자라고 해서 위험사회에서 도피할 수는 없다는 것이다. 비단 과학기술뿐만 아니라 산업과 정부 같은 지배적인 제도와 권력도 마찬가지다. 위험사회의 도래란 기존 근대화 모델에 기초한 경제성장이 발생시키는 편익을 넘어서는 임계점을 의미하는 것으로, 이는 국민국가를 전제로 했던 기존 모델들에도 심각한 의문을 제기한다. 물론 세계화 때문이다. 위험사회에서의 갈등은 재화뿐만 아니라 재앙의 분배를 둘러싸고도 벌어지며, 그래서 비정치적인 것이 정치적으로 변화하며, 복지국가의 이상과 더불어 확실성도 깨진다.

국가는 전통적으로 '위험관리자(risk manager)'의 역할을 감당해왔다. 하지만,

'위험'이라는 개념은 객관적 개념이라기보다는 시대와 공간에 따라서 변화하는 구성주의적(constructive) 개념이라고 할 수 있다. 그런 차원에서 위험은 기본적으로 불변의 개념이라기보다는 사회적으로 구성된 동시에 집합적인 표현이기도 하다(정무권, 2012).

각 사회의 핵심적인 위험에 따라서 국가의 성격이 규정되기도 한다. 전쟁국가(warfare state), 발전국가(developmental state), 환경국가(eco state), 근로국가(workfare state), 복지국가(welfare state) 등은 이러한 각 시대와 공간에 따라서 핵심적 위험의 성격에 붙은 이름이라고 하겠다.

한국사회는 세계에서 유래가 없을 정도의 초고도 성장 패턴을 보였다. 옆과 뒤를 돌아보지 않고 앞만 보고 질주한 소위 '전진모델'의 영향력에 힘입어 선진국 문턱까지 돌진적 성장을 거듭했다. 이러한 한국사회의 발전은 '압축적 근대화 패러다임'으로 설명된다. 이는 삶의 기회를 짧은 시간에 거의 폭발적으로 확대시킨 한국의 초고속 발전모형을 포착하기 위해 사용되는 개념이다. 압축적 근대화 패러다임에 따르면 짧은 시간 동안의 경제적 성취를 위해 강력한 국가가 지배자를 통해 시민사회를 배제한 채, 대중을 동원한 과거 한국의 전형적 발전모델이라고 할 수 있다. 이러한 압축적 근대화 패러다임은 그 결과 우리 사회 곳곳에 위험한 함정을 파놓고 있다. 서구의 '위험사회론'이 우리에게 매우 시의적절하게 여겨질 만큼, 우리 사회의 각 분야에 잠복한 위험요소가 산재해 있다는 점을 경험적으로 확인하고 있다. 요컨대, 한국사회는 사회적인 안전망과 위험에 대한 사회적 공론화가 결여된 채로 급속한 산업화과정을 통해 경제성장을 추진했던바, 각종 기술 재해와 안전사고와 같은 전형적인 현대사회의 위험들이 서구사회보다 더욱 구조화되어왔다고 하겠다.

근대화의 그늘에서 싹튼 '위험사회'를 경고한 울리히 벡의 눈으로 본다면 오늘의 대한민국은 초위험사회다. 대한민국이라는 공동체를 이끌 정부와 정치권, 사법부는 진작 대중에게 신뢰를 잃었다. 대중 또한 계층과 이념, 세대, 지역으로 갈려 서로에 대한 불신을 키워가고 있다. 권위와 가치는 무너졌고, 소통은 끊겼다. 사회적 자본은 고갈됐고 편법과 반칙, 각자도생의 승리지상주의가 그 자리를 메웠다.

참사 이후의 대응도 우린 안다. 그 어떤 참사든 눈에 보이는 희생양을 찾아 단죄하고, 다시는 이런 비극을 반복하지 않겠노라 다짐하며 관련 법규를 뜯어고치고 소관기구를 합치거나 떼어낸다. 온 나라가 법석을 떤다. 그러곤 싹 잊는다. 신속한 대한민국은 참사 앞이라고 다를 게 없다. 사건 발생부터 망각까지 속도전이다. 비통해하지만 성찰하지 않는다. 다짐은 있으나 결코 이행은 없다.

한나 아렌트(Hanna Arendt)는 '악의 평범성(banality of evil)'을 말했다. 악(惡)이란 흔히 생각하듯, 특별히 사악한 사람에 의해서가 아니라 생각하지도 않고 분별하지도 않으려는 '평범한' 사람에 의해서 저질러진다는 것이다. 무의식적인 관행의 축적 그리고 방관과 침묵, 그것이 세월호 참사를 만들어낸 근본 요인이다.

세월호 참사와 군대 내 폭력으로 인한 사망, 명실상부 기상천외 해외 토픽감인 갖가지 사건 사고의 연속적 발생…, 우리 '병든 사회'의 적나라한 단면이고 현주소이다. 우리 사회에서는 모든 국민이 잠재적인 집단따돌림의 대상이자 동시에 주체가 되었다. 이러한 현상은 학교며 군대 그리고 거의 모든 직장에서 매일같이 일어나고 있다. 이러한 현상들이 합쳐져 사회구성원 전체가 무한경쟁, 상호 질시, 상호 비방, 모욕 속에 던져졌다. 이는 결국 전체 구성원의 인간성을 철저히 마모시키며, 더욱 살벌한 적자생존 우승열패 승자독식의 사회를 만든다.

1.2. 불신시대 극복을 위한 과제

언론과 사회의 무관심한 행태

세월호 참사, 메르스 사태는 시간의 흐름에 따라 사건 초반의 절절한 관심도와는 달리 대다수 국민은 강한 피로를 느끼고 있다. 특별한 관심을 쏟았던 사람들도 대부분 일상으로 돌아갔다.

≪뉴스의 시대≫(2014)를 펴낸 알랭 드 보통(Alain de Botton)의 분석에 따르면, 우리의 관심이 멀어지는 이유는 일상을 무너뜨렸던 비일상의 사태가 이제 일

상으로 변모했기 때문이다. 그가 보기에 뉴스는 대중에게 절대적인 영향력을 끼친다. 뉴스는 우리에게 세상이 어떻게 돌아가는지, 그리고 어떤 변화가 가능한지 알려주고자 하며, 그러면서 정치적 사회적 현실에 대한 대중의 감각을 만들어낸다. 그런데 오늘날의 뉴스는 상업적인 이득만을 위해, 대중의 불안과 분노를 무책임하게 양산하거나 혹은 선정적이고 자극적인 기사로 현실의 중대한 문제로부터 대중의 눈길을 거두어간다. 뉴스는 항상 끔찍하고 자극적인 일을 보도하지만 그런 보도가 어떠한 한계를 넘어서게 되면 그것은 더 이상 끔찍하고 자극적인 것이 아니라 '항상 있는 일'로 변모한다.

대중이 계속 뉴스를 확인하는 이유를, 알랭 드 보통(2014)은 대중적 공포와 관련해 설명한다. 그에 따르면, "뉴스에서 눈을 떼고 나서 아주 짧은 시간이 흘렀는데도 습관처럼 불안이 축적된다. 우리는 얼마나 많은 일들이 쉽게 잘못되는지, 또 순식간에 벌어지는지 안다. 뉴스를 접하고 나면 예측 가능한 일상의 쳇바퀴 앞에서, 우리의 이상한 욕망을 우리가 정말 단단히 비끄러매고 있다는 사실 앞에서, 동료를 독살하거나 친척을 안뜰에 묻어버린 적이 결코 없는 자신의 자제심 앞에서 새삼 안도한다"는 것이다.

알랭 드 보통이 지적한 대로, 뉴스의 가짓수는 엄청나지만 맥락에 대한 설명은 거의 없다. 닥치는 대로 단신들만 쏟아내고 두려움과 좌절, 분노만 부추긴 뒤 무책임하게 변화·개선을 얘기한다. 검열보다 교활한 힘의 실체다.

세월호 사건 이후로 언론계에서는 자성의 목소리가 높았다. 그리고 언론환경변화에 대한 여러 번의 토론회와 대안들이 있었다. 하지만 여전히 언론은 우리 사회의 중요한 문제를 기록하고 보도하고 있지 않다. 한 발짝 더 들어가지도, 끝까지 기록하지도 않고 있다.

국민은 여전히 세월호 참사를 기억하고 있다. 그리고 사실을 밝히고 현장을 기록하는 몫 또한 여전히 국민들의 몫으로 넘겨져 있다. 언론은 일부만이 유가족들이 기록하는 모습을 기록하고 있을 뿐이다. 언론은 여전히 2014년 그 날처럼, 유가족들의 슬픔과 간절함만을 기록할 뿐이다.

2014년 4월 16일 세월호가 침몰하는 과정에서 모든 방송·언론에서 전해진 "학생 전원 구조" 오보는 세월호 참사와 관련한 언론의 오보 중에서도 최악으로 꼽힌다. 한 언론에서 재난구조기관에 공식 확인도 하지 않고 '들은' 얘기로 속보를 내자 모든 언론이 줄줄이 따라서 속보를 생산했다. 정확성보다 '물 먹지 않는' 상황을 더 선호하는 한국 언론의 민낯이 적나라하게 드러난 순간이다. 구조 과정에서의 보험금 계산, 현장상황과 괴리된 정부 발표 받아쓰기, 자극적인 단어 사용 등으로 이어진 거대한 언론 재난의 시작이었던 이 오보에 대해 방송들은 반성과 책임의 모습보단 서로 자신이 최초 오보가 아니라는 걸 강조하며 다투는 모습을 보였다.

세월호 정국의 피로감을 말하며 보도를 멈췄을 때도 세월호 유족들은 거리에서 노숙을 하고 삼보일배를 하면서 진상을 규명해 달라고 계속해서 외쳤다. 하지만 언론은 유족들의 존재 자체를 지웠다. 언론이 세월호라는 단어에 반응하는 순간은 정부에서 진상규명 등에 대한 방안은 없이 피해자에 대한 배·보상 지급기준 등을 앞세운 세월호 특별법 시행령안을 다짜고짜 내놓을 때나, 세월호 특조위의 청문회에서 자해 소동이 일었을 때 정도다.

유족들이 요구하는 건 진상규명과 선체인양이라는 사실이나, 청문회가 얼마나 어렵게 열렸는지, 겨우 출석한 해경 지휘관들이 모든 책임을 선장에게만 돌리는 무책임한 증언을 이어간 사실 등에 관한 내용은 없다. 참사 당일 선내 대기 방송이 선사인 청해진 해운의 지시로 이뤄졌다는 세월호 여객부 직원의 새로운 증언은 참사의 책임과 진상에 한 발 더 다가간 것임에도 아예 전해지지 않는다. 미심쩍은 부분이 많은데 언론은 주목하지도 않을뿐더러 편파보도를 한다. 언론은 정치적인 판단에 따라 세월호의 이슈화를 배제하고 희석시키고 있다.

세월호 참사 2주기, 지상파는 언제나 그랬듯 소극적인 자세로 일관했다. 지상파 3사 메인뉴스에서 세월호 참사 관련 소식은 일본에서 발생한 구마모토 대지진에 밀렸다. 중·후반부에 배치된 세월호 참사 추모 관련 리포트 또한 '곳곳 희생자 추모 물결'이라는 스케치 이상을 보여주지 않았다. KBS와 MBC의 시사프로그램에서도 세월호 관련 이슈는 외면당했다. 1년 전 팽목항을 찾았던 박근혜 대통령이 2주기에는 아무 말도 하지 않는 것과 같은 행보를 보인 셈이다. 사실상 방송이 여전히 '세월호를 잊으라'고 강요한 것이다. 지상파 3사는 세월호 참사 이후 '기레기'라는 비판을 받았으나 지금도 달라진 것이 없다.

사건 초기 취재 총력전을 펼치던 언론은 정권이 이 사건에서 마음을 닫고 있다고 느낀 순간 자신들도 함께 손을 떼버리고 말았다. 손을 뗀 정도가 아니라 '천안함 유족과 비교', '수학여행가다 교통사고로 숨진 것', '안타깝지만 이제 산 사람은 살아야' 같은 프레임을 직간접적으로 유포하기도 했다. 이것은 이 사건에 대한 사회적 피로감을 높이는 데 일조했고, 어느 정도 목적을 달성했다고 느낀 언론은 완벽에 가까운 무관심으로 세월호 사건을 대하고 있다. 특히 공영방송 보도국의 경우 세월호라는 단어는 '금기어'에 가깝다는 말까지 나오고 있는 실정이다(한국 기자협회, 2016. 4. 13).

민언련이 2016년 4월 15일(금)부터 4월 19일(화)까지 6개 신문의 세월호 관련 보도를 모니터한 결과는 우리 언론의 무책임과 무성의가 여전함을 보여준다. 경향신문과 한겨레, 한국일보는 추모 분위기를 전하는 한편 세월호 특별법 재정을 통한 진상규명의 중요성을 강조하고 나섰다. 특히 한겨레는 설문조사를 통해 세월호 참사가 우리 사회에 미친 영향을 조명하는 한편, 세월호 참사 2주기 공식행사에 박근혜 대통령과 김종인 더민주 대표, 안철수 국민의당 대표가 나란히 참석하지 않은 것을 근거로 들며 정치권이 보수 경쟁에 빠져드는 것을 우려했다. 반면 조선일보는 세월호 특별법 이슈를 야당이 선명성 경쟁을 위해 내놓은 정치 이슈라 강조하고 세월호 특별조사위원회와 천막 농성 중인 유가족들에 대한 비판을 이어나갔다. 중앙일보는 특별법 개정의 중요성은 인정하면서도 극단적 언행은 자제할 것을 당부했다. 동아일보는 전반적으로 무관심한 태도를 유지하는 한편, 세월호 특별법을 통해 경제활성화 법안이 통과될 가능성이 열렸음을 강조하는 수준에 머물렀다.

세월호 인양작업이 펼쳐지고 있는 맹골수도 현장은 언론이 아닌 유족들이 관찰, 확인하고 있다. 또 특조위 청문회를 통해 조금씩 풀리고 있는 의혹의 퍼즐은 언론이 아닌 시민 감시단, 독립 미디어 등을 통해 맞춰지고 있다. 시민을 대신해 기자가 해야 할 일을, 기자를 대신해 시민이 하고 있는 것이다.

우리 언론에 대한 기대와 믿음은 후퇴하고 붕괴한 지 오래다.

불신의 시대, 희망은 없는가?

불신의 시대다. 절망의 시대다. 희망, 미래라는 단어가 잊힌 지 오래다.

한국행정연구원의 <2015 사회통합 실태조사> 결과에 따르면, 분배구조, 취업, 복지, 정치활동 등 한국사회 각 부문에 대해 국민 절반 이상이 '공정하지 않다'고 인식하는 것으로 나타났다.

사회통합실태조사는 성인 남녀 7,700명을 대상으로 한 한국사회의 통합수준을 다차원적으로 파악하기 위한 조사로, 2013년부터 매해 실시해오고 있다.

정부에 대한 국민의 불신이 심각한 것으로 드러났다. 국회(15.3%)에 대한 불신에 이어 정부부처(31.9%)와 검찰(34.3%), 법원(35.0%)의 신뢰도 역시 낮았다. 민간이 아닌 정부가 실시한 조사에서 국민 10명 중 3명가량만 정부를 신뢰한다는 결과가 나온 것이다. 이는 사회통합이 매우 낮은 수준임을 말해준다. 실제로 조사에서 국민의 60% 이상이 법 집행과 취업 기회, 경제·사회 분배구조, 대기업·중소기업 관계가 불공정하다고 봤다. 빈부격차 및 이념갈등이 심각하다는 응답도 85% 안팎으로 나타났다. 법원과 검찰, 정부부처는 청렴도에서도 불과 응답자의 27.2~28.3%에게서만 합격점을 받았다. 한국사회가 갈등과 불공정, 불신 사회라는 점을 공식 조사로 확인한 것이다.

더욱 심각한 것은 정부에 대한 신뢰도가 지속적으로 떨어지고 있다는 점이다. 이 조사가 시작된 2013년 정부부처에 대한 국민의 신뢰도는 35.3%였으나 2014년엔 32.9%였고, 올해 다시 31.9%로 떨어졌다. 정부 기관이 국민과 얼마나 소통하고 있는지에 대한 조사에서도 중앙정부는 21.8%라는 지극히 낮은 점수를 받았다. 국민과 유리된 채 일방통행식 행정을 펼치고 있다는 얘기다. 이러니 국민이 느끼는 삶의 만족도(10점 만점에 5.8점)가 경제협력개발기구(OECD)와 세계가치관조사 평균치 6.6점과 6.8점보다 낮게 나오는 것은 당연하다. 선진국은 물론 OECD 평균보다 낮아 심각하다는 말로도 표현하기 부족한 지경이다.

이런 결과가 나온 원인은 무엇일까.

열린 자세로 국민과 소통하면서 사회적 현안에 대한 해법을 도출하고, 그렇게 해서 정해진 정책은 정권 교체와 무관하게 지속적으로 추진해야 하는데 그러지 않고 있기 때문이다. 최근의 역사교과서 국정화나 로스쿨 정책을 추진하는 과정만 봐도 그렇다. 더욱 우려스러운 점은 이런 갈등과 불신을 대통령과 정부가 앞장서 조장하고 있다는 것이다. 정부가 옳으니 국민은 무조건 따르라거나 정권의 입맛에 맞게 하루아침에 바꾸는 식이니 국가정책을 믿고 따를 수가 없다. 믿을 것은 가족(96.1%)과 지인(83.0%)밖에 없다는 다수 국민의 마음을 정부는 헤아려야 할 것이다. 대통령과 정부가 국민의 뜻을 묻고 따라야 한다는 평범한 진리를 이번 조사는 강조하고 있다(한겨레신문, 2015. 12. 23).

2015년 8월에 발표한 OECD에서 발행한 <한눈에 보는 정부 2015> 보고서를 보면, 2014년 기준 한국 정부에 대한 국민의 신뢰도는 34%로 조사 대상 41개국 가운데 하위권인 26위에 머물렀다. 더 이상 시민들은 정부를 신뢰하지 않는다는 결론이다. 정부, 기업, 정치권은 그들만의 리그로 받아들여지고 있으며 국가운영의 실패 책임은 국민에게 전가되고 있다.

희망은 없는가. 불신의 시대, 절망의 시대, 죽은 사회로 나아가는 듯하다.

이래서는 안 된다. 하여 준엄한 성찰이 요구된다. 우리의 미래를 위해, 희망을 찾아야 한다. 신뢰를 되찾아야 한다. 현실이 아무리 힘들더라도, 우리는 필연으로 저항할 수 있고 사회를 변형할 수 있는 주체다. 세월호, 메르스를 계기로 시민의 권리가 드러나고, 국가와 기업 때문에 공공성, 윤리성이 반증되는 역설, 또는 변증법. 그것이 의미이고 가치이기 때문이다.

오늘 우리가 안고 있는 위험요소는 무엇인지, 현재 견딜만한 것인지, 나아가 어떻게 한계점을 극복할 것인지를 사회구성원과 소상히 나누는 소통이 절실히 요구된다. 이러한 과정이 간과된 결과 나타난 극심한 부작용을 우리는 이미 광우병 사태에서 경험했고, 세월호 참사, 메르스 사태에서 다시금 확인했다. 사회의 복잡성과 불확실성이 커질수록 우리는 더 자주 위험에 대해 소통할 수 있는 방법을 찾아야 한다. 이러한 소통 노력이야말로 불확실한 위험요소가 범람하는 사회에서 사회적 신뢰를 유지하고 바람직한 변화로 이끄는 촉매제가 될 것이다.

추모가 일상이 되었다. 그런데 역설적이게도 여기에서 희망을 찾는다. 안타까운 사건 사고가 일어날 때마다 시민들은 거리로, 광장으로 나와 추모를 반복하고 있다. 나아지지 않는 서민 삶의 조건과 해답 없는 정부에 대한 답답함이 추모의 일상화를 불러오고 있음이다.

세월호 참사를 기점으로 추모의 양상은 달라졌다. 추모의 주체가 국가에서 시민으로 변화했다. 사고 발생 직후 시민들의 추모 물결이 폭발하고 이후 사건이 공론화되는 패턴도 생겨났다. SNS의 덕분이다. 희망이 사라진 사회에서 희망 없는 시민들 사이의 연민, '나'와 같은 사람들이 곳곳에 있다는 것만으로도 위안받는다. '희망 사라진 대한민국'에 연민과 공감인 것이다.

앞으로 30년 후, 2045년 우리의 미래는 어떤 모습으로 다가올까? 기술의 발전이 극에 달해 문명의 극치를 누리고 있을지, 아니면 경제 악화의 여파가 가시지 않은 채 빈궁의 나락을 걷고 있을까? 종말론에 입각한 사람들은 지금까지 단 한 번도 없었던 파멸의 신호가 곳곳에서 감지되고 있다며 호들갑을 떤다. 그들 입장에서는 세상은 멸망 직전의 흔들리는 촛불이다. 원전 사고, 테러리즘, 지진과 쓰나미, 기상 이변, 내전, 금융위기, 자원 고갈 등 인류는 오늘 당장 멸망해도 이상할 것이 없다는 태도다.

세계적 미래학자, 마티아스 호르크스(Matthias Horx)의 ≪메가트렌드 2045≫(2014)에서 종말론은 대중의 공포감을 이용하는 상업적 측면일 뿐이라고 일소하며, 인류는 분명 앞으로 나아가게 된다는 희망적인 메시지를 전하고 있다. 더불어 이런 세기적 불안감을 해소하기 위해선 '장기간에 걸쳐 영향력을 발휘하면서 사회적, 경제적 시스템을 변형시키는 막강한 변화의 추동력'인 메가트렌드를 이해해야만 한다고 말하고 있다(출판사 보도자료 참조). 인구는 2045년을 기점으로 정점 직전 상태에 도달할 것이고, 시장은 호황과 위기에 시달리면서도 견고함을 더욱더 발전시켜나갈 것이다. 경제는 휴머노믹스(HUMANOMICS)의 구조로 점차 그 기반을 확립할 것이고, 공동체적 자본주의, 네트워킹을 통해 정직, 신뢰, 존경할 만한 인물 등의 참여가 거세지는 새로운 시민사회가 펼쳐질 것이라고 내다본다.

위험에 대한 사회적 갈등은 사회가 분화될수록 점점 더 심화될 것으로 전망된다. 또한 위험에 대한 막연한 불안감이 해소되지 않는다면 그로 인한 사회적 비용의 증가 역시 불가피할 것이다. 특히, 나노기술과 유전자변형식품(GMO) 등과 같은 테크놀로지의 발달은 항상 위험과 관련되는데, 인간이 그 영향을 완벽하게 예측하고 통제할 수는 없다. 따라서 위험을 예측가능하게 할 수 있는 준비상태는 현대사회의 이노베이션 수용, 그리고 효율적 가능성을 기능케 하는데 이바지할 수 있다. 우리 사회의 다양한 스펙트럼을 지닌 위험 이슈들을 학술적 논의의 대상으로 삼아 세심하게 탐구하려는 노력이 필요한 시점이다.

한국사회는 높은 위험추구경향을 갖는데, 이는 사회적 조정과 합의의 실패에 기인한다. 대형사고와 사건 사고가 빈발하게 된 한국사회는 서구사회에서 논의되는 위험사회와는 다른 개념으로 접근할 필요가 있다.

최근 한국사회의 위험적 특징을 진단하는 연구들이 등장하고 있는바, 임현진 등(2002)과 이재열(1998)은 높은 위험추구경향, 사회적 조정과 협력의 실패, 긴급 구조체계의 미비, 그리고 관료의 부패와 법집행의 공정성 결여를 비판적으로 제시하고 있다. 그중 가장 한국사회에 심각하게 착근되어 있는 문제점은 바로 높은 위험추구경향, 사회적 조정과 합의의 실패라고 할 수 있다. 실제로 한국사회는 전반적으로 높은 위험추구경향을 갖고 있다. 정부나 기업, 일반 국민 모두에게 위험을 무릅쓰는(risk-taking) 태도가 보편화된 이유는 바로 '안전'을 비용이 많이 드는 대안으로 인식하는 데서 기인한 오해라고 하겠다.

또한, 한국사회의 구조적인 위험을 초래하는 데 있어 사회적 조정과 협력의 실패가 중요한 원인으로 작용하고 있다. 방폐장 건설 관련 갈등, 광우병 사태 등을 반추해보더라도 사회적 조정과 협력의 실패에서 기인한 소통의 문제점은 위험을 더욱 증폭시키는 요인으로 작용해왔다.

1980년대를 거치면서 한국사회가 쌓아온 안전사회의 신화가 다양한 사건 사고를 통해서 무너지면서 정부 차원에서도 지속적인 '안전정부' 건설을 위해 노력해 왔다. 그런데도 우리 국민은 여전히 불안과 걱정에 산다. 정부나 전문가들이 나서서 '안전(安全, safety)'하다고 강력하게 주장해도 공중은 '안심(安心, relief)'하지 못한 상황이다. '안전'의 여부는 전문가가 판단하나 '안심'은 공중이 판단하기 때문이다. 예컨대 광우병은 안전의 문제가 아니라 안심의 문제로서 광우병에 대한 공중의 불안과 불신, 공포감이 인간 광우병 문제를 증폭시켰다고 하겠다. 또한 원자력의 경우에 정부나 전문가가 통제 가능한 위험이며, 안전하게 관리되고 있다고 아무리 강조해도 공중은 후쿠시마 원전 사고의 학습 사례를 통해 '안전'을 떠나 '안심'하지 못하는 것이다. 따라서 리스크 이슈는 공중의 입장에서 안전을 넘어 안심개념 차원에서 고려되어야 한다. 위험이 생기거나 사고가 날 염려가 없다는 안전의 개념을 넘어서는, 위험에 대한 모든 걱정을 떨쳐버리고 마음을 편히 가질 수 있는 안심개념으로의 패러다임 변화가 요구된다. 위험사회 극복을 위한 기본목표도 '안전사회(safety society)'가 아니라 '안심사회(relief society)'로 설정해야 할 것이다.

2 위험, 위기 그리고 재난에 대한 개념적 이해

2.1. 위험의 개념 및 속성

구조적 위험, 내재 위험, 복합적 위험, 돌발적 위험

현대사회는 발전을 할수록 구조적인 위험과 내재된 위험이 증가하는 위험사회이다.

고도로 발달한 현대사회에서도 지진, 구제역, 안보위협 등 각종 재난이 지속적으로 발생하고 있다. 지구온난화가 지속되면서 한반도는 꾸준히 온난화되고 있으며 전 세계의 지진 발생률도 증가하고 있다. 자원의 고갈로 인한 유가상승과 글로벌화된 경제네트워크에 의한 경제적 재난 위험도 증가하고 있다. 과학기술의 발전으로 과거에는 존재하지 않았던 자동차 사고와 사이버 범죄 등 새로운 위험도 증가하고 있음이다.

현대사회의 재난 위험들은 대형화·세계화·다양화·복합화 등으로 나타나거나 돌발적으로 발생할 것으로 전망된다. 사회가 발전할수록 재난은 대형화, 세계화되는 추세이다. 지구온난화로 인해 태풍 등 재해규모가 갈수록 대형화되고 있으며, 도시화로 인한 인구·시설밀집으로 재난발생 시 그 피해 규모도 대형화되는 추세이다. 우리나라 태풍의 규모는 해수온도 상승으로 인해 점차 대형화되고 피해 규모도 밀집시설들에 의해 증가하고 있다. 글로벌화로 인해 유가폭등이나 금융위기 등이 발생하면 세계 경제에 영향을 주는 등 피해의 세계화 추세도 가속화된다. 아이슬란드 화산폭발, 일본 원전사고 등은 전 세계적으로 피해를 미치는 재난의 세계화 추세를 보여주고 있다.

사회가 고도화될수록 재난발생의 원인은 다양해지고 예측하지 못한 상태에서 돌발적으로 발생하는 경향을 보인다. 사회의 구조가 고도화될수록 재난발생 위험과 원인이 다양하고 복잡하게 얽혀 언제, 어떤 식으로 발생할지 모르는 돌발적 위험이 증가한다.

현대사회의 재난은 경제공황이나 9·11테러와 같이 극단적으로 예외적이고 발생 가능성에 대한 예측이 거의 불가능하지만 일단 발생하면 엄청난 충격과 파장을 가져오는 블랙스완(Black Swan)으로 정의된다(Taleb, 2008).

사회가 발전하고 과학기술이 발달할수록 재난은 복합화되고 과거에 없었던 새로운 위험들이 증가한다. 풍수해 등 자연재난이 화재, 붕괴, 유독물 유출 등 인적재난을 불러 복합적인 재난으로 변이되는 복합재난의 증가추세를 결과하고 있다. 2011년 3월 일본 동북부 지진해일에 의한 후쿠시마 원자력발전소 방사능 유출사태는 자연재난과 인적재난이 합쳐진 복합재난의 대표적 사례이다.

사회과학기술의 발전은 과거에는 존재하지 않았던 신종위험을 증가시킨다. 원자력, IT, 생명공학 등의 발달은 방사능 유출, 사이버테러, 인터넷 중독, 생명 경시 풍조 등 역기능에 의한 신규위험을 발생시키고 의학 및 생활 수준 향상은 고령화를, 사회적 격차 심화는 '묻지 마 범죄', 테러 등 사회의 신규위험을 증가시키고 있다. 이러한 위험에 적절한 대응을 위해서는 '재난'발생 이후 사후대응이 아닌 발생 이전의 '위기'와 '위험'에 대한 포괄적인 관리가 요구된다.

갈수록 대형화, 세계화되고 예측이 어려운 재난 위험의 추세에 효율적으로 대비하기 위해서는 '광의의 안전관리'가 필요하다. '광의의 안전관리'는 재난발생 이후의 대응 및 복구 중심의 '협의의 안전관리'와 재난발생 이전의 위험과 위기단계를 모두 포괄하는 개념이다. '광의의 안전관리'에서는 재난이 발생하지 않도록 하는 '사전예방'과 재난의 발생 '징후포착'을 통한 '사전적인 위험관리'가 중요하다.

'위험'은 시간적으로 재난발생 이전의 평온한 상태, '위기'는 재난발생 직전의 불안한 상황, '재난'은 피해가 발생한 이후를 의미한다.

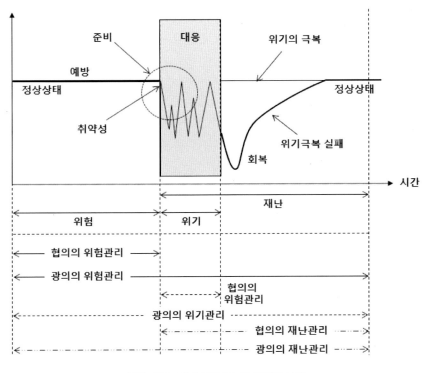

위험, 위기, 재난의 구분과 안전관리의 개념

위험(리스크)의 개념 및 속성

사전적 의미로 위험(危險)이란 '위태함, 손실·위해가 생길 우려가 있음, 안전하지 못함' 등의 의미를 갖는다(이희승 편저, 1994: 2892). 웹스터 사전(1966)에서 설명하는 위험(Risk)은, '손실·상해·불이익 혹은 파괴의 가능성(possibility)'을 의미한다. 위험은 유사용어들과 구분되는 동시에 위해(hazard)와도 다른 개념으로 정의된다. Contingency, Danger, Peril, Threat 등과 유사한 의미로 사용된다. 일부 학자들은 risk를 hazard와 동일한 개념으로 간주한다. 그런가 하면 다른 학자들은 risk를 hazard가 발생할 가능성 혹은 확률로 정의하는 대신 hazard를 중심적인 개념으로 사용하기도 한다. 주로 홍수, 지진, 태풍과 같은 대규모 재해에 관심을 갖는 자연과학자들은 hazard란 용어를 선호하는 경향이 있는가 하면, 사회과학자들은 risk라는 용어를 사용한다.

위험개념은 본래 17세기에 들어서야 비로소 생겨난 말이며, 초기에는 원양 진출을 목적으로 한 모험적인 여행을 뜻하는 말로 쓰였다. 즉, 인간의 실수로 돌리기 어려운 폭풍이나 전염병 등으로 인한 사고가능성을 의미하였고, 이를 통해 보험을 책정하려고 한데서 출발하였다(이재열, 2004). 일부 학자들은 위험과 위해를 같은 개념으로 간주하기도 하고 홍수, 지진, 태풍과 같은 대규모 재해에 관심을 두는 자연과학자들은 위해란 용어를 보다 선호하는 경향이 있다. 하지만 사회과학에서 위해는 위험의 결과로 이해된다. 즉, 위험은 위해가 발생할 확률적 잠재성과 불확실성을 의미하는 용어로 정의된다. 위험에 대한 기존의 정의들에서는 위험이 이러한 불확실성을 바탕으로 한 확률과 위해(hazard) 가능성을 언급하고 있다는 것을 알 수 있다.

위험은 매우 역설적인 특성이 있다고 평가된다. 예를 들어 사람들은 담배가 신체에 해로운 영향을 미치며 해악이 발현될 가능성이 높다는 것을 알 수 있다. 즉, 담배는 위험하다는 인식을 하고 있다. 하지만 사람들은 이러한 위험성을 알고 있으면서도 담배를 피움으로써 얻을 수 있는 편익을 위해서 위험을 기꺼이 감수하기도 한다. 따라서 위험은 분명히 사람들에게 위협적인 존재이기도 하지만 위험이 가져올 수 있는 편익과 저울질을 해야 하는 양가감정의 요소를 함께 가지고 있다고 정의할 수 있다. 이러한 속성을 염두에 두고 위험과 위해를 구분하기도 한다. 즉, 위해에 비해서 위험을 조금 더 자신의 결정이 개입된다고 보는 것이다(김영욱, 2008).

위험에 관한 관심이 높아지고 상당한 연구가 진행됨에도 불구하고 위험이란 말이 구체적으로 무엇을 의미하는가에 대한 조작적 정의가 아직 분명하게 존재하지 않는다. 위험을 어떻게 파악하는가는 단지 개념적인 논란에 그치는 것이 아니라 위험의 인과관계나 위험통제의 대상에 대한 다른 시각으로 이어진다는 점에서 중요한 의미를 갖는다. 여러 학자들의 위험에 대한 정의는 다음과 같다.

호엔엠저와 동료들(Hohenemser et al, 1986)은 위험을 '위해 가능물질로부터 육체적, 정신적, 경제적, 환경적 해를 입을 가능성(probability of suffering harm)'이라고 보았다. 싱어와 앤드레니(Singer&Endreny, 1993)는 위험을 '피해, 상처, 병, 혹은 사망에 이르게 할 수 있는 개연성'으로 규정하고 있다. 레이스와 초시울코(Leiss&Chociolko, 1994)는 위험을 '손실 가능성에 노출(the exposure of the chance to loss)'되는 것으로 보았고, 로만(Rohrmann, 1997)은 위험을 '특정행위와 현상의 결과로서 손실을 동반할 수 있는 가능성'이라고 정의하고 있다. 이 밖에도 조페(Joffe, 1999)는 위험의 의미를 '그것이 가져올 손실의 크기에 따르는 부정적 결과의 확률'로 정의한다. 송해룡과 페터스(Peters, 2001)는 위험을 '불확실성이 존재하는 피해의 가능성'으로 규정짓고 있으며, 디에츠와 동료들(Dietz et al, 2002)은 '어떤 사건이나 악영향(adverse effect)이 일어날 확률이나 규모 등을 복합적으로 측정한 것'으로 정의하고 있어, 학자마다 유사한 부분도 있지만 대체로 상이한 개념으로 위험을 규정짓고 있는 것을 확인할 수 있다.

지금까지 논의된 위험에 대한 많은 정의들을 보면 위험을 위험의 발생 가능성과 결과에 초점을 맞추어 여기서 비롯되는 예상결과(expected value)를 위험의 단위로 보고자 하는 시도가 많았다. 하지만 위험은 복잡한 사회적인 의미와 함께 다차원적인 정의를 가진다고 보아야 마땅하다(Fischhoff et al, 1984; 김영욱, 2008).

위험은 위험을 야기하는 원인에 초점을 맞추어 자연적, 기술적, 사회적 위험의 세 가지 범주로 구분된다(Jones, 1993). 자연적 위험은 인간이나 인위적인 기술과는 무관한 자연현상의 급변, 천재지변, 혹은 신의 행위로 말미암은 재앙(Disasters)으로 이해된다. 기술적 위험은 건물이나 교량의 붕괴, 공장 폭발, 오염 등 인공적 산물이나 기술시스템의 문제로 인한 사고들(Accidents)로 간주된다. 마지막으로 사회적 위험은 사기, 절도, 방화, 폭력 등 순수하게 인간 행동만으로 인해 비롯되는 사건들(Incidents)과 관련된다.

위험의 구조를 더욱 세분화하여 위험을 분류하려는 노력도 있다. 이재열 등(2005)은 위험을 거시적으로 크게 생태적 위험, 기술적 위험, 사회적 위험, 지정학적 위험 등으로 구분한 후, 각각의 대분류에 따른 소분류로 구분하고 있다. 이를 통해 지구적 생태 위험, 자연적 재해 위험, 국가적 안보 위험, 건강의 위험, 경제적 생계 위험, 기술적 재난 위험, 사회적 해체위험으로 위험을 세분화하였다. 지구적 생태 위험이란 한 국가를 넘어 지구적으로 당면한 생태 위험을 말한다. 선진 과학기술사회에 내재되어 있는 전형적인 대재앙의 가능성, 인위적으로 만들어진 자기소멸 가능성 등을 의미하기도 한다. 자연적 재해위험은 우리가 직면할 수 있는 다양한 형태의 자연적 재해를 의미한다. 예를 들면 태풍, 지진, 가뭄, 폭우 등의 자연현상으로부터 초래되는 생명과 재산상의 위험을 가리키는 것이다. 국가적 안보 위험은 국가 차원에서 야기되는 안보 위험을 의미한다. 전쟁을 비롯하여 준전시 상황에서의 군사적 충돌과 대치로부터 야기되는 위험이다. 건강의 위험은 전통적인 전염병 외에 신종 전염병 등을 포함하며, 이외 다양한 먹거리 안전사고, 생명윤리 침해사고를 포함한다. 경제적 생계 위험은 의식주의 기초적인 생계가 위협받는 상황을 말한다. 마지막으로 기술적 재난 위험은 기술의 발전과 함께 생산성과 생활 편의는 증진되지만, 미세한 기술적 결함만으로도 대형사고가 발생할 가능성 역시 커지는 것을 의미한다.

그렇다면, 왜 인간은 위험을 두려워하는가?

이는 위험이 포함하고 있는 공포 요소(fright factors) 때문이다. '위험(Risk)'은 아직 일어나지 않았지만 미래에는 일어날 수도 있는 사고를 의미한다.

위험은 기술사회적 성격을 갖는데, 기술적 장치나 시스템의 실패만이 아니라 그런 기술의 사용을 규제하는 정치, 사회, 경제시스템의 실패로부터 발생한다 (Cutter, 1993).

위험은 무작위적, 우발적인 것이 아니라 고도로 구조화된 것이며 근대화의 내재적 결함에 의한 것이다. 위험은 실재하지만 동시에 사회·문화적으로 구성된다. 위험의 실재성은 충격으로부터 오는데, 즉 계속되는 산업적·과학적 생산체제에서 촉발된다. 환경오염, 생태계파괴, 인간호르몬 체계의 변동 등 과학기술 문명이 만들어내는 위험의 종류는 무수히 많다. 특히 테크놀로지 및 미디어 발달로 위험은 일상성, 타율성, 피해산정의 불확실성 등을 지니게 된다.

한자어 '위험(危險)'은 벼랑 끝에 서 있는 위태로운 사람의 모양새를 의미하는 '위(危)'와 깎아지른 듯이 서 있는 산의 모습을 말하는 '험(險)'이 조합된 용어이다 (홍성태, 2007). 여기서 중요한 것은 위험이 위태롭고 험난한 '상태' 자체를 의미하기보다는 우리가 그러한 상태에 놓일 '가능성'을 의미한다는 점이다. '리스크 (risk)' 개념 역시 근대 대항해 시대의 라틴어 'risicare'에서 유래되었는데, 이는 당시 유럽인들에게 미지의 바다로 향한다는 것은 엄청난 불확실성을 감수해야 하는 사실에 기원하였다. 절벽 주위를 항해하며 무엇인가를 용기 있게 감행하는 것이라는 능동적인 뜻이다. 이에 번스타인(Burnstein, 2008)은 위험에 대한 인간의 통제야말로 중세와 근대를 구분 짓는 결정적인 차이임을 주장한다. 즉, 인류는 위험을 기도가 아닌 이성과 과학으로 접근하기 시작하면서 불확실성을 획기적으로 줄여나갔으며, 그 결과 자연을 지배하고 나아가 신의 영역에 있었던 '미래'를 건드리는 존재로 거듭날 수 있다고 믿었던 것이다.

그러나 역설적으로 현대사회는 오히려 과거보다 더 많은 위험이 상존하는 사회가 되었다. 환경의 불확실성을 극복하려는 인류의 시도들은 사회시스템의 복잡성(complexity)을 엄청나게 증가시킨 반면, 이를 통제하기 위한 제도와 거버넌스는 그것을 따라가지 못함으로써 결과적으로 '인간이 만든 불확실성'에 노출될 가능성이 더욱 커졌기 때문이다. 찰스 페로(Charles Perrow, 1984)는 그의 저서 ≪정상사고≫를 통해 현대 과학기술이 과거 어느 때보다도 고위험사회를 만드는 데 일조하였다고 진단한다. 따라서 오늘날 우리가 겪는 위험들은 사회시스템이 근본적으로 내재하고 있는 불확실성에 기인한 위험인 동시에 지극히 '정상적인 현상'으로 이해해야 한다는 것이다.

2.2. 주요 개념 이해, 위기와 재난

위기의 개념 및 속성

위기(Crisis)의 개념은 다양하게 정의된다.

조직, 회사, 산업 및 이들과 관련된 공중, 제품, 서비스 그리고 명성에 부정적인 영향을 미칠 가능성이 높은 주요 사건들(Fearn-Banks, 1996)이며, 조직과 조직의 구성원, 그리고 조직의 제품, 서비스, 재정적 상태, 명성에 심각한 손실을 끼치는 예기치 못한 사건들(Barton, 1993)이다. 또한 조직의 미래 성장과 이익, 혹은 생존에 위협을 가할 가능성이 있는 사건(Lerbinger, 1997)이며, 기대하지 않았던 비일상적인 사건 또는 높은 불확실성과 위협을 일으켜 조직의 최고목표를 위협하는 사건들(Seeger·Sellnow·Ulmer, 1998)을 의미한다. 짧은 시간의 극한 위험, 중대한 비상사태(D&E Reference Center, 1998)로 어떤 일이 극적으로(보통 부정적인 방향으로) 변화하는 결정적인 순간 혹은 전환점(Webster's New World Dictionary)을 의미한다. 어떤 집단의 위기는 다음의 세 가지 조건이 결합될 때 나타나는데, 첫째, 조직의 가치를 포함한 어떤 종류의 위협, 둘째, 예상치 못한 사건의 갑작스러운 발생, 셋째, 집단적으로 대응할 필요성으로, 그렇지 않으면 결과는 더욱 부정적으로 나아갈 수 있다(Quarantelli, 1998).

위기에 대한 다양한 정의를 통해 몇 가지 공통적인 특성을 발견할 수 있다. 이러한 특성들을 바탕으로, 종합적으로 위기를 정의하자면 '예측하지 못한 상황에서 발생하는 사건이며, 잘못 대처할 경우 조직, 산업 또는 스테이크홀더(stakeholder, 이해자 집단 또는 이해 관계자 집단)에게 부정적인 영향을 미칠 수 있는 중대한 위협'이라고 정의할 수 있다.

위기가 '예측하지 못한' 상황에서 발생한 사건이라는 의미는 위기가 언제 닥칠지 예측할 수 없는(unpredictable) 사건이라는 뜻이지, 위기 자체가 예상하지 못한(unexpected) 사건이라는 뜻은 아니다. 현명한 조직은 위기가 구체적으로 언제 발생할지는 모르지만 자신들에게도 위기가 닥칠 수 있음을 알고 있다. 위기는 갑자기 발생하기 때문에 놀라움이나 불예측성의 요소를 포함하고 있다. 그렇지만 규칙에는 항상 예외가 있듯이 모든 위기가 다 그러한 것은 아니다. 어떤 위기는 발생하기 전에 많은 경고신호를 보여주기도 한다.

위기는 다양한 대상을 위협한다. 일개 회사나 조직의 위기로 인해 해당 산업계 전체가 영향을 받을 수도 있다. 위기로 인해 새로운 규제가 도입된다면 산업계는 재정적 손실을 입을 수도 있고, 또 사람들이 산업계 전체를 위기를 발생시킨 조직과 동일한 시각으로 바라본다면 손실을 입을 수도 있기 때문이다. 엑손 발데즈(Exxon Valdez)의 기름 유출 사고가 미국의 정유 산업에 미친 영향이 여기에 해당한다. 이 사고로 인해 사람들은 정유산업이 환경에 초래하는 위협에 대해 더욱 의혹적인 시선을 갖게 되었기 때문이다. 그뿐만 아니라 정유업계와 관련한 다양한 스테이크홀더들도 인명 피해, 재산상 손실, 그리고 재정적 손실에 대해 우려하기 시작했다. 즉, 조직의 구성원, 소비자 그리고 지역사회 주민은 석유의 정유과정과 원유의 운반과정에서 사상자가 발생할 수 있음을 주목하였다. 이처럼 위기는 조직, 스테이크홀더, 그리고 해당 산업계에 잠재적으로 또는 실제적으로 부정적인 결과를 야기한다(Coombs, 2001).

이러한 위기는 문제나 쟁점(issue), 혹은 대재앙(tragedy, catastrophe, disaster)과는 구분된다. 최근 변화된 사회 환경은 개인 및 조직에게 있어 위기관리의 중요성을 일깨우고 있다. 미트로프와 애나그너스(Mitroff&Anagnos, 2001)는 위기와 관련된 현대사회의 특징을 복잡성(Complexity), 연결성(Coupling), 범위와 크기(Scope&Size), 속도(Speed), 가시성(Visibility) 등 다섯 가지로 요약하고 있다. 즉, 현대의 사회 환경에 관련된 각종 문제 및 사건은 해결하기에 단순하지 않고, 서로 연결되어 있어 감추기가 쉽지 않다. 그리고 한번 시작되면 그 파급효과가 속도와 크기 면에서 매우 엄청나다. 한편 마라(Marra, 1992)는 우리가 자주 쓰는 말 중에 사건(accident)이나 비상상황(emergency)이 넓은 의미에서 위기와 비슷한 말로 쓰일 수 있다고 보았다.

위기는 다양한 속성을 갖는데, 먼저 위기는 피할 수 없는 현실이라는 것이다. 현대의 모든 개인과 조직은 위기와 함께 살아가고 있다고 해도 과언이 아니다. 이러한 위기의 필연성은 대개 개인과 조직이 한정된 자원을 가지고 서로 경쟁해야 한다는 데에 기인한다. 경쟁은 필연적으로 위험요소를 수반하고 현대를 사는 개인과 조직은 이를 피할 수 없다. 하지만 긍정적 차원에서 위기는 관리할 수 있다. 따라서 위기는 어떻게 대처하느냐에 따라 기회로 활용될 수 있으며 조직에 긍정적인 동력으로도 작동할 수 있다.

보통 위기상황이 발생하면 개인이나 조직은 당황하게 되고 무조건 정보를 감추려는 속성을 보인다. 이것은 위기상황을 미리 준비하지 않은 조직에 더 심각하게 나타나는데 위기상황에서는 이렇듯 정보의 공황현상이 뚜렷하게 나타난다. 위기는 통상적으로 다음의 5단계를 거친다. ① 탐지(detection) ② 위기예방·대비(prevention·preparation) ③ 억제(containment) ④ 회복(recovery) ⑤ 교훈(learning).

또한 위기와 관련한 시간은 언제나 급박하게 돌아간다. 빠른 결정을 필요로 하는 위기의 급작성과 불확실성은 위기의 해결을 점점 어렵게 만드는 요소이다. 90% 이상의 위기상황들이 발생 직후 2~6시간 이내에 언론을 통해 확산되기 시작하며, 48~72시간 이내에 언론보도가 극에 달하게 된다. 그러므로 발생 후 적어도 2시간 이내에 언론 취재활동, 보도에 대한 대응 행위가 요구되고, 48시간 이내에 최악의 시나리오에 입각한 대응책이 마련될 필요가 있다.

이러한 위기의 시간제약성은 위기관리 담당자와 일반 조직원에게 엄청난 스트레스와 불안감을 가져다준다. 심리학적으로는 어느 정도의 스트레스는 문제해결을 위한 촉매제가 될 수 있다고 한다. 하지만 너무 많은 스트레스는 문제해결을 위한 공중관계학적 접근에서 벗어나 비정상적인 해결방법을 도모하는 원인이 될 수도 있다. 대부분의 위기상황을 보면 처음에 자기와의 관련성을 부정하는 사람이나 조직을 많이 볼 수 있다. 이는 많은 스트레스가 야기한 일종의 패닉(panic) 현상이라고도 하겠다. 따라서 위기징후를 포착하기 위한 시스템과 위기를 준비하는 노력이 필수적이다. 또한 하나의 위기상황은 대부분 새로운 상황을 유발시켜 점점 더 복잡한 양상을 띠게 된다. 따라서 상황의 성격과 문제점을 간결하게 규정하고, 확산될 만한 부분에 대해서는 필요한 커뮤니케이션 활동을 통해 확산 방지 조치를 할 필요가 있다.

일반적으로 위기는 발생유형에 따라 네 가지로 구분할 수 있다. 첫째, 폭발적 위기이다. 이는 화재, 폭발, 비행기 추락 등 어느 날, 어느 시각에 갑자기 폭발적으로 발생하는 위기상황을 가리키며, 2~24시간 이내에 신속한 의사결정과 조치를 요하는 위기유형이다. 둘째, 즉각적 위기이다. 적어도 24~48시간 이내에 즉각적인 의사결정과 조치를 요구하는 상황으로 대부분의 환경 및 안전사고, 제품결함, 원료 및 생산문제, 천재지변, 임직원 스캔들 및 사망 등으로 발생하는 위기상황들이 이에 속한다. 셋째, 만성적 위기이다. 이는 과거부터 꾸준히 문제가 되어온 상황들로 원자력발전소 건설문제, 폐기물 처리장 건설문제, 만성적인 정치적 특혜 시비 등이 그 사례이다. 넷째, 잠재적 위기이다. 노사분규, 악성 루머, 흑색선전, 마케팅 사고 등과 같이 위기상황으로 발전할 소지가 충분하고 사전에 감지, 예측할 수 있는 상황의 위기이다.

한편, 드레넌과 맥코넬(Drennan&McConnel, 2007)은 무엇이 위기를 구성하는지에 대해 다음의 네 가지 시각을 제시하고 각 시각이 지닌 특징과 함의를 다음과 같이 밝히고 있다.

① 위기는 자명하다(crisis is self-evident)

이 견해는 다소 직관적이지만, 우리가 언론에서 쉽게 발견할 수 있는 견해이다. 즉, 숭례문 방화 사건이나 AI의 전국적인 확산 혹은 미국산 쇠고기 고시에 대응하는 촛불시위를 보면서 언론은 쉽게 위기라라는 단어를 사용했고, 이는 너무도 자명하므로 어떠한 복잡한 논쟁이 필요 없다는 견해이다.

② 위기는 객관적인 현상이다(crisis is objective phenomenon)

이 견해에서는 위기를 직관적으로 받아들이는 형태는 결국 이 단어를 너무도 광범위하고 무차별적으로 사용하게 하고, 이로 인한 혼란을 불러일으킬 수 있다고 주장한다. 따라서 보다 객관적인 시각이 필요하고, 이를 위하여 다음과 같은 요소를 만족해야 한다고 주장한다.-심각한 위협(severe threat), 높은 수준의 불확실성(high levels of uncertainty), 실행에 대한 긴급한 필요성(urgent need for action)

③ 위기는 개인적인 지각의 문제이다(crisis is a matter of individual perception)

이 견해에서 위기는 상대적이다. 즉, 위기를 누구나 인정하는 객관적인 현실로 인정하는 시각에 반하여, 어떤 사람들에게는 위기일 수 있는 것이 다른 어떤 사람들에게는 위기가 아닐 수도 있다는 주장이다. 실제로 쇠고기 고시에 반대하는 촛불시위를 어떤 이들은 국가체제의 위기라고 바라보지만, 다른 이들은 직접민주주의의 발전기회로 보는 식이다.

④ 위기는 사회적 구성물이다(crisis is a social construction)

이 견해는 두 번째 시각과 세 번째 시각의 중간 정도에 위치한다고 볼 수 있다. 이 견해에서는 개인들이 조직들이 무엇이 정상이 아닌지에 대하여 쉽게 알 수 있다고 가정하고, 그러므로 그들은 심각한 위협과 함께 정보가 매우 부족하지만, 빠른 의사결정을 강요받는 상황, 즉 객관적 위기상황을 경험하고 한다고 주장한다. 하지만 이 견해에서는 개인이 느끼는 지각에 대한 중요성도 함께 인정하여 일부의 사람들은 이 견해에 대해서 다른 관점을 가질 수 있다는 점을 인정한다. 예를 들어 미국산 쇠고기가 수입되는 사태에 대해 많은 국민은 먹거리 안전에 대한 심각한 위협을 느꼈지만, 정보가 매우 부족하여 불확실한 상황이라는 점을 알고 있었다. 하지만 쇠고기 고시가 너무도 급하게 이루어졌기 때문에 어떤 행동에 대한-예컨대, 촛불시위-의사결정을 급하게 내려야만 하는 객관적 위기상황에 놓였다고 믿었다. 이러한 상황은 개인의 견해라기보다는 사회적으로 구성되었다. 그러나 일부 국민은 값싼 쇠고기가 들어왔기 때문에 보다 싸게 쇠고기를 구입할 수 있는 기회가 생겼다고 믿는 경우도 있다. 즉, 위기는 사회적으로 구성되지만, 일부는 여기에서 다른 의미를 발견할 수 있다는 주장이다.

재난의 개념 및 속성

행정안전부(2010)에 의하면 '재난(Disaster)'이란 사전적 정의로 뜻밖에 일어난 재앙과 고난이지만 통상 일반적으로 이상적인 자연현상이나 인간의 행위가 원인이 되어 생활환경이 불합리한 방향으로 급작스럽게 변화하거나, 그 영향으로 인하여 인간의 생명과 재산에 짧은 시간 동안 많은 피해를 주는 현상을 의미한다. 현행 법체계에서는 자연현상 또는 사고가 특정한 조직이나 기관이 대응하기 어려울 경우를 의미한다.

재난의 종류에는 크게 자연재난, 인적재난, 국가기반 체계마비 재난으로 분류된다. 자연재난에는 홍수, 호우, 강풍, 해일, 대설, 가뭄, 황사, 적조 그 밖에 이에 준하는 자연현상으로 인하여 발생하는 재해가 있다. 반면, 인적재난은 화재, 붕괴, 폭발, 교통사고, 화생방사고, 환경오염사고, 그 밖에 이와 유사한 사고로 국가 또는 지방자치단체의 대처가 필요한 국민의 생명과 재산상 피해를 의미한다. 국가기반 체계마비 재난은 에너지, 통신, 교통, 금융, 의료, 수도 등 국가기반체계의 마비와 전염병 확산 등으로 인한 피해를 말한다(재난및안전관리기본법 제3조 제1호).

재난의 의미를 정리하면 다음과 같다. 우선 커다란 피해를 줄 수 있는 사건, 심각한 혹은 갑작스러운 불행 참사(calamity)인데, 재산과 인명 손실을 유발하는 거대하고 갑작스러운 불행(Webster's New World Dictionary)으로 정의되며, 공동체에 재산의 손실 혹은 인명 피해를 불러일으키는 사고(FEMA)를 의미한다. 또한 피해를 본 공동체 스스로의 힘으로는 극복할 수 없는 광범위한 인명, 재산 혹은 환경피해를 불러일으키는 심각한 사회 기능의 붕괴(disruption)(UN Glossary, 1992)이며, 위기상황에 대한 대처 시 대응 수요(demand for action)가 능력을 초과할 때 발생(Quarantelli, 1985)한다. 외부의 작용, 사회적 취약성 혹은 불확실성의 결과(Gilbert, 1991)이기도 하다.

결국 재난은 사회의 기본조직 및 정상기능을 와해시키는 갑작스러운 사건이나 대규모 사고로 인하여 영향받은 사회가 외부의 도움 없이는 극복할 수 없고, 정상적인 일상절차 범위와 능력으로 처리할 수 없는 인명, 재산, 기능상의 피해가 나타난 심각하고 피해 규모가 큰 단일 또는 일련의 사건을 의미한다고 하겠다. 재난 피해주체, 피해 규모와 심도, 대응능력 등과의 관계를 고려하는 것이다.

주요 개념 간 관계 및 비교

위험(risk)의 개념은 위기(crisis)와는 구분되어 사용된다.

위험(Risk)은 예측할 수 있고 통제 가능한 것이지만, 위기(Crisis)는 예측될 수 없고 통제될 수 없다. 위협이 외부에서 인간에게 가해진 그리고 '타자'에게 그 원인이 귀속될 수 있는 '일종의 운명적인 일격'이라면, 위험은 정책결정과정에 그 기원을 둠으로써 사회적 책임성이란 물음을 동반하는 사회적 행위의 결과다.

위험은 객관적 위험과 주관적 위험으로 구분되어 논의되기도 하는데, 주관적 위험은 수용자 또는 일반 국민이 위험하다고 느끼는 위험인식을 말한다. 이처럼 주관적 위험이 의식에 대한 것이라면 객관적 위험은 실제로 위협이 되는 행위나 질병 등 보다 실체적인 것을 말한다. 따라서 이는 통계적 수치에 따라 그 위험의 객관도가 달라진다(Elanor Singer · Phyllis Endreny, 2003).

위험과 위기는 개념적으로 구분되어 사용되는데, 위험은 개인이나 집단에 의해 유해한 결과가 발생할 확률 도는 가능성으로 정의된다. 이러한 정의는 위험이 아직 구체적인 피해가 발생하기 전의 상황을 말한다면, 위기는 그 위험이 가시화되면서 사회구성원들이 인지한 경우의 상황을 일컫는다(박성희, 2006).

이에 위험이란 위기상황에서 그 위기가 얼마나 피해를 주는가 하는 위기 정도나 규모, 피해확률 등과 관계된 보다 실제적인 피해에 관련된 개념이다. 반면, 위기는 위험으로 인식되는 사건들을 조직적으로 드러내는 사건 자체나 상황이라고 할 수 있다. 결국 위험은 피해에 대한 지각적인 요소이며, 위기는 위험이 드러나는 상황이라고 하겠다.

위험, 위기, 재난, 사고 등 주요 개념 간 관계를 정리하면 다음 그림과 같다.

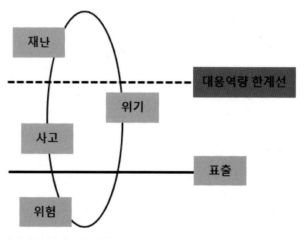

출처: 행정자치부(2010) 재인용

위험, 위기, 재난, 사고 등 주요 개념 간 관계

3 위험사회 한국의 문제적 현실

나는 애도한다. 고로 존재한다(I mourn therefore I am).
-자크 데리다(Jacques Derrida)

3.1. 복합위험사회에 진입한 한국

압축적 근대화 이후 사회적 갈등 심화, 원한사회 그리고 미개사회

대한민국의 압축적 근대화 패러다임은 한국의 초고속 발전모델을 구축하는 데 기여했지만, 그 결과 우리 사회 곳곳에 위험한 함정을 파놓고 있다. 그동안 한국 사회에서는 '안전'보다는 '속도'를, '내실'보다는 '외형'을, '과정'보다는 '결과'를, 미래에 '부가될 비용'보다는 현재 시점에서의 '비용절약'을 더 중요한 덕목으로 삼아왔다.

2014년 세월호 참사, 2015년 메르스 사태는 사회적 안전망과 더불어 위험에 대한 사회적 공론화가 결여된 'Risk Korea'의 전형적인 모습으로 대한민국의 압축적 근대화, 돌진적 근대화 패러다임의 추구로 인한 시스템적 위험이 한계점에 도달하여 불거진 심각한 이슈라 하겠다.

사회는 질서가 없고, 정부는 시스템이 없다. 갑질은 일상이 되었다. 이 톱니바퀴에 낀 채로 우리는 혐오를 응시한다. 물리적 폭력의 공포를 느끼는 것은 일상이다.

국민대통합위원회의 <한국형 사회갈등 실태진단 보고서>(2016)는 우리 사회의 갈등 양상을 다음과 같은 여덟 가지로 진단하고 있다.

한국사회의 갈등 양상

갈등	개념 및 상황
불안을 넘어선 강박	생존에 대한 불안이 '네가 죽어야 내가 산다'는 강박으로 변모
경쟁을 넘어선 고투	협력을 통한 선의의 경쟁 사라지고, 승자독식의 투쟁 심화
피로를 넘어선 탈진	쉬지 못하고 성과와 경쟁에 쫓겨 탈진
좌절을 넘어선 포기	상승이 불가능해 희망을 놓아버리는 자포자기의 정서 확대
격차를 넘어선 단절	상·하위 계층 간 단절과 분리의 확대
불만을 넘어선 원한	하위계층의 상위계층에 대한 박탈감이 사회적 원한으로 진화
불신을 넘어선 반감	차이나 다름에 대한 불관용과 공격 고착
갈등을 넘어선 단죄	상·하위 계층 간의 적대적 비난과 단죄 확산

보고서에 따르면, 우리나라 상위계층은 하위계층에 대해 "애국심도, 도덕성도 없고 … '전쟁이나 터져서 깽판으로 살자'식의 부류가 많다"고 생각하고 있다. 하위계층은 상위계층에 대해 "다 부정부패하고, 없는 사람을 골탕 먹인다"고 인식하고 있다. 서로에 대한 증오와 원한 그리고 분노와 적대가 임계점에 달했음을 보여주고 있다. 특히 미래에도 나아질 것 같지 않다는 인식의 팽배가 '분노사회'를 넘어선 '원한사회(怨恨)'로 향하게 하고 있다고 진단했다.

보고서는 여덟 가지 심리적 특성을 '오늘날 한국인이 안고 있는 공통정서'로 진단하고 있다. 그 공통정서는 경제적 현실과 짝을 이뤄 전체 현실을 구성하는 또 하나의 현실, 곧 심리적 현실과 다름없다. 보고서는 그동안 땅콩 회항, 갑질 횡포, 헬조선, N포세대, 금수저·흙수저 논란들을 통해 한 단면으로만 드러나던 좌절·자포자기·증오·원한의 공통정서(또는 심리적 현실)의 전모를 보여주고 있다. 그야말로 폭발 일보 직전의 '초갈등' 사회의 모습이다.

이 같은 초갈등 양상이 조절되지 않고 분노를 넘어 원한의 감정으로 이어질 경우 상대에 대한 배척과 공격 등 사회 기반을 송두리째 흔들 수 있다는 게 연구팀의 진중한 경고다.

한국사회의 엄격한 위계질서에서 개인은 불편부당을 요구하길 꺼린다. 개인은 엄정한 시스템이 사안의 잘잘못을 따져주길 기대한다. 하지만 한국사회에는 그런

시스템이 없다.

세월호 참사와 메르스 사태에서 우리는 정부시스템의 부재를 목도했다. 뉴욕에는 9·11 테러를 기념하는 박물관에 사건의 원인과 참사 당시 숨진 사람들의 이름이 하나하나 새겨져 있다. 기록으로 남겨 재발을 방지하려는 것이다.

한국사회에서 다양한 갈등은 매우 커다란 문제로 자리 잡고 있는데 한국보건사회연구원의 <사회갈등지수 국제 비교 및 경제성장에 미치는 영향 보고서>(2014)에 따르면, 우리나라의 사회갈등지수는 1,043으로 경제협력개발기구(OECD) 조사 대상 25개국 가운데 5위다. 우리나라보다 사회갈등이 높은 나라는 터키(2,940), 그리스(1,712), 칠레(1,212), 이탈리아(1,119)뿐이다. 이러한 갈등으로 인해 발생하는 사회·경제적 비용이 매우 큰 것으로 나타나고 있는데, 갈등은 사회 구성원 간의 불화와 긴장을 불러옴으로써 신뢰를 하락시키며 사회적 불안정으로 인해 경제활동도 위축시키는 것으로 나타나고 있다.

한국사회의 당면 과제, 시스템적 위험

위험은 실재하지만 동시에 사회·문화적으로 구성된다. 위험의 실재성은 충격으로부터 온다. 즉, 계속되는 산업적 과학적 생산체제로부터 온다. 환경오염, 생태계파괴, 인간호르몬체계의 변동 등 과학기술 문명이 만들어내는 위험의 종류는 무수하다. 그러나 동시에 위험에 대한 지식은 개별문화의 역사와 상징 그리고 사회적 지식의 그물망(Grid)으로부터 나온다. 때문에 같은 위험에 대한 정치적 반응이 나라와 문화에 따라 매우 다르다(한상진, 1998).

그렇다면 한국은 어떠한가? 전통적, 현대적, 탈현대적 위험들이 우리 사회 안에 혼합되어 있다. 이와 관련 이중 위험사회(Dual-risk society)라는 용어가 제기된다(김대환, 1998). 즉, 한국사회의 위험은 서구와 유사한 성격의 것도 있지만, 파행적 근대화로 인한 사회적 합리성의 결여가 큰 위험요소가 되고 있다는 것이다.

한국사회의 위험사회적 특성의 근원은 '돌진적 근대화(Matin Hart-Landsberg, 1993)'에 기인한다. 돌진적 근대화는 국가가 중심이 되어 기업과 노동자 그리고 국민을 일사불란하게 동원하는 통제하는 것이 특징이다. 아울러 1인당 GNP나 수

출중가와 같은 가시적 목표를 조기에 달성하기 위해 국가가 이용할 수 있는 모든 종류의 자원을 총동원해, 가장 신속하게 그 목표를 성취하려고 전력투구하는 개발전략을 말한다. 정부의 정책목표와 지침에 따라 기업, 은행, 미디어 등은 유기적으로 연결된 기능을 수행한다. 한국은 30년 이상 이러한 개발전략으로 비약적 성장을 이룩한 것이라 하겠다. 위험사회는 이러한 돌진적 근대화의 밝은 측면에 가려져 있는 어두운 측면을 겨냥하는 개념이다. 위험은 여기서 우연적 재난과 같은 것이 아니라, 사회제도와 과학기술이 가져온 의도치 않았던 부작용을 가리킨다. 즉, 우리의 위험은 근대화의 실패 때문이 아니라 특정한 방식의 성공이 몰고 온 부작용에 있다. 즉, 하나의 가치를 위해 다른 많은 가치를 희생시킨 방식의 근대화가 오늘의 위험사회를 가져온 구조적 원인이라는 것이다.

우리에게 있어 위험사회의 시각은 근대화 그 자체가 자신에게 가하는 상처와 불안을 다루기 위한 체계적인 방법(Giddens, 1994)이다. 따라서 돌진적 근대화의 부산물로 등장한 위험사회의 개념은 한국사회에 잘 들어맞는다. 지난 수십 년 동안 압축적 성장과정에서 여러 종류의 위험이 우리 사회 안에 응축되어 있기 때문이다.

근대화(Modernization)라 함은 경제, 정치, 사회, 문화 등 모든 사회적 측면에서의 상향운동을 의미한다. 여기서 상향운동은 경제적인 수준에서의 지속적인 성장 및 산업화, 정치적인 수준에서의 참여확대 및 민주화, 사회적인 수준에서의 합리적인 가치체계의 도입 및 확산 등을 전제조건으로 한다. 그런데 우리의 경우 돌진적 경제성장이 모든 측면에서의 상향운동을 무시한 것이다. 따라서 서구가 진행한 전통적 근대화의 수준에 미치지 못하는 파행적 근대화에 머물렀다. 파행적 근대화는 한편으로는 근대화에 따른 위험과 동시에 근대화의 불충분성에 기인한 위험도 가져왔다. 이로써 위험은 복합성을 가지게 된다.

한편 한국사회는 근대화 이후 곧바로 정보화라는 새로운 국가전략을 채택함으로써 성찰의 기회를 얻지 못한 채 새로운 위험을 맞이하는 국면을 초래했다. 정부의 정책적인 선도하에 정보화가 진행되었고, 우리 국민 특유의 기술관이 혼합되어 정보화가 한국의 미래를 결정하는 신화로써 확산된 것이다. 따라서 정보화 역시 근대화 과정을 그대로 답습한 것으로 볼 수 있겠다.

17세기에 근대 정치학의 문을 연 홉스(Hobbes)는 사회를 개인들의 결정에 맡기면 모두가 위험해지므로 개인들은 주권을 국가에 맡겨야 한다고 설파했다. 오늘날 우리는 주권을 국가에 맡겨서 안전문제를 국가가 해결해주기를 기대한다.

전통사회와 달리 과학에 의존하는 근대사회는 아직 발생하지 않은 미래의 손익을 예측해서 합리적 결정을 내리는 '리스크 관리'의 기술에 기초한다. 따라서 잘못된 리스크 계산에 대해 책임을 물을 수 있고, 또 예측된 위험에 대비하도록 사적·공적 보험이 제공되기도 한다. 위험은 문화적 편견의 결과가 아니라, 과학적으로 설명하고 대비할 수 있는 것으로 이해된다.

울리히 벡은 우리가 사회시스템 속에 살기 때문에 위험을 개인이 떠맡는 상황에 이르렀다고 지적한다. 현대사회의 위험은 분업에 기초한 사회체계의 결과다. 시스템의 결과이기 때문에 아무도 책임지지 않는다. 인간의 얼굴을 한 책임자는 증발한다. 그렇다면 시스템을 바꾸어야 하는데, 우리가 매번 확인하듯이 책임자를 가리지 못하기 때문에 시스템 역시 바뀌지 않는다.

국가에 기꺼이 주권을 내준 국민들이 아니라 사업체, 정치세력, 관료, 기술자, 행정편의의 관점에서 리스크가 계산되고 관리된다. 또 과학자들은 뚜렷한 인과관계를 제시하기보다는 논쟁만 한다. 이렇게 해서 '부작용'으로 생겨나는 위험에 대해서는 어떤 보험회사도 보험상품을 제공하지 않는다. 사업 리스크가 오히려 더 크기 때문이다. 잠재적인 보험상품의 구매자 역시 자신이 그러한 위험의 당사자가 될지에 대해 예측할 수 없다. 위험은 이렇게 우연적이고 포괄적인 성격을 갖게 된다(홍찬숙, 2016. 5. 17).

결국 발생하는 위험의 피해와 손실은 기꺼이 주권을 국가에 내준 국민 개개인에게 돌아온다. 피해자 대부분이 위험발생의 인과관계나 구체적 과정까지 직접 밝혀야 하는 부담을 떠맡는다. 속된 말로 '위험도 셀프'다. 그렇게 시간이 지나면 끔찍한 피해는 '단순사고'로 둔갑하고, 피해자는 뻔뻔하게 한밑천을 노리는 무뢰한으로 낙인찍히기도 한다.

복합위험사회, 한국

한국사회에는 근대적 위험과 탈근대적 위험이 공존한다. '이중적 복합위험사회(dual complex risk society)'인 것이다(임현진·이재열, 2005).

한국사회 위험유형 분류

유형	개념 및 사례
지구적 생태 위험	선진과학기술에 내재해 있는 대재앙 가능성(예: 오존층파괴, 엘리뇨, 산성비, 유전자 조작 식품)
자연재해 위험	일상적인 자연현상으로 발생하는 재해(예: 태풍, 가뭄, 지진, 폭우)
국가안보 위험	준전시 상황에서의 군사적 충돌과 대치로 야기되는 위험(예: 전쟁, 테러)
정치적 억압 위험	정치집단이 정치권력을 자의적으로 행사함으로써 국민의 생명 및 재산상의 손실을 가져오는 위험(예: 독재)
경제적 생계 위험	의식주의 기초적인 생계를 위협하는 위험(예:장기경기침체, 경제위기)
기술적 재난 위험	미세한 기술적 결함이 대형사고로 확대될 위험(예: 원전사고, 대형교통사고, 시설물 붕괴, 개인정보유출)
사회적 해체 위험	구성원들 사이의 유기적 의존관계를 해체되거나 적대적 관계가 증폭될 위험(예: 일상화된 폭력, 강력범죄, 이혼 및 자살 증가)

세계화에 따른 압축근대화의 위기, 냉전구조의 해체에 따른 동북아 지정학 변동, 이러한 경향들의 반영으로서 발전국가의 위기 등이 수반해왔거나 새롭게 생산하고 있는 위험구조들이 존재한다. 정보화, 세계화에 따른 시·공간 경계의 소멸이나 근대적 시·공간 질서의 해체, 재구성은 기존의 위험구조를 무효화하면서 위험통제의 위기를 야기한다. 생태환경문제나 정보지식혁명의 전개에 따른 신기술 패러다임의 등장 또한 통제할 수 없는 새로운 위험유형을 등장시키고 있거나 등장시킬 가능성이 높다.

울리히 벡은 한국사회를 '특별한 위험사회'라 불렀다. 한국은 유럽이 150여 년에 걸쳐 이룩한 근대화를 불과 20~30년 만에 압축적으로 이루어냄으로써 거기에 내재된 수많은 위험요소를 해결할 시간이나 여유를 갖지 못해 많은 위험요인을 안고 있는 사회란 뜻이다. 자본과 천연자원이 빈약한 환경에서 근대화에 대한 우리의 강렬한 열망은 축지법이라는 압축기술을 낳았다. 한국사회는 과정보다는 성과를 중시하고 성장지상주의에 매몰되어 모든 것이 너무나 빠르고 역동적으로 변했다. 결과적으로 전통과 근대화가 혼재하면서 근대화에 상응하는 사회적 가치관이 부재하였다. 세계사에서 그 유례를 찾을 수 없는 고도의 압축성장은 과도한 자신감과 자만심으로 스스로를 성찰할 수 있는 기회를 놓치게 하였고, 결과적으로 고도성장이 우리 사회를 '특별한 위험사회'로 내모는 역설을 낳았다.

울리히 벡 교수는 한 일간지 특파원과의 인터뷰에서 "세월호 참사는 인류학적으로 쇼킹(shocking)한 사건으로서 '특별한 위험사회'인 한국사회의 단면을 보여준다"고 지적했다.

위험(risk)은 재난에 대한 예측이다. 하지만 위험에 대한 예측은 기술적으로 완전할 수 없기 때문에 우리는 불안을 느낀다. 위험이 재난으로 현실화될 때마다 위험에 대한 담론이 형성되고, 직면한 위험을 제거할 방법이 강구된다. 하지만 위험은 사라지지 않고 그림자처럼 우리를 따라다닌다. 그래서 불안하다. 이러한 상황이 우리가 직면한 위험사회이다.

최근 원자력, 세월호 참사 등 재난의 반복 주기가 짧아지고 있어서 한국사회가 직면한 위험사회 신드롬이 심각한 상황이다. 이러한 위험사회에 직면한 배경 중 하나는 '도구적 이성'에 대한 집착이다. 자기 자신의 이익을 위한 이윤 극대화 즉, 활용하는 것, 이기는 것, 이윤을 얻는 것 등이 합리적이라고 간주하는 이성(도구적 이성)에 집중하면서부터 위험사회에 진입하게 된 것이다.

3.2. 위험사회 극복을 위한 성찰적 과제

재난자본주의 한국, 재앙사회로 나아가고 있나

세월호 침몰 사건은 사고 희생자와 실종자뿐만 아니라 전 국민에게 큰 충격과 슬픔을 안겨준 최악의 인재(人災)이자, 피해자와 국민들로 하여금 국가에 대한 믿음과 사회에 대한 신뢰를 잃게 한 대참사이다.

세월호 참사는 국가를 경험적인 대상으로 한다는 점에서 통합적이다. 국가 권력이 앞장서서 일부의 이익을 보장해주려는 것이라고 이해하는 한, 혐오를 피하기 어렵다. 어디서나 확인할 수 있는 수많은 댓글과 SNS의 글들이 이를 증명한다. 물론, 국가에 대한 혐오감은 이제야 생긴 아주 새로운 현상이 아니다. '그들'로 표현되는 국가와의 분리, 그 중심에는 특히 권위주의적 국가의 억압과 폭력이 자리 잡고 있다. 오랫동안 국가는 피하거나 극복해야(또는 저항해야) 할 대상이었다.

참사가 있기 전까지, 그리고 참사가 있고 나서 국가는 무엇을 했으며, 사회는 무엇을 했는가를 다시 물어보아도, 돌아오는 것은 불신과 분노, 그리고 절망감이다. 불신, 분노, 절망의 감정들이 깊고 근원적인 것은 지난 수십 년간 한국사회에 발생했던 재난의 전사(前史)들을 돌이켜볼 때, 단 하나도 개선된 것이 없이 재난의 반복과 심화가 지속되었기 때문이다.

재해를 예방하고 그 위험으로부터 국민을 보호해야 하는 것은 헌법이 국가와 대통령에게 부여한 가장 기본적인 의무이자 명령이다(헌법 제34조 제6항 참조). 대한민국 최대의 재난사고들은 시민의 목숨을 집단으로 앗아간 대형재난에 대해 정부의 후속 대책이 아무런 의미가 없었음을 단적으로 증명하는 것들이다. 그리고 재난은 계속되고, 대책은 이어졌지만, 재난은 또 계속되었다.

대형 참사 사건에 청소년들이 많이 희생되었다는 점도 국가란 무엇인가, 사회란 무엇인가를 되묻게 만든다. 한국에서 유독 청소년들의 사망률이 높고, 청소년 재난 희생자들이 많은 것은 우연이라기보다는 위험을 안고 사는 한국사회의 구조적인 병폐들, 그 위험의 가중과 심화를 야기하는 한국적 자본주의의 특이성 때문이다. 이는 한국적 '재난자본주의'(이동연, 2014)라 부를만하다.

한국의 자본주의는 그 자체로 재난자본주의라 할 수 있다. 이는 한국의 자본주의 형성에서 '재난'의 성격을 간과해서는 안 된다는 의미를 가진다. 자본주의가 스스로 확대 재생산되기 위해서 재난에 대한 위험의 감수는 불가피하다. 아니, 자본은 확대재생산을 위해 재난마저도 산업화시켰다. 한국자본주의는 고도성장을 위해 노동자들을 희생시키고, 자본가들에게 엄청나게 많은 특혜를 주었다. 1960년대 이래 한국에서 발생한 끔찍한 수많은 산업재해는 고스란히 노동자들의 희생으로 마감되었고, 이른바 한국 근대자본주의의 전형적인 스타일인 '빨리빨리' 문화는 안전보다는 난개발을, 사람보다는 돈을 중시하는 사회로 만들어버렸다. 재난자본주의가 노동자와 서민과 청년들의 삶을 피폐하게 만들었을 때, 재난의 자본은 거대한 자본 권력을 만들었다.

한국적 재난자본주의는 인간을 배제하는 자본주의이다. 한국에서 벌어진 대형 참사들을 보면 모두 인간이 배제되었다는 것을 알 수 있다. 지하철, 백화점, 다리, 그리고 수학여행 등 안전이 필요한 곳에 인간이 배제되고, 건물, 교통, 이벤트만 남아 있다. 인간에 대한 배려와 돌봄, 정신적 패닉상태에 대한 진심 어린 소통, 유가족들의 트라우마를 사회가 함께 나누어 갖는 것 대신에 제도, 시스템, 재발방지에 대한 비인간적인 프로세스만 증폭된다. 그 결과 사회는 통제적이고, 인간은 더 피로해지고, 분열되며, 재난은 반복되고 결국 인간의 배제가 다시 반복된다.

세월호 참사는 우리 사회가 위험사회를 넘어 재앙사회(Catastrophic Society)로 가는 불길한 전조(aura)로 우리에게 다가온다. 이번 참사가 몇 사람의 실수에 의한 단순한 선박사고가 아니라, 우리 사회가 그동안 안고 있던 모든 사회적 병폐와 병태의 종합 축소판으로 인식되기 때문이다(정영인, 2014. 6. 1).

어떤 사회에서도 사고는 존재한다. 복잡한 현대사회에서 사고는 예기치 않게 시스템적으로 얼마든지 일어날 수 있다. 우주왕복선 챌린저호의 폭발사고를 조사한 미국의 사회학자 찰스 패로우(Charles Perrow) 교수는 이를 '정상사고(Normal Accident)'라 불렀다. 고도의 복합기술에 내재된 위험적 요소 때문에 고위험기술(high risk technologies)을 사용하는 선진국에서도 위험사회의 속성을 갖고 있다. 그러나 사회적 시스템이 합리적으로 잘 정비되고 투명하게 작동되는 선진국에서는 유사한 사고가 반복되지 않도록 스스로를 잘 성찰한다. 반면에 후진국에서는 위험에 대한 개인이나 국가의 책임성이 결여되고 반성적 성찰도 없어 유사 사고가 반복적으로 일어난다. 이런 사회가 바로 재앙사회인 것이다.

≪세월호, 그날의 기록≫(2016, 진실의 힘)은 재판기록, 특별조사위원회 활동기록, 관련자 인터뷰 등을 재구성한 책으로 민간에서 펴낸 '세월호 백서'다. '구할 수 있었다.' 마지막 세 장에서 반복되는 결론이다. 모든 상황이 구할 수 있었던 사고였다는 것이다. 선원이 구할 수 있었고, 해경도 구할 수 있었고, 설사 그들이 없었더라도 304명이라는 대규모 참사는 막을 수 있었다고 강조한다. 안타까움과 분노, 혼란스러움에 이어 무력감이 엄습한다.

"이런, 염병. 해경이 뭔 소용이여. 눈앞에 사람이 가라앉는디. 일단 막 가져다

대서 살리고 보는 게 이상적이제. 지시 들었다가는 다 죽이는디." 세월호에 이물을 무조건 들이대고 승객 20여 명을 구한 어선의 선장이 내뱉은 말이다. 국가란 국민의 생명을 귀하게 여기는 데서 그 존재 이유를 찾을 수 있다는 근원적 의미를 웅변한다.

많은 국민이 메르스 사태를 겪으면서 세월호 참사를 연상했다. 무능력한 국가, 아무도 책임지지 않고 은폐에 급급한 정부. 너무도 닮아 있는 두 참사에 좌절했다. 그러나 세월호가 여전히 바닷속에 있는 것처럼 지금도 제2, 제3의 메르스 사태에 대한 대비책은 없다. 2009년 신종 플루 이후에도 변화된 것이 없었던 것처럼.

세월호 참사와 메르스 사태는 우리 사회의 현주소를 보여준다. 우리 사회의 전근대성을 또다시 여과 없이 보여주는 큰 참사로 등장했다. 기업의 이윤 논리가 원인이었고, 이에 편승한 국가의 운영 시스템이 문제였다.

세월호 참사, 그리고 메르스 사태는 국민의 생명과 안전에 대한 우리 사회의 불감증이 원인이다. 그 근저에는 기업의 이윤 논리와 자본의 논리가 똬리를 틀고 있다. 사건 사고에 대한 사안별 대처 능력을 키우고 대응 매뉴얼을 만들어가는 것도 필요하지만, 그러려면 우리 사회는 근본적으로 국민의 생명과 안전 보호가 국가의 최우선 임무라는 점을 상기하고 회복해야 한다. 그러나 우리 사회에는 이윤과 자본의 논리가 만연하고, 국가마저 신자유주의 논리에 지배됐다. 시장 중심에서 사람 중심의 복지국가로 우리 사회의 패러다임을 전환해야 한다(강찬호, 2015. 7. 14).

자본의 질주를 방치하고 통제하지 못한 결과는 더 큰 위험사회로 우리를 몰았다. 부분적 대안으로는 위험사회에 대응할 수 없다. 사람 중심으로 우리 사회를 재구조화해야 한다. 사람을 중심에 놓고 생애 주기별로 안전하고 건강한 삶을 책임지려는 국가시스템이 있어야 한다. 위험에 대비한 시스템 구축의 엄청난 비용과 예산 투입의 정당성에 대해 자본의 저항을 막아야 한다.

위험에 대한 비용을 생산적 투자의 관점으로 보아야 한다. 위험에 대한 비용은 낭비적 의미의 비용이 아니다. 위험에 대한 구제비용 역시 사람의 생명과 안전을 우선하기에 기꺼이 지불해야 할 비용이다. 안전하게 생명을 보호받고 있다고 믿는 국민은 국가와 사회에 대한 신뢰가 높기에 좀 더 창의적이고 생산적인 활동을 할 수 있다. 사람에 대한 투자를 통해 더 높은 경제성장의 동력을 확보해야 한다.

위험사회 극복을 위해, '성찰적 이성' 그리고 '기억의 저항'

청춘들은 가장 두려운 게 미래라고 하고, 중년들은 미래를 걱정할 여유조차 없이 현재가 무섭다고 하고, 노년들은 길에 버려진 것처럼 여겨지고 있다. 과거의 기억은 물론 현재의 경험조차 외면되기 일쑤다. 세월호 참사는 까마득한 옛날이야기처럼 '추억'되고 있다.

세월호 참사 이후, 우리는 마주하고 싶지 않았던 많은 현실과 마주쳐야 했다. 부인하고 싶은 일을 인정해야 했다.

세월호 참사는 너나 할 것 없이 모두가 분노한 일이다. 우리는 바로 우리 모두에게 진상규명을 요구하며, 우리가 우리 모두에게 책임질 것을 물었다. 세월호 참사를 우리 스스로가 '우리 모두의 자화상'이라고 규정했기 때문이다. 사고 후 구조 작업이 진행되는 과정을 보면서 많은 이들이 배 한 척이 가라앉은 사건이 아니라, 대한민국이 침몰한 사건으로 느꼈다. 거의 모든 국가 기관과 조직의 부실과 무능력이 낱낱이 생중계되었다. 꼭 능력 문제에 그치지 않는다. 불성실하고 부도덕하다는 것이 더욱 한심하다. 분노와 혐오만이 남았다.

그런데 분노는 있는데, 반성은 별로 눈에 띄지 않는다. 심지어 책임은 묻는데, 지는 이는 없다. 세월호 참사를 '우리 모두의 자화상'으로 여긴다면, 가장 선행해야 할 것은 '성찰'이리라. 우리는 너무나도 멀리 왔다. 너무 많은 것을 봤고, 너무 많은 것에 분노했다. '성찰'은 일상에서 시작한다. 성찰하는 것만이 새로운 사회로 나갈 수 있는 작은 열쇠가 될 것이다.

'성찰적 이성'이 대안이다.

위험을 유발하는 도구적 이성과는 다르게 '성찰적 이성'은 위험을 감소시킨다. 자신만이 아니라 모두에게 안전하고 좋은 것을 찾아내는 것이 성찰적 이성의 핵심이다. 과거에 대한 반성, 타자와 자연에 대한 배려, 기술의 위험을 다양한 관점에서 체크하는 것 등이 성찰적 이성이 합리적이라고 간주하는 범주이다. 성찰적 이성은 느리고 복합적이지만 철저하다. 이윤이 아니라 행복, 자유, 정의, 안전을 고려하면서 기술의 관리와 사용을 검토한다(경향신문, 2014. 5. 7). 성장을 향한 도구적 이성보다는 안전을 향한 성찰적 이성을 따르는 것이 우리의 위험사회를 치유하는 길이다.

2014년 세월호 참사 이후, 우리 정부는 각종 안전 정책들을 쏟아내며 안전한 사회를 만들겠다고 선포했다. 2014년 8월 대통령은 "국가 안전대진단과 안전투자 확대, 안전산업 육성을 통해 안전한 대한민국, 안전과 성장이 선순환하는 대한민국을 구현해야 한다"면서 세월호 참사로 형성된 국민들의 불안감과 안전에 대한 욕구를 안전산업육성으로 해소하겠다는 뜻을 분명히 했다. 이에 따라 정부는 2015년 3월 안전산업 활성화 방안을 발표했고, 이는 정부 안전 정책의 가장 주요한 줄기가 되고 있다. 정부가 2015년부터 매년 시행하는 '국가안전대진단'도 안전산업과 적극적으로 연결하려 시도하고 있다. 이런 대진단의 주요 목적 중 하나는 대진단을 통해 발굴된 보수·보강 수요를 빨리 안전 투자로 이어지도록 하고, 첨단기술을 활용한 진단장비가 필요하다면 R&D 사업과 연계하여 신산업을 창출하겠다고 한다. 2015년에도 약 1조 6천억 원 규모의 안전투자 수요를 발굴, 재정 투자를 확대했다. 국민안전처의 2016년 예산은 3조 2천억 원에 달한다. 예산을 발표할 당시, 국민안전처는 국민 생활안전 인프라 확충 및 안전관리시스템 구축에 역점을 두었다고 자랑했다.

그러나 세월호 참사, 판교 테크노밸리 환풍구 붕괴 사고, 의정부 아파트 화재사고 등이 안전 투자가 부족하거나, 첨단 장비를 사용한 위험 진단이 안 돼서 발생했는지 되물을 수밖에 없다. 참사의 주요 원인은 눈에 보이는 위험을 제대로 관리하지 않고, 규제하지 않은 것이었다. 정말 원인을 못 찾는 것인지, 모르는 척하는 것인지 묻지 않을 수 없다(최민, 2016. 4).

안전에 대한 국민의 관심이 높아지면서, 안전과 첨단기술을 연결하는 시도가 늘고 있다. 소방 웨어러블 기기, 국민 안전 로봇, 안전 감지센서, 재난대응현장 무인기, 드론을 활용한 산업단지 재난 대응, 인공지능(AI) 등이 그러하다. 지자체들은 서로 관련 산업 공단을 유치하기 위해 경쟁한다. 마치 이런 기술이 안전하고 행복한 장밋빛 미래를 약속하는 듯 국민을 현혹한다.

그러나 단언컨대 안전문제는 기술적으로 해결할 수 없다. 자동화로 인적오류를 없애 사고를 줄이겠다는 전통적인 안전 패러다임은 실패했다(박상은, 2015). 복잡하고 거대한 규모의 체계에서 발생하는 사고일수록 사고의 원인을 개인에서 찾고 그 돌파구를 기술에서 발견하려는 시도로는 안전을 획득할 수 없다는 것이다. 새로운 기술은 새로운 위험을 내포할 수밖에 없다.

정부가 몇 차례에 걸쳐 내놓은 안전대책과 여러 국책연구소에서 발간한 관련 연구보고서는 대부분 형식적이고 기술적인 내용만을 담고 있을 뿐이다. 여기서 안전한 사회로 나아가기 위한 근본적인 성찰은 발견되지 않는다.

'거짓의 역사에 대한 기억의 저항'이 필요한 때다.

'기억한다'는 것은 과거의 체험을 현재에 재현하는 작업이며, 그래서 기억은 주체적인 성찰의 시간이다. 그래서 기억은 진실에 대한 갈망과 한 묶음이다. 기억한다는 것은 기억하는 주체인 시민들이 세월호의 진실의 역사를 쓰는 것이다. 기억은 역사 인식이고, 기억한다는 것은 세월호 참사의 전 역사적 과정을 성찰하는 작업이다. 그 기억의 원동력은 '슬픔, 동정심'이 아니라 '부끄러움'이다. 지금 '살아남은 자'인 우리에게 정말 필요한 것은 부끄러움에 관한 기억과 성찰, 그리고 저항이어야 한다(이호중, 2016. 4. 14).

'참사를 기억한다는 것'은 효율보다 사람의 목숨이 먼저인 시대를 만들자는 것이며, 이것은 '안전'의 문제라기보다는 차라리 '정치'의 문제가 될 수밖에 없다. 저항의 권리는 우리 손에 쥐어진 최후의 권력이다. 저항의 권리를 행사해야 하는 것이다.

울리히 벡이 말하는 '위험사회'란 사회적 인간이 몰락하고 불안하고 불안정한 개인만 남아 서로 경쟁하고 다투는 사회를 말한다. 근대화 이후 발생한 대형사고의 구조적 문제가 알고 보면 거의 그 지점에서 발생한다는 것이다.

위험 앞에서 국가나 정부 같은 조직의 무책임이 드러나는 경우 심각한 무정부 상태에 빠질 수 있다고 우려했다. 국가 기관이나 제도는 국민의 신뢰를 잃고 위험은 더욱 증폭된다고 걱정했다. 세월호 참사와 그 이후 정부의 무대책이 그 징후이자 표본이라는 것이다.

계급정체성이 약해지고 가족 유대가 불안정해지는 개인화 시대를 걱정하는 울리히 벡이 제시한 해법은 새로운 정치다. 새로운 정치는 급진적으로 개인화된 '정치적 시민(citoyen)'들이 기존의 제도들에 대항하는 새로운 시민사회의 발현을 뜻한다. 이때 정치는 더 이상 생활과 분리되는 제도정치에 갇히지 않고 생활과 융합하는 '생활정치'로서 기능한다는 것이다.

세월호 참사에서 한국이라는 위험사회에서 생활하는 국민들은 새로운 정치적 지형이 열릴 때 비로소 그 사회의 주체로 거듭날 수 있을 것이다. 그 경지는 희생자나 그 유가족이 따로 있는 게 아니라, 내가 아니라서 불행 중 다행이라는 생각이 아니라, 모두가 국가나 정부에 대한 피해자라는 공감을 공유할 때 가능하다.

우리가 직면하고 있는 위험은 인간관계의 구조적 황폐화에 기인한다. 하버마스(Habermas)가 지적했듯이, '생활세계의 식민화'인 것이다. 따라서 우리에게 필요한 것은 총체적 위기를 극복할 수 있는 에너지, 즉 커뮤니케이션 파워를 회복하는 것이다. 이념적으로 보면 참여민주주의인데, 모든 사람이 정보에 자유롭게 접근할 수 있고, 조직의 의사결정과정이 민주화되어야 한다는 것이다.

울리히 벡이 제안하듯이 돌진적 근대화가 잉태한 위험사회는 '성찰적 근대화' 개념으로 탈출해야 한다. 돌진적 근대화가 성공과 함께 많은 부작용을 가져왔고 오늘날은 그 부작용의 극복이 보다 중요한 과제이기에, 우리의 미래는 이를 어떻게 극복하느냐에 달려 있다고 하겠다. 여기서 '성찰적'이란 우리가 직면한 위험을 외재적 탓으로 돌리는 것이 아니라 바로 우리 자신이 추구했던 발전노선 또는 우리가 만들었던 정치, 경제, 사회 체제에 의해 위험이 생산된 것으로 인식하는 것으로, 이는 자신을 되돌아보는 반성적 태도를 요구한다.

성찰성에는 두 가지 차원이 있는데(한상진, 1998), 첫째는 돌진적 근대화가 불러온 위험을 직시하는 것이다. 여기에서 성찰성은 행위의 의도되지 않은 결과에 심각한 관심을 갖는 것을 의미한다. 둘째, 지식의 효과로 인해 위험에 대한 지각이 만들어진다는 사실을 의식하는 것을 뜻한다. 이는 현대적 삶의 불확실성을 보여준다.

한국사회의 위험의 특성이 복합적이기에 위험사회에서 치유책으로 제시된 성찰적 근대화 역시 보다 신중하게 고려되어야 하는데, 한국에서의 성찰적 과제는 이중적일 수밖에 없다. 그 한 방향은 민주화와 합리화를 촉진함으로써 파행성을 치유하는 것이고, 다른 한 방향은 급속한 산업화 및 정보화가 가져온 위험을 추방하는 것이다. 즉, 한국사회에서의 성찰은 근대화의 결여에 따른 문제를 해결함과 동시에 근대화의 병리현상을 치유하는 이중의 과제를 안고 있는 것이다.

위험사회는 위험이 모두 극복된 어떤 유토피아를 지향하는 개념이 아니다. 우리에게 필요한 것은 삶의 안전을 파괴하는 위험의 진단과 극복에 최선을 다하면서도 21세기를 향한 삶의 숙명이기도 한 모호성과 불확실성을 포용하는, 열려진 자기성찰의 태도를 갖는 것이다.

Chapter **2** | 위험사회 한국의 소통현실에 대한
성찰적 진단

1 2014년 세월호 참사

1.1. 한국사회의 모순이 잉태한 참사

"Memento mori(메멘토 모리)."

'죽음을 기억하라'는 의미의 라틴어다. 지금 우리에게는 기억해야 할 '죽음'이 있다.

2014년 4월 16일 오전 8시 49분, 배가 기울었다. 10시 30분, 배는 침몰했다. 172명이 구조됐다. 그리고 304명이 바다 밑으로 가라앉아 영원히 바깥으로 나오지 못했다.

476명을 태운 채 바다로 가라앉았던 세월호 침몰에 대한 진실은 아직도 밝혀지지 않고 있다. 그러나 정부와 언론은 그날을 잊으라고 한다. 그래서 더욱 기억해야 한다. 그것이 우리가 그들을 위해 할 수 있는 최소한이다.

세월호 참사는 우리 사회의 민낯이다. 사회의 부조리, 모순, 부도덕 등이 쌓이고 쌓인 결과다. 만약 세월호 참사를 잊고 지나간다면 끝나지 않는 현재진행형이 될 뿐이다. 세월호 참사는 한국사회에서 위기관리의 범위는 더 이상 재난사고 그자체에 국한되지 않고, 실패했을 경우 그 실패에 대한 사회적 반향으로 책임귀속과 후속대책을 포함하여 광범위하게 확장되고 있음을 보여준다.

세월호 참사와 같은 대규모 재난은 앞으로도 반복될 수 있다는 점에서 재난의 발생 및 위기관리 실패의 사회구조적 원인에 대한 성찰을 요구한다. 현실의 위기관리는 신자유주의적 경제정책과 맞물린 탈규제와 일상을 지배하는 '위험 항상성

(risk homeostasis)'에 그대로 노출되었다. 위험 항상성은 상시적으로 위험에 노출된 위험관리 분야에서 위험의 정도를 일정하게 유지하려는 경향을 일컫는다.

세월호 참사에서 드러난 것은 국가가 재난예방과 사고수습을 위해 사회에 개입하여 합리적인 기획과 조직을 강화하는 한편으로, 경제 활성화를 목적으로 한 각종 탈규제 조치가 오히려 예측 불가능성과 위험의 통제불가능성을 높이는 것을 막지 못한다는 것이다. 즉, 위기관리의 강화는 위험의 통제불가능성을 역설적으로 폭로하고 있다(노진철, 2015).

사상 최악의 대규모 참사

2014년 4월 16일 전남 진도 인근 관매도 해상에서 침몰한 세월호는 총 304명의 희생자와 실종자를 낳은 2010년 이후 대한민국에서 가장 큰 규모의 참사로 기록된다. 특히 승객 구조 의무를 저버린 선장 및 승무원의 행태와 희생자 대다수가 수학여행을 떠나던 고등학생이었다는 점은 국민 정서에 막대한 영향력을 끼쳤다. 세월호 참사는 급속한 산업성장 이면에 감춰져 있던 대한민국 안전체계망의 문제를 여실히 보여주었다. 해양경찰청과 해수부의 대응 미숙과 비리는 한국 관료사회가 안고 있는 문제점을 고스란히 보여주었고, 구조 골든타임을 놓친 채 침몰 이후 탈출자를 제외한 단 한 명의 생명도 구하지 못한 결과는 국민들의 분노를 한층 더 가중시켰다.

과열된 언론 취재 때문에 발생한 오보, 선정적 보도, 정치 편향적 보도 역시 세월호 참사 희생자와 가족들에게 심리적 고통을 더욱 증가시켰다. 세월호 참사는 과거 어느 사건 사고 때보다 많은 언론사가 파견돼 상주하며 취재경쟁을 벌였다. 그 속에서 언론은 숱한 문제를 생산했고, 세월호 참사 이후 기자와 쓰레기의 합성어인 '기레기'로 불리며 국민적 질타를 받았다.

사고 이후 후폭풍은 상당했다. 부실 대응과 비리에 연루된 해양경찰청의 해체, 국무총리의 사퇴 선언, 실소유주인 유병언과 구원파 논란, 실종자 수색, 특별법, 인양 문제 등 세월호와 관련된 이슈가 뉴스에서 끊이질 않았다. 이 때문에 세월호 유족뿐만 아니라 대한민국 국민이 전체가 세월호 참사의 트라우마(외상 후 스트레스)부터 자유로울 수 없었다.

그런데 국민의 세월호 참사에 대한 피로도가 누적되자 여론은 점차 관련된 보도를 줄여갔고 심지어 일부 보수 언론은 세월호 유가족에게 비판이 아닌 비난적인 내용을 보도하기도 했다. 2014년 11월, 고심 끝에 선언된 세월호 유족의 실종자 수색 중단 선언 역시 국민의 세월호 피로도와 언론의 분위기를 의식한 결과였다. 유족들은 여론의 분위기 점차 세월호 수색에 불리한 방향으로 흘러가자 2차 인명사고를 낳을 수 있는 실종자 수색을 종료하고 인양하는 방법으로 가닥을 잡았다. 그러나 1주기가 지나도록 가족 품으로 돌아오지 못한 실종자 9명, 특별법 시행령 문제, 세월호 인양 문제 등 어느 것 하나 명쾌하게 해결된 것이 없다.

한편, 2011년 대지진과 쓰나미를 겪은 일본의 현재 모습은 우리와 상황과 너무 다르다. 5년이 지난 지금도 수색이 이루어지고 있다. 재해와 상처를 어떻게 대해야 하는지 성찰하게 한다. 일본의 실종자 가족들은 바닷속을 뒤지고 진흙탕을 뒤지며 5년째 가족의 흔적을 찾고 있고, 해상보안청은 실종자 가족 요청으로 한 달에 한 번 실종자 수색작업을 진행하고 있다. 쓰나미 발생 5년이 지난 시점에서 발견 가능성은 높지 않은 게 사실이다. 해상보안청 수색작업에서 실종자 유해를 발견했다는 소식도 들리지 않는다. 그런데도 한 달에 한 번꼴로 수색작업은 계속되고 있다. 실종자 가족들의 요청이 있기 때문이다.

"이제 그만하면 됐다"는 식의 불평은 적어도 공개적으로는 나오지 않는다. "이쯤 했으면 이제 놓아주시라…" 일본 사회와 언론 어디에서도, 그런 값싼 위로의 말은 나오지 않고 있다. 잠수부들이 바닷속에서 건져 올리려는 것, 또 운하의 물을 비우고 지역공동체가 함께 찾으려는 것은 실종자 가족들의 '삶에 대한 희망'과 '공동체의 치유'일 것이다.

침몰한 진실, 괴담 횡행

세월호 참사 이후 각종 유언비어와 음모론이 횡행했다. 이는 일정 부분 전문가의 '상실'에 기인한다.

국립과학수사연구원(국과수)이 "유병언 시신이 맞다"고 밝혔음에도 '유씨가 살아 있다', 혹은 '국과수가 부검결과를 조작했다'는 식의 괴담이 온라인을 중심으로 퍼지고 있다. 여론조사 전문기관인 리얼미터 조사결과를 보면 '국과수 발표를 신뢰하지 못한다'는 응답이 57.7%로 '신뢰한다'(24.3%)의 두 배에 달했다.

정부·여당은 때때로 "전문가 말을 안 믿고 온라인상에서 돌아다니는 괴담에 국민들이 너무 잘 속는다"고 주장한다. 하지만 전문가집단에 대한 신뢰추락은 자초한 부분이 크다. 전문가를 자처하는 집단치고 제 목소리를 내는 전문가를 찾아보기 힘들다.

세월호 사고 직후, 해양수산 관련 대학교수와 연구원들은 입을 닫았다. 한 해양수산전문연구원은 아예 연구원들에게 '이 시간 이후 언론과는 일절 접촉하지 말라'는 문자메시지를 보냈다.

언제부터인가 국내 전문가 중에서 정치 및 자본 권력과 다른 목소리를 공개적으로 내는 사람들을 찾아보기 힘들어졌다. 다른 목소리는 주로 시민사회단체의 몫이다. 그러면서 시민사회단체에 대해서는 "전문성이 없다"고 비난한다. 사회가 붙여준 '전문가'라는 호칭에는 학자적 양심에 대한 기대감이 포함돼 있다(한겨레신문, 2014. 8. 1). 경제, 환경, 교육 등 각 분야에서 누구의 눈치도 보지 말고 자신의 목소리를 내어달라는 요구다. 전문가들이 입을 닫을 때 그들의 권위는 사라진다. 바야흐로 전문가의 위기시대다.

2014년 5월 <뉴욕타임스(The New York Times)>와 <워싱턴포스트(The Washington Post)>에 '진실을 밝히다, 왜 한국인들은 박근혜 대통령에게 분노하는가?'라는 세월호 참사 관련 광고를 냈던 재외동포들이 8월 17일(현지 시각) <뉴욕타임스>에 다시 한 번 '진실은 침몰하지 않습니다'라는 광고를 게재했다. 앞서 나온 광고가 세월호 참사와 관련해 '무능과 태만', '언론 통제와 조작', '언론탄압, 여론조작, 국민경시' 등의 태도를 보인 정부와 언론의 왜곡보도를 비판했다면, 이번 광고는 유가족들의 아픔을 공유하고 세월호 특별법 제정에 동참을 호소하는 내용을 담았다.

네 명의 광고팀은 크라우드 펀딩을 통해 재외동포 1,559명으로부터 6만6834달러를 모았다. <뉴욕타임스> 메인 섹션(뉴욕 13면, 애틀랜타 5면)에 실린 이 광고는 '단식투쟁 중인 희생자 가족들', '부정부패, 직무유기, 규제완화', '변화를 가져올 특별법 제정' 등의 내용으로 구성돼 있다. 광고는 "정부의 부정부패와 기업의 탐욕", "컨트롤타워 부재 및 7시간 동안 행방을 알 수 없었던 박 대통령의 직무유기"가 "사고를 참사로 키우는 주요 원인"이라고 짚었다. 또, 광고에는 "비탄에 잠긴 유가족을 지지하고 애도하는 대신 집권 여당 의원들은 거짓 소문을 유포하며 여론을 조작"했고, "유가족이 제시한 수사권과 기소권이 보장되는 특별법만이 민주주의를 바탕으로 자유와 정의가 실현되는 안전한 한국을 만드는 유일한 방법이 될 것"이라면서 "진실과 정의를 위한 싸움에 동참"할 것을 호소하는 내용도 담겨 있다.

세월호 침몰사고가 발생한 4월 16일 오후 10시 50분. 이런 내용의 문자메시지가 돌았다. "아진짜전화안터져문자도안되게ㄴ … 지금여기배안인데사람있거든 … 나아직안죽었으니까아네사람잇다고좀말해줄래" 며칠 후 언론들은 이 문자가 경기도 김포의 한 초등학교 5학년 학생이 발송한 가짜 문자라고 보도했다.

세월호 사건 이후 전개과정에서 카카오톡이나 페이스북과 같은 SNS는 핵심 키워드다. 조타실을 비운 이준석 선장은 자신의 방에서 카카오톡을 들여다보고 있었다고 경찰 관계자는 밝혔다. 많은 사람들이 안타까워한 세월호 안 생존자의 오전 10시 17분 마지막 메시지도 카카오톡을 통해 지인에게 보낸 문자였다. 페이스북은 또 하나의 통로였다. 실종자 가족이 개설한 '안산소식' 페이지는 공중파 방송에서 전해지지 않은 생생한 현장 소식과 정보를 전달해 주목을 받았다.

언론들은 SNS를 허위 정보, 이른바 괴담이 창궐하는 진원지로 지목하고 나섰다. 과거 천안함 사건 의혹 제기, 미국산 쇠고기 광우병 사건 당시 주장들과 연결시켜 'SNS=괴담 유포 창구'와 같은 등식을 재확인하는 것이 많다. 흔히 '루머' 또는 유언비어는 정보가 통제되는 상황이나 부족한 상황에서 유통된다. 재난이나 전쟁 상황에서 창궐하는 것이다. 그런데 이번 세월호 사건의 경우 정보는 부족하지 않았다. 오히려 너무 많았다.

세월호 사건에서 SNS의 역할과 관련해 오히려 주목해야 하는 것은 괴담이나 허위사실의 유포보다 바로 이 '신속한 정화기능'이다.

단원고 한양의 페이스북 메시지가 조작되었다는 사실은 4월 23일 경찰의 수사발표 이틀 전인 4월 21일, 이 메시지가 유포된 경위가 어떻게 된 것인지 의심을 품은 한 누리꾼이 최초 유포자와 페이스북 메시지 대화를 통해서 '메시지 전달받은 경위'에 대해 말 바꾸기를 했다는 것을 밝혀냈고, 이 누리꾼은 최초 유포자와 주고받은 대화 내용을 캡처해 인터넷 커뮤니티에 올리면서 누리꾼 판단은 조작된 것으로 기운 상태였다. 그뿐만 아니다. 해경 동영상을 분석해 언론이 파악하지 못한 '숨은 영웅'(파란 바지의 남자)가 있다는 것을 최초로 규명해낸 것도 SNS였다.

정확하지 않은 생존자 통계 역시 생존자 리스트 상 이름과 나이, 주소가 비슷한 사람이 있다는 데 의문을 품은 한 누리꾼의 추적으로 사고가 난 지 4일이 지나서야 정정될 수 있었다.

1.2. 위험을 증폭시킨 건 언론

> 뉴스는 겁먹고 동요하고 괴로워하는 대중을 간절히 필요로 한다!
> -알랭 드 보통(Alain de Botton)

'기레기'

세월호 참사 관련 언론의 보도 행태는 그 자체가 재난 수준이었다. 급기야 기자들은 '기레기(기자+쓰레기)'로 불리었다.

세월호라는 영원한 재난의 핵심은, 이익을 생명보다 중시여기는 탐욕의 자본, 이들과 부정하게 야합한 정부부처의 책임에 있었다. 공권력을 야금야금 해체시켜버림으로써 인명구조능력 자체를 상실해버린 국가의 부정에 있다. 이 모든 현실의 근본적 조건이 되는, 사회 공공성 파괴의 주범인 신자유주의의 폭력성에 있었다. 그리고 이러한 진상을 짚기는커녕 진실을 은폐하고 선전으로 일관함으로써 결과적으로 안타까운 300여 목숨의 익사를 초래한 언론매체의 중대한 실패에 있었다(미디어스, 2014. 7. 24).

한국의 언론체계 역시 자본과 권력에 종속된 무질서와 무능력의 총체라고 할 수 있다. 반복되는 오보, 무질서한 취재경쟁, 권력자 지향 보도, 희생양 찾기, 재난 피해 당사자를 배려하지 않는 인터뷰 강요와 선정적 보도 등 모든 언론사는 무한경쟁에 몰입했다. 그래서 사건을 일으킨 선박회사, 긴급 재난구호에 무능한 정부, 취재경쟁에서 보도의 정확성보다 신속성을 중시하며 특종을 위해 사투를 벌이는 언론사는 모두 피해 당사자의 적이 되고 말았다. 지금 희생자 유가족뿐만 아니라 온 국민이 느끼는 불신과 분노의 대상은 세월호와 함께 침몰한 한국의 전체 사회체계, 곧 국가다.

세월호 탑승자 수, 실종자 수 그리고 구조자 수를 정확하게 보도하지 못한 점, 부모와 오빠를 잃은 5살 어린아이의 사진을 그대로 공개한 점, 스스로 민간 잠수부라는 정체불명 여성의 거짓말을 의심 없이 내보낸 점, 친구의 죽은 사실을 알고 있는지를 물어 충격을 안겨준 점, 검증되지 않은 다이빙벨을 투입하도록 해 구조 시간을 허비하게 한 점, 선장을 포함해 선원들은 왜 아무 조치도 하지 않고 탈출했는가 하는 의문점, 침몰 당시 사고 신고를 받은 해경의 대응은 어떠했는가 하는 점, 당국의 초기 구조작업이 왜 지연됐는지에 대해 제대로 밝히지 못한 점, 수백 명의 생명이 물속에 잠겨 있는데도 펜과 카메라를 서둘러 유병언 일가의 비리에 맞춘 점 등에서 보았듯이 오보와 선정성, 과잉속보성과 피상적 보도, 검증이 아닌 단정식 보도로 일관했다(신문과 방송, 2014. 6). 한마디로 저널리즘의 총체적 부실을 보여줬다고 해도 과언이 아니다.

세월호 참사 이후 우리 언론은 공공의 적이 됐다. 신문이든 방송이든, 보수매체든 진보매체든, 개별 언론사의 존재감보다는 집합적 언론의 존재적, 기능적 한계가 너무도 뚜렷이 부각됐다. 역사상 가장 큰 불신과 뭇매를 맞았다고 해도 과언이 아닐 정도로 언론에 대한 시민들의 지탄의 범위와 정도는 심대했다.

재난, 위험보도의 문제점 답습

위험에 대한 개개인의 지식이나 인식은 당사자의 직접적인 경험이 아니라 간접적인 정보, 특히 대중매체에 의해서 형성되는 경우가 많은데, 이는 그만큼 위험의 사회적 의미를 설명하는데 미디어의 역할과 기능이 중요함을 반영한다.

신문, 라디오, TV 등 전통적인 미디어는 물론 뉴미디어를 통해서 위험정보가 전달되고 사고현장이 설명되는 현실에서 미디어는 "사실의 전달자(cover story)"

에 충실하기도 하지만 많은 경우 "사건의 구성자(create accident)" 역할도 한다(정익재, 2010). 특히 재난과 위험에 대한 미디어의 과잉보도(media hype)는 사회적 이슈증폭(issue amplification)으로 이어질 수 있다는 것이 사례를 통하여 확인되었는데, 이러한 현상은 사회구성원의 관심을 받는 사건의 실질적 의미와 중요성이 과대 또는 과소평가 될 수 있다는 의미인 동시에 우리 사회에 심각한 영향을 미칠 수 있음을 시사한다.

커뮤니케이션이 왜곡되어 사건이 진행됨에 따라서 비정상적으로 사건이 확대보도될 개연성이 많고, 이로 인하여 해당 위험에 대해 필요 이상의 민감한 반응을 유발할 수도 있다. 왜곡된 커뮤니케이션은 대중을 왜곡된 방향으로 위험인식의 변화를 유도할 수도 있으며, 이를 바탕으로 한 위험증폭은 잠재적 사회갈등을 유발할 수도 있다.

그러나 우리 재난보도는 꾸준히 비판받아왔는데, 다음과 같은 점에서 그러하다.

일반보도와 달리 재난보도는 '사실성/접근성/흥미성'보다 '전문성/정확성/계몽성'을 지향해야 한다. 사회적 갈등보다 사회적 통합을 지향해야 하며, '관찰자'가 아닌 '피해자'의 입장에서 접근해야 한다. 그러나 우리 재난보도는 꾸준히 비판받아왔다.

첫째, 선정주의적 보도(sensationalism, yellow journalism)이다. 헤드라인에 자극적인 장면을 담고 자극적 발언을 배치한다. 의혹제기 보도가 범람한다.

둘째, 단발성 소나기성 보도가 범람한다. 현장에서 법석을 떠는 그렇지만 가치 있는 정보가 절대적으로 부족하다. 하루 종일 특집 재난방송을 하지만 실제 의미있는 정보들은 많지 않다. 원인이나 대책 같은 문제보다 피해상황이나 피해현장 스케치 보도가 주류이다. 이른바 '소방차 저널리즘'으로 전파낭비라는 비판을 받는다. 눈에 보이는 것은 입맛대로 골라서 마구잡이로 보도하는 '쓰레기통 저널리즘'이 되기도 한다.

셋째, 공식발표에 의존하는 '발표 저널리즘'이다. 전문기자제도의 부재 때문이기도 한데, 정부/공공기관에서 제공하는 프레스 릴리즈(press release)에 의존한다. 정부/공공기관과 언론사 간 공생, 유착 패턴으로 언론의 환경감시, 권력견제 기능이 소멸된다.

넷째, 감성적이고 주관적 재난보도이다. 사실과 의견을 분리하지 않는 보도행태를 보인다. 감정에 매몰되어 사고의 원인과 피해를 사적이고 개인적인 문제로 접근하기도 한다. SNS의 주관적이고 정제되지 않은 소재를 이용한다. 마녀사냥식 갈등적 책임공방을 유도한다. 격앙된 사회 분위기를 형성하는 데 일조하고 사회적 갈등을 조장한다. 때론 정치쟁점화하기도 한다.

다섯째, 재난 단계별로 적합하지 못한 보도가 혼재한다. 재난발생단계, 응급대응단계, 수습단계 등 사건 초기부터 상황의 흐름에 따라 문제점, 원인, 대안, 책임공방 같은 여러 보도들이 혼재되면서 국민에게 혼선과 사회적 갈등을 유발한다.

여섯째, 재난보도 기자들의 자질 부족이다. 전문성 부족보다 더 심각한 것은 보도를 담당하는 기자들의 자질 문제이다. 과거와 같은 초상권 침해, 피해자 마구잡이 보도 등 노골적인 보도폐해는 줄어들었지만, 보도태도는 여전히 의문이다. 재난보도는 제3자적 방관자 혹은 구경꾼이 아니라 피해자 입장에서 접근하는 동병상련의 자세가 요구된다.

세월호 참사 이후 방송통신심의위원회는 KBS, MBC, SBS, TV조선, JTBC, 채널A, MBN, 뉴스Y 등 9개 주요 방송사에 대해 심의규정 위반(23건)건으로 권고, 주의, 경고, 관계자 징계 등으로 보도의 문제점에 대해 책임을 물었다.

'세월호 참사' 관련 오보, 선정보도, 사생활 침해 사례

구 분	방 송 내 용
사실과 다른 오보 (정확한 정보제공 미흡) (14건)	학생 전원구조(9건)
	해경이 민간 잠수부의 활동을 방해한다는 민간 잠수부 인터뷰(1건)
	선내 엉켜있는 시신 다수 확인(1건)
	해군 병사 뇌사 사건 원인을 세월호 수색작업과 연관시킴(1건)
	'다이빙벨'만이 생존자 구조책(1건)
	대통령 위로방문 내용을 전하면서 유가족 항의 등 내용 누락(1건)
선정적 보도, 사생활 침해(9건)	사고 생존 여학생에게 친구의 사망을 묻는 인터뷰(1건)
	세월호 사고와 관련 없는 시신 운구 장면(1건)
	세월호 승객 보험가입 현황(3건)
	취재기자, 출연자 웃는 모습 4초간 노출(1건)
	진도 팽목항 현장 중계 중 한 남성이 욕설하는 장면 30초간 노출(1건)
	세월호 사고로 가족 중 생존자인 7세 어린이 소개 시 자극적 내용 보도(1건)
	민간 잠수부 사망원인을 우리 사회의 조급증을 원인으로 소개(1건)

방송통신발전기본법 시행령 및 재난방송 실시기준(고시)에 '객관적이고 정확한 보도', '사생활 보호' 및 '취재질서 의무' 등 재난방송준칙이 규정되어 있고 방송 사별로 재난방송매뉴얼을 의무적으로 마련 및 비치하고 있음에도 불구하고, 보도 과정에서 오보 및 피해자 가족을 배려하지 못한 선정적 보도, 피해자의 인권을 해치는 사생활 침해 보도가 다수 발생하였다.

결정적 오보, 그리고…

세월호 침몰과 관련해 언론보도는 많은 문제점을 남겼다. 가장 큰 문제는 각종 오보가 넘쳐났다는 점이다. 세월호 침몰과 같은 대량 인명 피해가 발생한 사고의 경우 오보는 특히 치명적이다. 실낱같은 구조 가능성에도 기대를 걸 수밖에 없는 사고 피해자 가족들에게 확인되지 않은 정보를 전달함으로써 불필요한 의혹과 불신을 유발시킬 수 있고, 이는 곧 구조활동의 지연과 같은 구조 현장의 혼란을 일으킬 수 있기 때문이다.

거의 24시간 특보체제로 보도했지만, 같은 내용의 반복에 불과했고 차별화된 보도가 드물었다. 지상파 3사가 월드컵 축구를 동시 중계했던 것처럼 동일한 내용을 반복 방송하면서도 정작 국민들이 궁금해하는 부분에 대해서는 정보제공이 소홀했다.

2014년 4월 세월호 참사 관련 방송보도 상황을 살펴보면, 초기 5일간 집중적으로 보도(4월 16~20일)가 이루어졌다. 재난발생 일주일 이후 보도가 격감하기 시작했다. 재난보도 내용을 보면, 전체적으로 '가십성' 기사와 '구조활동' 관련 기사가 대부분이었다. 가십성 기사는 세모나 구원파 등을 다룬 기사지만, 침몰사건과 직접 관련 없는 가십성 기사와 조문행렬/국민반응 같은 분위기 관련 기사들로서 사건본질과 동떨어진 흥미성 보도들로 볼 수 있다.

보도 프레임을 보면, 피해자, 가족 등에 대한 피해상황, 가십성 보도 등은 인간적 흥미 프레임이 여전했다. 책임공방, 원인규명, 구조활동 등과 관련해서 갈등적 뉴스들이 많아, 재난에 대응하는 국가적 통합기능을 저해하는 것으로 평가된다.

세월호 사고 당일(16일) 방송은 이렇게 말했다. "구조에 큰 문제 없어. … 인명 피해도 없을 것"이라고.

방송사들은 세월호 사고 발생 후 속보 형태로 상황을 생중계했다. KBS와 MBC도 '뉴스특보'를 오전 10시가 채 안 된 시간부터 뉴스특보를 시작했지만, 내용은 한마디로 '거짓'이었다. 이들은 '적극적인 구조가 벌어지고 있다'고 방송했고, 11시 이후 '전원구조' 오보를 냈으며, 전원구조는 아니라고 정정한 이후에도 약 4시간가량이나 승객들이 안전히 구조된 양 보도를 이어갔다. 특히 KBS와 MBC는 해경과 해군의 신속하고 적극적인 투입으로 구조가 원활하게 진행됐으며, '혹시 남아 있을지 모를 선내 승객'까지 구조하기 위해 특공대원들이 선내에서 수색작업을 벌이고 있다고 보도했다.

그러나 이는 사실이 아니었다. 당시 현장에서는 구조가 제대로 벌어지지 않았다. 가장 먼저 도착한 해경은 세월호 주변을 돌며 시간을 허비했고, 선체 내부 진입은커녕 입구를 코앞에 두고도 들어가 승객을 구하지 않았다. "가만히 있으라"는 선내방송을 믿고 대기하고 있던 승객들을 향해 "바다로 뛰어내리라"는 지시도 하지 않았다. 세월호가 가라앉자 해경은 구조를 종료하고 해군 등 지원인력들의 구조활동도 통제했다. 잠수요원 수십 명이 선내에 투입되었다는 거짓말도 했다. 온 국민은 대대적인 인력과 장비 투입을 믿으며 기다렸지만, 세월호에 남아 구조를 기다리던 300여 명의 승객은 단 한 명도 구조되지 못했다. 학생들이 마지막으로 남긴 핸드폰 영상과 메시지에는 뉴스속보를 본 학생들이 자신들이 곧 구조될 것이라 믿고 있었음이 고스란히 나타나 있다.

이번 참사는 대한민국의 총체적 문제를 모두 담고 있다고 하지만, 재난구조의 문제점과 정부의 무능한 대처능력이 근본적 원인일 것이다. 그러나 방송도 우리 아이들을 죽였다. 정부자료를 앵무새처럼 옮기며 구조현장의 문제를 제대로 보도하지 않은 '거짓방송'이 우리 아이들을 죽인 것이다.

4월 16일 MBC, KBS, SBS, 채널A, TV조선, YTN, MBN 등은 단원고 학생 338명 "전원 구조"라는 오보를 냈다. 4월 17일 YTN, SBS 등은 세월호 선체 "산소 공급"이라는 오보를 냈다. 그런데 4월 17일, JTBC는 실종자 가족과의 인터뷰를 통해 실상을 전했다.

김중열 씨(실종자 가족): 분명히 지금 여기서는 방송과는 다른 상황이 벌어지고 있습니다. 국민들은 그걸 좀 아셔야 합니다. 지금 방송이 전부가 아닙니다. … 첫날 저녁때, 그때 당시에도 방송에선 구조활동이 한창이라고 했었는데 저희가 갔을 당시에는 침몰한 배 주위 100m 반경으론 배가 한 척도 없었습니다.

세월호 보도의 문제점을 정리하면 다음과 같다(이완수, 2014).

첫째, 지나치게 단편적이고, 흥미 위주의 개인적 문제에 집중했다는 점이다. 사회적, 경제적, 정치적 구조 속에서 문제의 원인과 결과를 밝혀내기보다는 개인의 비극, 인간적 위기와 극복, 희생과 봉사 등 지엽적인 문제에 초점을 맞추는 과도한 이벤트성 보도 경향을 보였다. 우리 언론은 세월호 참사의 책임을 선원의 비윤리성, 선주대표의 불법성, 구조대원의 무능, 정부 관리의 실수 등 개인에 돌리는 이른바 일화적 프레임을 강조해 내보냈다. 기관(조직), 사회, 국가와 같은 큰 맥락에서 구조적으로 무엇이 문제이고, 개선돼야 할 제도와 관행은 어떤 것이 있는가에 대한 주제적 프레임은 상대적으로 부족했다.

둘째, 세월호 사건을 마치 드라마처럼 지나치게 극화하는 경향의 보도태도를 보였다. 분석적이고, 과학적인 방식으로 사건의 실체를 밝혀내기보다는 특정 배역(실종자 가족, 선장, 해경간부, 장관, 국무총리, 대통령)을 등장시켜 극적 장면과 갈등관계로 뉴스를 꾸미는 드라마방식의 보도를 지향했다. 이 과정에 자극적인 헤드라인, 사진, 그래픽, 비디오, 오디오를 동원해 사실을 훨씬 극적으로 바꿔놓음으로써 진실을 왜곡했다. 복잡한 정치적 정보, 정부기구의 작동구조, 중심인물의 이면에 숨어 있는 권력관계 등은 무시되거나 가볍게 다뤄졌다. 사건이 발생하게 된 구조적 문제와 원인을 드러내 보이기보다는 슬픔, 분노, 갈등, 대립과 같은 감정적 요소를 버무린 한 편의 비극적인 드라마를 연출하는 식이었다.

셋째, 사건의 연관성을 종합적으로 보여주기보다는 사안을 개별적으로 다루는 파편화된 보도경향을 보였다. 사건에 관한 치밀한 탐사를 통해 내용을 심층적으로 보도하기보다는 저명하거나 영향력 있는 인물의 행위와 반응을 쫓음으로써 사건의 전모를 구조적으로 밝혀내 설명하고, 해석하는 데 집중하지 못했다.

넷째, 사건이나 사고가 정상화되지 않으면, 누군가를 희생양으로 표적화하는 이른바 '권위 무질서'의 보도방식을 택함으로써 사건의 본질이 엉뚱한 곳으로 흘러가게 한 점이다. 이번 세월호 실종자 구조과정에 대한 언론보도를 보면 해경간부, 관계부처 장관, 국무총리, 그리고 마지막 단계에는 대통령을 표적으로 삼아 문제해결에 실패한 공직자로 낙인을 찍는 프레이밍방식을 동원하는 식이었다. 이로써 이들 정부 공직자는 구조작업에 집중하기보다는 사건에 대한 해명에 치중함으로써 구조가 오히려 지체되거나 혼란에 빠지는 문제를 낳았다. 언론의 이러한 권위의 무질서화는 주로 정부 관계자의 책임론, 통제 상실, 무능, 정치적 갈등 등으로 비화됐으며, 정작 중요한 생명구조에 대한 의제를 부각하는 데 방해로 작용했다. 우리 언론이 장관이나 대통령을 실종자 가족 앞에 세우는 체벌형식의 '권위무질서'를 뉴스의 핵심 의제로 선택함으로써 사건의 본질, 예컨대 실종자 구조에 대한 사회적 관심이 분산되고 이탈되는 결과를 낳았다.

세월호 관련해서 분명 보도할 만한 가치가 있는 사안임에도 불구하고 언급조차 하지 않는 은폐보도들이 있다. 주로 대통령과 정부여당에 불리한 내용들이다. 대통령 관련한 내용은 지나치게 미화되었으며, 참사에 대한 미숙한 대응 등을 비판하는 국민의 목소리를 정치적인 취지라며 왜곡하는 경우도 많았다.

유병언의 온갖 습관, 취미생활, 유대균의 음식 습관 등에 이르기까지 국민들은 유병언이나 그 아들 유대균에 대해 아주 가까운 지인인 양 속속들이 알게 됐다. '탐사보도'도 이런 탐사보도가 없다. 얼마나 심층보도인가, 유병언의 속옷까지 알 정도니! 하지만 그토록 많은 시간을 할애한 보도에 세월호 참사의 진실은 없다. 심층보도를 빙자한 선정주의의 극치다. 세월호 참사로 인해 우리 언론의 민낯이 그대로 드러났다.

현장의 목소리를 부정하면서 선정적인 내용으로 권언유착의 모습을 보였던 세월호 참사 관련 보도들은 세월호 참사 극복에 외려 걸림돌이 되고 말았다는 그 사실 자체만으로도 당연히 심각하다.

참사를 키운 언론

세월호 참사는 기업의 탐욕과 선장 및 선원들의 무대책 대응 그리고 정부의 무능이 더해져 '대'참사로 발전한 사건이다. 누구도 참사의 책임에서 자유롭지 않다. 그런데 참사 1년, '정부'는 그 책임에서 비켜 있다. 보수 언론들이 큰 역할을 했다. 보수 언론은 세월호 참사 '진상규명'의 논점을 '이준석 선장'과 '유병언'으로 옮기는 데 사력을 다했다. 신문 가운데서는 동아일보가 극렬했다.

동아일보는 사건 발생 일주일여 만인 4월 23일, <청해진해운 유병언 일가, 국민 앞에 무릎 꿇고 사죄하라>라는 제목의 사설을 게재했다. "대통령까지 사고현장에 나가 실종자 가족들을 만나고 대화하는데, 이번 사고에 직접적인 책임이 있는 선박사의 지주회사 대주주들은 입도 뻥긋하지 않았다"고 목소리를 높이며 '책임'을 몰아갔다. 이 사설은 '유병언'이라는 이름이 등장한 첫 번째 사례이기도 했다. '박근혜 대통령은 최선을 다하고 있'지만 유병언은 등장하지 않는다는 대비의 시작이었다.

4월 30일자 중앙일보 사설 <세월호 침몰로 서민경제까지 가라앉아서야…> 중 일부다. "내수 침체가 겨우 살아나기 시작하던 경기회복의 발목을 잡는 것은 물론 영세상인과 골목상권에 치명타가 되고 있다"며 "국가적인 재난의 충격과 슬픔이 서민경제를 나락으로 밀어 넣고 있다"고 지적했다. 이어, "세월호 침몰이 비통하다고 해서 서민경제를 가라앉히고 대한민국 경제까지 좌초시킬 수는 없지 않겠는가"라고 사회적 분위기에 의문을 표했다.

또한 "국가적인 재난에 직면해 희생자를 애도하고 가족의 슬픔에 공감하는 것은 당연하고, 유흥・향락 활동과 과시적 소비를 자제하는 것은 자연스럽다"라는 전제를 달기는 했다. 하지만 이 같은 사설이 등장한 때는 2014년 4월 30일, 세월호 참사가 발생한 지 2주 후다. 중앙일보는 5월 9일에도 <세월호 쇼크, 경기회복 불씨 꺼뜨려선 안 돼>라는 사설을 싣고 "세월호 쇼크로 동력이 떨어진 경제혁신 계획도 중단 없이 추진돼야 한다"고 재차 주장했다. 박근혜 정부의 '경제혁신'을 추동했다.

세월호 참사와 관련해 유가족들이 가장 크게 분노했던 보도를 꼽자면, MBC 뉴스데스크 <분노와 슬픔을 넘어서…> 리포트이다. 이광욱 잠수부의 죽음이 세월호 유가족들의 조급증 탓이라는 보도였다. MBC는 청와대로 행진하던 유가족들을 조급증에 걸린 사람으로 묘사했다. 유가족을 향해 애국과 평상심을 '강요'했다. "이제는 분노와 슬픔을 넘어, 처음부터 무엇이 잘못됐는지를 냉철하게 이성적으로 따져보고 참사를 불러온 우리 사회시스템 전반을 어떻게 개조해야 할지 고

민할 때"라고 유가족을 훈계했다. MBC가 분노와 슬픔을 넘자는 훈계를 늘어놓았을 때는, 참사가 한 달도 되지 않은 5월 7일이었다.

세월호 참사 '애도'의 마음을 진영화한 것 역시 언론이다. 조선일보와 중앙일보는 '진보 vs. 보수'의 구도로 사태를 재규정했다. 이들은 5월 8일 같은 날, 사설을 통해 '정치'를 거론하기 시작했다.

조선, 중앙의 진영 논리가 등장하자, 여권은 세월호 참사를 이념 편향으로 적극 활용하기 시작했다. 새누리당 권은희 의원은 4월 20일 자신의 페이스북에 "세월호 실종자 가족 행세를 하며 정부를 욕하며 공무원들 뺨을 때리고 악을 쓰고 욕을 하며 선동하는 이들"이라면서 '선동꾼'으로 실제 세월호 참사 실종자 가족을 지목했다가 사과했다. 같은 당 한기호 최고위원 또한 "이제부터는 북괴의 지령에 놀아나는 좌파 단체와 좌파 사이버테러리스트들이 정부 전복 작전을 전개할 것"이라며 '색깔론'을 들이댔다. 새누리당 정몽준 의원의 아들은 팽목항 진도체육관에서 정홍원 전 국무총리가 물세례를 받은 것과 관련해 "국민 정서가 미개하다"로 언급해 논란을 일으켰다.

2014년 7월에는 <세월호특별법>을 둘러싼 논쟁이 이어졌다. 그리고 새누리당과 세월호 유가족, 세월호 참사국민특위와 진상조사위원회에 기소권과 수사권을 부여하는 것을 두고 논란이 벌어졌다. 새누리당은 과거 수많은 진상조사위원회에 별도의 수사권을 준 전례가 없다고 반대했다. 헌법학자들과 변협은 '위헌'이 아니라는 태도를 보였으나, 막무가내였다. 그리고 5개월 후 새누리당의 주장한 대로 '세월호특별법'이 제정된다.

이 기간 어떤 일들이 벌어졌는지는 매우 중요하다. 누군가의 기획인지는 불분명하지만, 여론의 공작도 있었다. 유가족들이 원하는 세월호특별법이 '특혜'로 가득 차 있다는 소문이 SNS를 중심으로 퍼지기 시작했다. 카카오톡 그룹방을 통해 걷잡을 수 없이 퍼져나간 흑색선전에 숙주가 됐던 매체는 MBC와 동아일보였다.

'카톡' 논란이 극대화된 때는, 국회 국정조사특별위원장을 맡고 있던 새누리당 심재철 의원의 카톡 메시지가 공개된 이후다. 당연히 '비난'의 대상이 되어야 했지만 분위기는 정반대였다. MBC <뉴스데스크>는 7월 21일 <심재철 위원장 '세월호 특별법 반대' 카톡글 논란> 리포트를 통해 "심재철 위원장이 세월호 특별법에 반대하는 인터넷상의 글을 카톡에 올려서 논란이 일고 있다"고 했으나 보도의 효과는 오히려 해당 카톡을 선전하는 것으로 발현됐다.

반성 이후…

'세월호 참사'에서 우리 언론의 민낯을 그대로 드러낸 것에 대한 반성과 향후 유사한 재난사고가 발생할 때 똑같은 실수를 방지하기 위해 한국신문협회, 한국 방송협회, 한국신문방송편집인협회, 한국기자협회, 한국신문윤리위원회는 2014년 9월 16일 피해자 인권보호, 취재진 안전확보 등을 주요 내용으로 한 '재난보도준칙'을 발표했다.

재난보도준칙은 전문과 1·2·3장, 부칙으로 구성됐으며 조문은 총 44개로 이뤄졌다.

제2장 '취재와 보도'에선 피해자 인권보호와 취재진 안전확보, 현장 취재협의체 운영 등을 구체적으로 명시했다. 특히 재난 현장상황이 왜곡되지 않고 충실한 보도를 위해 '현장 데스크 운영'을 명시했는데, 재난 현장에 낮은 연차의 현장 기자들만 있을 경우 특종이나 단독에 대한 압박감이나 과욕 탓에 오판할 수 있는 것을 막고 뉴스룸 책임자와의 원활한 소통을 위해서다. 또 그동안 재난보도에서 간과하기 쉬웠던 인권보호 대상 범위를 사망자와 부상자의 가족은 물론, 주변 사람까지 확대했다.

과열된 취재경쟁 탓에 재난관리당국이나 자원봉사자단체 등과 마찰을 빚거나 빈축을 샀던 것을 막기 위해 '현장 취재협의체' 운영도 명시했다. 현장 취재협의체는 준칙에 동의한 언론사뿐 아니라 모든 언론사에 문호를 개방해 재난 현장에서 전체 언론계를 대표할 수 있도록 했다. 반면 취재협의체가 합의한 사항을 위반한 언론사에 대해선 공동취재 배제 등의 불이익을 줄 수 있도록 했다.

이와 함께 재난보도준칙을 어겼을 경우 각 매체 특성에 맞게 심의기구별로 구체적인 제재 절차와 방법, 제재 종류 등을 만들어 운영토록 했다. 예컨대 방송사의 경우 방송법에 따라 방송통신심의위원회의 사후 심의를, 신문사와 온라인신문사는 한국신문윤리위원회의 신문윤리강령 및 실천요강 등에 따라 심의를 받게 된다.

준칙 항목을 보면, 준칙 하나하나가 재난보도에서 꼭 지켜야 할 것들이다. 그러나 분명히 할 것은 재난보도준칙을 만드는 것보다 지키는 것이 중요하다는 점이다. 세월호 참사에 대한 참담할 정도의 왜곡된 보도가 난무한 것이 보도준칙이 없었기 때문이라고 할 수는 없다. 상식 있는 사람이라면 누구나 실천할 수 있는 기초적인 언론윤리를 팽개친 탓임은 언론인들 자신이 잘 알고 있을 것이다. 더구나 지금 이 순간에도 일부 언론은 세월호 유가족의 진상규명 요구를 외면하는 것을 넘어 이들의 요구를 왜곡하고 상처를 덧내는 패륜적 보도를 계속하고 있다. 재난보도준칙 마련에 더해 보도윤리의 기본을 세우는 일이 절실하다 할 것이다.

한편, 정확·신속한 재난보도를 위해서는 언론의 역할 못지않게 정부와 재난관리당국의 정확하고 신속한 정보공개와 이에 대한 신뢰가 전제돼야 한다. 세월호 참사의 수습과 보도 과정에서 정부와 언론이 신뢰의 손상을 입게 된 원인 중 하나는 사건 당일 '전원 구조' 오보와 '민관군 잠수부를 수백 명 투입' 등의 과장 보도가 이어졌기 때문이다. 이는 1차적으로 정부와 재단관리당국에 책임이 있다. 정확 신속한 재난보도를 위해서는 정부와 재난관리당국의 역할이 매우 중요하다. 다른 때도 그래야 하지만 특히 재난상황에서는 국민의 알 권리를 충족시킨다는 차원에서 정확·신속하게 정보를 공개해야 할 것이다. 폴리스라인, 포토라인 설정 등 취재를 제한하는 각종 조치는 인명구조와 보호, 사후 수습 등 꼭 필요한 경우에 한해 제한적으로 시행해야 할 것이다.

세월호 참사 1주기를 맞은 한 주일 동안 주요 신문과 방송들은 '세월호 1년'을 다루는 특집 보도를 내보냈다. 희생자 가족을 비롯한 관련 피해자들의 근황, 사회 각계의 추모 분위기를 전달했다. 기자가 직접 안전 점검 실태를 취재하는가 하면, 국가를 안전한 나라로 개조하겠다던 대통령의 약속을 조목조목 점검하기도 했다. 그래서 이들이 내린 결론은 "우리는 한 발도 내딛지 못하고"(한국일보) "아무것도 바뀌지 않은 채"(중앙일보) "안전한 나라로 탈바꿈 못 한 채"(조선일보)로, "참사는 현재진행형"(경향신문)이라는 것이다.

세월호 참사 1주기를 맞아 전국언론노동조합은 각 언론사의 위원장 및 지부장 등 40여 명이 참석한 가운데 세월호 관련 보도에 대한 결의문을 발표했다. 이들은 결의문을 통해 "'세월호 참사'보다 더 큰 재앙은 '보도 참사'"라며 "우리 언론은 사실 확인은 뒷전인 채 정부 발표만을 받아썼으며, 경쟁에 매몰돼 엉터리 기사를 마구 쏟아냈고 특정 정파의 유·불리를 따지며 보도를 축소 왜곡했다. 유족들의 절망과 슬픔을 달래주기는커녕 그들을 울분과 분노에 떨게 했다"고 고백했다.

이어 "'기레기'들은 죽음 앞에 최소한의 예의조차 저버렸고 한국 언론은 세월호와 함께 침몰했다"며 "실체적 진실 규명에 가장 앞장서야 할 언론이 오히려 진상조사를 방해하고 진실을 덮는 데 앞장섰으며, 언론사 간부들의 잇따른 '망언'은 유족들의 아픈 가슴을 더욱더 후벼팠다"고 밝혔다. "1년이 지났지만 달라진 것은 아무것도 없다"며 "언론의 진상규명 노력은 여전히 뒷전이고 '거액'으로 포장된 배·보상금만을 부각하며 유족들을 모욕하고 있다"고 비판하기도 했다.

그렇다면, 정작 언론은 변했나.

대립과 갈등을 부추기는 언론보도행태는 여전하다. 맥락과 배경을 설명하는 '왜 그랬을까'는 제대로 설명되지 않는다. 본질보다는 대립과 갈등 구도를 형성하는 보도 태도는 급기야 세월호 추모 집회에서의 시위 보도로 이어진다. "시위꾼 집결장이 된 세월호 추모행사 때문에 도심이 밤늦게까지 극심한 혼잡을 빚었다"(동아일보)고 쓰고 "추모 집회에 대거 몰려든 좌파·이적단체들이 폭력시위를 이끌었다"(조선일보)며 색깔론이 등장한다.

세월호 참사 1주기 범국민대회가 열린 지난 4월 18일 경찰은 차벽 전용 트럭 등 차량 470여 대, 172개 중대 1만 3700여 명을 동원해 세종로 네거리와 광화문광장, 경복궁역 일대의 통행을 원천봉쇄한 것은 물론이고 이에 더해 물대포와 캡사이신 최루액을 살포했다. 이 같은 경찰의 진압 과정에서 유가족 21인을 포함한 100여 명이 경찰에 연행했다. 앞서 16~17일 열린 집회에서도 경찰은 과잉진압으로 대응했다. 이를 두고 국내 언론은 세월호 희생자 가족과 참가자들의 '불법 집회', '폭력 사태'에 초점을 맞춰 보도했지만 외신은 이 같은 프레임 뒤에 감춰진 세월호 희생자 가족들의 '목소리'에 초점을 맞췄다.

미국 CNN은 4월 16일 <세월호 참사: 1년 후, 비탄에 잠긴 유족은 답을 원한다(Sewol ferry disaster: One year on, grieving families demand answers)>라는 제목의 기사에서 다음과 같이 보도했다(뉴스프로, https://thenewspro.org/ 참조).

일 년 후, 박 씨(실종자 허다윤 양의 어머니 박은미 씨)의 삶은 멈춰져 있다. 아홉 명은 여전히 실종 상태이다. "우리 실종자 가족들은 여전히 그날, 2014년 4월 16일에 살고 있다"고 건강이 좋지 않으나 치료를 거부하고 있는 박 씨가 말했다. "딸과 다른 실종자를 찾는 것 외에 다른 아무것도 생각할 수 없다."

박 씨의 경우는 아직 진행 중인 문제, 세월호가 침몰한 후 1년이 지났어도 해결되지 않은 채 남아 있는 문제를 보여주는 것이다. 세월호 참사와 연관된 수십 명이 형사상의 죄목으로 감옥에 수감됐다. 하지만 유족들은 세월호 침몰을 일으킨 근본적인 문제가 해결되기엔 아직 한참 멀었다고 말한다.

2 2015년 메르스 사태

2.1. 낯선 전염병의 공포

전염병의 공포, 세계 최악의 기록

2015년 6월, 대한민국은 중동호흡기증후군(MERS, 메르스)이라는 낯선 전염병의 공포에 휩싸였다.

5월 4일 바레인에서 입국한 60대 남성이 5월 20일 확진 판정을 받은 이후 6월 14일 기준 총 확진 환자는 145명에 이르렀고 사망자는 14명, 격리자는 4,856명에 달했다. 불과 20여 일만에 벌어진 이번 사태로 정부에 대한 불신과 무능함에 대한 성토는 세월호 참사 이후 최대가 되었다. 첫 확진자가 증상 발현 이후 9일간 병원 3곳을 전전하는 동안 보건당국은 아무런 대처도 하지 않았다.

메르스 방역과 관리에 대한 총체적 부실이 드러나는데도 정부는 발병 지역 및 병원을 비공개했다. 6월 4일 박원순 서울시장이 삼성서울병원 A의사의 감염과 이동 경로를 공개하며 독자적 방역 대책에 나서자 정부는 태도를 바꿔 확진자 수와 경로를 공개했다. 그러나 삼성서울병원의 감염 실태뿐 아니라 A의사의 확진 사실까지 보건복지부가 뒤늦게 발표했음이 드러나면서 삼성서울병원을 봐주는 게 아니냐는 의혹에 휩싸였다.

박근혜 대통령은 첫 사망자가 나올 때까지 일선 현장을 방문하지도, 관련 회의를 주재하지도 않았다. 첫 확진자 발생 이후 15일이 지난 6월 3일이 되어서야 민관합동 긴급회의를 주재했고 5일에 국립중앙의료원을 방문했다. 청와대와 박근혜 대통령은 컨트롤타워로서의 역할을 극구 기피하면서 중앙메르스관리대책본부 등 6개에 달하는 관련 본부에 총력을 다하라는 지시만 내렸다. 일각에서 '초동 대응 미흡→허둥대는 정부→유언비어 엄벌'로 이어지는 모양새가 세월호 참사와 똑 닮았다는 비판이 나왔고, 재난상황임에도 불구하고 사회적 불안을 유언비어로 단속하겠다는 청와대와 대통령에 대한 성토가 이어졌다. 정부와 여당에서는 꾸준히 유언비어에 대한 엄중한 조치를 강조하고 메르스가 진정 국면이라는 말만 되풀이했다.

방역체계는 힘없이 무너졌고 정부가 내놓은 대책은 뒷북 일색이었다. 특히 청와대의 지지부진한 대처는 지난해 에볼라가 발생했을 당시 버락 오바마 미국 대통령이 신속하게 대책을 강구하며 보여준 태도와 대비된다. 정부가 세월호 참사에 이어 또 한 번 '골든타임'을 놓쳤고 컨트롤타워가 부재했다는 지적이다.

재난 컨트롤타워의 부재, 먹통이 된 국가 시스템은 메르스 사태를 '메르스 참사'로 만들었다.

5월 20일 첫 환자가 확진 판정을 받은 이후 전국에서 186명의 확진 환자가 발생했고, 이 중 37명이 숨졌다(10월 28일 기준). 감염의 공포 속에서 잇따른 휴교령이 각급 학교에 내려졌으며, 자가 격리자수는 1만6000여 명에 달했다. 11월 25일, 국내 마지막 남아 있던 환자가 합병증 등의 후유증으로 사망했다. 이로써 국내 메르스 감염자는 5월 20일 첫 환자가 발생한 이후 6달여 만에 한 명도 남지 않게 됐다. 이 환자의 사망으로 사망한 메르스 환자수는 38명이 됐다. 메르스 치사율도 20.4%로 처음 20%를 넘어섰다.

12월 24일 0시, 보건복지부는 세계보건기구(WHO) 기준에 따라 첫 환자로부터 시작된 메르스 상황이 종료됨을 선언했다. 이로써 5월 20일에 메르스 국내 환자가 처음 발생한 이후 218일 동안 이어졌던 메르스 우려 상황은 공식적으로 해소됐다.

메르스 사태의 흐름 및 당국의 대응을 중심으로 추이를 정리하면 다음과 같다(뉴시스 참조).

▲ 4월 18~5월 3일. 국내 첫 확진자인 1번(68) 환자 바레인에서 농작물 재배업을 하며 체류해오다 업무차 사우디아라비아와 아랍에미리트(UAE) 방문.

▲ 5월 11일. 1번 환자 입국 7일 만에 38도 이상 고열과 기침 증상 첫 발현.

▲ 5월 12~14일. 1번 환자 아산서울의원 외래 진료.

▲ 5월 15~17일. 1번 환자 평택성모병원 입원. 당시 2인실에 3번 환자와 함께 입원.

▲ 5월 17일. 1번 환자 삼성서울병원 응급실 방문했으나 병실이 없어 365서울열린의원으로 외래 진료.

▲ 5월 18~20일. 1번 환자 삼성서울병원 입원. 서울시 역학조사관의 역학조사 실시.

▲ 5월 20일. 1번 환자에 대한 메르스 국내 최초 확진, 국가지정 격리병상으로 이송. 1번 환자의 부인(63·여) 두 번째 확진. 보건당국 위기경보를 '주의' 단계로 격상.

▲ 5월 21일. 1번 환자와 같은 병실 쓴 환자 세 번째로 확진. 3번 환자의 딸에 대한 질병관리본부 메르스 검사·격리 요구했으나 증세 없어 거절.

▲ 5월 31일. 확진자 3명 늘어 총 18명. 문형표 보건복지부 장관 "메르스 전파력 판단 미흡했다" 사과.

▲ 6월 1일. 확진자 7명 늘어 총 25명. 메르스 사망자(25번 환자) 최초 발생.

▲ 6월 2일. 전국 153개 초·중·고·대학교 휴업 결정.

▲ 6월 3일. 격리자 1,000명 첫 돌파. 비격리 3차 감염자 첫 사망.

▲ 6월 4일. 서울시, 35번 환자가 자가격리 중에 공공장소 활보하며 최소 1,500여 명의 사람과 접촉했다고 주장.

▲ 6월 6일. 확진자 22명 늘어 총 64명. 국민안전처 긴급재난문자 뒤늦게 발송.

▲ 6월 7일. 10대 포함해 확진자 23명 늘어 총 87명. 메르스 환자 발생·경유 병원명 일반에 공개. 지방자치단체의 메르스 확진 권한 위임.

▲ 6월 9일. 확진자 100명 돌파. 세계보건기구(WHO) 메르스 합동조사단, 국내 활동 시작. 보건당국, 전국 병원 폐렴환자 전수조사.

▲ 6월 14일. 삼성서울병원 부분 폐쇄 결정.

▲ 6월 19일. 보건당국 "메르스 진정세로 돌아섰다" 판단.

▲ 6월 23일. 이재용 삼성전자 부회장 "메르스 사태에 머리 숙여 사죄한다" 대국민 사과문 발표.

▲ 6월 25일. 감염병 환자 및 질병정보공개를 골자로 한 이른바 '메르스법(감염병의 예방 및 관리에 관한 법률)' 국회 본회의 통과.

▲ 7월 2일. 메르스 확진자 5일 만에 추가 발생. 퇴원자 100명 돌파.

▲ 7월 3일. 靑 "메르스 5월 20일 최초 인지… 대통령 즉시 보고."

▲ 7월 8일. 메르스 사망자 2명 늘어 총 35명.

▲ 7월 11일. 메르스 사망자 1명 늘어 총 36명.

▲ 7월 13일. 황교안 국무총리 주재 메르스 대응 범정부대책회의를 문형표 장관 주재의 차관급 일일대책회의로 전환.

▲ 7월 16일. 문형표 장관 "추가 환자 없으면 8월 15일 메르스 종식 선언."

▲ 7월 27일. 자가격리자 전원 해제. 메르스 민관종합대응 TF, 제4차 회의서 "지역사회 유행 가능성 없다. 일상생활 안심할 단계."

▲ 7월 28일. 황교안 총리 주재 메르스 범정부대책회의 개최. "일상생활을 정상화해달라"는 취지의 대국민담화 발표.

▲ 10월 1일. 마지막 환자인 80번째 확진자(35) 음성 판정. 보건당국 29일 자정 메르스 종식 선언 예정.

▲ 10월 12일. 80번 환자 바이러스 재검출로 입원. 종식 선언 재검토.

▲ 11월 25일. 마지막 80번 환자 사망. 사망자 38명으로 늘어. 메르스 감염자 6개월여 만에 '제로.'

▲ 12월 1일 정오(낮 12시). 보건당국 메르스 위기경보를 '관심' 단계로 하향 조정.

▲ 12월 23일. 보건당국, 메르스 공식 종식 선언.

초기대응 실패로 전 국민을 공포에 떨게 한 '아무도 책임지지 않은 참사'

많은 사람이 죽고, 메르스 감염으로 고통받고, 격리됨으로써 불편을 겪었지만 아직까지 누구의 책임인지는 뚜렷하게 밝혀지지 않았다.

아무도 책임지지 않는 참사였던 메르스의 확산은 봄이 절정기에 달한 5월에 시작됐다. 최초 감염자는 바레인에서 카타르를 거쳐 5월 4일 인천공항을 통해 귀국했다. 이 환자는 일주일 후 고열과 기침 증상이 나타나면서 네 군데 병원을 거쳤다. 5월 20일 삼성서울병원에서 최초로 메르스 감염자로 확진됐다. 이때 이미 메르스 1번 환자의 부인 역시 메르스에 감염됐고, 1번 환자가 삼성서울병원 전에 입원했던 평택성모병원이 메르스의 첫 번째 대규모 확산지가 됐다. 단순히 세계보건기구(WHO)의 메르스 대응지침을 따른 방역당국의 소극적인 초기대응은 실패했다. 병원 내 감염이 순식간에 이뤄졌다.

병동 폐쇄 역시 메르스 확산에 불을 지폈다. 평택성모병원에 입원했다가 메르스에 감염된 14번 환자가 병원 폐쇄로 삼성서울병원 응급실에 들어오면서 슈퍼전파자가 됐다.

6월 1일 첫 사망자가 발생했고, 메르스 감염자는 급격하게 늘어났다. 정부의 뒷북 대응은 메르스 확산에 불쏘시개가 됐다. 병원 이름을 공개하지 않자, 국민들의 공포심은 더욱 커졌다. 첫 환자의 감염을 확인한 지 18일이 지난 6월 7일 정부는 메르스 감염자가 거쳐간 병원 명단을 처음 공개했다. 정부는 신종 감염병 대비와 대응을 제대로 하지 못하여 메르스의 국내 유입 차단에 실패하고 방역의 골든타임을 놓쳐 확산 방지에 실패했다.

6월 초 감염자가 100명을 넘어서고 격리자가 수천 명에 이르면서 메르스의 진짜 모습이 하나둘 드러났다. 이와 함께 우리나라 방역 역량 역시 민낯을 드러냈다. 의료선진국을 자부하던 우리나라가 사우디아라비아에 이어 두 번째로 메르스 감염환자가 많다는 기록을 남긴 것이다. 특히 세계적인 병원으로 소문난 삼성서울병원의 응급실이 감염병에 취약했다는 사실이 드러나면서 이재용 삼성전자 부회장이 직접 사과하는 사태까지 벌어졌다. 또한 메르스 확산 초기에 메르스 3번 환자의 아들이 홍콩을 경유해 중국에 입국하면서 중국 방역 당국에 비상이 걸렸다. 격리 대상자를 출국시킴으로써 국제적 망신을 당하게 된 것이다.

7월 이후 수그러든 메르스는 아직도 메르스에 고통받고 있는 사람들의 소식으로 다시 각인되고 있다. 지난 11월 25일 보건복지부 중앙메르스관리대책본부는 80번째 확진자(남·35세)가 기저질환인 악성림프종 치료 중 경과가 급격히 악화돼 사망했음을 밝혔다. 12월 6일에는 메르스 확진 이후 치료를 받던 35번 환자가 퇴원했다. 12월 1일 보건복지부 중앙메르스관리대책본부는 감염병 위기경보단계를 현행 '주의'에서 '관심'으로 하향조정했고, 12월 24일 상황 종료되었다.

2015년 여름 한국사회는 메르스에 짓눌렸다. 14번째 확진자(35)는 '슈퍼 전파자' 세계 신기록을 세웠다. 그는 평택성모병원에서 최초환자와 같은 병동에 입원했다가 감염됐지만, 당국의 격리관찰망에서 빠진 채 삼성서울병원 응급실에 입원했다. 자신도 모르게 85명에게 메르스를 옮겼다. 국내 최고 의료기관이라던 삼성서울병원은 메르스 최대 확산기지가 됐고, 확진자 186명 중 90명이 이 병원에서 나왔다. 당국의 허술한 방역과 병원들의 부주의, 위험한 병실문화가 겹쳐 한국은 메르스 발생 2위 국가라는 불명예를 안았다. 경제 한파도 불러오고 끝내 확진자 38명이 사망했다. 보건복지부 장관은 경질됐으나 방역 주무기관인 질병관리본부에 대한 문책은 이뤄지지 않았다.

메르스 사태에서 국가는 사라졌다. 누적된 결과로서의 방역체계는 부실하기 짝이 없었으며, 리더십의 공백 상태에서 사람들은 각자도생할 수밖에 없었다. 돌아보면 한심할 정도로 혼란스러웠다.

국가의 공백은 책임 문제에서 가장 극적으로 드러난다. 누구도 공적으로 책임지지 않으려 했고 지금도 그렇다. 단순한 행정적, 법률적 책임 회피로 볼 일이 아니다. 책임은 일관되게 개인에게 분산되고 또한 이전되는 중이다. '국가 책임의 민영화'라고 해야 정확하다(시민건강증진연구소, 2015. 12. 28). 메르스와 세월호 사건은 여기서도 판박이로 닮았다.

우리 사회를 휩쓴 감염병 공포

메르스가 낳은 사회 현상은 감염병에 대한 공포였다. 사망자가 발생하면서 전 국민은 공포에 떨었다. 무더운 날씨가 시작됐지만 길거리에서 사람들은 마스크를 꼈다. 사람들은 바깥 약속을 대부분 최소화했다. 밤이면 길거리가 한산해졌다. 메르스 전염 위험으로 격리됐던 인원이 늘어나면서 남의 이야기가 아닌 우리 자신의 이야기가 됐다.

메르스 유행과 함께 이에 관련된 단어도 유행했다. '슈퍼 전파자'가 대표적인 유행어다. 메르스의 슈퍼 전파자는 1번 환자, 14번 환자, 16번 환자, 76번 환자였다. 14번 환자는 삼성서울병원 응급실에서 접촉한 594명 가운데 85명에게 메르스를 전염시킬 정도로 전염력이 높았다.

사람들은 슈퍼 전파자를 비난했지만 비난받아야 할 대상은 메르스 방역에 무능했던 정부였다. 메르스가 확산되던 초기에 정부는 우왕좌왕하며 사태를 키웠다. 그 피해는 온전히 국민에게 전가됐다. '메르스 슈퍼 전파자'는 다름 아닌 정부 자신이었다. 정부의 불통, 무능, 무책임이 국민의 생명과 안전을 위태롭게 했으며 민생경제를 추락시켰다.

메르스 사태가 이처럼 커진 데에는 다양한 원인이 있다. 투명한 정보공개는 메르스와 같은 전염병의 확산을 최소화하는 데 매우 중요하다. 하지만, 질병에 대한 정확한 정보와 대책, 확진자 경유 병원 명단 등이 국민들에게 공개된 것은 이미 메르스가 깊고도 넓게 확산된 이후의 일이었다. 정부는 병원의 이름을 공개하면 병원의 손해가 클 것이라는 우려 때문에 쉬쉬하다가 메르스가 확산돼 국민을 사지와 공포에 몰아넣었다.

보건복지부와 질병관리본부의 지침 역시 황당한 나머지 국민들은 실소와 분노를 금치 못했을 뿐이다. 낙타와의 접촉을 금하고 멸균 처리되지 않은 낙타유와 익히지 않은 낙타 고기의 섭취를 피하라니!

서울대공원 동물원이 낙타 2마리를 내실에 격리했다. 낙타가 메르스 매개원으로 지목되며 불안감이 퍼지는 데 대한 대책이었다. 해당 낙타들은 한국에서 태어나 자랐는데 말이다. 그럴 수도 있겠다 싶은 낙타 격리 조처가 유독 누리꾼들의 비웃음을 산 이유는, 방역 초기 보건당국이 메르스 예방법으로 '낙타 접촉 금지'를 주로 강조한 반작용이다.

국내에서 메르스 바이러스의 주요 감염 경로는 초기 확진자와 밀접 접촉한 다른 환자나 환자 보호자 등의 격리가 철저하지 않아 생긴 병원 내 감염이다. 평소 구경하기도 어려운 '낙타'를 멀리하라고 한 보건당국의 예방법은 '유니콘 타고 명동 가지 말란 소리' 등의 빈축을 샀다.

6월 5일 메르스 사태는 중요한 전기를 맞았다. 문형표 보건복지부 장관은 언론 브리핑에서 최초 환자(68·남)가 입원했던 평택성모병원 이름을 공개하고 "지방 자치단체와 힘을 합쳐 모든 조치를 강구해 나가겠다"고 밝혔다. 사태 초기부터 병원명 미공개 원칙을 고수하다 전날 박원순 서울시장이 기자회견을 열어 "삼성 서울병원의 35번째 환자(38·남)가 격리되기 전 1,500여 명을 만났다"고 밝히자 방침을 바꾼 것이다. 당초 정부는 최초 환자와 밀접 접촉한 격리관찰자 64명 내에서 확진자가 나온다면 메르스 조기 종식이 가능할 것이라고 낙관했다. 그래서 방역 파트너인 지자체나 의료계와도 정보를 공유하지 않고 쉬쉬하기 바빴다. 정부가 정보를 통제하는 사이 삼성서울병원을 감염시킨 슈퍼 전파자인 14번째 환자(35·남)를 필두로 평택성모병원 감염자들과 바이러스는 속절없이 방역망을 빠져나갔다. 고집스럽게 버티던 정부는 삼성서울병원발 2차 유행(확진자 88명)이 터진 후에야 흰 수건을 던지고 병원명을 공개했다.

메르스 사태는 바이러스와의 싸움이면서 정보 싸움이기도 했다. 메르스는 주로 병원 내 감염으로 확산된다. 확진자들이 다녀간 병원 이름과 이동 경로는 방역의 가장 기초적이자 핵심적인 정보였다. 그러나 사태 초기 정부는 의료계·지자체·언론에 이 정보를 공개하지 않았다.

의사들과 기자들은 최초 환자가 다녀갔다는 4개 병원을 정부로부터 A·B·C·D 알파벳으로 들으며 소문과 귀동냥에 의지해 추정·짐작만 쏟아낼 뿐이었다. 언론에 공식 정보가 나오질 않으니 시민들도 '병원에서 일하는 지인에게 들었다'

는 식의 출처 불명 문자메시지에 의존하는 수밖에 없었다. 하지만 정부는 정확한 정보를 제공해 소문을 잠재우는 대신 '유언비어 유포자는 처벌하겠다'며 시민들의 입을 틀어막는 방법을 선택했다. 지자체도 정보에 목말랐다. 병원 이름이 공개된 뒤에도 지자체는 관할 지역에 사는 확진자 정보를 뒤늦게 전해 듣기 일쑤였다.

2.2. 정부와 언론의 무책임

정부가 촉발하고 언론이 확산시킨 괴담

메르스 괴담은 정부의 감염병 부실 대응이 낳은 부산물이다. '메르스'를 '케르스'로 만든 건 바로 정부였다(안종주, 2015. 6. 1).

'메르스 괴담'을 없애기 위한 정부의 역할은 명백하다. 최초 감염자, 중국으로 빠져나간 환자, 그 외 본인이 감염된 상태에서 그 사실을 모르고 움직였던 사람들의 동선을 세세하게 포착하여 공개하고 지속적으로 업데이트하는 것이었다. 해결의 열쇠를 쥐고 있는 것은 정부다. 정부는 올바른 데이터를 가지고 있기 때문이다. 정보를 공개하는 것은 신뢰를 얻기 위한 첫 단계다(노정태, 2015. 6. 2). 그러나 정부가 그 일을 하지 않아 '괴담'이 더욱 퍼져나갔다. 언제 어디서 어떻게 메르스에 감염될지 모른다는 공포가, 메르스 그 자체보다 수천 배 더 빠르게 퍼져나간 것이다.

메르스 사태는 성찰하지 못하는 통제기구야말로 얼마나 위험한지를 교과서처럼 보여주었다. 신뢰를 잃은 이들이 불신과 불안을 잠재우는 유일한 방식은 일선과 아래를 새로운 희생양으로 만드는 것이다. 당장의 위험에서 벗어나고자 이들의 조치에 박수를 보내게 함으로써 우리를 '동료' 시민을 팔아 자신의 안전을 구하는 공모자, 악마로 만들었다. 내가 일선과 아래를 위태롭게 하는 위험이 되는 것이다(엄기호, 2015. 6. 18).

언론은 미필적 고의에 의한 오보를 뿌려냈다. 정부는 '유언비어 유포'에 대해 엄중하게 대처하겠다고 벼르지만, 정작 청와대는 정확한 감염자 숫자마저 정확히 파악하고 있지 못했다. SNS에는 어떤 병원에서 메르스가 퍼지고 있는지 다양한 '정보'가 떠돌아다녔다.

6월 11일 저녁 온 국민이 불안해하던 때, YTN은 메르스 확진 35번째 환자인 삼성병원 의사가 사망했다는 오보를 냈다. "의료계 관계자들에 따르면 … 오늘 저녁 끝내 숨진 것으로 전해졌다"고 보도했다. 약 1시간 앞서 한국일보도 <[단독] 메르스 감염 삼성서울병원 의사 뇌사> 기사를 내보냈다. 의사도 내리지 않은 뇌사·사망 선고를, 언론이 앞서 내린 것이다.

모두 오보였다. 이 환자는 7월 1일 완치돼 최종 음성 판정을 받고 재활 치료 후 지난 6일 퇴원했다. 세월호 참사 후 제정된 '재난보도준칙'에 따르면 중요 정보에 관해서는 재난 당국 공식발표를 듣는 게 원칙이나, 원칙은 또 무시된 것이다.

정부는 괴담을 강력히 단속하겠다고 경고했지만, 그것으로 될 일이 아니라는 것을 잘 알 것이다. 반응이 비합리적이라고 비판할 일이 아니라 불안의 원인을 없애야 한다. 기술과 전문성의 능력이 나아지는데도 비슷한 상황과 비판이 되풀이되는 것 자체를 성찰해야 한다. 기술적으로 문제가 없다고 방어하는 것이 능사가 아니고, 무지와 오해 때문에 지나친 공포가 생긴다고 여론과 대중을 원망할 일이 아니다. 무엇보다 정부와 국민 간 신뢰 구축이 중요한데, 신뢰를 만들어가는 첫 번째 과정이자 기본 토대가 '의사소통', 즉 커뮤니케이션이다. 공포와 괴담을 최소한으로 줄일 뿐 아니라 전파와 확산을 방지하는 데에도 제대로 된 소통이 강조된다.

전염병과 같은 사례의 경우 정부는 모든 신문과 방송을 동원해 예방법을 홍보해야 한다. 국민들이 질병 전파자가 될 수 있으면서, 동시에 스스로 노력하여 위생적으로 대처할 수도 있다는 가능성을 존중하기 때문에 '계몽'하는 것이다. 계몽은 무시가 아니라 존중이다. 이 사회의 구성원으로 함께 살아갈 수밖에 없으며, 잘해 나갈 수 있다는 가능성에의 전폭적 긍정이 바로 국민 계몽이다.

뒷북 언론, 사회적 역할 포기

지상파 방송사들의 보도는 최초 발생 열흘이 지나서야 초기대응이 미흡했다며 원론적인 발언만 내놓은 박 대통령의 태도와 크게 다르지 않았다. 대부분 보건당국의 부실한 대응이 감염 확산을 불렀다는 원론적인 비판과 단순 현상 보도에 치중하는 경향을 보였다. 컨트롤타워의 부재, 정부의 대국민 소통 실패 등을 지적한 보도는 거의 없었다.

당국의 초동 대응이 미흡했다고 비판하고는 있지만 컨트롤타워의 부재 및 혼란이 확산된 원인 등에 대한 언급은 거의 없었다.

"괴담 유포자를 엄중하게 처벌하겠다"는 정부의 입장은 보도하면서도 왜 그런 괴담이 나오는지, 왜 투명한 정보공개가 이루어지지 않는지, 왜 제대로 지휘체계가 작동하지 못했는지 구조적인 문제는 지적하지 못했다.

감염 확산 상황이 당국의 주장과는 다르게 돌아가고 정부가 말 바꾸기를 일삼자 국민의 불안은 커질 수밖에 없었다. 절대적인 보도량은 많았지만 대부분 현상보도에 치우쳐 알맹이 있는 정보는 거의 없었다. 공포심만 부추기고 국민이 원하는 정보는 전달하지 못한 것이다. 원론적인 지적보다는 당국의 정보공개 문제에 대한 비판과 함께 정확한 정보들을 공유하려는 노력이 필요하다.

국민들이 뭘 어떻게 해야 하는지 정보도 많지 않고 내용도 분명치 않다. 알맹이 없이 공포감만 부추기고 있다. 경각심을 주는 것은 좋으나 구체적인 정보가 빠진 보도는 해가 될 수 있다. 정부가 정확히 지금 무엇을 하고 있는지 정확히 짚어주어야 한다.

한국에서는 왜 이렇게 감염자 수가 기하급수적으로 늘었는지, 격리병동 숫자는 왜 턱없이 부족한지, 민간 대형병원에는 왜 음압시설이 없는 것인지, 병원 공개 쟁점의 핵심은 무엇인지 등 국민들이 알고 싶어 할 이야기들을 제대로 다루지 못했다.

정부가 공식적으로 병원 명단을 공개하기 전까지 극소수 언론을 제외하고는 메르스 발병 및 전염 병원 이름을 공개한 곳은 없다. 일부 해당 병원이 스스로 공개하거나 관련 병원을 다녀간 환자들의 입소문을 통해서, SNS에서 급속히 많은 정보가 쏟아졌는데도 말이다. 사실 언론이 정보를 정확하게 파악하기 어려운 사건에 대하여는 공신력 있는 기관의 브리핑에 의존하는 것이 가장 쉬운 길이고 리스크가 적은 방법이다. '정확성'을 '신속성'보다 우선시해야 한다는 보도 원칙에 충실히 따른다는 것이다. 그러나 '정확성'을 정부 발표와 동일시하는 순간, 위험은 싹튼다.

언론은 국민의 알 권리를 위해 정확한 정보를 제공해야 할 의무를 저버리고 정부의 비공개 방침이라는 장막 뒤에 숨어 버렸다. 메르스 사태 초기에 정확한 정보 공개와 그에 따른 대처가 이뤄졌다면 지금처럼 병원을 중심으로 한 감염 확산은 분명 줄어들었을 것이다(김준현, 2015. 7.1). 침묵의 카르텔을 형성한 대가는 혹독했다.

국민의 알 권리와 해당 병원의 사적 이익 보호, 또는 정부의 방침 등이 상충할 경우 접근하는 방식에 대한 언론의 고민이 너무 얕았다는 점을 보여준다. 언론이 정부 발표 전까지 정말로 병원 명단을 몰랐다면 무능한 것이다. 알면서도 스스로 보도를 자제하였다면 그것은 언론으로서 역할을 포기한 것과 다름없다. 사태 확산의 일차적 책임이 정부에 있다고 하더라도 무능과 역할의 포기, 그 어느 비판에서도 언론이 자유롭지는 않다.

언제부턴가 메르스 환자들을 죄수도 아닌데 번호를 붙여 부르기 시작했다. 방역 당국이 붙인 것을 언론이 그대로 따라 하면서 1번 환자, 2번 환자, 14번 환자, 175번 환자 따위로 부르는 것이 굳어졌다. 일찍이 없었던 현상이다. 이렇게 사람에게 번호를 매기는 것이 바람직한지 뒤늦게나마 성찰할 필요가 있다.

슈퍼 전파자에 대해 일부 언론은 피해자이면서 가해자로 규정하고 있다. 이것은 잘못된 것이다. 그들은 결코 가해자가 아니다. 가해자란 표현부터가 그를 평생 고통에 시달리게 만든다. 메르스를 포함해 모든 감염병 환자는 다른 사람에게서 병을 옮은 피해자다. 설혹 그가 타인에게 병원체를 옮긴다 하더라도 알고서 고의로 전파 행위를 하지 않는 이상 그들을 비난하면 안 된다.

메르스를 둘러싼 소문이 무성해진 이유, 다시 말해 컨트롤타워의 부재, 정부의 대국민 소통 실패 등을 지적한 보도는 보기 힘들었다.

이 같은 상황에서 미국 외교전문지 <포린 폴리시(Foreign Policy), 이하 FP>는 6월 26일 '한국은 최근 전염병 발생에 왜 그렇게 엉망진창으로 대응했나?(Why has South Korea bungled its response to the latest disease outbreak so badly?)'라는 제목의 기사에서 메르스 사태 대처 실패의 주요 원인 중 하나로 정치적 리더십의 부재를 꼽았다(뉴스프로, https://thenewspro.org/ 참조).

중동호흡기증후군 발생에 대한 한국 정부의 대응은 어떤 기준으로 보아도 실패였다. …
의료 시스템만으로는 한국이 사스와 메르스에 대해 다르게 대처한 것을 온전히 설명할 수는 없다. 더 중요한 요인은 시스템을 관장하는 사람들이었다. 직설적으로 말해, 박근혜 대통령이 이끄는 한국 정부는 그 도전에 대응할 만한 능력이 없었다. 박근혜 대통령 본인은 메르스 사태를 진두지휘할 마음이 없는 듯 보였다.

미국 외교전문지 <포린 폴리시>가 6월 26일 보도한 '한국은 최근 전염병 발생에 왜 그렇게 엉망진창으로 대응했나?' ⓒ FP 화면캡처

미국 유력일간지 <뉴욕타임스>가 지난 6월 7일 낸 만평은 메르스 사태에 대처하는 한국의 상황을 북한에서 바라보는 모습에 비유해 아프게 꼬집었다. 제목은 '한국에서 메르스 발생(MERS Outbreak in South Korea)', 내용은 단 한 줄이다. "일부 탈북자들이 되돌아오고 있습니다…(SOME OF THE DEFECTORS ARE RUNNING BACK…)."

MERS Outbreak in South Korea

JUNE 7, 2015

SOME OF THE DEFECTORS ARE RUNNING BACK···

MERS IN S.KOREA

미국 유력일간지 <뉴욕타임스>가 지난 6월 7일 낸
만평 '한국에서 메르스 발생.' ⓒ 화면캡처

2.3. 교훈과 시사점

정보, 알 권리, 그리고 신뢰의 문제

보건당국과 병원들이 방심하는 순간, 메르스는 전국적으로 퍼져나갔다. 사회관계망서비스(소셜네트워크서비스, SNS)는 메르스 환자가 머물렀던 병원이 어딘지 추리하는 글로 가득 찼다. 정부에서는 쓸데없는 불안감이라며 아무런 대책을 세우지 않고 있었다.

그 순간 우리나라 최상층이 살고 있는 강남의 한 초등학교가 휴교령을 내렸다. 타지역에 살고 있는 수많은 학부모가 분노했다. 정부에서는 걱정할 필요가 없다고 했는데, 왜 강남에 있는 학교가 가장 먼저 휴교령을 내리느냐고 분통을 터트렸다. 수많은 항의가 전달된 후 교육 당국은 연쇄 휴교령을 내릴 수밖에 없었다.

확진 환자가 경유한 병원을 공개할 것을 요구하는 박원순 서울시장과 이를 반대하는 보건복지부의 갈등은 메르스 사태의 정점이었다. 이 갈등 속에서 <프레시안>을 비롯한 독립 언론이 병원 명단을 공개하기 시작했다. 그 명단에는 삼성서울병원이 포함되어 있었다. 강남의 한 초등학교의 휴교령은 매우 정확한 정보에 기인한 것이었다. 이 일로 또다시 시민들은 각자도생을 해야 했고, 내 식구들은 내가 챙겨야 한다는 의무감이 생기기 시작했다. 그러나 정부 당국이 정확한 정보를 공개하지 않은 대가로 메르스는 계속 퍼져나갔다. 그 결과 186명이 감염되었고, 이 중 38명이 안타깝게 세상을 떠났다. 38명의 고인은 가족들과 작별인사도 장례식도 치르지 못한 채 화장되고 말았다.

세월호에 이어 메르스 사태는 알 권리와 관련되어 있다. 시민의 알 권리는 사태가 터진 이후에야 겨우 확보된다. 이런 일이 반복되니 시민들도 정부를 신뢰하지 못하고 불안감에 떠는 것이다.

무능력이 정부 불신을 잉태한 토양이라면 비밀주의는 국민 불안을 키우는 자양분이다. SNS를 통해 메르스 확진자 발생 병원 리스트가 돌고 있는데도 정부는 비밀주의로 일관하다 방역의 골든타임을 놓쳤다. 세상 사람들이 모두 삼성서울병원을 지목하고 있음에도 정부는 서울 D병원이란 비밀스러운 지칭만 고집하다 방역망에 뚫린 엄청난 구멍을 방치했다. 심지어 어느 때보다 신속한 정보공개와 대국민 소통창구로 활용되어야 마땅할 질병관리본부 트위터 계정은 이 긴박한 상황에 돌연 문을 닫고 홀로 자가격리 상태에 들어가버렸다. 불통 정부의 진면목을 유감없이 드러낸 순간이다. 결국 지금의 사태는 정부의 무능함과 비밀주의가 빚어낸 합작품이다. 무능함이 초기 방역 실패를 초래했고, 비밀주의가 걷잡을 수 없는 메르스 확산을 조장했다.

세월호 참사를 겪고 국민안전처가 신설됐지만 메르스 사태 속에서 이 기구가 존재감을 드러낸 것은 별 내용 없이 요란하기만 했던 긴급 재난 문자뿐이었다. 그 사이 메르스 대책 전담기구가 몇 개씩 급조됐지만 정작 컨트롤타워가 어딘지는 여전히 오리무중이다.

그래도 국민들은 여전히 지혜로웠다. 그저 제 몸 하나 건사하려는 각자도생은 연대를 통해 위기를 극복해보려는 집단지성의 움직임으로 성큼 진화했다. 감염환자들이 거쳐 간 지역과 동선을 수집한 메르스 맵이 순식간에 만들어지고, 메르스 관련 정보를 제공하는 스마트폰 앱들도 20개가 넘게 뚝딱 개발되었다(민경배, 2015. 6. 3). 아마도 정부 눈에는 이것이 불안과 공포를 증폭시키는 괴담의 유포로 보였을 것이다. 하지만 국민으로서는 바로 그 불안과 공포를 이겨내기 위한 집단지성의 힘이었다.

리스크 커뮤니케이션 전략적 시사점

위기관리 또는 위험관리의 요체는 소통이다. 국민의 메르스에 대한 위험 인지는 결국 소통을 통해 이루어지는 것이다. 위험 인지를 바꾸는 것도 결국은 소통이다. 메르스와 같은 감염병 바이러스는 인간이 소통의 중요성을 망각하는 것을 가장 좋아한다.

사회에 어떤 공중 보건 위기가 생기게 되면 인구 집단을 잠재적 위협으로부터 보호하기 위해 다양한 소통(커뮤니케이션) 전략이 사용된다. 감염성 질환 유행의 경우 감염 실태 보고, 감염원에 대한 지식 제공, 예방과 대응 지침 홍보 등이 이에 해당한다. 이때 메시지를 받고, 정보에 접근하고, 지침을 이해하며, 이를 행동에 옮기는 역량에 사회적 불평등이 존재한다면 이를 커뮤니케이션 불평등이라 정의하게 된다(박유경, 2015. 7. 2).

미국 하버드 대학교의 리사 린(Leesa Lin) 연구팀은 2009년 세계적으로 신종플루(H1N1) 유행이 있었던 시기에 수행된 커뮤니케이션 관련 118개의 연구를 종합하여 커뮤니케이션 불평등에 관한 연구 결과를 내놓았다. 이 연구에서는 커뮤니케이션 불평등이 건강 불평등으로 이어지는 경로를 다음과 같이 제시하고 있다.

① 광고 캠페인이나 미디어에 노출되는 것은 신종플루에 대한 지식수준을 높이고, 질병에 대한 우려(감정), 심각성과 감염 가능성에 대한 인식 수준을 높인다.

② 신종플루에 대한 지식, 질병에 대한 우려, 심각성과 감염 가능성에 대한 인식은 권고된 예방 행동의 효과 및 정부의 대응에 대한 신뢰와 연관된다.

③ 권고된 예방 행동과 정부의 대응에 대해 신뢰하는 태도를 보일 경우 예방 접종이나 손 씻기 등 위생 지침을 따르는 경향을 보인다.

이때 교육 수준에 따라 다양한 커뮤니케이션 수단에 노출되는 정도가 달라지는데 교육 수준이 낮은 경우 신문이나 인터넷과 같은 다른 수단보다는 텔레비전에만 노출되는 경우가 많았다. 또 소득 수준이 높고 교육 수준이 높은 사람들이 신종플루에 관해 더 많은 지식을 습득할 기회를 얻었다. 결과적으로 위생 지침과 사회적 거리 두기(밀폐된 복잡한 장소에 가지 않기) 등 예방적 행동을 따르는 것도 높은 사회·경제적 지위를 가진 사람들이 더 많이 하는 것으로 나타났다.

감염성 질환으로 인한 공중 보건 위기상황에서 사회 경제적 수준에 따라 커뮤니케이션 수단에 접근하는 정도와 얻게 되는 지식수준에 불평등이 있고 그 결과 예방 수칙이나 대응 방법에 대한 태도와 신뢰에 영향을 미쳐 결국 이를 따르는 정도에도 불평등이 나타나게 된다는 것이다. 이는 결국 건강 결과의 불평등으로 이어진다.

이번 메르스 사태 속에서 우리는 크게 다르지 않은 상황을 경험하고 있다. 누군가는 아는 사람 중 의료인이 있어서, 혹은 빠르게 정보를 수집할 능력과 이해력을 가지고 있어서 그 불확실성을 조금이라도 줄여나갈 수 있는가 하면, TV만을 바라보면서 여전히 불안해하는 사람, 생업이 바빠 저녁 뉴스마저도 잘 볼 수가 없어서 주변에서 들려오는 소문으로만 현재 상황을 이해하는 사람이 있었을 것이다.

사회적 요인에 따라 생기는 불평등에는 당연히 이를 보완해줄 제도를 요구할 수 있어야 한다. 그것이 커뮤니케이션의 문제라면 보다 접근이 취약한 곳에 정보가 잘 전달되고 더 쉽게 이해될 수 있도록 개선해야 한다.

3 원자력을 둘러싼 갈등 이슈

3.1. 원자력 리스크의 속성

2016년 4월 26일은 인류 역사상 최악의 기술참사로 일컬어지는 체르노빌 원자력발전소 폭발사고가 일어난 지 꼭 30년이 되는 날이다. 이날을 즈음해 당시 사고의 최대 피해국이었던 우크라이나, 벨라루스, 러시아에서는 사고 희생자를 추모하고 다시는 이처럼 끔찍한 참사가 재발하지 않기를 기원하는 각종 행사가 열렸다.

원자력 리스크는 복합재난, 글로벌 리스크

체르노빌 참사가 핵의 군사적 사용뿐 아니라 그 평화적 이용도 거부하는, 다시 말해 반핵을 넘어서 탈핵의 필연성을 입증하는 가장 강력한 논거가 된 것은 상상을 초월하는 피해 규모 때문이었다. 인류는 이 새로운 유형의 재난 앞에서 도대체 그 끝이 언제일지 가늠조차 할 수 없는 아득한 무력감을 느꼈다. 체르노빌 폭발로 방출된 방사성 물질의 양은 히로시마와 나가사키 원자폭탄 투하 시 방출된 것을 합친 양의 200배에 달했다. 국제원자력기구(IAEA) 보고에 따르면, 이 사고로 유럽의 약 20만 ㎢의 땅이 방사능에 오염되었고 강과 바다, 지하수, 그곳에 서식하는 동식물이 오염되었다. 우크라이나, 벨라루스, 러시아 세 나라에서만 사고 후 거주 불능의 고(高)오염 구역에서 소개된 사람이 11만6000명, 집중통제구역 거주자가 27만 명, 기타 오염지역 거주자가 500만 명에 달하고, 사고로 인한 직간접적 방사성 장애로 영구 불구가 된 사람의 수만 14만8000명이었다.

체르노빌 참사가 갖는 의미는 이 사고가 지구화 시대에 특징적인 복합재난의 실질적 기원이 되었다는 점도 있다. 보통 재난은 자연재해(태풍, 홍수, 해일, 지진 등), 인적 재난(대형 화재, 폭발, 붕괴, 침몰, 오염 사고 등), 사회적 재난(테러나 전쟁 등)으로 분류된다. 반면 지구화 시대 재난의 특성은 자연재해, 인적 재난, 사회적 재난 사이의 상호의존성이 고도로 강화되어, 두 가지 이상의 재난이 동시적 또는 연속적으로 동반되는 복합재난이 일상화된다는 데 있다. 이때 복합재난을 추동하는 '재난의 상호의존성'은 지구화 시대에 극대화된 세계의 상호연관성의 다른 이름이기도 하다. 울리히 벡의 주장처럼 '글로벌 리스크는 새로운 형태의 글로벌 의존성의 표현'과 다름없는 것이다.

체르노빌 사고를 복합재난의 기원으로 간주할 수 있는 근거는 여러 가지다. 가장 단순하게는 원자로 폭발과 대형 화재, 방사능 오염 등 여러 종류의 재난이 동시다발적으로 착종된 형태라는 점이다. 또한 체르노빌 사고가 '정치적 체르노빌'이라 할 소련의 붕괴를 촉발한 중요한 요인이 됨으로써 복합재난이 전면화되는 조건, 즉 전지구화라는 거대한 패러다임 변화를 야기했다는 점이다.

실제 사고의 근본 원인 중 하나였던 안전문화 부재는 소련식 관료주의로부터 배양된 것이며, 소련식 비밀주의는 사고 피해를 키우고 복구를 심각하게 방해했다. 무지막지한 방사능 누출에도 불구하고 인근 지역주민에게 알려진 것은 사고 발생 후 하루가 지난 시점으로, 이미 다수의 주민이 다량의 고농도 방사성 물질에 장시간 노출된 후였다. 또 사고 직후 방사능 수치의 비정상적인 증가에 놀란 유럽 국가의 추궁에도 불구하고 소련 당국의 공식발표가 이루어진 것은 무려 3주가 지난 뒤였다. 이후에도 소련 정부는 사고 규모 및 오염 정도를 축소, 은폐함으로써 신속하고 효율적인 국제 공조를 지연시켰다. 이렇게 체르노빌 사고로 여실히 드러난 소련의 관료주의와 비밀주의의 병폐는 아이러니하게도 소련의 개혁·개방 정책을 가속화시키는 계기가 되었다.

대한민국의 원자력 리스크 이슈

1978년 대한민국 최초의 원자력발전소 고리 1호기가 상업운전을 시작했다. 이후 23기의 원전이 들어섰고, 앞으로 최소 16기가 추가로 세워질 계획이다. 세계 4위의 원전 대국이고, 부지별 밀집도만 따지면 세계에서 가장 많은 사람이 원전 주변에 거주한다.

이런 가운데 얼마 전 원전 인근 갑상선암 환자 548명이 한국수력원자력(이하 한수원)을 상대로 공동소송에 나섰다. 갑상선암 발병의 책임을 원전에 묻는 최초의 소송이었다. 2014년 부산지법에서는 갑상선암 발병에 대한 한수원의 책임을 인정하는 1심 판결을 내렸다. 하지만 한수원 측은 즉각 항소했고, 갑상선암과 저선량 방사선과의 인과관계는 전 세계적으로도 정확히 입증되지 않은 분야다.

2015년 2월 27일 월성 원전 1호기 재가동 결정이 논란 속에 결정됐다. 정부는 안전성에 전혀 문제가 없다는 입장이지만 지역주민들은 왜 원전 지역에 갑상선암 환자가 많은지 불안하다. 철저한 역학조사도 요구했다. 하지만 정부와 한수원 측은 기준치 이하라 괜찮다는 말만 반복한다. 일각에서는 원전에 대한 주민들의 불안이 과장됐다는 의견도 있다. 하지만 국민의 기본권인 생명권과 관계된 일이라면 '안전하다'가 아니라 '안전하지 않을지도 모른다'는 가정으로 접근하고 조사해야 한다. 원전과의 동거가 '불편'을 넘어 '불안'하지 않기 위해서는 말이다.

'안전하다, 깨끗하다, 저렴하다'는 원전에 대한 신화는 무너지고 있다.

2011년 일본의 후쿠시마 원전사고는 원자력에 대한 기존의 생각이나 정책방향이 바뀌는 중요한 요인으로 작용했다. 원전사고의 심각성과 피해의 정도를 직접 목격한 국민은 원자력에 대해 위험성과 정부의 원자력 정책에 대해 우려하게 되었다. 이후 각종 사건 사고들이 원자력에 대한 국민의 불안, 불신을 가중시켰다. 원자력안전위원회에 따르면, 1978년 국내 원전가동 이후 2013년 4월까지 총 672건의 사고·고장이 발생한 것으로 보고되었으며, 이러한 잦은 사고·고장은 원전시설 안전성에 대한 국민의 신뢰를 저하시키는 주요 요인으로 작용하고 있다.

우리 사회에서 원자력과 관련된 리스크 이슈들은 원전 시설과 핵폐기물 처리시설의 안전성, 전력난 문제, 송전탑 건설, 일본 방사능 문제와 같이 수많은 사회적 논쟁과 갈등을 양산했다.

우리는 중저준위 방사성폐기물처분장(핵폐기장 또는 방폐장) 건설과 관련해 여러 차례 사회적 갈등사태를 경험해왔다. 방폐장 부지 선정은 1986년 이후 충남 안면도, 인천 굴업도, 전남 영광, 경북 울진 등 전국을 돌며 9차례나 추진됐지만 모두 실패했다. 특히 안면도(1990년), 인천 굴업도(1994년), 전북 부안(2003년) 등에서는 지역주민 간 대립은 물론 폭동에 가까운 저항을 벌여 사회적 혼란이 빚어지기도 했다. 독선적인 정부의 정책적 대응과 의견수렴을 무시한 일방향적인 커뮤니케이션 과정, 수용자의 요구를 만족시킬 수 있는 메시지의 부재 등이 복합적으로 작용한 결과이다. 위험시설의 입지 관련 지역주민과의 커뮤니케이션을 통한 합의 도출의 어려움과 필요성을 일깨운 사례들이다.

안면도 방폐장 건립을 둘러싼 사례는 1986년 울진, 영덕, 영일 등의 방폐장 추진이 주민의 반대로 실패하자, 비밀리에 노출되지 않도록 진행한 것이 추후 알려지면서 더욱 큰 저항을 불러일으켰던 사례이다. 원전시설건립과 관련하여 지역갈등의 가장 큰 원인이라고 지적되어 오던 독선적인 정부의 정책적 대응과 의견수렴을 무시한 일방향적인 커뮤니케이션 과정이 여실하게 드러난 사례이다. 방폐장 건립의 당위성과 계획일정 등의 구체적인 내용들이 주민들에게 제대로 전달되지 못했으며, 언론도 정보의 진위파악보다는 정부 홍보매체로서의 역할만을 수행했다.

원자력시설 입지 관련 사례들에서 초기부터 커뮤니케이션 과정의 문제점들이 노정되었다. 특히, 방폐장 사례에서는 독선적인 정부의 정책적 대응과 의견수렴을 무시한 일방향적인 커뮤니케이션 과정 등이 복합적으로 작용하여, '주민들의 우려→강력한 반발과 저항(유혈사태 포함)→입지실패'라는 과정으로 이어졌다. 언론은 커뮤니케이션의 중재 및 촉진이라는 중요한 기능을 수행하지 못하고 이에 대한 노력도 매우 부족했다. 지역주민의 경우에는 비폭력적인 의사전달보다는 감정적이며 폭력적인 대응 그리고 무조건적인 위험원으로서의 판단에 매몰된 경향이 없지 않았다.

다만, 경주 방폐장 입지사례의 경우 커뮤니케이션 측면에서 보면 성공적인 것으로 평가할 수 있겠다. 지방자치단체가 중앙정부에 휘둘리지 않으면서도 자발적인 신념하에 시민단체들과의 협력과 더 나아가 지역주민들과의 공고한 협력을 이끌어냈으며, 구체적인 쉬운 메시지 전략과 지역 언론 등의 활발한 채널 이용 전략 등도 눈여겨 볼만한 부분이다.

현재 그리고 미래의 이야기

2015년 2월 26일 원자력안전위원회는 자정을 넘긴 27일 새벽 1시에 표결로 2022년까지 월성1호기의 설계수명을 연장해 운영하기로 확정했다. 날치기 표결이었다. 의사결정과정에서 지역주민의 민의를 대표할 인물들이 포함되지 못했고, 지역주민의 의견수렴 과정도 배제되었다. 한편, 산업통상자원부 에너지위원회는 2015년 6월 12일 부산 기장군의 고리 1호기를 2017년 6월 영구 정지(폐로)시키는 결정을 내렸다. 그런데 폐쇄 결정을 내린 지 한 달 만에 산업자원부는 신규 원전을 또 건설하겠다고 발표했다. 원전 2기 증설 등을 담은 제7차 전력수급기본계획을 확정한 것이다.

그에 따라 울산광역시 울주군 서생면 신암리 일원은 현재 고리 1, 2, 3, 4호기와 신고리 1, 2호기가 가동되고 있으며 3, 4호기가 건설 중이다. 여기에 신고리 5, 6호기까지 들어서면 10기의 세계 최대 핵발전소 밀집지역이 된다. 2017녀 6월에 고리 1호기가 폐쇄된다고 해도 한 부지에 핵발전소가 9기가 몰려 있는 곳은 세계 어느 곳에도 없다. 캐나다 부르스 핵발전소에 8기의 원자로가 있지만, 용량 면으로 따지면 현재 운영 중이거나 건설 중인 8기만으로도 고리 핵발전소가 월등히 높다. 여기에 5, 6호기까지 들어서게 되면 원자로 수나 용량 면에서 세계 최대 원자로 밀집지역이 된다. 고리 핵발전소 반경 30㎞ 내에는 380만 명이 살고 있다. 체르노빌과 후쿠시마 사고 당시 방사능 오염으로 주민들을 소개한 지역이 원자로 반경 30㎞다.

사실상 작은 섬나라인 한국은 도망칠 곳도 없다. 대한민국 시민 모두의 문제인 것이다. 이런 중요한 사안을 고작 9명의 원자력안전위 위원이, 한 달도 안 되는 기간 동안 고작 3번 만나고 거수를 통해 결정했다. 만일의 사태가 일어나면 피해를 볼 당사자인 지역주민의 의견이 전혀 반영되지 않았다.

한국에서 핵발전소 건설이나 수명 연장, 폐쇄 등의 의사결정에 지역주민들의 의견을 반영할 법적 통로가 전혀 마련되어 있지 않다. 핵발전소 관련 의사결정이 밀실에서 이루어지고 있다는 비난을 받는 구조적인 이유가 바로 여기에 있다. 주민 의견 수용과 더불어 정보공개의 문제는 여전히 숙제로 남는다.

2016년 7월 25일 정부(원자력진흥위원회)는 '고준위방사성폐기물 관리 기본계획'을 확정했다. 이 계획의 골자는 사용후핵연료 관리시설 부지 선정과 시설의 구축이다. 2005년 방폐장 주민투표 당시 경주에 짓지 않기로 법률로까지 약속한 사용후핵연료 관련 시설을 짓는 것은 물론이고, 모든 핵발전소 지역주민들이 입을 모아 반대한 임시저장고 증설에 대해 정부는 일방적으로 계획을 추진하고 있다.

정부는 이 기본계획 통과에 앞서 6월 17일 공청회를 개최하고 경주 등 지역 지자체와 주민들을 방문하여 현장 설명 등 국민 의견수렴 활동을 하였다고 밝혔다. 그러나 한 달 전 열린 '고준위방사성폐기물 관리 기본계획(안)' 공청회는 그야말로 '날치기'로 진행하여 물의를 빚은 바 있다. 당시 산업통상자원부가 개최했던 이 공청회는 지역에서 올라온 주민들의 입장을 막아 입구부터 실랑이가 벌어졌으며, 사전 등록을 한 인사들의 출입도 제한하여 거센 항의를 받는 등 파행으로 시작되었다. 산자부 측은 공식 단상도 아닌 회의장 중간에서 무선 마이크로 "기본계획에 대한 의견을 달라" 말하고는, 곧이어 "의견이 없으니 이것으로 공청회를 마치겠다"는 폐회 선언을 해버리고 황급히 공청회장을 빠져나갔다.

정부는 핵폐기물(방폐물) 문제가 나올 때마다 시급성과 필요성에 대해서만 강조했을 뿐, 정작 핵발전소 인근 지역주민이나 시민사회와 제대로 된 논의조차 하지 않았다. 고준위 핵폐기물 관리 문제는 윤리성과 도덕성을 기초로 국민적 합의를 통해 만들어져야 한다. 최소 10만 년 이상 관리해야 하는 핵폐기물을 아직 태어나지도 않는 우리 후손들에게 떠넘기는 것이기 때문이다. 그리고 이 과정에서 정부는 국민에게 신뢰를 바탕으로 한 소통을 해야 한다.

뚜렷한 해결책과 방법이 없으면서 핵폐기물은 양산하고 있고, 시급성만 강조하며 지역주민들을 압박하는 형국이 굴업도, 안면도, 부안을 이어 수십 년째 반복되고 있다. 정부는 지역주민들의 요구를 듣고 국민들과의 신뢰와 핵발전 정책 전환 여론을 중요하게 여기기보다는 핵산업계와의 이해관계와 국민여론을 무시한 채 일방적인 핵발전 유지·확대정책을 고집하고 있다.

3.2. 원자력발전을 둘러싼 사회적 논쟁

우리 사회에서 원자력발전은 언제나 사회적으로 커다란 논쟁적 이슈였다. 특히 2011년 후쿠시마 원자력발전소 사고 이후에 국내에서 원자력발전소는 원자력발전소의 지속 및 추가건설을 강조하는 정부, 관련 기관 및 과학자 집단과 원자력발전소의 폐쇄를 요구하는 일부 관련 전문가들을 포함한 시민사회 간에 극렬한 대립을 몰고 왔다. 이러한 양상은 현재 원자력발전소의 존폐 여부와 관련된 우리 사회 내 갈등과 대립이 단순히 객체로 머물지 않고 불안과 두려움이 결합된 새로운 갈등의 위험을 유발하고 있음을 보여준다. 원자력발전소와 관련된 안전사고는 방사선 피폭에 대한 공중의 불안과 민감한 반응을 유발하였다. 정부 및 과학기술계에서는 경제적 차원에서 충분히 기술적으로 위험통제가 가능하고 안전하다고 주장하지만 시민사회를 포함한 공중은 사회적 수용능력 차원의 가치문제로 인식하기 때문에 경제적 문제를 넘어 심리적, 사회문화적인 문제로 이해한다.

그러므로 정부나 운영기관, 혹은 과학자들이 원자력발전소에 대한 안전성과 경제적 효용성을 강조하더라도 공중이 원자력발전소에 대해 공포와 두려움을 갖고 있다면, 원자력발전소 수용과 관련된 대립과 갈등이 지속적으로 유발되는 악순환을 형성하게 된다. 즉, 이성적으로는 원자력발전소에 대한 안전성과 경제적 효용성을 이해한다고 하더라도 심리적으로는 공포와 두려움에 의해 원자력발전소를 쉽게 수용하지 못하게 되는 현상이 나타난다. 따라서 원자력발전소와 관련된 위험수용의 문제는 공중의 공포와 두려움을 낮추는 것과 관련되며, 이는 원자력발전소를 운영하고 관리·감독하는 집단이나 과학자, 혹은 정부에 대한 신뢰문제에 의해 결정되는 것으로 볼 수 있다. 위험영역에서 공중이 지각하는 신뢰의 여부는 원자력발전소와 같은 논쟁적이고 갈등적 위험에 대한 수용을 결정하는 중요 요인이며, 사회적 이익이나 경제적 효용성을 강조하는 위험대상에 대한 설득 효과를 높일 수 있는 요인이기도 하다. 그러므로 신뢰문제는 특정 대상에 대한 공중의 전반적 위험수용 및 그와 관련된 요인들에 영향을 미치는 중요한 요인이라고 할 수 있다.

일반인의 원자력발전에 대한 위험인식과 수용성은 원자력발전소의 사고확률과 같은 과학적인 인식에 기초하기보다는 오히려 직접적인 관련성이 없는 정부나 원자력발전소 관련 기관, 언론 등에 대한 신뢰에 더욱 의존하는 경향을 보인다. 원자력발전은 관련 위험논쟁에도 불구하고 사회적으로나 경제적으로 매우 효용성이 높은 과학기술이다. 따라서 공중의 원자력발전에 대한 올바른 이해를 통해 우리 사회 내에서 원자력발전에 대한 합리적인 소통을 증진, 공중의 원자력발전에 대한 수용성을 높일 수 있는 커뮤니케이션 전략이 필요한 것이다.

신뢰는 위험수용의 근본적 요소로 우리 사회에서 후쿠시마 원자력발전소 사고 이후 원자력발전소 존폐에 대한 논쟁은 곧 신뢰 차원의 문제로 해석할 수 있다. 즉, 원자력발전소에 대한 안전성 문제나 정책결정과정의 투명성 문제 등 전반적으로 원자력발전소 관련 운영 및 관리/감독기관, 정부 등에 대한 불신과 깊은 관련이 있는 것으로 볼 수 있다(송해룡·김원제, 2005, 2012). 더구나 공중은 원자력발전소 및 관련 기술에 대한 지식이 부족하기 때문에 원자력발전소 운영 및 관리/감독기관, 그리고 정부에 대한 신뢰에 바탕을 두고 위험인식이나 위험수용을 결정한다. 그러므로 원자력발전소 및 관련 기술에 대한 운영 및 관리/감독주체, 정부 등에 대한 신뢰가 낮을수록 높은 위험인식과 낮은 위험수용을 보이는 것으로 평가할 수 있다.

공중은 원자력발전소와 관련된 위험을 예측할 수 없을 뿐 아니라 효과적으로 통제하기도 힘들다는 위험 불확실성, 그리고 위험발생 시 재앙에 가까운 피해 규모 등을 통해 위험을 인식하고 평가하는 경향을 보이기 때문에 공중의 위험은 지극히 주관적 평가에 의해 결정되며, 원자력발전소에 대한 주관적 평가를 통해 형성된 위험 심각성이나 심리적 공포감은 결과적으로 위험인식과 위험수용에 결정적 영향을 미치게 된다.

공중의 위험인식은 다분히 심리적인 측면에 기인하는 경우가 많다. 특히, 공중은 위험 자체에 대한 친숙성이 떨어지고, 과학적으로 많이 알려지지 않았고, 위험에 대한 노출이 비자발적이며, 많이 두려워하고, 재앙가능성이나 미래 세대에 대한 위험이 높고, 통제가능성이 낮다고 인식할수록 높은 위험인식을 나타내며, 원자력과 관련된 위험은 다른 활동이나 기술에 의한 위험과는 질적으로 다르게 인식하는 경향이 있으므로 잠재적 위험이 훨씬 큰 것으로 인식한다. 따라서 위험을 수반하는 과학기술의 사회적 수용은 원자력기술의 실제 위험이 아니라 대중들이 이러한 위험을 어떻게 인식하느냐 하는 차원에서 결정되는 경우가 많다.

원자력발전소는 공중의 입장에서 '잘 알려지지 않거나, 통제 또는 예측되지 않는 위험'이자 '한번 발생하면 돌이킬 수 없고, 그 피해가 후손에게까지 미치는 위험(Slovic, 1987)'이라는 특성을 갖는다. 국내에서는 원자력발전소와 관련된 큰 사고가 발생한 적이 거의 없기 때문에 공중은 주관적 경험에 의해 원자력발전소에 대한 위험성을 인식하고 평가한다. 엄밀히 말해서 공중의 원자력발전소에 대한 위험인식은 미디어에 의해 매개된 경험에 의해 형성된다고 볼 수 있다. 후쿠시마 원자력발전소 사고에 대해 국내 미디어는 '일본침몰이나 초토화, 최악' 등의 자극적인 헤드라인 제목을 통해 공중의 공포심을 증폭시켰고, 대부분 해설을 통해 충분한 정보를 제공하기보다는 사건이나 사고, 갈등 중심의 보도태도를 보였으며, 재난이나 불법행위에 초점을 맞춰 비기술적 측면의 심각성과 위험성을 부각시켰다고 비판한 바 있다. 결국, 미디어가 특정 위험사건을 어느 정도 크기로 보도할 것인지, 그 위험의 특성을 어떻게 묘사할 것인지를 통해 개인과 집단의 위험인식에 큰 영향을 미쳤고(송해룡 외, 2013), 후쿠시마 원자력발전소 사고에 대한 국내의 미디어 보도태도는 국내의 원자력발전소에 대한 공중의 위험인식에 분명히 영향을 미친 것으로 볼 수 있다.

이러한 관점에서 핵심은 원자력발전소의 잠재적 위험성과 공중의 우려를 고려하면 원자력발전소에 대한 폐쇄로 이어져야 하나, 현재 원자력발전소는 우리나라 발전량의 31%를 차지하고 있는 중요한 에너지 공급원으로서 지속가능성, 전기공급의 안정성, 자원유용성, 경제성, 환경친화성 등 매우 중요한 장점(이영일, 2011)을 갖고 있다는 것이다. 정부의 입장에서 국내 주요 에너지 공급원인 원자력발전소의 사회적 가치나 이익을 쉽게 포기할 수 없다는 것이 논란의 핵심이 된다. 따라서 원자력발전소에 대한 잠재적 위험과 사회적 가치 혹은 이익의 대립은 국내에서 소모적 논쟁과 국론분열을 초래하고 있다는 점에서 매우 심각하고도 중요한 이슈라고 볼 수 있다.

분명한 사실은 정부 입장에서 원자력발전은 에너지 정책의 핵심이며, 석유나 석탄 등의 해외의존을 줄이면서 전력 수요를 증가시킬 수 있는 청정에너지인 원자력발전소를 포기할 수 없다는 점이다. 이에 따라 정부는 원자력발전에 대한 시민사회의 불안감을 없애고, 원자력발전소 유지를 위한 국민적 합의를 이끌어낼 수 있는 정책적, 제도적 대안이 필요하다. 즉, 미디어에 의해 매개되고 증폭된 원자력발전소에 대한 국민의 오해와 편견을 제거하고, 원자력발전에 대해 갖는 공중의 불안감을 최소화할 수 있는 리스크 커뮤니케이션 전략이 필요한 시점이다. 현재 일련의 원자력발전 관련 심각한 사고들은 비전문가라고 할 수 있는 공중의 원자력발전소에 대한 태도에 강력한 영향을 미친 것이 사실이다. 결국, 원자력발전과 관련된 일련의 사고들이 공중의 원자력발전소에 대한 전반적인 태도 및 인식에 커다란 영향을 미쳤다고 평가할 수 있다.

이처럼 국내에서는 원자력발전 관련 위험은 더 이상 통제의 대상, 즉 객체로 머물지 않고 불안과 두려움이 결합되어 새로운 갈등을 유발하는 위험으로 확대되고 있다. 정부가 지속적으로 원자력에너지의 사회적 이익과 경제적 효율성을 강조하고 중요한 국가정책으로 다루고 있음에도 불구하고, 여전히 국내 공중의 원자력발전에 대한 막연한 공포감이나 두려움 등은 국가의 전반적인 에너지 정책에 상당한 부담감으로 작용하고 있다. 공중의 원자력발전에 대한 주관적인 위험 심각성은 위험특성, 예컨대 비자발적이고 통제 불가능한 위험이라는 위험특성에 기반하여 심각한 것으로 받아들이는 정도를 의미한다(송해룡 외, 2013). 또한 원자력발전에 대한 공중의 심각성은 공중의 공포감이나 두려움과 밀접한 관련이 있다.

3.3. 교훈과 시사점

원자력 수용성과 커뮤니케이션 파워

원자력 발전은 히로시마에 투하되었던 원자폭탄을 개조하여 탄생했다는 점에서 인류를 파멸로 이끌 수 있는 공포의 무기라는 이미지를 갖고 출발했다. 원자력에서 공포는 눈에 보이지 않는 방사능 피폭으로 인한 인명의 참혹한 대량살상이라는 이미지로 부각되면서 부정적 시각을 확대 재생산하고 있다.

원자력 자체는 기본적으로 과학기술의 문제이지만, 원자력에너지와 관련된 정책들은 정치적 결정의 문제이다. 그리고 정책을 결정하고 추진하는 과정에서 여론의 반응은 정책결정자들이 필수적으로 고려해야 할 사항이다.

한국뿐만 아니라 원전을 가동하는 많은 나라에서 원자력은 자국의 에너지 믹스(energy mix)에서 원자력에너지의 역할을 필수적인 것으로 보지만, 역사적으로 원자력을 보는 대중들의 시선은 논쟁적이고 경합적이다. 원자력 이용에 관한 여론은 변덕스럽기보다는 느리고 완만하게 변화되며, 팽팽한 지지와 반대가 혼재되는 모습을 보인다. 그러나 대형 원전사고와 같은 극적인 사태가 발생할 경우 대중적 지지는 급속하게 추락하는 경향을 보인다.

원자력 이슈는 과학·기술적이며 사회·정치적 현안이다. 그러하기에 본질적으로 국민 이해를 증진시키는 접근이 필요하다. 원자력 국민 이해는 원자력에 대한 공공의 수용성을 국민 이해의 함수로 보고 이해수준을 높이는 것이다.

원자력에 대한 합리적이고 과학적 이해가 높을수록 수용성은 높아지게 된다. 일반적으로 대중은 새로운 위험이나 알지 못했던 위험에 대해서는 더 두렵게 생각하는 경향이 있다. 이 경우에는 국가가 나서서 위험의 특성을 밝혀내고 적절한 법과 제도, 교육과 정보 소통으로 국민들이 그 위험과 단절될 수 있도록 해야 한다. 즉, 원자력계가 원자력 수용성을 높이기 위해 먼저 해야 할 일은 일반 대중과 지역주민을 대상으로 자유로운 정보공개를 통해 주민들의 알 권리를 보호하고 원전의 안전성을 신뢰할 수 있도록 원자력 정보공개 원칙을 정하는 법적 규정의 확립이다.

후쿠시마 이후 일반 대중들은 원자력 이슈에 대해 적극적으로 우려를 표명하고 있으며, 기존의 반대단체들도 무조건 반대 대신에 원전폐지에 대한 이론적인 대안까지 제시하고 있다. 이러한 측면에서 일반 대중에 대한 이해문제도 여론 주도층뿐만 아니라 계층별, 세대별, 지역별로 차별화된 전략이 필요하다.

원전 수용성과 원자력 안전에 대한 인식에 있어 전문가의 기술공학적 이해와 일반 국민의 위험인지 수준 사이에 원천적으로 큰 차이가 있다. 이러한 격차를 줄일 수 있도록 사회심리학적인 접근에 의해 실질적인 소통을 강화할 수 있는 다양한 접근이 요구되고 있다. 소통은 정보나 의사의 일방적인 전달이 아니라 정보를 서로 주고받고 공유하는 쌍방향이다. 원자력정보의 개방과 공유는 다수를 대상으로 명확하고 이해하기 쉬운 용어를 사용하여 적기에 정확한 정보를 제공하는 것이다. 일반인이 가지는 위해에 대한 인식의 격차를 최소화하고 대중이 이해할 수 있는 정확한 정보를 전달하고 상호 피드백하는 것이다. 소통의 제1원칙은 있는 그대로 알리는 투명성의 원칙이다.

지역주민들의 원자력에 대한 이해를 어떻게 극대화할 것인가에 대한 성찰이 필요하다. 발전시설 등 기피대상 사회기반시설의 건설은 관련 이해관계자 간의 협력과 참여를 근간으로 해야 한다. 원전 정책에 성공한 국가들은 지역사회, 이해관계자와 사업자 간의 새로운 관계를 근간으로 한다. 법적, 제도적 기반하에 지역사회의 지원 및 발전과 함께하는 협력방식으로 원자력사업을 추진하고 있는 것이다. 이를 위해 지역사회가 원전을 자신과 더불어 가는 공동체의 일부로 인식하는 전략이 주요하다. 원자력이 지역을 선택하는 것이 아니라 지역주민이 원전을 선택하게 하는 패러다임의 전환이 그것이다. 원전을 자기지역기업으로, 종사자를 지역주민으로 간주할 수 있도록 지역사회 내로 완전히 들어가야 한다. 원자력의 지속가능성을 위해 새로이 지역사회와의 동반자 관계수립과 협력을 통해 국가 차원의 에너지안보와 원자력시설 유치를 통한 지역특성에 맞는 지원과 발전이라는 상호 이익을 일치시켜야 한다.

후쿠시마 이후 원자력 수용성은 원자력 안전에 대한 전문적인 접근뿐만 아니라 일반 대중과 지역주민에게 체계적으로 접근하는 소통과 협력의 전문성을 요구하고 있다. 국민과 지역주민과의 쌍방향 소통과 서로의 눈높이를 맞추는 피드백 체계 강화로부터 시작되어야 한다.

원자력은 매우 '낯설고 두려운' 위험으로 대중 민감도가 높고 정치적 이슈로 발전할 가능성이 큰 분야이다. 따라서 원자력의 불확실성을 염두에 두고 투명한 정보를 사회구성원과 공유해야 한다. 그간 우리나라 원전 정책에서 규제 안전 분야는 적극적인 육성정책에 밀려왔으며 소수만이 정보를 독점하는 폐쇄적인 구조로 운용되어왔다. 그러나 그 파급력을 고려할 때 원자력 안전문제는 원자력 분야만의 독점대상이 아닌 국가와 사회 차원의 위험관리 대상으로 고려되어야 한다. 우리가 안고 있는 위험요소가 무엇이고, 견딜만한 것인지, 어떻게 한계점을 극복할 것인지를 공동체와 소상히 나누어야 하는 것이다.

상호 신뢰 증진 위한 소통시스템 구축, 커뮤니케이션 전략 필요

원자력 관련 갈등이 증폭하게 된 원인은 소통의 부재에 있다. 원자력 이슈와 관련하여 과학자, 전문가 집단은 사회적 인식과 대중의 공포감, 불안감에 대해 이해하고 소통하려는 노력이 부족했다.

원자력 관련 갈등 증폭의 원인이 되는 소통이 부재한 것은 참여(정책, 의사결정)의 제한에 기인한다. 그동안 원자력을 포함하여 과학기술에 관련된 정책결정, 집행에서 주민들의 목소리를 배제함으로써 생긴 전문가/정부에 대한 불신과 사회적 낭비는 매우 컸다. 주민이 참여할 수 있는 환경조사 및 원자력시설 개방 등도 크게 활성화되지 못했다. 특히, 원자력발전소와 방폐장 건설 및 운영 등에 있어서 주민들이 최종결정을 내릴 수 있는 투표 등의 정책참여기회가 상당 부분 박탈되어왔다.

기본적으로 원자력 관련 불신이 발생하게 된 배경 중 하나는 신뢰문제에 있다. 위험영역에서 공중이 지각하는 신뢰 여부는 원자력발전소와 같은 논쟁적이고 갈등적 위험에 대한 수용을 결정하는 중요 요인이다. 하지만 현재 원자력발전소를 운영하고 관리/감독하는 집단이나 과학자, 정부에 대한 신뢰는 높지 않다. 이로 인해 원전 안전성에 대한 의구심과 불안감이 더욱 커지는 것이다.

전문가와 국민의 매개체요 중재자 역할을 해야 하는 언론 역시 갈등을 조장하거나 증폭시키는 기제로 작용해왔다. 언론은 전문가-대중의 상호소통을 위한 매개체의 역할이라기보다는 오히려 갈등을 조장하는 역할을 했다. 원자력 관련 갈등이슈가 발발하면 축소하거나 왜곡하는 보도행태를 보였다. 폭력시위 등의 자극적인 팩트를 중심으로 선정적인 보도를 견지했다. 원자력 이슈를 일상의 사건 사고로 취급한 것이다. 대중은 과학적 지식에 취약하므로 정보통제와 왜곡에 쉽게 불안감, 공포감을 가지게 된다.

여론은 방사성폐기물, 원자력 안전제어, 핵무기 확산 등과 같이 원자력에 특정된 몇몇 사안에 대해 유달리 민감하게 반응한다. 원자력이 제기하는 이런 실제적이고 주관적 위험은 대중인식을 형성하는 중요한 요인으로, 원자력시스템의 미래 발전에 결정적인 영향을 미친다.

문제의 핵심은 기술 발전을 통해 원자력에 대한 대중의 신뢰를 회복할 수 있을지, 혹은 발전된 원자력시스템의 개발과 설계에 앞서 사회적 신뢰가 먼저 확보되어야 하는지의 여부이다. 그뿐만 아니라, 원자력문제에 대한 소통도 그 자체로 앞서 제시된 위험과 기술의 복잡성에서 비롯하는 하나의 난제이다.

원자력발전소에 대한 공중의 수용성을 높이기 위한 전략으로 정보공개와 더불어 정부와 기관, 공중이 언제라도 원활하게 소통할 수 있는 장(sphere)을 마련할 필요가 있다.

커뮤니케이션은 바람직한 거버넌스(governance)의 일부이다. 이는 정책이 대중과의 원만한 커뮤니케이션과 협의 그리고 합리적인 판단에 근거해 구상되는 것을 의미한다. 여론은 그것이 합리적이든 그렇지 않든 간에 미래 에너지 시스템의 선택에 있어 근원적인 결정요인으로 작용한다. 원자력이 미래의 에너지공급에서 중요한 역할을 하려면 사회의 지지가 반드시 뒷받침되어야 한다. 이와 관련해 사회 전체 및 여론조성자들과의 적절한 소통이 필수적이다(송해룡 외, 2015).

정부는 원자력발전소에 대한 시민사회의 불안감을 없애고, 원자력발전소 유지를 위한 국민적 합의를 끌어내야 한다. 요컨대, 언론에 의해 매개되고 증폭된 원자력발전소에 대한 국민의 오해와 편견을 제거하고, 원자력발전에 대해 갖는 공중의 불안감을 최소화할 수 있는 커뮤니케이션 전략이 요구된다. 원자력에 대한 공중의 불안을 감소시키고 수용성을 증진하기 위해서는 정부, 관련 기관, 언론, 그리고 시민사회 등 관련 주체들 간 소통이 필수적이다. 독일에서 조직된 '원자력과 시민 간의 소통', 오스트리아의 '원자력에 대한 정보캠페인', 그리고 네덜란드의 '에너지 정책에 대한 폭넓은 사회적인 논쟁' 등과 같은 사회참여운동은 정부와 일반 공중 간의 소통이 얼마나 중요한지를 보여준다.

원자력발전 운영 및 관리, 감독기관, 그리고 정부에 대해 공중의 신뢰가 중요한데, 이를 위해서는 공중에게 위험에 관한 정보를 제공함은 물론 원자력발전소가 안전하고 효율적으로 관리되고 있음을 확신시켜줄 필요가 있다.

공중은 원자력발전의 효용성과 위험성을 동시에 인식한다. 그러므로 원자력발전과 관련된 다양한 정보가 사람들이 신뢰할 만한 집단에 의해 창출되고 전달되는 것이 중요하다. 특히, 정직하고 가공되지 않은 정보의 전달이 중요한 요소로 작용한다. 즉, 원자력발전은 안전하다는 정보와 더불어 위험의 개연성을 있는 그대로 전달하는 것이 필요하다. 체르노빌 원자력발전소 사고 이후 스웨덴은 정보의 완전 공개정책을 실시한 결과 원자력발전소에 대한 국민의 신뢰를 사고 후 1년 6개월 만에 이전의 수준으로 회복했다. 결국 이익과 위험이 동시에 내재된 원자력발전소의 경우에 올바른 정보전달 및 공개를 통해 원자력발전소 운영, 관리, 감독, 그리고 정부의 정책적 신뢰성을 높여야 한다. 구체적으로 해당 커뮤니케이터의 전문성, 윤리/안전의식, 책임성이 중요하다. 이러한 커뮤니케이터가 원자력 위험에 대한 구체적인 대응/행동정보와 공익적인 정보를 다양한 이해관계자들의 고려 및 참여협력을 유도한 개방성 높은 채널로 전달하면 국민은 원자력 정보에 대한 요구와 관심이 높아지고, 객관적 판단능력이 신장되면서 결국 목적하는 커뮤니케이션 효과를 얻을 수 있게 될 것이다.

4 디지털 리스크, 그리고 IoT 문명 리스크

장밋빛 유토피아의 개막인가, 전례 없는 디스토피아의 시작인가.

디지털 경제를 보는 시선은 기대와 우려가 교차한다. 최근 들어서는 기대보다 우려의 목소리가 좀 더 커지는 양상이다. 디지털 경제는 달콤한 열매와 함께 쓰디쓴 부작용도 유발하면서 지금껏 당연시해온 평온한 삶을 위협하고 있다. 첨단기술 혁신이 약속하는 다양한 이점의 상당 부분은 소수의 사람에게 편중되고, 나머지 사람들은 더 큰 피해에 노출될 수 있기 때문이다.

4.1. 접속의 시대, 리스크에 불안한 사이버 세상

언제나 어디서든 '온라인(Online)'에 연결되어 사는 세상, '접속의 시대'다. 사람도 물건도 모두 실시간으로 연결되는 삶은 편리하다. 그러나 우리는 불안을 안고 산다.

미국 국가안전국(NSA)의 무차별 도감청에 관한 에드워드 스노든(Edward Snowden)의 폭로를 특종해 퓰리처상을 받은 글렌 그린월드(Glenn Greenwald)의 책은 ≪더 이상 숨을 곳이 없다(No Place To Hide)≫(2014)이다. 오늘날 디지털 세계에서 '사생활'이란 단어는 점점 의미를 잃어가고 있다는 뜻이다. 에릭 슈밋(Eric Schmidt) 구글 회장도 저서 ≪새로운 디지털 시대(The New Digital Age)≫

(2013)에서 비슷한 진단을 내린 적이 있다. 세계가 온라인으로 연결되고 각종 IT 기기들이 고도로 발달하면서, 해커든 국가든 혹은 그 어떤 조직이든 언제 어디서 나 우리의 행동을 지켜볼 수 있는 시대로 진입했다는 얘기다.

우리는 인터넷서비스에 가입할 때 반강제적으로 개인정보를 제공하지만, 정작 내 정보가 어떻게 쓰이는지는 잘 알지 못한다. 권리가 침해되어도 그 사실을 알 수 없다면, 권리를 지키기 어렵다. 인터넷에 나의 어떤 정보가 올라 있는지와 국가와 기업들이 이를 어떻게 다루고 있는지를 당사자가 통제할 수 없는 경우가 다 반사다.

사회관계망서비스(소셜네트워크서비스, SNS)라는 새로운 개인 간 소통수단이 활성화되면서, 부지불식간에 개인정보가 유출되는 상황이 발생하고 있다. 이는 사용자들의 자발적인 동의(동의하지 않으면 서비스를 이용할 수 없기에 사실상 강제된 동의)가 될 수도 있고, 아니면 서비스제공업체들의 무차별적인 정보수집이 될 수도 있다. 특히 SNS는 사생활 비밀의 불가침, 사생활 자유의 불가침, 자기정보에 대한 통제와 관리에서 취약한 특성을 지닐 수밖에 없다.

매 순간 우리는 디지털 세상에 흔적을 남긴다. 좋은 추억이 되기도 하지만 때론 '디지털 낙인'이 되어 개인을 옭아매는 결과를 낳기도 한다.

다양한 SNS와 방대한 개인 데이터베이스를 지닌 검색사이트(구글 등)가 급증하면서 사이버공간에서 타인의 개인정보를 찾아보는 것은 쉬운 일이 되었다. 심지어는 사후에도 개인의 블로그나 SNS가 방치되어 망자에 대한 악성 댓글을 쓰거나 퍼 나르기가 심심치 않게 일어나고 있다.

대한민국은 그야말로 CCTV 공화국이다. 민간이 설치하는 CCTV 숫자가 급격히 늘면서 CCTV 촬영으로 인한 사생활 침해 가능성이 커지고 있다. 한국정보화진흥원의 ≪2015 정보화통계집≫에 따르면, 현재 우리나라에 설치된 CCTV는 약 800만 대로 추정된다. 2010년대 초반까지 세계에서 가장 많은 CCTV가 설치된 나라로 알려졌던 영국에는 500만 대 안팎의 CCTV가 설치돼 있다. 이 통계에는 가정에 설치된 네트워크 카메라나 차량용 블랙박스는 포함되지 않는다.

공공기관에 설치된 CCTV 관련 통계를 담당하는 행정자치부 개인정보보호협력과에 따르면, 국가나 지자체 등 공공기관이 범죄예방과 교통단속 등의 목적으로 설치한 공공부문 CCTV는 2015년 12월 기준 74만 대에 달한다. 5년 새 두 배가 넘게 증가했는데, 갈수록 수사나 교통사고 증거 확보 등에 CCTV의 영상자료가 널리 쓰이는 것이 이유다.

초기 CCTV는 사람들이 많이 모이는 백화점이나 공장 등을 관리·감독하기 위해 설치·운영됐다. 하지만 최근에는 범죄나 화재 예방 목적으로 주택가와 길거리, 상점, 공공장소 등에도 설치되고 있다. 교통정보 수집이나 교통법규 위반 차량 단속, 밀수에서 산불감시까지 CCTV 활용 분야는 점점 확대되고 있다.

하지만 CCTV를 통한 사생활 침해 우려는 이전부터 꾸준히 제기됐다. 정보주체(영상에 찍히는 사람)인 개인의 의사와 무관하게 영상이나 활동 정보가 촬영될 가능성이 있기 때문이다. 2014년 11월에는 롯데 자이언츠 프로야구 구단이 소속 선수들의 동선과 출입 시간, 동행자 등을 감시했다는 의혹이 제기돼 논란이 벌어진 적이 있다. 구단이 소속 선수들을 CCTV를 통해 사찰했다는 보도가 이어지자 선수단과 팬들의 항의가 빗발쳤다. 결국 CCTV를 설치하도록 지시한 대표이사는 사퇴했지만, 팬들의 구단에 대한 신뢰도는 땅에 떨어졌다.

CCTV와 관련돼 개인이 받을 수 있는 피해는 대부분 영상정보유출에 따른 개인정보침해다. CCTV와 관련된 피해는 대부분 개인정보보호법의 적용을 받는다. CCTV 녹화를 통해 얻은 영상 정보가 개인정보보호법 제2조에서 규정하는 개인정보에 해당하기 때문이다. CCTV 녹화를 통해 얻은 영상 정보는 취득 시 정보주체인 개인의 동의가 필요하고 원칙적으로 제3자 제공이 금지되며, 취득목적 외 사용이 금지된다. CCTV의 민간 설치로 인해 사생활 침해를 호소하는 피해사례도 늘고 있다. 현행법에 따르면 개인이 설치하는 민간부문 CCTV는 등록이나 허가 의무가 없어 설치와 철거가 자유롭다.

이처럼 영상기기의 증가는 사고나 범죄현장을 녹화해 문제를 해결하는 순기능도 크다. 그러나 우연히 찍힌 영상이 불순한 의도로 네트워크를 통해 퍼지는 것은 심각한 문제다. 영상기기와 기술의 발달로 언제 어느 곳에서 자신의 모습이 찍힐지 알 수 없다는 불안감은 여전히 남아 있다. 영상이 일단 네트워크에 올라가서 퍼지고 나면 현실적으로 그 흔적을 모두 지우기란 불가능해진다는 것이 더 큰 문제다. 이미 영상이 유포됐다는 것을 파악한 시점에서는 피해를 수습하는 것이 사실상 불가능하다.

하여 '사생활의 종말'이 선언된다.

사생활이 디지털 혁명 속에서 위협받고 있다. 일부 국가는 광범위한 도감청을 수행하고, 포털은 거의 제약 없이 사용자 정보를 광범위하게 수집한다. 사람들은 자신이 무슨 책을 읽었는지, 어디를 방문했는지 등을 '셀카'에 담아 페이스북과 인스타그램에 전시한다. 또한 적지 않은 사람들이 국가안보나 사용자 편의를 위해 어느 정도의 정보수집이 불가피하다고 생각한다. 감시의 형태가 변하면서 사생활의 영역이 더욱 위축되고 있다.

규율사회가 제러미 벤담(Jeremy Bentham)의 '파놉티콘(panopticon)-소수의 수감자에 의해 다수의 수감자가 감시당하는 사회'라면, 현대의 자율사회는 '시놉티콘(synopticon)-다수가 소수를 주시하고, 감시하는 사회'이다. 지그문트 바우만(Zygmunt Bauman)은 ≪친애하는 빅 브라더≫(2014)에서 노르웨이 출신의 사회학자인 토마스 마티센의 '시놉티콘' 개념을 인용하면서 이것이 'DIY(Do It Yourself)식 파놉티콘', 곧 '감시자 없는 감시'라고 설명한다.

과거에는 국가가 중앙집중화된 형태로 시민을 감시했으나 오늘날에는 서로가 서로를 감시한다. 조지 오웰(George Orwell)이 말한 '빅브라더(Big Brother)'의 시대는 이미 끝났다. 지금은 '스몰시스터즈(Small Sister)' 시대이다.

조지 오웰의 빅브라더가 아닌 수많은 스몰시스터즈가 우리를 감시하고 있다. 빅브라더를 견제하는 자생적 민간권력으로서 권력의 균형을 이루는 선의의 목적의 개인 권력으로 작동하는 상황을 벗어나, 개개인의 정보생산력과 사회적 영향력 증대로 인해 얻은 개인의 권력을 개인 스스로가 감시의 주체가 되어 프라이버시 침해나 인권 침해, 스토킹 등 악의의 목적으로 사용하는 상황이 되고 있다. 스마트폰 사용자가 위성위치확인시스템(GPS) 설정에 동의하는 순간 그가 지금 어디에서 어디로 이동하는지 고스란히 노출된다. 구글이나 페이스북 같은 거대 IT 기업들은 가입자들의 사소한 정보를 긁어모아 '빅데이터'로 활용한다. 국가가 안보를 명목으로 시민들의 삶을 감시하기도 한다. 빅데이터 시대는 이러한 우려를 보다 심화하고 있다. 빅데이터 활용과 개인정보보호는 양날의 검(劍)이라 하겠다.

방대한 데이터와 연결에 따른 위험성이 그만큼 커진다. 로컬에 머물렀던 데이터가 중앙에 집중하면 리스크가 증가한다. 주민등록번호와 같이 많은 정보가 집약된 것이 대표적 예다. 과거에는 특정 서버 해킹이나 정보유출이 한 지점 피해로 끝나는 경우가 많았다. 온라인 공간에서 해킹, 사이버테러, 사이버전 파급력은 연쇄적이다.

빅데이터 정보에 대한 과신과 기대도 문제다. 정부와 기업에 의한 빅데이터 활용이 무한한 비즈니스 이윤 창출이나 아카이브 정보 효율성에 기여한다고 확신한다. 이에 비례해 문제가 발생하면 위험성은 상상을 초월한다. 빅데이터 사회 특성은 복합적이고 불확실하다. 과거 정보화사회에서는 어느 정도 예측이 가능한 범위와 경계가 있었다. 빅데이터 시대에는 위험과 재난상황이 불확실하고 복합적이다. 빅데이터는 부인할 수 없는 대세다. 그만큼 빅데이터가 수반하는 리스크도 간과해서는 안 된다.

감시는 불안을 낳는다. 정보 고속도로가 뚫려있는 정보사회에서는 과거보다 개인의 사생활 자유가 침해받을 가능성이 크다. 개인의 은밀한 사생활이 인터넷에 공개될 경우, 개인의 존엄성에 심각한 타격을 받을 수 있다. 지구 상 어딘가에 남아 있을 복제파일과 정보에 대한 두려움과 불안감은 현대인들을 괴롭히는 심리적인 압박이 될 수 있다. SNS에 올린 정보들이 부메랑이 되어 돌아오는 경우도 있다. 또한 휴대폰의 위치추적서비스는 범죄 피의자의 추적, 범행 장소 및 시각 확인, 거동이 불편한 독거노인 보호, 어린 자녀의 등교나 하굣길에서의 위치확인 등의 장점도 있지만, 개인의 위치정보가 자신의 의사와 반하게 다른 사람 또는 회사에 넘어갈 수 있다. 위치기반서비스를 이용하면서도 느끼는 불안감은 현대인의 또 다른 고민거리로 작용하고 있다.

4.2. 디지털 리스크 이슈들

디지털(사이버) 리스크의 개념 및 범주

커뮤니케이션, 미디어의 확장에 기여한 테크놀로지의 발전은 한 사회의 경제·

사회·문화적 변화뿐만 아니라 권력 변동까지도 결정할 수 있을 정도로 그 중요성이 매우 크지만, 테크놀로지가 잉태하는 위험특성과 맹목적 기술우호주의가 결합되어 그 부정적 현상이 우리 삶 곳곳에 침투, 증폭되고 있다. 특히 디지털미디어, 스마트미디어 등 새로운 미디어 확산이 급속히 이루어지면서 그에 따른 부작용(디지털 리스크)이 사회 전체에 영향을 미치는 결과를 초래하고 있다. 전자금융사기(피싱, 파밍 등), 악성 소프트웨어 등으로 인한 해킹, 사이버테러, 저작권 침해(불법복제), 정보격차(정보 불평등), 도박·자살·음란 등의 불법·유해정보 범람, 잘못된 정보유포 및 확산에 따른 사회적 공포(인포데믹스, Infodemics: Information과 Epidemics의 합성어로 부정확한 정보 확산으로 발생하는 부작용) 조성, 디지털 감시 등은 혁신 테크놀로지로 인해 새롭게 등장한 위험요소들이다. 여기에 개인정보유출, 프라이버시 침해, 커뮤니케이션 단절 및 소외현상(디지털 격차), 사이버불링(cyber bulling: SNS 등 스마트폰 메신저와 휴대전화 문자메시지 등을 이용해 상대를 지속적으로 괴롭히는 행위) 등의 위험요소들이 더해지고, 휴대폰 중독 등 과몰입 문제, 디지털 치매 등 병리적 현상까지 나타나고 있다(김원제·박성철, 2016).

한국은 세계적인 정보통신기술 및 인프라 강국으로서 고도의 네트워크가 밀집된 국가이자 정보기술 테스트베드(Test Bed)이기도 하다. 그만큼 세계적으로 커다란 주목을 받는 IT강국이라고 할 수 있으나, 역설적으로 디지털 리스크가 자주 발생하기도 한다.

디지털 리스크는 자신의 신분을 노출하지 않고 범행하거나 다른 사람의 ID를 도용해 범죄를 저지르는 경우가 많아서 익명적이며, 가상공간에서 발생하기에 피해자와 직접 대면하지 않아 자제력을 감소시켜 사이버범죄로 이어지기도 한다.

경찰청 사이버테러대응센터(2014)에 따르면, 사이버범죄는 해킹이나 바이러스 유포와 같이 고도의 기술적 요소가 포함된 정보통신망 자체에 대한 공격행위인 '사이버테러형 범죄'와 전자상거래 사기(통신, 게임), 프로그램 불법복제(음란물, 프로그램), 불법/유해사이트 운영(음란, 도박, 폭발물, 자살), 개인정보침해, 사이버스토킹, 사이버성폭력, 협박 및 공갈 등과 같이 사이버공간이 범죄 수단으로 이용되는 '일반 사이버범죄'를 포함한다. 주요 정부기관이나 금융권, 포털 등에 대한 디도스(DDoS, Distributed Denial of Service) 공격과 해킹에 의한 악성코드 유포 등의 사이버범죄가 지속적으로 이루어져왔다. 대표적으로 2009년 한국과 미국의 주요기관 웹사이트를 마비시킨 디도스 공격 사례부터 2011년 3월 공공기관 및 은행, 포털을 상대로 한 디도스 공격, 그리고 2011년 4월 해킹에 의한 농협 전산망 마비 등 다양한 사이버범죄가 발생하여 사회적으로 큰 혼란을 겪었다. 또한 가짜 인터넷뱅킹 홈페이지로 접속을 유도, 개인의 금융정보를 빼내가는 파밍(pharming)부터 전화사기인 보이스피싱(voice phishing), 문자메시지를 통해 소액결제를 유도하는 스미싱(smishing) 등 계속해서 새로운 유형의 사이버범죄가 발생하고 있다. 2014년 1월에는 국내 유명카드 3사의 민감한 고객 개인정보(성명, 전화번호, 주민등록번호, 주소, 결제계좌, 대출정보, 신용정보 등)가 대량으로 유출되어 소비자의 불안을 가중시키기도 하였다. 사이버폭력 또한 온라인상 새로운 위험요소로 작용하고 있는데, 사이버 언어폭력, 사이버 명예훼손, 사이버 성폭력, 사이버 스토킹, 신상정보유출, 사이버 왕따 등 그 유형도 다양하다.

학자들은 정보기술이 권력 소유자의 권력 집중 현상을 더 가중시켜 권력 분산과 개인의 자유 확대에 긍정적인 영향을 미치지 못한다고 주장한다(Gandy, 1998; Lyon, 1986). 정보기술은 개인의 자유를 확대하기보다는 기술과 정보를 소유한 주체가 기존의 물리력 이상으로 개인과 조직을 통제하도록 이용될 수 있다. 즉 정보통신기술이 소수에 의한 다수의 감시를 더욱 용이하게 하며, 이러한 감시는 인간의 존엄 가치를 훼손하는 방향으로 나아갈 위험을 내포한다. 소셜미디어 이용에 따른 매체이용의 증가가 '관계의 과부하' 현상과 '지속적인 주의분산(continuous partial attention)'의 일상화를 가져왔다는 주장도 존재한다(김은미 외, 2011). 사이버공간에 존재하는 방대한 정보와 지식은 정보 가치를 판단하는 인간의 능력을 저하시키며(엔도 이사오 외, 2012), 모바일 환경은 현대인을 온라인 공간에 항상 연결되는 존재로 만들어 인간관계 과잉 및 정보 과다에 따른 피로감을 가중시킨다(Turkle, 2008). 태어날 때부터 인터넷 시대를 살아온 모바일 세대(mobile generation)는 온라인에 접속해 있지 않으면 소외감과 불안감을 느끼는 일종의 '고립공포감(FOMO, Fear Of Missing Out)' 증상도 보인다. 디지털 시대의 정보 파급력은 루머와 결합되면 사회의 건전성을 해치는 인포데믹스 현상을 발생시킨다. 정보통신기술의 발전은 대중이 지혜를 발현할 수 있는 가능성도 제공하지만, 디스토피아의 가능성 또한 증가시키고 있다.

디지털 리스크의 속성

테크놀로지의 발달은 정보의 확산과 공유에 시·공간적 장벽을 허물고 있으며, 그로 인해 다양한 사회적 순기능과 역기능이 발생하고 있다. 과거와는 비교할 수 없는 양과 종류의 정부정책 관련 정보들이 인터넷 블로그, SNS, 모바일 메신저 등의 의사소통매체를 통해 신속히 확산되고 있다. 확산된 정보는 사실 여부를 판단하기 어려운 속성으로 인해, 정보의 소비자인 국민들에게 무비판적으로 수용된다. 악의적이고 부정확한 정보의 확산은 국민들의 인지적 편향(cognitive bias)을 발생시키고 편향된 시각을 갖게 하여 정부기관 전반에 대한 부정적 인식을 확산시킨다.

급속한 정보의 생산, 보급 및 공유의 확대로 인해 다원화된 집단들 간의 집단강화 현상이 발생한다. 테크놀로지의 많은 활용이 오히려 우리 사회의 갈등을 심화하기도 한다. 가상공간 상에 '사회적 배제'를 둘러싼 갈등문제가 점차 심각해지고 있음이다. 인터넷 커뮤니티별로 정부정책에 부정적 혹은 긍정적 정보를 확대 양산하며, 커뮤니티 구성원들 간에 이러한 정보를 바탕으로 정부정책에 대한 태도와 인식을 더욱 집단강화(group polarization)하는 현상이 발생(Gu et. al., 2007)하고 있다.

지식의 창출은 이제 전문가 집단만의 전유물이 아니며, 인터넷과 SNS의 참여·공유·개방의 특성으로 인해 일반 대중도 얼마든지 지식을 생산하고 공유할 수 있는 위치에 설 수 있게 되었다. 이를 기반으로 '집합지성(collective intelligence)'이 창출된다. 하지만 온라인 네트워크를 통해 창출되는 집합지성이 항상 긍정적인 것만은 아니다. 부정확한 정보와 루머가 온라인 네트워크를 통해 확산되면서 부정적 영향이 커지고 있다. 이로 인해 우리 사회는 소통의 단절과 분열 양상이 확대될 뿐만 아니라, 사회적 신뢰의 위기에 직면하고 있다.

기술진보의 부수효과인 위험은 어느 한 집단, 한 국가로 한정되지 않는 특성을 보이기 때문에, 어느 누구도 위험으로부터 자유로울 수 없다. 위험은 사회적 관계들 속에 배태(embedded)된 형태로 나타난다. 기술발달과 사회조직체계의 복잡성은 필연적으로 위험의 발생을 증가시킨다. 디지털사회는 과도한 복합적 상호작용(complex interaction)과 단단한 결합(tight-coupling)에 의해 복합적 위험이 발생하며, 기술체계 자체에 내장되어 있는 복합성과 불확실성에 기인해 새로운 위험의 가능성은 더욱 증가한다(Perrow, 1984).

디지털사회의 위험은 그 내재적 특성으로 인해 위험통제가 더 어렵다. 디지털사회의 위험은 정보기술의 활용을 통해 사회적 이윤이나 편익을 추구하는 과정에서 발생하는 피해를 의미하는 '필수적 위험'이며, 이러한 과정은 사용자의 자의적 선택에 의해서 이루어지는 '자발적 위험'이다(Siegrist et al., 2000). 대부분 사람은 그 위험성에 대해 인지하지 못한 채, 매일 정보기술을 사용하기 때문에, 정보와 컴퓨터 기술은 이용자들이 선택을 고려할 수 있는 시간적 기회조차 주어지지 않는다.

디지털사회의 위험은 대체로 그 발현이 짧은 시간 안에 구체화되는 즉각적 위험의 성격이 강하며, 개인이나 조직 차원에서 항시 발생 가능한 지속적 위험이다. 즉, 디지털사회의 위험은 통제 가능한, 우연한, 그리고 예외적인 사건으로서가 아니라 사회체제와 제도들이 만들어내는 통제하기 어려운 필연적이고 일상적인 산물이다. 위험의 파장은 인간의 감각을 무력화시키고, 산업적 진보에 대한 확신과 합의를 붕괴시키며, 전체 사회구성원을 공포의 공동체 내에 평준화시키는 등 인간의 일상적 삶을 근본적으로 변화시킨다는 데에 문제의 심각성이 있다.

필연성, 일상성, 복잡성이라는 디지털사회의 위험은 디지털 피로감과 중독, 신(新)감시사회, 불신의 사회와 인포데믹스로 분류할 수 있는 디지털 위험을 증가시키고 있다. 디지털 위험은 인간관계와 심리, 생각의 질에 부정적인 영향을 미쳐 '디지털 피로감과 중독'의 심각한 원인이 되고 있다. 또한 디지털사회의 도래는 감시의 일상화, 만인에 대한 만인의 감시사회 도래, 데이터 마이닝을 통한 개인정보 가공 등의 '신감시사회' 문제를 낳고 있으며, 정보의 급속한 확산속도와 익명성은 '불신의 사회와 인포데믹스'의 가능성을 증가시키고 사회의 집단극화 현상을 유발하고 있다.

디지털 피로감과 중독, 감시, 정보 왜곡 등 디지털사회의 문제는 디지털 위험을 더욱 심화시키는 요인이다. 사이버공간에서의 관계 불균형은 관계과잉으로 인한 디지털 피로감과 상대적 박탈감에 따른 디지털 소외문제를 발생시키고, 온라인 정보의 맹목적 신뢰는 왜곡된 정보의 확산 가능성을 높인다. 사이버공간에서 개인정보유출의 심화는 프라이버시 침해와 디지털 감시 문제를 초래한다.

첨단기술의 부작용도 진화

IT의 부작용 및 역기능은 기술과 시대적 상황에 따라 변화해왔다.

1990년대에는 일부 채팅사이트와 커뮤니티, MUD 등의 게임사이트에서 보여지는 독특한 문화와 사용자 간의 갈등이 주류였다. 2000년대에 접어들면서 IT와 인터넷의 사용성이 보다 보편화되면서 그 역기능은 초기 소셜네크워킹 서비스의 발달과 함께 전개되었다. 인터넷 접속 능력 차이에 의한 디지털 격차, 미성숙한 사이버공간에서의 에티켓 미비, 개인정보보호 의식 결여, 전자상거래 불법거래, 채팅 및 게임중독 등의 문제가 발생했다. 2000년대 후반에 들어서면서 유튜브, 페이스북, 트위터 등 새로운 미디어 확산이 급속히 이루어지면서 그에 따른 부작용이 사회 전체에 영향을 미치는 결과를 초래했다. 역기능의 글로벌 현상이 증가하고, 신규 모바일 기기의 발달로 확산속도가 더욱 빨라졌으며, 온·오프라인의 구분이 없이 사회적 영향력 및 파급효과가 상당한 수준이 되었다.

구분	특징	관련 이슈
新미디어 중독 심화	· 스마트폰 중독 · FOMO(고립공포감) · 유령진동증후군*	· 즉각적 연결과 즉각적 반응 중독 · 소셜 오버로드** 문제 · 실시간 소외감 발생
광범위한 프라이버시 침해	· 개인정보침해 · 위치정보노출 · 퍼블리시의 폐해	· 위치기반 서비스 통한 노출 · 공공장소에서의 프라이버시 권리 · 프라이빗 데이터의 양면성
정보 필터링과 정보 종속	· 정보의 왜곡 · 정보의 배타성 · 개인정보 주권침해	· 사용자가 원하는 정보만 제공 · 개인정보를 특정 기업이 독점 · 맞춤형 서비스와 개인정보 통제
커뮤니케이션의 왜곡과 관계 변질	· 사이버불링*** · 개인/타인 이미지 왜곡 · 인간관계 변질	· 사이버불링의 방법 증가 · 자아정체성의 불분명 · 개인 감정의 혼돈
표현의 자유와 콘텐츠의 공공성 간 충돌	· 사적/공적 공간의 모호함 · 앱 발달로 인한 유해물 확산	· 개인 의견과 국가규제의 충돌 · 모바일 기기와 SNS에서 확산되는 청소년 유해물 통제

* Phantom Vibration Syndrome. 아무런 메시지나 전화가 오지 않았음에도 불구하고 무엇인가 온 것 같은 착각을 느끼는 징후.
** 끊임없이 수많은 사람과의 관계에서 쏟아지는 포스팅과 뉴스 때문에 어떠한 글에도 집중하지 못하는 문제. SNS상에서 업로드되는 소식 혹은 정보의 과부하문제로 사용자들의 일부는 일종의 '금단현상'을 겪는 사례도 빈번히 발생
*** 온라인상의 구두적 표현으로 명예훼손적이고 괴롭히는 말로 차별, 개인정보의 노출, 공격적이고 상스럽고 경멸적인 코멘트로 구성.

출처: 한국정보화진흥원(2012)

사이버 공격은 개인, 기업을 넘어서 국가안보 및 세계질서를 위협하는 국면에 이르고 있다.

1982년 6월 30일 옛소련 시베리아에서는 대기권에서 육안으로 확인할 수 있을 만큼 거대한 천연가스 폭발사고가 발생했다. 사상자는 없었지만 이 사고는 유럽과 아시아에 천연가스를 수출하던 소련 경제에 타격을 줬다. 수십 년 후 이 사고의 배후에 미국이 숨어 있었다고 중앙정보국(CIA) 문서를 통해 공개되었다. 당시 CIA의 경제분석 고문 거스 와이스 박사는 미국의 실패한 신기술을 소련 비밀정보국인 KGB 요원들이 빼가도록 일부러 유도했다. 소련이 가장 원하던 것이 시베리아 새 천연가스 파이프의 자동제어 소프트웨어라는 점을 알고, 캐나다에 침투한 KGB 요원들에게 일부러 유출한 것이다. 사이버 공격의 위력을 보여준 첫 사례였다(박효재, 2016. 1. 18).

바이러스를 유포하는 수준을 넘어 전산망을 마비시키는 해킹, 사이버 공격 같은 사건들이 연이어 발생하고 있다. 미국과 중국은 해킹을 둘러싸고 외교전을 벌이고 있고, 해커 집단 '어나니머스'는 자국민을 억압하는 터키 같은 나라의 권위

주의 정권들에 대한 공격도 불사한다. 이라크·시리아 극단조직 이슬람국가(IS)
는 인터넷을 이용한 선전술로 유명하다. 인터넷과 SNS를 활용해 전 세계에서 조
직원을 모집하고, 참수 영상을 온라인에 유포해 자신들에 대한 공포감을 조성한
다. IS는 군인은 물론 구호활동을 위해 시리아를 찾은 서구의 자원봉사자나 기자
들을 인질로 잡은 뒤 협상을 하거나 살해해왔다. 참수 영상은 현란하게 진화하고
있다. 마치 뮤직비디오의 한 장면처럼 효과음과 슬로모션으로 죽음의 순간을 스
펙터클로 만들고 있다. 점점 더 강렬한 자극을 추구하는 것으로 보인다. 동성애자
들을 건물에서 밀어 죽이거나, 공포에 떠는 시리아 전차병을 T-72 전차의 캐터필
러로 뭉개 죽이는 영상까지 있다. 심지어 머리가 막 떨어진 목에서 피분수가 솟구
치는 장면을 HD화질로 클로즈업해 보여준다. IS는 인터넷과 SNS를 통해 거의
전 지구적으로 세력을 확장하고 있음이다.

소셜미디어의 부작용

소셜미디어는 개인의 생각이나 경험 등을 표현·공유하기 위해 사용하는 온라
인 플랫폼으로, 최근 사용자가 급증하고 스마트 디바이스 대중화로 실시간성이
강화되면서 '창의·협력·소통' 플랫폼으로 자리 잡고 있다. 소셜미디어는 자기
를 표현하고(자기표현), 정보를 습득·공유하며(정보공유), 사람들과 관계를 맺고
관리(인간관계)하는 데 유용한 도구로 일상화되고 있음이다.

누구나 콘텐츠를 생산·유통할 수 있고, 사람 간 긴밀하게 연결되는 매력에 힘
입어, 소셜미디어는 도입 4~5년 만에 대중적 미디어로 자리매김하고 있다. 국내
네티즌 10명 중 7명이 소셜미디어를 주요 커뮤니케이션 수단으로 이용한다. 소셜
미디어 확산으로 창의적으로 표현하고 공유·협력할 수 있는 환경이 보편화되면
서, 새로운 가치 혁신이 활발한 스마트사회가 촉진되고 있다. 반면, 개인정보유출,
과다한 정보에 대한 번거로움, 관계에 대한 부담감 등 소셜미디어 이용자들의 불
안과 스트레스 역시 증가하고 있다.

한국정보화진흥원(2011)은 소셜미디어 이용 목적(자기표현·정보공유·인간관계)
에 따른 리스크요인을 중심으로, 부작용 유형 및 유형별 핵심 이슈를 도출하고 있다.

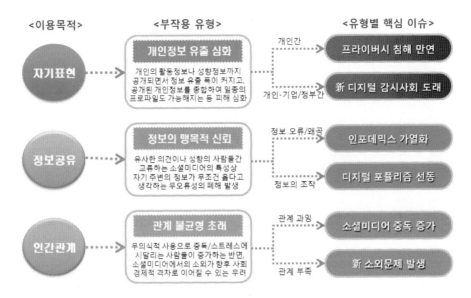

출처: 한국정보화진흥원(2011), p. 4

소셜미디어 부작용 유형 및 내용

유형별 핵심이슈들은 다음과 같은 여섯 가지로 정리된다.

① 프라이버시 침해 만연: "불분명해지는 사적 정보와 공적 정보의 경계"

- 소셜미디어를 통한 개인의 신상털기 급증

- 사생활 침해에서 번지는 마녀사냥식 여론몰이 성행

- 소셜미디어를 매개로 한 사이버 폭력의 진화

② 新 디지털 감시사회 도래: "소셜미디어가 만드는 일상화된 감시"

- 소셜 정보를 소유한 기업의 '오용과 감시' 증가

- 소셜 정보로 만든 '新 파놉티콘'을 통한 정부 검열과 통제 우려

③ 인포데믹스(Infodemics) 가열화: "정보 필터링의 부재가 낳은 무오류성의 함정"

- 루머 확대 창구로 불안 사회 조성 및 경제적 손실 야기

- 근거 없는 논쟁으로 인한 사회 불신 초래

- 기존 정보전달매체의 공신력 약화

④ 디지털 포퓰리즘 선동: "사이버 공론장 vs. 조작적 민주주의 온상"

- 대중 선동을 통한 대의민주주의 변질 우려

- 포퓰리즘의 정책결정과정 유입에 따른 정부의 정책 리더십 약화
⑤ 소셜미디어 중독 심화: "보이지 않게 몸과 마음을 황폐하게 만드는 독(毒)"
- 소셜미디어 중독에 따른 디지털 피로감 악화
- 소셜미디어 중독 증세가 가져오는 2차 부작용 파급력 확대
- 성인보다 강도 높은 부작용을 양산하는 심각한 청소년 중독 확산
⑥ 新 소외문제 발생: "소셜환경의 디지털 격차가 만드는 새로운 소외"
- 사회적 관계 고립에 대한 '실시간 소외감' 가중
- 미래의 새로운 사회적 소외계층으로 전이될 가능성 존재'

인터넷과 SNS를 통한 루머의 생성과 확산은 과거와는 다른 양상을 보여주고 있다.

인터넷 시대 루머의 특징은 무엇보다도 루머의 확산속도가 그 어느 때보다 빨라졌다는 점이다. 인터넷에서는 누구라도 또 상대에 구애받지 않고 손쉽게 루머를 퍼뜨릴 수 있고, 한 번의 클릭만으로도 수만 명의 사람에게 루머를 전달하는 것이 가능해졌다.

온라인 루머는 누구에게나 열려 있어 무차별적 확산이 가능하다. 따라서 루머의 확산 범위는 개인의 한계 및 면대면 관계의 범위를 벗어나 광범위하게 확장된다.

온라인 루머는 모든 정보가 기록되고 저장되므로 장기적 보존 가능하다. 따라서 사회적 관심이 시들해져 일시 소멸한 것처럼 보여도 유사한 루머가 발생할 경우 언제라도 다시 회생하는 끈질긴 생명력을 갖게 된다.

중요한 것은 루머의 사실 여부가 아니라, 루머에 대한 대중의 믿음이 어떻게 형성되는가에 초점을 맞출 필요가 있다. 루머에 대한 대중의 믿음은 집단별로 전혀 다르게 나타나기도 하는데, 이것은 루머와 관련된 상황이나 대상, 정보의 출처에 대한 신뢰의 차이에서 비롯된 것으로 볼 수 있다(고동현, 2014).

뉴미디어 환경에서는 사회적 증폭자(social station)인 미디어와 개별 증폭자(individual station)인 뉴미디어 사용자 사이의 위험정보전달은 환류(feedback)와 반복(iteration) 속에서 상호 보강(reinforcing loop)하는 관계를 유지한다. 사회적 증폭자로서의 미디어와 개별 증폭자 간 정보교환, 전달, 환류, 반복이라는 과정을

거치면서 위험의 파급효과(riffle effect)를 유발한다. 이러한 상호보강의 관계 속에서 위험이 계속되어 증폭되는 파급효과는 결국 일반 대중의 위험인식을 왜곡시킬 수 있는 방향으로 발전(이도석, 2014)한다.

인터넷을 통한 개별증폭자의 활동을 통해 위험 이슈는 다시 사회적 증폭자인 대중매체로 전달되며 이러한 보강(reinforcing loop) 관계의 반복(iteration) 속에서 위험이 계속 증폭되어진다고 하겠다. 이러한 영향은 다시 개별증폭자의 댓글의 수로 표현되며, 결국 스마트미디어를 통한 개인의 관심이 다시 언론의 보도내용에 영향을 미쳐 기사의 양적 확대를 이끄는 보강관계가 나타난다.

디지털 중독

'중독(中毒)'이라는 용어는 약물중독과 같이 생리적인 의존성과 내성, 중단할 경우 나타나는 불안과 초조 등의 금단증상에 따른 개인적, 사회적 손상이 동반된 병리현상을 함축하는 용어로 사용된다. 독(毒)과 같은 유해물질에 의한 신체 증상인 중독(intoxication, 약물중독)과 더불어 알코올, 마약과 같은 약물 남용에 의한 정신적인 중독이 주로 문제되는 중독(addiction, 의존증)까지 다양한 범위를 포함한다.

중독 증상의 공통적인 특성은 의존 대상에 대한 지속적인 추구이다. 정상인에게서 관찰되는 다양하고 복잡한 동기 유발과정이나 행동양식이 소멸되고, 대부분 시간을 오직 중독대상을 찾는 데에만 소비하게 되는 것이다.

다양한 중독 중 특히 주목해야 할 것은 '디지털 공간중독'이다. 인터넷, 휴대폰 등 디지털 문명이 양산하는 공간서비스에 중독되는 개념이다. 디지털 테크놀로지에 기반한 디바이스, 디지털 문명(가상공간) 등에 중독됨으로써 발현된다. 기술문명에 의해 새롭게 등장한 중독 징후이며, 중독 증세를 자각하지 못하는 경우가 많고, 그 종류 및 파급범위가 매우 광범위하다는 점, 무엇보다 한국사회의 현재 및 미래를 위해 예방 및 극복해야 하는 현재적이고 미래적인 위험이라는 점에서 관심을 가져야 하는 주제이다(김원제·박성철, 2016).

디지털 중독의 시발점은 미디어 등장에 의한 '미디어 중독(의존증)'에서 찾을 수 있다. 텔레비전의 경우 뚜렷한 목적이나 동기 없이 무의식적으로 이루어지는 습관적인 시청행위, 그 친밀도가 매우 높아 TV를 없어서는 안 될 필수적인 존재로 생각하는 경향, 나아가 TV시청에 대한 통제력을 상실하여 자발적인 시청 중단이 어려운 상황 등을 의미한다(송해룡·조항민, 2014).

인터넷의 등장은 새로운 중독대상을 제공했다. 이용자가 지나치게 인터넷에 접속하여 일상생활에 심각한 사회적, 정신적, 육체적 및 금전적 지장을 초래하고 있다.

인터넷 중독은 다음과 같이 유형화된다(이현숙·김병철, 2013). 첫째, 인터넷 게임중독이다. 인터넷 게임에 빠진 이들은 대부분 시간을 게임을 하면서 보낸다. 게임에 집착, 게임을 하지 못하게 되면 극히 불안해한다. 게임중독자들은 현실과 가상공간을 구분하지 못하고, 결과적으로 학업이나 직장, 가정, 대인관계에 있어서 심각한 문제가 발생한다. 둘째, 인터넷 채팅 중독이다. 인터넷 채팅에 빠지게 되면 자신이 즐겨 찾는 대화방이나 동호회를 검색하면서 하루를 보낸다. 인터넷에서 많은 친구들을 만나지만 현실에서는 오히려 고립감과 외로움을 경험한다. 셋째, 사이버 섹스(음란물) 중독이다. 가상공간에서 성적 대화 나누기, 카메라를 통한 신체 서로 보여주기, 성인 인터넷방송 보기 등의 비정상적인 행위를 통해 성적 욕구를 충족한다. 넷째, 사이버 거래중독이다. 인터넷 도박, 주식매매, 쇼핑 등 사이버 거래에 집착하는 현상이다. 충동적 거래로 경제적 손실을 보는 경우가 많고, 신용불량, 실직, 대인관계 파탄 등의 피해가 발생하기도 한다. 다섯째, 정보검색 중독이다. 웹 서핑이나 정보검색에 과도하게 몰입하는 경우이다. 특정한 목적 없이 여러 개의 사이트를 돌아다니면서 시간을 보내며, 접속을 끝낼 줄 모른다. 다른 중독에 비해서 자신의 행동을 중독으로 인정하지 않으려는 경향이 강하다.

최근 문제가 되는 부분은 휴대폰, 스마트폰 중독이다. 휴대폰 보급이 활발해지며 이동 중 업무처리, 간편한 은행업무 등 사용자들의 생활은 더욱 편리해지고 있지만 일상생활과 밀착된 다양한 기능들은 많은 이용자에게 스마트폰 중독현상을 일으키고 있다.

휴대폰이 없으면 불안 증세까지 보이는 심각한 중독증세가 나타나고 있다. 특히 청소년은 음성 통화보다 문자메시지를 자주 사용하고 있으며, 수업 시간에도 문자메시지를 주고받아서 수업에 집중하지 못하는 경우가 빈번하다. 또래 간 유대의식과 유대감을 확인하고 정서적 교감을 갖는 소통매체로 자리매김하다보니 소지와 사용이 금지되면 심각한 금단현상이 발생하기도 한다. 전화번호나 주변 사람들의 간단한 신상정보 등을 전적으로 휴대폰에 의존하면서 발생하는 디지털 건망증과 잠깐의 이용중단에도 금단증세까지 호소하는 디지털 금단증상, 디지털 문물을 빨리 받아들이는 얼리어답터들에게서 나타나는 신규 디지털기기를 구입하거나 콘텐츠를 다운로드해야 만족감을 느끼는 디지털 업그레이드 중독 증세 등은 특히 디지털 세대에게서 나타나는 경우가 많다.

이처럼 인터넷, 모바일 공간서비스에 익숙해질수록 이 공간을 떠나서는 한시도 살 수 없는 공간 중독자들이 급격히 증가하고 있다. 인터넷, 스마트폰 중독으로 인해 건강한 생활세계가 손상되고, 공간에 대한 왜곡과 오염을 결과하고 있다. 스마트미디어 환경이 진화함에 따라 디지털 중독현상은 보다 심각해질 가능성이 크다. 특히, 사물인터넷 시대 진입으로 현실공간과 가상공간이 하나로 합쳐지게 되면서 공간중독은 더욱 심화되고 심각한 역기능을 초래하게 될 것이다. 금단과 내성으로 인해 일상생활에서 쉽게 회복할 수 없는 신체적, 정신적, 사회적 기능의 손상과 같은 실질적인 피해가 발생하게 된다. 개인의 의존성이 커지면서 판단능력 저하와 정체성 상실이라는 부정적 결과를 초래할 수 있으며, 시스템이 변경되거나 파괴될 경우 아노미 현상으로 치달을 만큼 무기력한 개인의 모습을 보여줄 것이다.

디지털 시대에 살면서 우리는 각종 스마트기기의 편리함 덕택으로 많은 혜택을 얻고 있다. 하지만, 그 편리함이 오히려 우리의 삶을 옥죄는 사슬이 되어가는 것은 문제이다. 디지털 중독의 가장 큰 문제점은 로그인과 접속 없는 삶을 스스로 못 견뎌 한다는 데 있다. 스마트폰이 주변에 없으면 극심한 불안을 호소한다거나, 심지어 주말이나 휴가 때도 와이파이가 가능한 지역만 찾아다니는 등의 증상이 나타난다면 디지털 중독을 의심할 필요가 있다(송해룡·조항민, 2014).

손바닥만 한 기계인 스마트폰에 현대인의 삶이 압도당하는 초현실적인 풍경이 일상이 된 시대다. 기계와 디지털 기술이 우리 삶의 전반을 지배하고 있음은 너무나 명백하다. 디지털 테크놀로지 중독은 벗어날 수 없는 디지털 종속이다. 기계문명을 통솔하던 인간의 주체성은 소멸되기 직전이다.

스마트폰 중독의 폐해

정보통신기술의 발달에 힘입어 우리는 아주 간편하게 멀리 있는 사람들과 의사소통을 하고, 다양하고 많은 자료를 얻으며 물건을 매매할 수 있게 되었다. 그러나 정보사회의 진전에 따라 비인간화의 문제가 생겨났다. 본래 인간관계는 사람과 사람이 서로 얼굴을 맞대고 대화하고, 일하고, 놀이하는 직접적인 관계이며, 이것이 좀 더 확대되면 광의의 사회적 관계가 형성된다. 반면 컴퓨터 화면에서만 살아 있는 사이버 인물을 만나고, 그것을 마치 살아 있는 한 인간처럼 생각하고 대우해주면, 가상적인 인간관계가 형성된다. 이러한 간접적, 가상적 인간관계를 실제 관계보다 더욱 중요시하거나 그로 인하여 실제 관계가 제약을 받게 될 때 인간소외와 비인간화의 문제가 생겨나게 된다. 나아가 가상공간이라는 제2의 생활공간이 등장하면서 생활의 이중성이 초래되어 정체성의 위기가 심화되고, 결국은 자기로부터의 소외가 더욱 가속화된다. 가상공간과 현실의 실제 생활이 공존하기 때문에 현실과 가상을 혼동하거나, 현실 세계와 가상 세계 간의 운영 법칙이 모순됨으로써 가치의 혼란을 느낄 위험이 있다.

문자메시지를 이용한 편리한 소통이 사람 간 대화를 대체하고 있지만, '영혼 없는 대화'인 경우가 적지 않다. 무의미한 기호들로 점철된, 허무한 소통일 뿐이다.

메신저 대화는 대면 대화와 달리 멀리 있어도, 서로 참여하는 시간이 달라도 소통이 가능한 편리한 도구임에는 분명하다. 하지만 서로 체온을 느끼면서 눈빛을 교환하는, 감정적 존재인 사람에게 상대와 공감하게 해주는 소통수단은 아니다.

개인의 지나친 디지털기기의 사용과 일상화로 인해서 가족, 친구들과의 커뮤니케이션이 단절되는 경우가 빈번하게 이루어지고 있다. 지나친 인터넷 이용으로 가족 간의 상호작용 감소와 부모-자녀 간 갈등 등 커뮤니케이션 단절 문제가 발생한다. 휴대폰 역시 사회적 관계를 위축시킨다. 휴대폰은 제한된 사람들과의 폐쇄적이며 내밀한 상호작용의 공간에 탐닉하게 만들 가능성이 크다. 서로 비슷한 사람들끼리 어울리고 대화하는 동종애(homophily) 경향이 심화된다는 것이다. 이는 휴대전화가 기존 관계망 내의 사람들과 직접적이고 즉각적인 커뮤니케이션을 증대시킴으로써, 낯선 사람들과 만남이 가져다주는 복잡성과 불확실성 등을 감소시켜줄 수 있고, 그 결과 이미 알고 지내는 사람들과의 친밀감은 더욱 증가하지만, 새로운 관계 형성은 오히려 줄어들 수 있기 때문이다.

특히 스마트폰은 인간관계의 단절과 소외현상을 심화하고 있다. 기존의 다양한 인간관계보다는 인터넷이나 스마트폰에서 맺어지는 디지털 네트워킹이 더욱 큰 힘을 발휘하게 되면서 주변인들과의 커뮤니케이션이 소원해지면서 스스로 이들 집단에서 소외되는 현상이 발생하고 있음이다. 스마트폰이 생활 속 중요한 매체로서 부상하게 되면서 스마트폰을 손에서 놓지 못하다보니 자연스럽게 사람들과의 대화가 줄고 각자의 세계에 빠져있는 사례들도 빈번해지고 있다. 단체모임에서 혹은 애인의 데이트 상황에서 스마트폰이라는 새로운 동석자가 생겼다. 애인과 맛있는 음식을 먹으면서도 서로 대화 없이 눈앞의 음식을 카메라에 담아서 트친(트위터 친구)이나 페친(페이스북 친구)과 공유하는 것이 더욱 중요한 일상이 되었고, 친구들과의 모임에서도 서로 간 대화 주제가 고갈되면 자연스럽게 손안의 스마트폰 액정을 바라보는 게 일상화되고 있다.

일시적이고 즉흥적인 관계는 사람들 간의 헌신이 필요 없거나 강요되지도 또한 요구되지도 않는 매우 단발적이고 약한 유대로 유지된다. 가상공동체 내에서의 의사(pseudo) 대인상호작용이 증가하면서 개인끼리의 연결망은 오히려 복잡해지고 있지만 얼굴을 맞대고 숙의하고 토론하는 공론장의 가능성은 점점 줄어들고 있다.

디지털 세대들은 온라인 혹은 모바일 공간 속에서 새로운 정체성(새로운 프로필, 게임 캐릭터, 아바타 등)을 쉽게 창조하고 변경할 수 있다. 이러한 디지털 시대의 정체성은 불안정(instability)과 불안전(insecurity)을 지닐 수밖에 없다. 불안정은 정체성이 수시로 바뀔 수 있다는 점, 그리고 꼭 당사자의 의지로 인해 그런 변화가 일어나는 게 아니라는 의미이다. 이로 인해 실제 생활 속에서의 정체성에 대한 혼란이 발생할 수도 있고, 다른 사람들과의 관계도 불안정하고 쉽게 끊어질 수 있다는 문제점이 생긴다. 디지털 정체성의 또 다른 특징인 불안전성은 자신의 정체성을 대표하는 정보들은 실제 사용자가 통제하지 못하는 디지털 기술의 설계상 문제에서 기인한다.

물질문명의 발달은 인간에게 편리한 생활을 가져다주었지만 그에 반하여 인간 소외라는 문제점 또한 가져왔다. 거대하게 밀려오는 자본 속에서 인간은 존귀한 가치가 아닌 하나의 도구로 간주되고 있다. 거대한 자본 속에서 인간은 보잘것없는 존재로 전락해버린 것이다.

인간은 기계에 의존하는 삶을 살게 되었다. 기계에 의존하여 상상력이나 예술적 창의력을 갖지 못하고 내발적 에너지를 상실한다. 기계로부터 벗어나지 못하고 자체적인 실제성을 보유할 힘을 소멸하고 생존능력을 갖추지 못했다. 손에서는 핸드폰이 떨어지지 않고 어른들과 아이들의 눈에서는 텔레비전만 들어온다.

산업화의 영향으로 인간소외 현상이 심화되면서 인간관계가 단절되는 현상을 촉발했다. 단절된 인간관계 속에서 사람들은 서로에게 무관심하고 삶의 생동력을 잃어버렸다. 사회 전반에 걸쳐 물질만능주의가 팽배한 것이 그 이유이다. 인간은 물질을 소유하기 위해서 끊임없이 투쟁하고 경쟁한다. 그리고 그 투쟁 과정에서 인간의 존재성은 철저히 왜곡되고 만다. 사회에 만연한 개인주의 풍조가 그 이유이다. 현대사회의 개인이 익명의 존재로 방치되는 데 있다.

인간소외의 근본적인 의미는 인간이 사회의 중심에서 벗어나는 것이다. 가장 중시되어야 할 것이 인간임에도 불구하고 인간은 주변으로 벗어나 있고, 대신 기계와 상품, 권력과 제도 등이 그 중심을 차지한 데서 인간소외가 비롯되었다.

현대인은 스스로 행복을 찾는 능력을 상실했다. 그래서 인간은 늘 불안하고 고독하다. 현대인은 타인의 삶을 거울삼아 자신을 비춰보기 때문에 자아는 사라지고, 고독 속에서 인간소외를 겪게 된다. 인간소외는 삶의 편리함을 위해 만들어낸 돈이나 도구, 제도 등에 의해 역으로 사람이 지배받는 현상을 말한다. 고독한 현대인에게 인간소외는 인간성 상실로 이어지고 있다.

스마트폰에 빠져 실천을 외면하는 우리 시대는 미래를 걱정하게 한다.

지하철의 거의 모든 승객들이 고개를 숙여 들여다보고 있다. 길거리를 걷는 사람들 그리고 버스를 기다리는 사람들 모두 고개를 숙여 들여다본다. 그들이 모두 보고 있는 것은 바로 스마트폰이다.

모두 오로지 스마트폰과 소통하고 있다. 카페에서 만나 동석한 사람들도 각자 자기 스마트폰만 들여다보고, 집안에서 부모 자식도 각기 자기 방에서 서로 문자로 대화한다. 이러한 스마트폰은 사람들로 하여금 성찰하는 시간을 없애고 모방과 감각적인 사고방식 및 생활방식을 낳게 한다. 말이 통하는 사람들만의 자기만족과 감정의 증폭을 통하여 패거리 문화를 조성함으로써 결국 우리 사회의 '큰소통'을 가로막는다. 또한 젊은이들을 실천으로부터 근본적으로 차단시키는 결과를 초래하게 된다(프레시안, 2014. 8. 15).

실천을 잃은 젊은이는 미래가 없고, 실천을 잃은 사회 역시 미래가 없다. 이는 우리 사회의 불행이다.

아이디스오더

'아이디스오더', 디지털 기술문명이 잉태한 정신질환에 붙여진 명칭이다.

기술심리학(Psychology of technology) 분야를 개척한 미국 캘리포니아주립대학 심리학부 교수 래리 로젠(Larry D. Rosen)과 동료들(2012)의 저서 ≪iDisorder-Understanding Obsession with Technology and Overcoming its Hold on us≫에 나오는 개념이다. 저자들은 일생 정신질환을 겪은 미국인이 전체 인구의 46%이며, 이 중 스마트폰과 같은 최신 테크놀로지와 미디어로 인한 소통장애, 불안장애, 주의력결핍, 강박증, 관음증, 자아도취, 중독증이 상당수를 차지한다며 '아이디스오더'를 새로운 정신병 분야로 제안하고 있다. 저자들은 스마트기기에 포위당한 현대인의 일상을 생생하게 재현하면서, 기술 스트레스로 초래되는 장애 증상들을 제시한다. 반사회적 인격장애, 사회공포증, 자폐증과 아스퍼거증후군 등을 포함한 커뮤니케이션 장애들, 주의력결핍장애, 우울증, 강박증, 자기도취적 성격장애, 건강 염려증, 정신분열, (인체부위가 비정상적으로 커지는) 신체변형장애, 관음증, 중독 등 징후도 다양하다. 이러한 징후는 대부분 온라인 커뮤니티와 SNS에 있다는 게 이들의 지적이다.

지구는 스마트폰 없이 살기 어려운 '스마트폰 행성(Planet of the phones)'이 되었다. 이에 <이코노미스트(The Economist)>(2015. 2. 28)는 '포노 사피엔스(Phono Sapiens)'의 시대가 도래했다고 선언했다. 마차에 엔진을 장착하고 등장했던 자동차, 시간을 계량한 장치인 시계가 삶에 영향을 준 것과 마찬가지로 스마트폰 역시 삶에 영향을 미치고 있다.

그런데 테크놀로지 진화는 우리네 삶을 윤택하게 하는 데 기여해왔지만, 그 경로가 반드시 우리가 원하는 것과 일치하는 것은 아님을 역사는 증명한다. 기술진보는 문제의 해결보다는 새로운 문제를 촉발할 수도 있고, 기술혁명이 우리의 삶을 풍요롭게 하는 만큼 우리 삶에서 무언가를 양보해야 하는 경우도 발생한다는 의미이다. 문제는 테크놀로지의 혁신에 따른 혜택 대신 감수해야만 하는 것들이 어느 순간부터는 우리의 삶을 위협하는 위험요소로 작용하고 있다는 점이다.

우리 국민 10명 중 8명은 스마트폰을 사용하고 있다. 보급률은 83%로 세계에서 네 번째로 높다. 우리 국민은 스마트폰 사용에 하루 평균 2시간 이상을 소비하는 것으로 보고되고 있다. 평균 식사・간식 시간보다 길다. 스마트폰으로 가장 많이 하는 건 게임・동영상 등 디지털 놀이이며, 메신저와 SNS 등 인맥 관리・소통에 몰두하고 있다. 이처럼 사회관계망에 많은 시간과 에너지를 투자하고 있음에도, 실제 관계성 면에선 오히려 퇴화를 겪고 있다는 지적이 나온다. 채팅앱이나 SNS 상에서 다수의 사람과 친구가 될 순 있지만, 끈끈하고 연속성 있는 관계로 발전될 가능성은 낮기 때문이다.

우리 세대는 모바일 메신저나 SNS 등을 통해 인류 역사상 대인관계에 가장 열을 쏟는 시대에 사는 사람들이다. 하지만 SNS를 통한 관계 맺기에 열중할수록 더 큰 소외감을 느끼게 된다는 목소리도 만만치 않다. 소통의 홍수 속에 살아가지만 정작 필요할 때 도움을 구할만한 사람이 없는 관계의 '풍요 속 빈곤'이 스마트폰 시대의 슬픈 자화상이란 분석이다.

문자메시지를 이용한 편리한 소통이 사람 간 대화를 대체하고 있지만, '영혼 없는 대화'인 경우가 적지 않다. 무의미한 기호들로 점철된, 허무한 소통일 뿐이다. 메신저 대화는 대면 대화와 달리 멀리 있어도, 서로 참여하는 시간이 달라도 소통이 가능한 편리한 도구임에는 분명하다. 하지만 서로 체온을 느끼면서 눈빛을 교환하는, 감정적 존재인 사람에게 상대와 공감하게 해주는 소통수단은 아니다.

지나친 디지털기기의 사용과 일상화로 인해서 가족, 친구들과의 커뮤니케이션이 단절되는 경우가 빈번하게 이루어지고 있다. 지나친 인터넷 이용으로 가족 간의 상호작용 감소와 부모-자녀 간 갈등 등 커뮤니케이션 단절 문제가 발생한다.

휴대폰 역시 사회적 관계를 위축시킨다. 휴대폰은 제한된 사람들과의 폐쇄적이며 내밀한 상호작용의 공간에 탐닉하게 만들 가능성이 높다. 기존의 다양한 인간관계보다는 인터넷이나 스마트폰에서 맺어지는 디지털 네트워킹이 더욱 큰 힘을 발휘하게 되면서 가족 등 주변인들과의 커뮤니케이션이 소원해지면서 스스로 이들 집단에서 소외되는 현상이 발생하고 있다. 기계에 의존하는 삶은 인간관계의 단절과 소외현상을 낳고 있다. 인간이 주변부로 밀려나고 있음이다(김원제, 2015).

사물인터넷에 기반한 초연결시대 도래로 인해 현실공간과 가상공간이 하나로 합쳐지게 되면서 디지털 중독은 더욱 심화되고 심각한 역기능을 초래하게 될 것이다. 금단과 내성으로 인해 일상생활에서 쉽게 회복할 수 없는 신체적, 정신적, 사회적 기능의 손상과 같은 실질적인 피해가 발생하게 된다. 개인의 의존성이 커지면서 판단능력 저하와 정체성 상실이라는 부정적 결과를 초래할 수 있으며, 시스템이 변경되거나 파괴될 경우 아노미 현상으로 치달을 만큼 무기력한 개인의 모습을 보여줄 것이다. 기계문명을 통솔하던 인간의 주체성은 소멸되기 직전이다.

첨단 테크놀로지에 의존하는 삶이 강화될수록 아이디스오더는 다양한 영역에서 보다 심화될 것은 자명하다. 첨단기술 수용성 및 의존도가 특히 높은 한국사회의 경우, 저자들의 경고에 주의를 기울일 필요가 있다. 우리네 현실을 보면 이런 징후들에 대해 무관심하거나 무감각한 모습이다. 이러한 징후가 넓고 깊게 퍼져나가면 결국 병든 사회, 죽은 사회가 되고 말 것이다.

더욱 심화되어가는 인간 커뮤니케이션의 미디어 의존성은 인간의 현실 경험을 축소하고 왜곡하며, 인간의 커뮤니케이션 능력을 상실케 하는 등 많은 문제를 야기하고 있다. 그리고 이러한 커뮤니케이션의 왜곡과 능력 상실은 인간을 둘러싸고 있는 관계망의 왜곡과 단절이라는 문제를 제기한다.

현대인에게 필수품처럼 여겨지는 스마트폰을 내려놓고, 집어넣는다고 이러한 문제가 모두 해결되는 것은 아니다. 내 삶 속에 나와 부딪히는 사람들과의 관계, 그리고 타인에 관한 관심을 회복하는 것이 바로 커뮤니케이션의 단절과 소외현상을 극복하는데 중요한 솔루션으로 작용할 것이다.

정보격차 이슈

커뮤니케이션 테크놀로지의 진화에 따라 정보격차(정보 불평등)라는 새로운 격차가 등장하고 있다. 정보화의 발달과 급속한 정보화 추진에 따른 부작용으로 계층 간, 지역 간 정보격차(digital divide)라는 새로운 정보화역기능이 발생하고 있다. 정보격차(국가정보화기본법 제3조9 항)는 사회적, 경제적, 지역적 또는 신체적 여건으로 인하여 정보통신서비스에 접근하거나 정보통신서비스를 이용할 수 있는 기회에 차이가 생기는 것을 의미한다.

정보격차는 개념적으로 정보기술의 접근이나 활용의 격차로 인하여 네트워크의 다양한 정보를 접근하고 활용하는 데 나타나는 격차를 말한다. 다시 말해 '정보의 접근 및 이용이 여러 사회집단 간 동등한 수준으로 진행되지 않는 현상'을 지칭(이종순, 2004)하는 포괄적인 용어이다.

정보에 따른 힘의 균형이 특정 집단에 편중될 경우 사회의 지속성을 저해하고 사회 통합의 걸림돌로 작용한다. 정보 접근의 불평등으로 인해 부의 편중과 정보사회의 혜택 향유 기회에서 차별이 발생한다. 정보격차는 정보를 가진 자와 가지지 못한 자 사이에 경제적 양극화를 심화시키고 정보의 향유라는 인간의 기본적 권리를 박탈하는 기제로 작용한다.

정보격차는 크게 기회격차, 활용격차, 수용격차로 구분된다. 기회격차는 누가 정보매체에 더 잘 접근할 수 있는가의 문제, 활용격차는 누가 더 많은 정보를 취득할 수 있는가의 문제, 수용격차는 누가 정보를 올바르게 사용하고 어떠한 태도로 접근하는가의 문제로 구분된다(김문조·김종길, 2002). 첫 번째 유형은 '기회격차'로 매체나 자료에 대한 접근기회가 '상-하' 구분의 관건이 된다는 점에서 일종의 '접근격차' 단계라고 규정할 수 있으며, 취약 계층의 특징도 소위 '컴맹'이라는 형태로 발현한다. 정보기회의 확보 여부는 주로 경제적 차원의 소유나 과다로 결정된다. 또한 이 단계의 주요 정보이용자는 '손'에 소구하는 '능숙한 조작자(skillful operator)'의 모습을 보이며, 문제의 해결도 주로 도구적인 방식, 즉 학습을 통해 이루어진다. 두 번째 유형은 '활용격차'로 정보의 폭넓은 활용 여부가 '상-하' 구분의 관건이 된다. 정보의 폭넓은 활용을 위해서는 소정의 접근기회뿐만 아니라 다양한 인적·물적 관계망이 사전 확보되어 있어야 하므로, 인간관계나 신뢰와 직결된 '사회자본'의 소유 정도가 큰 의의를 발하게 된다. 세 번째 유형은 '수용격차'로 정보의 보편적 소유나 활용이 아니라 주체적 향유가 문제시된다. 단순한 '앎의 양'이나 '앎의 폭'을 넘어서 '앎의 깊이'가 요구되기 때문에 무엇보다도 문화자본의 영향력이 크다. 취약 계층도 단순히 '컴맹'이나 '넷맹'이 아니라 '문화맹'의 성격을 지니는데, 이의 극복은 단순한 훈련이나 체험 학습이 아니라 성찰적 이해를 요구하게 된다. 접근과 활용을 한다 하더라도 실제참여를 통한 수용으로까지 이어져야 사회문화적 격차로부터 벗어날 수 있다.

그간 우리 정부는 정보소외계층의 접근성 개선을 위해 웹 접근성 개선, 정보통신보조기기 개발·보급, 사랑의 그린 PC 보급 등을 추진해왔다. 또한 정보소외계층의 정보활용능력 제고를 위한 정보화교육도 추진하고 있는데, 장애인, 고령층, 결혼 이민자 등을 대상으로 PC, 스마트폰, 인터넷 활용 능력 제고를 위해 계층별 집합, 방문 등 맞춤형 정보화교육 및 온라인 정보화 교육 등이다.

이러한 정보격차 해소정책의 추진에도 불구하고 여전히 계층 간 정보격차는 상존한다. 일반 국민 대비 정보소외계층의 정보화 수준은 2004년 45%에서 2014년 76.6%로 31.6%p 상승하였지만 2014년 기준으로 계층별 정보화 수준은 장애인 85.3%, 저소득층 85.3%, 장노년층 74.3%, 농어민 69.4%에 불과하다. 우리나라 정보화 수준은 세계 최고 수준에 도달하였으나 1차적 정보격차를 해소한 수준에 불과하다. 1차적 정보격차는 많이 줄었으나, 2·3차적 정보격차는 여전히 문제로 남아 있다.

우리 사회의 인구 구조 변화에 따라 정보격차문제는 지속적으로 발생할 것으로 예상된다. 우리나라는 2018년부터 65세 이상 인구비중이 14%를 넘는 고령사회로 진입함에 따라 고령층의 신체적·인지적 능력 저하에 따른 정보 접근문제가 지속될 것으로 전망된다. 또한 결혼 등으로 국내 이주한 다문화가정 등 국내에 장기체류하는 외국인이 매년 지속적으로 증가함에 따라 새로운 정보소외계층이 발생할 것으로 보인다. 사고 및 상해 등으로 인한 후천적 장애 발생으로 후천적 장애인에 대한 정보 접근권 문제도 발생한다.

IoT 문명 리스크

테크놀로지의 급속한 발전으로 사물(things)이 인터넷과 모바일을 통해 연결되어 서로 커뮤니케이션(소통)하는 사회, 즉 모든 사물과 사람이 네트워크로 연결되는 초연결사회(Hyper Connected Society)가 성큼 다가오고 있다. 초연결시대에는 다양한 경제 주체, 산업 영역, 학문, 사회, 문화, 계층, 세대, 국가 등으로 연결확대가 용이하며, 이를 통해 새로운 가치를 창출하게 된다. 연결이 극대화될 수 있는 환경에서는 네트워크 외부성이 커지고 이를 통해 더욱 혁신적이며 효율적으로 높은 성과의 창출이 가능해지는 것이다.

이러한 초연결사회를 구축하는 핵심 구성체가 바로 사물인터넷(Internet of Things, IoT)이다. 사물인터넷은 사람, 사물, 데이터 등 모든 것이 인터넷으로 서로 연결되어, 정보가 생성·수집·공유·활용되는 기술 및 서비스를 통칭하는 개념이다. 쉽게 얘기하면 각종 사물에 컴퓨터 칩과 통신 기능을 내장해 이를 인터넷에 연결하는 기술을 의미한다. 여기에서 사물은 가전제품, 자동차, 모바일 장비, 웨어러블 기기 등 다양하다. 심지어 스마트홈이나 스마트시티에 적용할 경우 가정 내 출입문이나 각종 전열기구, 도시의 도로와 각종 설비까지 사물인터넷으로 연결될 수도 있다.

사물이 자율적·지능적으로 인터넷에 연결되면 기존에 생각하지 못했던 다양한 가치들이 만들어질 수 있다. 과거 통신환경에서는 정보의 수집, 분석, 대응에 '이용자(사람)의 인위적인 개입'이 필요한 경우가 일반적이었다면, 사물인터넷이 보편화된 환경에서는 이용자 개입 없이 관련 정보가 '자동적으로 처리'되어 다양한 편의성이 증진될 것으로 예상된다. 사물인터넷 기술을 적절하게 활용할 경우 기존 제품이나 서비스의 고부가가치화가 가능해지는 것은 물론 새로운 고객을 창출하거나 서비스의 품질을 대폭 개선하는 것이 가능해진다. 모바일 헬스케어, 스마트홈 서비스, 무인자동차, 재난관리 자동화 등이 현재 가장 대표적인 사례로 예견되고 있다.

그런데 초연결시대로의 이행은 새로운 리스크의 발생 가능성을 잉태하기도 한다. 세상이 초연결됨에 따라 사이버 해킹 등 사회 인프라를 공격하여 발생하는 대규모, 多영역 사회재난 내지는 특수사고가 크게 부각될 것으로 예상된다. 따라서 디지털재난과 '자연+사회재난'의 복합적 형태의 재난에 대한 대응, 즉 미래형 재난대응에 주목해야 한다. 연결성이 발현된 세상에서 네트워크를 장악하고 붕괴하려는 시도는 사회재난의 일종으로 향후 더욱 늘어나며 그 피해도 커질 것으로 예상된다.

미래부의 <2015년 정보보호 실태조사결과>에 따르면, 우리 국민은 사물인터넷 및 빅데이터 서비스 확산 시 보안에 대해 우려가 큰 것으로 보인다.

사물인터넷(IoT) 기술 상용화 시 '개인정보침해 위협(33.0%)', '관리취약점 증대(26.4%)' 등을 우려하고 있으며, 빅데이터를 활용한 서비스 확산 시 우려되는 사항은 '과도한 개인정보 수집(33.3%)', '개인정보 무단활용(27.6%)' 등으로 나타났다. 간편결제 서비스와 관련하여 편리성(9.2%)보다 보안성(61.4%)이 더 중요하다고 인식하는 것으로 나타났다. 간편결제 이용자들은 간편결제방식의 보안수준을 일반결제방식의 65.9% 수준으로 평가했다.

사물인터넷 공간상에서 이루어지는 서비스는 직접적이다. 전자공간의 서비스가 정보를 매개로 하는 간접적인 것이라면, IoT 공간서비스는 공간을 통하여 직접적으로 사물과 사람을 지배하며 접촉한다. 또한 전자공간서비스는 선택적이었던데 반하여, IoT 공간서비스는 물리적 공간 속에 전자공간이 내재하는바, 강제적인 특성을 갖는다.

기존의 전자공간서비스는 전자공간의 참여자들에게만 지배력을 행사했다. 그러나 IoT 공간서비스는 동 시간에 그 공간에 존재하는 모든 사람에게 영향을 미친다. 따라서 IoT 공간에 거주하는 사람들은 IoT 공간의 지배질서에 편입되어 집단적으로 동일한 공간서비스를 제공받게 된다. 이러한 특성들로 인해 IoT 공간서비스는 공동체적인 성격을 지닌다.

이처럼 직접성, 강제성, 집단성으로 대표되는 IoT 공간서비스가 유발하는 공간위험의 파급효과는 대단히 크다. 앞으로 IoT 공간은 더욱 확대될 것이며, IoT 공간 속에 거주하는 시민들은 공간 격차, 공간중독, 공간침해에 의해 개별적인 선택권을 박탈당할 수 있을 것이다. 더욱 문제인 것은 이러한 공간위험이 사회구조적인 문제점으로 확대되어 개인의 선택과는 무관하게 발생할 수 있다는 것이다.

자연 재난에서 인간을 보호하기 위한 과학기술 장치들이 오히려 문명 재난을 일으키는 위험요인이 될 수 있다. 이런 과학기술의 역설은 재난에 대해 인간보다 민감하게 위험을 감지하고 인간보다 지능적으로 대처하는 스마트 시스템이나, 인간을 비롯한 모든 것을 만물인터넷으로 연결하는 총체적 디지털화에 그 원인이 있다.

만물인터넷으로 구현되는 초연결사회는 그것을 능가하는 안전관리 시스템의 구축이 사실상 불가능하므로 사고 위험이 가중된다. 게다가 일단 사고가 발생하면 전면적으로 퍼져나갈 가능성이 항상 존재한다. '디지털 산불(digital wildfire)'이란 이런 위험을 경고하는 새로운 용어다. 전대욱 한국지방행정연구원 수석연구원은, 만일 미래에 모든 것을 광속으로 연결하는 만물인터넷이 완성된다면 걷잡을 수 없는 속도로 오류가 확산되는 '디지털 산불'의 위험이 상존하게 된다고 강조한다.

고도로 정교한 과학기술 장치들은 그 복잡성 때문에 오히려 재난의 원인이 될 수 있다는 과학기술의 역설은, 아직 현실화되지 않은 만물인터넷에서만 우려되는 일이 아니다. 이런 위험은 이미 원자력발전소에서도 적나라하게 드러나고 있다. 원자력발전소는 수백만 개의 부품과 수백 킬로미터에 달하는 전선과 배관, 수만 개의 용접 지점과 밸브 등이 이상 없이 작동해야 하는 고도로 복잡한 시스템이다. 이들 시설과 부품을 완벽하게 점검하고 안전성을 확인한다는 것은 사실상 불가능하며, 노후화될수록 그 위험은 기하급수적으로 커진다.

과학기술에 내재된 위험에 대비하기 위해 새로운 재난대응 패러다임에 주목해야 한다고 강조한다. 새로운 재난대응 패러다임은 전문가 지식의 한계와 구성원 지식의 유용성을 인식하는 '겸허의 기술'에 기반한다(과학기술정책연구원 미래연구센터, 2019).

문제가 되는 과학기술, 특히 재난 관련 이슈에 대한 해결책을 모색하는 데 있어 때로는 전문가조차 의견이 일치하지 않는다. 재난 관련 과학기술적 이슈에는 인식론적 불확실성에 내재된 경우가 많기 때문이다. 과학기술에 대한 신비화 과정을 통해 널리 퍼져 있는 통념, 즉 과학기술 지식은 언제나 확실하고 믿을 수 있다는 일반적 인식은 그릇된 것이다. 일반인의 지식이 경우에 따라서는 문제해결에 더 효과적일 수 있다. 일반인도 자신의 삶에서 경험과 통찰을 통해 끊임없이 학습하며 그 결과 사물에 대한 나름의 안목과 지식을 축적하기 때문이다. 이런 '보통 사람'의 안목과 지식은 전문가의 그것과 달리 체계적으로 정리되거나 쉽게 코드화되기 어렵고 암묵적 지식의 형태로 축적되는 특성이 있다. 주로 삶의 현장에서 경험을 통해 발생하는 것이다.

인공지능(알파고와 이세돌 간 대결)

2016년 3월 9일부터 15일까지 열린 이세돌 9단과 인공지능(AI) 알파고와의 '세기의 대결'이 이세돌 9단의 패배로 막을 내렸다.

이세돌 9단은 서울 종로구의 포시즌스 호텔의 특별대국장에서 열린 알파고와의 구글 딥마인드 챌린지 매치 5번기 제5국에서 280수 만에 흑 불계패를 당했다. 제4국에서 유일한 승을 거둔 이세돌 9단은 1승 4패로 이번 시리즈를 마쳤다.

구글 딥마인드의 바둑프로그램 알파고(AlphaGo)와의 대국에서 세 번이나 연이어 이세돌은 돌을 던져야만 했다. 세기의 대결에서 알파고가 내리 세 판을 이기며 '승리'를 거뒀다. 이세돌 9단이 4국에서 드디어 승리를 거두기는 했지만, 그동안 보여준 알파고의 냉정하고 뛰어난 기능에 대한 충격과 놀라움이 너무 크다. 이제 충격과 놀라움의 감정을 추스르고 인공지능이 우리 삶과 미래에 던지는 의미를 차분히 짚어봐야 할 때다.

인간적인 게임에서 기계가 인간을 이겼다. 미래 기술에 무릎 꿇은 인간의 한계를 목도한 사람들은 우울함·놀라움·공포가 교차하는 반응을 보였다. 인공지능이 인간계 바둑 최고수를 이긴 것은 이번이 처음이다. 경우의 수가 우주의 원자보다 많고 고도의 직관력과 총체적 판단력이 필요한 바둑은 그동안 기계가 범접할 수 없는 영역으로 여겨졌다. 그러나 인공지능은 무서운 속도로 발전해 인간을 추월할 수 있음을 보여줬다. 앞서 컴퓨터는 1997년 세계 최고 체스 기사인 게리 카스파로프(Garry Kasparov)를 제압했다.

알파고(Alphago)의 고(go)는 일본어의 바둑(ㄱ)이 영어로 정착된 보통명사다. 애초에 바둑을 위한 게임으로 개발된 인공지능(AI)인 것이다. 인공지능(AI,

Artificial Intelligence)은 인간처럼 사고하고, 감지하고, 행동하도록 설계된 일련의 알고리즘체계이다. 아이폰의 'Siri'도 인공지능의 한 종류라고 할 수 있다. 사람의 개입 없이도 사람이 의도 한 바를 이루어주는 에이전트(Agent)의 개념으로 이해할 수 있다.

알파고는 인공지능이 분석의 영역을 넘어 인간 직관의 영역으로까지 진입하고 있음을 생생히 보여줬다. 인공지능의 진보, 인공지능이 몰고 올 4차 산업혁명의 도도한 흐름을 막을 길은 없다. 인간 뇌와 같은 인공지능을 만들 기술력은 아직 멀다고 해도 과학기술의 발전 속도는 늘 우리의 생각을 뛰어넘었다.

인공지능의 도래는 우리 삶에 엄청난 충격을 줄 것이다. 대부분의 경우 그 기술들은 우리에게 편리와 즐거움을 제공할 것이다. 인공지능이 인류 삶에 기여할 여지도 적지 않을 것이다. 첨단 의료기술과 접목하거나 극한의 작업환경에서 인간을 대신할 수도 있다. 자율주행 자동차처럼 일상의 익숙한 모습을 근본적으로 뒤바꿔 놓을 수 있다. 구글은 알파고뿐만 아니라 다양한 미래 기술에 투자하고 있는데, 이런 기술은 가까운 장래에 일상생활의 편리와 정보 처리 및 관계 강화에 기여할 것이다.

하지만 인공지능이 몰고 올 세상이 수많은 문제와 맞닥뜨릴 수밖에 없다는 점 또한 명백하다. 당장 일자리에 끼칠 파급력은 섬뜩할 정도다. 인공지능이 일반화하면 인간 노동력을 일터에서 내모는 속도는 더욱 빨라질 수밖에 없다. 인공지능이 전쟁이나 불법행위 등 인류 보편의 가치와 윤리에 어긋나는 일에 쓰일 가능성도 완전히 배제할 수 없다. 기계가 인간을 지배하는 게 아니라, 그 기계를 지배한 인간이 나머지 인간을 보다 강력하게 지배하게 되는 상황을 우려해야 한다.

사실 인류는 오랜 세월 동안 이러한 묵시록적 상황이나 이야기를 반복하여 만들어내면서 그 위기를 헤쳐왔다. 두 가지 뚜렷한 힘이 발생하여 인류를 여기까지 오게 하였다. 고결한 감정 상태, 즉 휴머니즘과 이를 사회적으로 실천하는 방식, 즉 민주주의다. 이 휴머니즘과 민주주의가 미래에도 작동하게 하는 것, 그것이 묵시적 상황을 이겨내는 힘이다.

지금도 그렇듯이 가까운 미래에도 이러한 기계를 실제로 통제하는 힘이 무엇인가, 그것이 중요하다. 휴머니즘과 민주주의가 사라지고 강력한 권력과 자본이 이를 통제할 때, 그때가 비극의 시작이다. 우리는 알파고의 승리에 전율을 느끼면서 동시에 미국 연방수사국(FBI)의 강력한 요청에도 굴하지 않는 애플사의 최고경영자 팀 쿡에게 성원을 보내고 있다. 여기가 핵심이다. 문제는 기술이 아니라 그 기술을 지배한 국가와 자본의 지배다. 미래의 묵시적 상황은 알파고나 로봇 개가 아니라 이를 실제로 지배하는 권력이다. 이를 경계하여 오늘의 상황에서 휴머니즘과 민주주의를 지켜내는 것이 미래의 비극을 막거나 최소한 지연시킨다(정윤수, 2016. 3. 10).

이제까지 통설은 컴퓨터가 계산과 기억은 뛰어나도 인간의 직관과 통찰력을 따라오지 못한다는 것이었다. 그러나 알파고는 뇌를 모델로 한 신경망 구조를 설계에 적용해 사람의 직관을 흉내 낸 것으로 알려졌다. 무작정 모든 경우의 수를 계산하는 것이 아니라 '심화 학습'을 통해 승률이 높은 착점을 예측한다. 사람이라면 평생 해도 못 할 분량의 공부를 몇 주 만에 마쳤다.

미래학자 레이 커즈와일(Ray Kurzweil)은 2045년에 인공지능이 인간지능을 뛰어넘는 특이점(Singularity)에 도달, 그 이후론 통제불가능한 상황이 전개될 것으로 예측했고, 모셰 바르디(Moshe Vardi) 미국 라이스대 컴퓨터과학과 교수는 2045년이면 인간이 할 수 있는 일의 매우 중요한 부분을 기계가 직접 수행할 것이라고 전망하며 기계가 인간이 할 수 있는 일을 대신하게 되면 인간은 무엇을 할 것인가가 중요한 질문으로 떠오르게 될 것이라고 하였다. 2016년 1월 다보스 포럼(WEF)에서는 로봇과 인공지능의 발달로 향후 5년간 15개국에서 약 500만 개의 일자리가 사라질 것이라는 보고서가 나왔다. 인터넷이나 클라우드, 인공지능과 같은 최신 기술이 제조업을 변화시켜 이른바 '4차 산업혁명'을 일으킬 것이라는 예고였다.

인공지능과 인간의 대결은 승패를 떠나 인간 이외의 지능을 가진 '무언가'가 인간에게 도전하고 또 공존할 수 있다는 가능성을 보여준다는 점에서 늘 우리의 관심을 끈다. 그리고 이 가능성은 단순한 호기심에서 벗어나 이제는 실제로 인간의 삶에 도움을 줄 수 있다는 기대와 희망으로 변화하고 있다. 인공지능은 앞으로 수많은 분야에서 다양하고 새로운 시장들을 창출해 나갈 것이다.

이세돌 9단이 알파고에게 연패를 당하자 바둑계에서는 기계가 사람보다 바둑을 잘 두게 된다면 프로기사가 왜 필요하겠냐는 말들이 나오기도 했다. 사실 이미 예견된 일이다. 정보를 입력하면 기사를 작성할 수 있는 '로봇 기자' 프로그램도 개발됐다. 운전자가 필요없는 자율주행차가 도로를 달리고 있다. 대규모 공장에서 로봇이 사람을 대체한 것은 어제오늘의 일이 아니다. 미래학자 제러미 리프킨 (Jeremy Rifkin)이 기술이 인류를 노동으로부터 추방한다는 내용의 ≪노동의 종말≫을 쓴 것은 1995년의 일이다. 리프킨의 예언이 20년이 지난 지금 현실로 펼쳐지고 있는 것이다.

인공지능이 사람 세상의 인권을 어떻게 위협할지 두 가지의 우려 지점을 깊이 고민해야 할 시점이다. 첫째는 인공지능 프로그램이 사람 행동을 '해석'해 주어진 상황에서 가장 적합한 행동을 선택하도록 작동한다는 점이다. 그 '해석'은 엄청난 양으로 수집되고 분석되는 빅데이터를 기반으로 해 이루어진다. 우리가 사람의 행동을 해석할 때 상대방의 인종·성·나이 등의 요소와 문화적 차이를 고려하듯이, 인공지능도 그런 데이터 분석을 통해 내 앞에 서 있는 사람의 '위험도'를 측정할 것이다(이호중, 2016. 4. 26).

이는 결국 위험한 인물 내지 집단에 대한 확률적 분류가 시도된다는 의미이다. 그리고 이러한 해석의 차이는 인공지능 로봇에 의한 차별적 통제의 권력을 창출하게 될 위험이 크다. 이로써 사람의 행동결정 양식도 빅데이터와 강화학습 능력을 기반으로 한 로봇의 확률적 판단에 의존하게 될 수 있다고 경고한다.

둘째는 거대 자본이 인공지능에 필요한 빅데이터의 수집과 분석 프로그램을 장악할 것이라는 점이다. 인공지능 프로그램의 사회적 유용성과 경제발전의 동력이라는 점을 내세워 기업들은 광범위하게 빅데이터를 수집할 수 있는 권한을 가지려 할 것이다(이호중, 2016. 4. 26). 나아가 인공지능의 알고리즘에 대한 미세한 변경이 사람의 행동을 특정한 방향으로 유도할 수 있다는 점을 고려하면 거대 자본에 의한 과학기술 파시즘의 도래도 걱정해야 할 상황이라는 것이다.

구글 딥마인드의 공동창업자인 세인 레그(Shane Legg)는 "만약 고도의 지능을 가진 기계가 우리를 없애기로 작정한다면 아주 능률적으로 그렇게 할 것 같다"고 말한 적이 있다. 인류의 말살에 대한 그의 걱정이 기우이기를 바라지만, 인공지능이 세상을 판독하는 기준에 대해서 고민해야 할 것임을 강력히 시사한다. 전문가들은 컴퓨터의 지능이 인간과 비슷해지려면 몇십 년은 걸릴 것으로 본다. 그러나 인공지능에 어떻게 대처할 것인가 하는 새로운 과제에 대한 논의가 시급한 것은 분명하다.

우리의 관심은, 인공지능이 언제까지 우리에게 봉사할지에 쏠려 있다. 고용 감소 등 사회적 부작용과 문화적 충격 등도 우리가 짊어져야 할 과제다.

왜 인간은 로봇을 개발했나? 아마도 세상을 통제하고 조종하고 싶은 욕망 때문일 것이다. 그런데 이제는 그 욕망의 식탁에서 인간은 자신의 자존심과 정체성까지 요리의 재료로 도마에 올려놓게 됐다. 알파고의 승승장구를 보면서 얼마나 잘할까, 하는 호기심과 기대감이 들지 않는 것은 아니지만 대부분 사람들의 마음속에는 불안감이 점점 똬리를 틀고 있다.

50여 년 전, SF의 대가 아이작 아시모프는 로봇의 3대 원칙을 제시했다. 제1원칙은 로봇은 인간을 해쳐서는 안 된다는 것이며, 제2원칙은 제1원칙에 위배되지 않는 한 로봇은 인간의 명령에 복종해야 한다는 것이며, 제3원칙은 1·2원칙에 위배되지 않는 한 로봇은 자기 자신을 보호해야 한다는 것이다.

이세돌 9단은 승부가 결정된 제3국에서 패배한 뒤 '인간의 패배가 아니다'며 패배를 자신의 것으로 한정 지었다. 그 뒤에 좀 더 가벼운 마음으로 임한 4국에서 승리를 거뒀다. 4국에서의 승리 후, 인터넷에서는 이세돌 9단이 '내가 승리한 것이지 인간이 승리한 게 아니야'라고 말하는 농담이 떠돌았다. 이세돌 9단이 실제로 이야기한 발언도 아니고 '내가 패배한 것이지 인간이 패배한 게 아니야'라는 말을 이용한 단순 농담에 불과하지만, 결국 새로운 인공지능과 인간의 대결 의미는 바로 이 지점에 있다.

이세돌 9단은 패배 후에 끊임없이 알파고와의 기보를 연구하며 알파고의 약점을 찾았고, 자신이 해야 할 방법을 연구했다. 패배에 무릎 꿇거나 패배로부터 도망가며 정신 승리하는 대신 깔끔하게 패배와 자신의 잘못을 인정하고 겸허히 알파고를 이해하려고 노력했다. 그 결과 4국과 5국에서는 프로 9단들도 쉽게 이해하지 못하는 새로운 수를 두었고, 한 경기는 승리했다.

인간이 2500년 간 연구해 내놓은 정석, 자신의 기술을 버리고 아예 새로운 지점에 도전하는 일은 패배를 내면화하고 새로운 마음으로 세상을 바라보아야만 가능한 일이다.

알파고는 인공지능의 발전상을 여과 없이 보여줬고, 이세돌 9단은 인간만의 용기와 도전정신을 보여줬다. 인간의 기억력과 계산 속도엔 한계가 있어서 어찌 보면 무모한 싸움이었지만 이세돌은 주저 없이 도전했다. 곧 다가올 AI 시대의 미래를 내다봄과 동시에 인간의 본성을 성찰할 좋은 기회였다.

한국기원이 인정한 '바둑 명예 9단' 알파고의 실력도 마지막까지 단단했지만, 사람들은 '아름다운 패자' 이 9단에게 아낌없는 박수를 보냈다. 무엇보다 사람들의 마음을 움직인 건 그의 천재성보다도 인간적인 면모였다. 거듭되는 패배에도 굴하지 않았고, 승리 앞에서 겸손했다. 감정 없는 AI와 의연하게 맞선 이세돌을 통해 대중은 차가움과 기계적인 효율이 지배하는 사회를 헤쳐나가는 인간의 모습을 발견했다. 바둑계의 존망과 인류의 자존심이 걸린 대결이란 중압감 속에서도 빛난 이 9단의 도전정신과 인간적 면모가 사람들의 열광을 이끌어냈다. 그에 대한 대중의 환호는 '이세돌 신드롬'으로까지 번져나갔다. 신을 뜻하는 영어 단어 '갓'을 붙여, '갓파고(알파고)'에 맞서는 '갓세돌'이란 별칭을 얻었고, 인터넷상엔 그의 발언을 모은 '이세돌 어록'이 등장했다. 각종 패러디물까지 인기를 끌었다. 그의 끈질긴 투혼과 솔직한 발언은 자신에 대한 안티 팬들의 실망과 비난을 삽시간에 응원과 환호로 바꿔놓았다.

이제 인류는 인공지능이라는 새로운 문제에 부딪혔다. 이는 패배를 통한 반성과 고민, 최적의 수를 위한 끝없는 고민 끝에 나온 해답만이 해결할 수 있다. 영화 <인터스텔라>가 남긴 최고의 문장은 '우린 답을 찾을 것이다, 늘 그랬듯이'였다.

인공지능이 인간을 대신할 수는 없다. 아무리 뛰어난 인공지능로봇이라고 해도 인간의 감정까지는 소유할 수 없다. 인공지능에 어떤 제한된 행동을 프로그래밍하여 감정을 가진 것과 같은, 유사한 행동을 하도록 제어할 뿐이지 로봇이 인간의 감정을 완전히 이해하는 것은 불가능하다. 하지만 빅데이터를 기반으로 로봇을 학습시켜 인간처럼 행동하고 사고하며 인간과의 상호작용을 통해 계속해서 인공지능시스템이 진화한다면 머지않은 시기에 인공지능은 인간의 삶 깊숙이 들어올 것이다.

인공지능을 바라보는 관점의 변화가 필요한 시점이다. 인공지능은 편리함을 제공하는 도구가 아닌 인간의 동반자로 새롭게 자리매김하려 하고 있다. 편리한 삶에서 행복한 삶으로 '삶의 질'을 추구하는 요즘, 인공지능은 우리의 삶을 윤택하게 하는 데 많은 기여를 할 것으로 기대된다. 인공지능을 만든 것도 인간이고, 그 인공지능도 인간의 삶을 행복하게 해줄 때 의미가 있다.

막대한 자본을 집중할 수 있는 구글과 같은 거대기업이나 손에 쥘 수 있는 21세기의 '생산수단'이다. 인공지능에 따른 혜택이 극소수에 집중되면서 사회 전체적으론 외려 극심한 불평등만 키울 수도 있을 것이다. 제아무리 인공지능이 판을 친다 해도 기술 발전이 몰고 올 사회 불평등을 줄이는 해법을 찾아내는 건 결국 인간의 몫이다.

주체가 구조에 변형을 가할 수 있다면, 결국 과학과 기술에 개입하는 인간 정신과 활동이 초점이다. 언젠가 인공지능이 가치까지 판단할 경지에 오를지 모르지만, 그렇게 방향을 잡는 것 또한 사람이다.

결국 과학기술의 발전은, 인간으로 하여금 인간 되게 하는 요소가 무엇인지 궁극적인 노력을 하도록 만들어준다. 우리는 본능적으로 이에 대한 답을 어렴풋이 가지고 있다. 성공하기보다는 인간이 되기를 먼저 추구하고, 계산 가지고 답을 낼 수 없는 사랑과 희생이나 봉사 등 가치 있는 삶을 이루는 철학적이고 윤리적이며 이타적인 삶의 태도야말로 인간을 인간답게 하는 기본 요소임이 점점 더 드러날 것이다. 과학기술의 발전은 인류에게 여러 가지 좋은 유산을 남길 것이지만, 그중 하나는 철학적인 질문에 대한 해답을 찾아주는 길잡이 역할을 한다는 점이다. 알파고가 인류에게 준 또 하나의 선물이다(심재율, 2016. 3. 16).

최종적인 결과도 거기에 이르는 과정도, 사람이 중심이고 사람이 결정한다. 테크놀로지의 쓰임새는 사람이 정하기 나름이다. 다시 정치의 문제로, 자본을 어떻게 통제할 것인가의 이슈로, 그리하여 민주주의라는 과제로 회귀하는 것이다.

인공지능이 가져올 수 있는 부작용을 최소화하기 위한 선제적 논의의 중요성은 아무리 강조해도 지나침이 없다. 인공지능에 어떤 윤리규범을 적용해야 할지, 미래의 사회적 교육적 시스템을 어떻게 재설계해야 할 것인지 지혜를 모아야 한다.

4.3. 리스크 예방 및 대응 전략

디지털 리스크 예방 및 대응 전략

우리는 일상적인 삶과 사회발전의 동력으로서 디지털기술에 상당 부분 의존하고 있다. 하지만 디지털기술에 대한 일상성과 의존성이 오히려 디지털위험을 실제적으로 인식하고 받아들이는데 부정적 영향을 미치기도 한다. 이런 맥락에서 디지털위험은 우리가 일상적으로 노출될 수 있는 위험이자 예측 불가능하고 효과적으로 통제하기가 거의 불가능한 고도의 위험이라고 볼 수 있는 것이다. 그러므로 디지털위험 발생 가능성을 줄이고, 위험을 최소화하기 위해서는 일상적으로 준비상태가 필요할 수밖에 없으며, 디지털위험에 대처하고 관련 위험을 최소화하기 위한 준비상태로서 위험관리의 중요성이 부각된다.

준비된 상태로서의 위험관리는 결국 위험을 어떻게 관리할 것인가의 문제이다. 즉, 위해요인에 대해 인식하도록 하고, 그에 대하여 의사결정을 하도록 도와주며, 그에 따라 적절한 통제 혹은 완화전략들을 실천에 옮기도록 도와주는 활동이 필요한 것이다. 다만, 디지털위험의 경우에 고도의 기술 자체에서 파생되는 위험이므로 기술만을 통해 관련 위험을 해결하는 것만으로는 부족하다. 즉, 기술의 야누스적 특성을 고려할 때, 기술 자체가 고도화될수록 관련 위험 또한 고도화되는 특성을 보인다. 결국 디지털위험에 대한 위험관리는 기술적으로 해결하기보다는 디지털위험에 대한 위험성을 알리고, 안전문화 형성을 통해 개인과 사회의 인식 및 태도를 변화시켜야 효율적 예방이 가능하고 위험을 최소화할 수 있다.

사이버범죄는 그 유형도 매우 다양하고 복잡하며, 실제로 사이버범죄로 인한 피해가 발생하고 있음에도 불구하고 정작 피해 당사자는 피해 여부를 제대로 인지하지 못한다는 점에서 개인이나 사회를 파멸적 형국으로 몰아갈 수 있는 매우 심각한 범죄라고 할 수 있다.

사이버공간의 확대와 컴퓨터 및 정보통신기술의 고도화와 지능화에 의해 갈수록 그 의존도와 사회적 영향력이 높아질 것으로 예상되는 상황에서 사이버범죄 또한 갈수록 다양화, 고도화, 첨단화되어가고 있고, 사이버범죄에 의한 광범위한 피해성과 기하급수적 발생률, 그리고 발생형태의 다양성으로 인해 현실적 대안을 마련하기도 쉽지 않다. 그러므로 사이버범죄를 예방하기 위해서는 정부와 관련 기관 및 기업, 그리고 모든 국민이 사이버범죄에 대한 경각심을 갖고 높은 보안 및 안전의식을 가져야 할 필요가 있다. 그러나 사이버범죄의 다양성, 지능화 및 고도화로 인해 공중이 사이버범죄를 인지하기 어렵고, 관련 정보에 대한 이해도 부족하기 때문에 리스크 커뮤니케이션 차원에서 공중이 사이버범죄의 심각성을 이해하고, 예방을 위한 노력이 효율적으로 이루어질 수 있도록 공중의 인지적 변화를 먼저 이끌어낼 필요가 있다. 또한 일반 사이버범죄 중 악플이나 사이버명예 훼손, 스토킹, 사이버성폭력 등의 경우에는 물리공간에서의 면대면(face to face)이 아니라 사이버공간을 통해 이루어지기 때문에 가해자는 피해 정도를 인지하는 정도도 낮아 자신의 행동이 그다지 나쁜 행동은 아니라는 태도를 형성하기도 한다(이성식, 2004). 이에 기술적 대책이나 사법적 대책도 중요하지만, 사이버범죄에 대한 성찰과 더불어 사이버범죄 피해의 심각성과 그에 따른 윤리교육도 동시에 이루어져야 할 필요가 있다. 결국, 사전에 사이버범죄를 예방하기 위해서는 공중의 성찰과 사회규범의 확산을 통해 사이버범죄의 심각성을 인지하고 높은 경각심을 가질 수 있도록 인지적 차원에서 변화를 이끌어낼 필요가 있는 것이다.

사이버범죄는 육체적 폭력은 없으나, 사이버범죄 피해자들에게 심리적 공황상태를 유발할 수 있는 심리적 폭력이며, 우리 사회와 경제, 대중의 일상적인 삶을 완벽하게 파괴할 수 있는 잠재적 위험성을 가지고 있다는 점에서 매우 심각한 위험으로 다가오고 있다(Hardy, 2011). 특히, 사이버범죄는 정보기술에 대한 의존성이 높아질수록 더욱더 교묘해지고 지능화되어 간다는 특성을 보인다. 세계가 처한 위험현실의 지형을 보면, 최근 빠르게 그 양상이 변화하고 있는데, 향후 실현 가능성이 가장 높은 위험영역 중 하나로 사이버테러 및 범죄가 부상하고 있다.

세계의 주요 국가들은 사이버범죄에 대해 높은 관심을 두고 있으며, 일상적인 위험보다 훨씬 더 심각한 위험으로 인식하고 있다. 한국은 세계 1위의 인터넷 및 인프라 강국이지만 역설적으로 말하면, 그 어떤 나라보다도 정보기술에 대한 의존성이 높기 때문에 사이버범죄의 주요 표적이 된다고 볼 수 있다.

이에 따라 정부 차원에서 그 피해를 최소화하고, 예방할 수 있는 적극적 노력이 필요하지만 사이버범죄는 정부만으로는 해결 불가능한 위험영역이기 때문에 국민 개개인의 보안이나 안전의식을 높여 국민 스스로가 사이버범죄에 대한 심각성을 인식하고 그 피해를 최소화하거나 예방할 수 있는 합리적 행동의 실천이 이루어질 수 있도록 해야 할 필요가 있다.

사이버범죄를 예방하기 위해서는 공중의 사이버범죄 예방을 위한 인지적 변화가 먼저 이루어져야 한다. 사이버범죄에 대한 정보보안을 강화할 수 있는 기술적 대응도 중요하지만 국민 개개인의 예방을 위한 자성과 사회규범의 확산정책이 선행되어야 한다.

이는 위험사회에서 위험을 효율적으로 예방하기 위해서는 일반 공중들을 대상으로 리스크 커뮤니케이션을 통한 '계몽'의 중요성이 강조되고 있는 것과 밀접하게 관련된다. 다시 말해 위험은 공중의 생명, 안전과 밀접하게 연결되어 있으므로 리스크 커뮤니케이션은 공중과의 관계성을 기초로 이루어져야 하며, 공중에게 위험정보를 제공하는 데 있어 단순히 정보제공이 아니라 위험에 대한 교육 또는 예방행위를 촉진시킬 수 있는 커뮤니케이션 과정이 포함되어 있어야 한다는 것이다. 더구나 사이버범죄와 같은 기술위험은 해당 위험이 갖고 있는 전문성으로 인해 공중이 그 위험성을 실질적으로 깨닫기 쉽지 않고, 위험으로 인해 피해가 발생하고 있음에도 불구하고 그 피해를 인식하지 못하는 경우도 종종 발생한다.

그러므로 사이버범죄와 같은 기술위험은 반드시 국민에게 공표되고 정부 차원의 정책적인 대응이 필요하며, 효과적인 예방행동을 위해서는 반드시 사람들의 경각심을 환기시키고 피해 예방을 위한 교육과 설득이 동시에 이루어져야 할 필요가 있다. 이를 위해 본 연구는 공중의 사이버범죄 예방행동을 이끌어낼 수 있는 심리적 요인을 파악하는 데 중점을 두고자 하였다. 사이버범죄와 같은 새로운 위험은 과학적 불확실성으로 인해 사회구성원들이 인식하는 위험수준이 각기 다르고, 그 위험을 판단하는 데 있어 대부분 미디어가 제공하는 정보, 즉 간접적 경험에 의해 형성된 주관적 인식으로 이루어지기 때문이다.

정보격차/스마트격차 해소 방안

격차문제는 심각한 사회갈등을 낳기에 사회문제로 취급된다. 기술문명의 발전에 따라 정보격차라는 새로운 불평등이 부상하고 있다. 스마트사회 진입에 따라 그에 편입된 집단과 배제된 집단 간에 지식·관계·참여·창의·소득 격차라는 다면적 성격의 스마트격차가 발생하게 될 것이다(김원제·박성철, 2016).

향후 진화된 디지털 환경에서 정보격차의 수준이 더욱 벌어질 것으로 예견된다. 특히 소외계층의 경우, 일반 국민과 똑같이 인터넷을 이용할지라도 스마트 정보환경에서 다양한 가치창출과 양질의 디지털 삶 영위에 필요한 인터넷/모바일의 확장적 활용수준이 크게 떨어질 것이기 때문이다. 보다 문제되는 부분은 미래사회는 정보사회·연결사회·문화적 혁신사회·모바일 경제사회라는 중층적이고 복합적인 사회 특성을 가지며, 이러한 사회에 편입된 집단과 배제된 집단 간에는 지식·관계·참여·창의·소득 격차라는 다면적 격차가 발생하게 된다는 것이다. 이는 쉽게 대응이 어려운 사회갈등을 조장할 수도 있을 것으로 보이며, 정부의 정책적 대응이 반드시 필요한 부분이다. 경쟁과 배려가 공존하고 기업과 공동체가 함께 어우러져 갈 수 있는 새로운 시스템이 요구되고 있다.

기존의 PC 기반의 역량 및 활용격차가 존속하는 가운데 새로운 디지털 격차가 대두되면서 일반 국민과 정보소외계층 간의 사회참여, 커뮤니티, 네트워크 격차가 발생하고 있으며, 이는 정보소외계층의 삶의 질과 만족도를 저하시키는 요인으로 작용하게 될 것이다.

정보격차가 1차, 2차 격차 등 더욱 다층화, 복잡화되는 것은 ICT 환경이 인터넷접속을 중심으로 구성된 기존 정보격차 지수로는 설명되기 어려운 새로운 질적 차이들이 드러나기 때문이다. 모바일, 클라우드, 사물인터넷 등 ICT 융·복합화가 진전되면서 정치, 경제, 사회, 문화 등 개인의 거의 모든 영역에서 ICT를 매개로 한 삶이 깊숙이 침윤되었음을 의미한다. 이제는 단순히 이용자와 비이용자 사이의 차이보다는 ICT 이용능력의 복잡화에 따라 이용자들 간의 차이에 따른 불평등과 같은 사회적 문제가 더 중요하게 부각된다는 뜻이다. 즉, ICT 이용능력 격차에 따른 정보불평등이 정치, 경제, 사회, 문화 등 다양한 영역에서의 '사회적 배제(social exclusion)'로 이어질 우려에 주목해야 한다는 것이다.

그런데도 지금까지의 정보격차 정책은 여전히 특정취약계층의 정보 접근권 중심(공급자 중심, 시혜적 관점)에 머물러 있고 고용, 복지, 의료, 교육 등 다른 분야 정책과의 연계, 삶의 질과 직결된 기본권 문제로까지 발전시키지 못하고 있다. 따라서 정보격차의 개념을 개별적인 ICT 정책 차원을 넘어 국민 삶의 질 전반에 관한 사회·경제정책의 차원으로까지 확장시켜야 할 필요성이 대두된다. 특히 정보격차를 디지털 시민으로서의 삶의 기회를 결정하는 문제로 간주, 디지털 리터러시와 같은 시민능력(civic competence)을 사회정책의 중요한 개념으로 부각시키려는 노력이 필요하다. 영국 등 주요국들은 정보격차의 정책 범위를 2차, 3차적 활용수준으로까지 확장, 디지털 통합(e-inclusion)을 위한 '디지털 리터러시'뿐만 아니라 디지털경제 발전을 위한 생활혁신을 염두에 둔 정책이나 프로그램을 추진하고 있다.

인터넷과 모바일을 단순한 미디어로서 제한하는 것이 아니라 개인적 또는 사회적 커뮤니케이션 환경으로 정의해야 한다. 미디어가 아닌 환경으로서 인터넷/모바일을 바라보면, 이용자는 특정 미디어의 사용자가 아니라 특정 커뮤니케이션 체제 속에 존재하는 '시민'으로 정의할 수 있다. 인터넷과 모바일에서 일어나는 수많은 상호작용적 결과물은 그 자체가 미디어의 산물이지만 동시에 한 사회의 사회적 실제를 구성한다. 또한 인터넷/모바일 이용자의 다양한 미디어 참여 행위는 단순한 미디어 글쓰기나 수용 행위를 넘어서서 고유한 효과나 영향을 지니는 '시민적 활동 또는 시민참여'적 성격을 띤다.

정보격차가 정부 당국의 정책적 지원제도에 의해서 조금씩 줄어들고 있지만, 새로운 미디어의 등장, 기술문명의 진화는 또 다른 정보격차('스마트격차')를 만들어낼 가능성을 내포하고 있다. 따라서 미래사회에서 정보격차, 스마트격차라는 새로운 불평등구조를 해결하기 위한 분명한 목표가 세워져야 하는바, 소위 '스마트 복지사회'를 모토로 삼을 필요가 있다. 사회구성원의 보편적인 정보/미디어 접근권 보장, 생활 친화적 활용, 주체적인 향유권 보장 등이 고려되어야 한다. 즉, '접근', '활용', '수용'의 격차를 줄이는 것이 스마트사회의 격차를 극복할 수 있는 길이 될 것이다.

격차는 관계·참여·라이프스타일·문화·소통 등 모든 생활영역에 전방위적으로 영향을 미친다는 점에서 장애인, 장노년층, 농어민, 저소득층 등 소외계층에만 중점을 둔 기존의 정보격차해소 차원을 넘어 모든 국민을 지식정보사회로 통합해나가는 스마트사회통합이라는 보다 종합적이고 철학적인 함의를 내포한 정책으로 승화할 필요가 있다.

스마트사회통합 정책에는 가장 기본적인 차원에서 접근격차를 해소하고 동등한 기회를 제공하는 활동이 우선되어야 한다. 스마트폰 격차는 물론 지역 간의 모바일 통신환경의 격차를 해소해야 한다. 물리적 접근성 외에도 소프트웨어나 콘텐츠에 동등하게 접근할 수 있는 기술적, 제도적 환경조성도 반드시 이루어져야 한다. 또한 스마트폰 같은 모바일기기 및 다양한 모바일 기반의 행정·경제활동·사회참여·문화생활 분야의 서비스를 이용할 수 있는 디지털 역량을 키울 수 있도록 보다 체계적이고 세분화된 맞춤형 교육을 제공해야 할 것이다. 유무선 통합기반의 정보 접근과 정보역량을 바탕으로 삶의 질 향상과 사회통합을 이루어낼 수 있는 지원체계를 마련해야 한다. 모든 국민이 기술문명 진화의 혜택을 함께 누리는 따뜻하고 행복한 스마트사회가 실현되어야 하는 것이다.

IoT 문명 리스크 예방 전략

폴 비릴리오(Paul Virilio)는 디지털 시대 테크놀로지는 체계(system)로 존재하기에 세계화의 실현과 동시에 '연쇄반응의 피해'라는 체계적 위험을 초래할 수 있다고 주장한다. 디지털 문명이 경제·사회·문화적 변화뿐만 아니라 권력변동까지도 결정할 수 있기 때문이다. 이러한 차원에서 테크놀로지는 객관적이며 가치중립적인 것이라기보다는, 오히려 가치 창출적이며 체제 규정적 의미를 내포하는 것으로 이해할 수 있다.

IoT 공간 역시 우리네 삶을 편리하고 즐겁게 만들기 위해 존재하지만, 한편으로는 심각한 위험을 내포할 것으로 예상된다. IoT 환경에서 모든 사람이 자신의 의지와는 상관없이 항상 네트워크 공간에 놓이게 되면 이러한 네트워크는 실시간으로 새로운 정보를 생성, 전송하게 되고 지금까지 네트워크에서 생각되어 온 보안이나 개인정보보호와 관련한 문제점을 넘어선 심각한 위험이 초래될 수 있다.

정보화 시대의 문제점들이 개인 식수가 오염된 국지적인 문제라고 한다면, IoT 공간 시대의 문제점들은 마을의 공동 우물이 오염된 범사회적인 문제로 확대된다. 따라서 IoT 공간서비스에 대하여는 그 부작용을 사전에 방지할 수 있는 기술적, 사회·경제적, 제도적 장치들이 공동체적인 시각에서 도출되어야 한다. 가장 중요한 것은 정책의 기본 방침에 '인간의 가치 보호'가 우선시되어야 한다는 점이다. 국민의 자유를 침해하고, 훼손하는 IoT 사회로의 이행은 결국 불행의 씨앗을 잉태하는 것이기 때문이다.

세상이 초연결화 됨에 따라 사이버해킹 등 사회 인프라를 공격하여 발생하는 대규모, 多영역 사회위험 내지는 특수사고가 크게 부각될 것으로 예상된다. 이제는 디지털재난과 자연+사회재난의 복합적 형태의 위험에 대한 대응, 즉 미래형 위험대응에 주목해야 할 시점이다. 연결성이 발현된 세상에서 네트워크를 장악하고 붕괴하려는 시도는 사회위험의 일종으로 향후 더욱 늘어나며 그 피해도 커질 것으로 보인다.

정보화 시대에 이미 증명되었듯 스마트, 사물인터넷 시대를 향유함에 있어서도 그에 대한 대가를 일정 부분 치러내야 할지 모른다는 우려가 바로 여기서 비롯된다. 새로운 시대패러다임이 과거의 모순과 불합리를 완전히 해소할 수 있는 것은 아니라는 점을 인류역사는 증명해왔으며, 이후 시대에도 이는 동일하게 적용될 것이다. 반면 어떠한 대가가 요구되는지를 사전에 예측할 수 있다면 우리는 그 희생을 최소화할 수 있을 것이라는 희망을 품게도 한다.

위험사회에서 개인과 사회는 불안정과 위험을 완전하게 제거할 수 없으므로 최악의 상황을 예방하는 데 초점을 맞춘다. 따라서 다양한 위험요인을 배태하고 있는 현대사회는 곧 위험사회이며 위험을 사회적인 차원에서 대처하고 맹목적인 근대화(나아가 정보화)를 반성해야 한다는 교훈을 던져준다.

사회안전망, 국가위기관리시스템에 대한 국민 불신 해소, 신뢰구축을 위한 혁신시스템이 절대적으로 필요한 상황이다. IoT 시스템으로 이를 해결 가능하다. 단순히 기술적 차원의 문제가 아닌, 사회시스템 차원의 문제이기 때문이다. 사람, 사물, 시스템에 대한 신뢰 구축이 필요하다. 걱정, 불안 없이 안심하고 사는 삶,

이를 위해 안전하고 쾌적한 사회시스템 구축되어야 한다. '인간, 공동체'를 위한 기술 및 서비스 콘셉트여야 한다. 단순하게 위험을 줄이고 예방하는 기술이 아니라, 인간의 심리적, 감성적 안정성을 동시에 도모하는 '인간친화형 기술 및 서비스'여야 한다는 것이다.

이제 위험관리의 핵심은 선제적으로 돌발적 위험상황을 예측하고 방지하는 방향으로 변화하고 있다. 네트워크화, 지능화, 기능화를 지원하는 IOT를 위험관리에 적용하는 것은 중요한 기술적, 정책적, 사회적 과제가 된다. 사회구성원으로서 개인이 능동적으로 위험 이슈를 예방하고 극복할 수 있도록 도와주는 콘셉트를 고려해야 한다. 자연재해, 거대재난 등 국가가 주도하는 빅 기술이 아닌 누구나 일상생활에서 즉각적으로, 손쉽게 활용 가능한 개인친화형 기술 및 서비스 개발이 요구된다.

생활안전관리를 위해서는 사전예방, 현장대응 중심의 관리체계가 필요한 것이 현실인데 반해 아직도 사후대응에 국한된 첨단기술의 활용에 머무르는 사례가 많은 부분을 차지하고 있으며, 생활안전 대응을 위한 업무 및 생활안전을 위한 사람에 대한 분석이 선행되고 신기술의 속성에 맞는 적용방식을 선택해야 함에도 기존 관행 및 프로세스를 단순히 전환하는 단계에서 벗어나지 못하는 것이 현실이다.

체계적인 신기술의 적용방법이 도출되었다 하더라도 사회적으로 준비가 되지 않았다면 실제 적용은 요원한 것이 현실이다. 예를 들어 각종 센서에 기반해 안전운행을 돕는 IoT 지원 자동차가 사이버공격을 받게 될 경우, 이동 상황에 대한 개인정보유출 뿐 아니라 이상동작 발생 시 생명까지 담보할 수 없는 상황에 처하게 된다. 또 교통신호, 가로등 등 각종 사회안전망을 연결한 IoT 기기에 대한 사이버 공격은 전 사회적인 혼란을 야기할 수 있다. 이처럼 다양한 사물이 연결돼 자동으로 통신하는 IoT의 시대에 보안 위협은 개인정보를 유출해 2차 피해로 이어지거나, 금전피해 심지어 생존까지 위협할 수 있는 것이다.

나아가 각종 규제도 돌파해야 한다. 생활안전의 다양한 적용을 불러일으킬 것으로 예상되는 헬스케어가 대표적이다. 웨어러블 컴퓨팅에 IoT를 접목한 헬스케어서비스는 성장 가능성이 높아 다수의 기업이 주목하고 있는 대표적인 IoT 응용 분야지만, 원격진료, 개인정보에 대한 접근 등 다양한 점에서 법제도적인 준비가 되어야 한다.

'잊힐 권리' 논쟁

2014년 5월 13일 EU 최고법원인 유럽사법재판소(ECJ)는 인터넷상의 사생활 보호를 존중하는 '잊힐 권리(right to be forgotten)'를 처음으로 인정하는 판결을 발표했다. EU는 '개인정보의 처리와 관련한 개인의 보호 및 개인정보의 자유로운 이동에 관한 규정(안)('12. 1. 25)'을 통해 '잊힐 권리'를 규정(제17조)하고 있다.

유럽사법재판소는 스페인 남성이 구글 링크를 통해 인터넷상에 유포된 자신의 과거 정보 삭제를 요구한 소송에서 남성의 주장을 인정했다. 원고 스페인의 마리오 코스테자 곤잘레스는 16년 전에 실린 주택경매 공고의 링크 내용이 지속 노출되어 사생활 보호를 호소했다. 판결 결과의 요지는, 정보주체는 검색결과 목록에서 부적절한 개인정보 삭제요청이 가능하다는 것이다. 정보주체는 EU 기본권헌장에 따라 자신에 대하여 편견을 불러일으킬 수 있는 정보에 대한 접근이 불가능하도록 요청할 수 있으며, 이러한 권리는 검색엔진 운영자의 경제적 이익이나 대중의 관심보다 우선이라는 것이다. 제3자에 의해 작성된 게시물의 검색결과를 보여주는 검색엔진의 운영자에 대하여 해당 웹페이지의 삭제여부와 관계없이 정보주체의 요청에 따라 검색목록에서 제거할 의무가 부여된다.

'잊힐 권리'를 인정하는 판결은 향후 5억 명에 달하는 EU의 모든 시민에게 적용될 예정이며, 구글, 페이스북 등 대기업이 보유한 인터넷상의 개인정보보호 강화에 법적 영향력을 미칠 것으로 기대된다. 다만, 개인정보 범주 대상의 모호성, 오랜 범죄기록이나 특정 권력층의 의도적 기록 말소, 검색엔진을 가진 기업의 과다한 추가비용 발생, 표현의 자유 침해 등 판결에 따른 부정적 영향에 대한 논란이 확대될 것으로 보인다.

구글의 경우, 주당 약 530만 건의 정보삭제요구를 처리하고 있어 삭제요구 급증 시 발생하는 비용과 처리방식에 대한 고민이 필요한 상황이다. 구글에 정보삭제요청의 사유는 명예훼손(35%), 프라이버시 및 보안(14%), 성인용 콘텐츠(13%)

등이다.

국내에서 '잊힐 권리'는 개인정보가 합법적 목적을 위하여 더 이상 필요하지 않은 경우 정보를 삭제할 권리 또는 정보가 수집되었을 때의 용도로 더 이상 필요하지 않게 된 경우 이를 완전히 삭제할 수 있는 개인의 권리를 의미한다.

정보주체의 동의에 근거한 개인정보일지라도 정보주체에 의해 그 동의가 철회되거나 정보의 저장기간이 만료되는 경우에는 정보주체가 자신의 개인정보삭제를 요구할 수 있는 권리이다. 망각의 권리(right to oblivion) 또는 삭제의 권리(right to delete)와 혼용되어 사용된다(한국정보화진흥원, 2014. 6).

현대사회는 인터넷과 컴퓨터 중심의 사회로서 기술적 진보의 속도는 매우 빠르며 그에 따라 인류에게는 이전에 접해보지 못했던 새로운 위험들이 나타나고 있다. 새롭게 제기되는 위험은 인터넷으로 인해 '기록의 시대'가 열림에 따라 인류가 '망각'이라는 기본적인 기능을 상실해 가고 있다는 것에서 비롯되는 측면이 있다. 예컨대 '구글링'을 통해 자신의 개인정보를 검색해 보기만 해도, 제대로 정리 혹은 파기되지 않고 그대로 남겨진 자신의 정보들이 산재하여 있는 것을 알 수 있으며 이렇게 제대로 관리되지 않고 퍼져 있는 개인정보를 일괄적으로 정리하는 방법은 개인들에게는 쉽지 않은 것이 현실이다.

새로운 위험 가운데 하나로 인터넷 공간에 위태롭게 잔존하고 있는 개인정보들의 소재나 그 처리의무자를 확인하는 것도 어려운 것이 사실인데, 이러한 현실은 개인에게 주어진 개인정보자기결정권 혹은 통제권을 유명무실하게 하고 있다. 주체도 알지 못하는 개인정보들의 조각들을 퍼즐처럼 맞추어 정치적 성향, 의료정보 등 개인적인 민감 정보를 유추해내기도 한다. 특히 우리나라에서의 '개인 신상 털기' 문제는 그 피해 당사자가 정상적인 생활이 불가능할 정도로 그 정도가 지나친 것이 특징이며 심지어 자살에 이를 정도로 과도한 측면이 있어 빈번히 사회문제로 제기되어왔다.

손쉽게 구글 등 인터넷에 접속해 특정인을 검색하면 무한대 정보가 눈앞에 쏟아진다. 커뮤니티 게시판, SNS 등에 남긴 족적 때문이다. 사이버공간에 남긴 족적들은 정보주체의 의지와 전혀 관계없이 무한대로 흩어져 있어 언제든 쉽게 남용될 수 있다. 어떤 정보를 어떻게 조합할 것인지는 퍼즐 놀이처럼 순전히 개인의 의지에 달린 셈이다. '잊힐 권리'가 등장한 것도 이와 같은 시대적 맥락에 닿아 있다.

'잊힐 권리'의 핵심은 '개인정보'다. 스스로 잊고 싶을 만큼 끔찍한 과거사를 불특정 다수가 이용하는 인터넷이 기억하고 있다는 것은 개인 입장에서 두려운 일이다. 인터넷을 이용하면서 불편을 호소하는 사례 중 개인정보유출로 인한 피해사례가 상당 부분을 차지하고 있다.

미래창조과학부와 한국인터넷진흥원이 주도한 <2014년 인터넷이용 실태조사> 설문에 따르면 인터넷 불편, 피해 경험 사례 중 개인정보 요구 및 유출로 인한 피해를 호소한 건수가 절대 다수를 차지했다.

한국인터넷진흥원이 2012년 실시한 <잊혀질 권리의 국내 제도 도입 반영 방안 연구> 설문조사에서 개인들의 디지털 기록 중 자신이 쓴 게시판의 글이나 인터넷 이용기록, 온라인 쇼핑내역 등 개인정보에 대한 기록이 없어져야 한다는 의견이 압도적으로 많았다. '잊혀질 권리' 제도 도입 필요성에 대해 대부분이 공감하고 있다는 얘기다.

사이버공간에서 사소한 개인정보는 디지털 주홍글씨가 돼 개인의 인격권을 심각하게 침해할 수 있다. 잊힐 권리는 정보주체의 기본권 보호 측면에서 응당 보호돼야 하는 것이다. 다만 그 권리 범위와 방법에서는 차이가 있다. 자기정보에 대한 결정권이 본인에게 있는 만큼 정보주체에 전권을 줘야 한다는 주장도 있는 반면, 표현의 자유와 알 권리를 침해하지 않는 선에서 권리를 인정해야 한다는 신중론도 만만치 않다.

잊힐 권리를 전면 허용하기에는 적잖은 부작용이 따른다. 공적인 인물을 다루는 언론의 경우 특히 잊힐 권리에 민감하다. 예컨대 정치인이 잊힐 권리를 내세우며 비판적인 기사와 보도에 대해 삭제를 요구하는 것은 표현의 자유와 대중의 알 권리와도 배치된다.

잊힐 권리를 위한 개인정보 전면 파기가 미래 성장동력으로 거론되는 빅데이터의 활용을 저해하는 요소가 될 수도 있다. 전문가들은 빅데이터를 활성화하기 위해서는 개인정보와 관련한 규정을 풀어줄 필요가 있지만, 지나치게 완화하다 보면 기존 개인정보보호 장치가 무력화될 수 있다는 점을 우려한다.

잊힐 권리를 처음으로 인정한 유럽사법재판소는 곤잘레스가 구글에 제기한 개인정보삭제 소송과 관련해 유럽 개인정보보호지침 규정에 의거, 구글에 관련 링크를 삭제하라는 최종 판결을 내렸다. EU(유럽연합)의 개인정보보호지침은 잊힐 권리와 정보삭제권, 정보처리자의 의무사항 등을 명시하고 있다. 반면 미국의 경우 잊힐 권리에 비해 표현의 자유와 알 권리에 보다 무게를 두고 있다는 측면에서 유럽과 분위기가 다르다.

일본에서는 2015년 3월 정부 차원이 아닌 인터넷 검색업체인 '야후재팬'이 잊힐 권리에 대한 가이드라인을 발표했다. 성 관련 사진은 우선 삭제하고 유명인은 표현의 자유를 고려해 판단하며 일반인의 이름, 주소, 전화번호 등 개인정보는 되도록 검색결과에서 삭제한다는 내용 등이다.

우리나라의 경우 개인정보법에 따르면 정보주체는 개인정보를 처리하는 사업자에게 개인정보에 대한 열람, 정정, 삭제를 요구할 수 있다. 사업자는 해당 정보에 대한 삭제요청을 받으면 적절한 조치를 하고 정보를 게재한 이에게 알려야 한다. 그렇다고 모든 개인이 정보에 대한 삭제권리를 행사할 수 있는 것은 아니다. 개인정보 삭제권리는 사생활 침해나 명예훼손이 있는 경우에만 요구할 수 있다. 사업자들의 개인정보 파기를 강제화할 수단도 마땅치 않다.

2016년 4월 29일 방송통신위원회(위원장 최성준)는 자기게시물에 대한 관리권 상실로 인해 발생하는 피해를 줄일 수 있도록 '인터넷 자기게시물 접근배제요청권 가이드라인'을 마련하였다. 가이드라인은 헌법상의 개인정보 자기결정권, 행복추구권 및 사생활의 비밀과 자유, 그리고 정보통신망법상의 정보통신서비스제공자의 책무 등에 근거하여 이용자 본인이 인터넷상 게시한 게시물에 대하여 타인의 접근 배제를 요청할 수 있는 권리(자기게시물 접근배제요청권)를 보장하는 것이다. 정보통신서비스 제공자는 이용자의 개인정보를 보호하고 건전하고 안전한 정보통신서비스를 제공하여 이용자 권익을 보호할 책무를 부담하므로, 이용자의 자기게시물 접근배제요청 의사를 존중하여 표현의 자유 및 알 권리 등과 적절한 조화를 이루도록 하는 데 목표를 둔다.

가이드라인에 따르면, 자기게시물 접근배제 조치를 원하는 이용자는 일단 본인이 직접 자기게시물을 삭제할 수 있는지 시도하고, 회원 탈퇴 등으로 직접 삭제가 어려운 경우 게시판 관리자에게 접근배제를 요청하면 된다. 이후, 검색목록에서도 배제되기를 원한다면 검색서비스 사업자에게 검색목록 배제를 요청할 수 있다. 다만 게시판 관리자가 사이트 관리 중단 등으로 접근배제 조치를 취하지 않는 경우, 이용자는 검색서비스 사업자에게 바로 검색목록 배제를 요청할 수 있다.

게시판 관리자 및 검색서비스 사업자는 이용자가 제출한 다양한 입증자료를 종합적으로 고려하여 해당 게시물이 이용자 본인의 자기게시물이라고 판단되는 경우 접근배재 조치를 실시한다. 그러나 다른 법률 또는 법령에서 위임한 명령 등에 따라 보존 필요성이 있는 경우와 게시물이 공익과 상당한 관련성이 있는 경우에는 예외로서 접근배제 요청이 거부될 수 있다.

한편, 최근 '연결당하지 않을 권리'라는 낯선 권리 개념이 논의되고 있다. 2013년 독일 노동부는 업무시간 이후엔 비상시가 아니면 상사가 직원에게 전화나 이메일로 연락하지 못 하게 하는 지침을 발표했다. 프랑스 정부는 최근 퇴근시간 이후 상사의 휴대전화와 이메일을 받지 않아도 될 권리를 법으로 명문화하는 방안을 추진하기로 했다. 프랑스 노동장관은 곧 발표할 노동개혁법안에 '연결되지 않을 권리(right to disconnect)'를 포함시키기로 했다(한겨레신문, 2016. 2. 29). 그동안 도이체텔레콤·폴크스바겐 등 독일과 프랑스의 일부 기업에서 노사협약으로 업무시간 외 연락금지방침을 적용해왔으나, 아예 법으로 명문화하려는 시도다. 워싱턴포스트는 이를 "자유·평등·박애에 이은 권리(Liberty, equality, fraternity ―and now, the right to disconnect)"라고 조명했다. 이렇게 디지털 문명은 낯선 권리 개념들을 새롭게 등장시키고 있다.

시민이 참여하는 디지털 리스크 거버넌스 구축

오늘날 개인의 모든 정보는 직접적 혹은 간접적으로 인터넷에 연결된다. 이에 개인의 정보뿐만 아니라 개인이 소유한 사물의 정보까지도 침해당할 우려가 높다. 개인정보의 침해는 개인의 재산상의 피해는 물론 정신적인 피해까지 가중시키며 나아가서는 사회적 혼란과 미래사회에 대한 불신으로까지 확대될 수 있다.

사물인터넷 시대에서는 개인이나 기업과 국가의 정보보호를 뛰어넘어 공간보호가 요구된다. 사물인터넷 환경은 프라이버시와 연관이 많은 인식 및 추적능력을 현저하게 향상시키며, 감시의 시·공간적 범위도 확대시킨다. 일상 환경의 사물(웨어러블) 컴퓨터 속에 심어진 센서 등을 통해 물리적 경계가 무너짐으로써 프라이버시 침해 우려는 더욱 커지고 있다. 또한 사물 각각에 심어진 태그가 정보를 보유함으로써 정보유출 수준이 더욱 상세화될 우려도 있다. 따라서 안정적인 사물인터넷 환경을 선도해 나가기 위해서는 정부 차원의 지원과 사회시스템의 제도화 등 기본적인 인프라의 구축이 요구된다고 하겠다.

<2014년 정보문화 실태조사> 보고서에 따르면, 우리 국민의 64.8%는 개인의 프라이버시권이나 개인정보 자기결정권이 표현의 자유나 알 권리보다 더 중요하다고 생각하는 것으로 나타난다. 이에 개인정보, 프라이버시 침해에 대응하기 위해 '자기정보결정권'이 법제도적으로 보장되어야 한다. 자신에 관한 정보가 언제 누구에게 어느 범위까지 알려지고 또 이용되도록 할 것인지를 정보주체가 스스로 결정할 수 있는 권리인 '자기정보결정권'을 능동적으로 발휘할 수 있는 환경이 되어야 한다.

물론 디지털기술 진화로 인한 감시의 일상화는 단순하게 법제도의 강화와 기술의 통제로 해결될 문제는 아니다. 시민운동과 NGO 등에 의한 행정 및 사법권력, 거대기업들에 대한 감시가 필요하며, 범사회적으로는 인권의 존중 그리고 개인의 프라이버시권 침해라는 상반된 가치의 충돌을 완충시키고 조절하는 노력이 필요하다. 궁극적으로 개인정보 수집 및 활용에 대한 협력적 거버넌스 구축이 요구된다. 개인정보, 프라이버시 문제는 시민 개인의 삶과 직접적으로 연결되는 리스크 이슈이기에 시민이 반드시 정책결정과정에 참여해야 한다. 거버넌스는 정부뿐 아니라 위험을 통제하려는 모든 사회적 요소들(관련 행위자들, 논의 및 결정과정, 문화와 전통, 사회적 규약과 제도 등)이 함께 작동하는 사회적 기제를 말한다. 과학기술적인 차원에서의 접근만이 아니라 과학기술이 미처 예상하지 못한 요소들을 포함한 위험에 대한 사회적 차원의 공동대처가 중요하다는 의미다. 이것이 제대로 작동하려면 위험에 대한 투명한 공개와 사회적 공유 그리고 이에 대한 책임 있는 공동대처가 필요하다. 거버넌스가 형성되기 위한 가장 중요한 원리는 바로 다양한 주체의 참여와 이들 간의 상호작용에 의한 공동체주의의 형성이라고 할

수 있다. 이는 여러 이해당사자들 간의 사회적 소통을 통해 가능하다(송해룡 외, 2015). 시민이 리스크 이슈 관련 논의과정에 참여하고, 주체로서 의견제시가 가능하고, 이러한 가운데 형성되는 공동체적 선(善)을 달성할 수 있는 것이다.

인간관계 회복, 커뮤니케이션 능력 필요

인간소외를 해결하려면 주변으로 밀려난 인간을 다시 중심으로 불러들이는 일이 급선무다. 우리의 생활과 사고의 중심에 인간을 근본으로 생각하고 중시하는 태도를 지녀야 한다. 인간의 삶의 방식이 소유를 위한 것이 아니라 존재를 위한 것으로 전환되어야 한다. 인간소외 현상을 해결하기 위해서는 물질보다 인간의 가치를 상위에 두어야만 한다. 이웃 간의 관계를 돈독히 함으로써 의사소통을 원활히 이루어야 한다. 이웃 간의 유대관계가 강화됨으로써 개인은 고립된 상태에서 벗어나게 되고 그 유대관계로 인해 인간은 주변에 관심을 가지게 된다.

인간은 인간다운 삶과 스스로의 존엄성을 존중받아야 한다. 현실적으로 사회적, 경제적 힘에 의해 지배와 피지배, 계급 및 등급에 따른 관계 형성은 불가피하다. 그럼에도 불구하고 관점이 바뀌어야 한다. 공동체적 관점으로 바라볼 수 있어야 한다. 이는 관찰자에서 참가자로 변화시키는 역할을 할 수 있기 때문이다. 그래야만 인간소외라는 난제를 해결할 수 있다. 현대인에게 필수품처럼 여겨지는 스마트폰을 내려놓고, 집어넣는다고 이러한 문제가 모두 해결되는 것은 아니다. 내 삶 속에 나와 부딪히는 사람들과의 관계, 그리고 타인에 관한 관심을 회복하는 것이 바로 커뮤니케이션의 단절과 소외현상을 극복하는 데 중요한 솔루션으로 작용할 것이다.

디지털 환경에서 인간소외를 극복하기 위해서는 디지털 독해력을 길러야 한다. 디지털 중독 문제는 과거 도박, 음주, 흡연, 약물 등의 문제처럼 병리적 현상으로만 취급할 것이 아니라 광범위한 사회문화 현상으로 재개념화하고 이를 대응해나가려는 노력이 필요하다.

또한 인간의 근원적 감각을 되살려야 한다. 영국의 저널리스트인 요한 하리 (Johann Hari)는 중독이 약물이나 나약한 정신에서 오는 것이 아니라 '소외'에서

온다고 주장한다. 그는 중독의 반대말을 '맑은 정신'이 아니라 '관계'라고 말한다. 세상은 인터넷과 와이파이로 긴밀하게 연결돼 있지만, 오히려 단절은 점점 늘어 나고 있다고 진단한다. SNS를 통한 교류는 그저 인간관계의 흉내일 뿐이라는 것 이다. 그는 "우리 주변의 중독자들을 구하기 위해서는 그들과 더 밀접하게 교류 하고 싶다고 말하고, 어떤 상태에 있든 사랑한다고 말해주는 것이 가장 중요하다" 고 강조한다(권은중, 2015. 9. 6). 연대, 인간관계의 회복이 그 답이라는 것이다.

디지털문명은 끊임없이 진화하고 있다. 그에 따라 중독 가능성도 높아지고 있 다. 디지털중독은 본인뿐만 아니라 주변 사람들과의 관계까지 악화시킬 가능성이 높다. 사물인터넷 문명 역시 새로운 문명중독, 새로운 공간중독을 야기할 수 있음 을 성찰해야 할 것이다. 중독을 예방하고 치유하는 비법은 테크놀로지, 미디어와 의 '디지털' 관계('접속')를 잠시 접어두고 인간, 자연과의 '아날로그' 관계를 회 복('소통')하는 데 있다. 디지털 가상공간을 떠나 실제 삶의 현장을 둘러봐야 한 다. (디지털에 대한) '접속'이 아닌 (인간과의) '접촉'의 중요함을 일깨워야 하는 것이다(김원제·박성철, 2016).

디지털 디톡스 운동

최근 미국을 비롯한 구미의 유통 및 서비스 산업계에 새로운 바람이 불고 있다. 일명 디지털 디톡스(digital detox)로 불리는 탈(脫)정보기기 운동 때문이다.

삶의 편의를 위해 인간이 주도한 기술이 오히려 인간의 본성적 삶을 해친다는 각성과 저항은 인류 문명사 속에서 늘 존재했었다. 근세 이후 산업혁명과 대량생 산 시대를 거치면서 소외되고 짓밟힌 휴머니즘의 거센 저항은 곳곳에서 잔혹한 사태들을 연출했었다.

21세기 정보기술의 발달도 유사한 저항에 부딪히고 있다. 사람들은 정보기기의 편리성에도 불구하고 자신의 감각적 삶을 옥죄고 마비시키는 암울한 환경에 점차 불안감을 느끼고 있다.

디지털 중독사회, 디지털 위험사회, 디지털 신(新)감시사회 같은 표현들이 점차 빈도 높게 등장하고 디지털 피로감과 중독성에서 탈피하려는 움직임들이 빠르게 가시화되고 있다.

디지털기기의 부작용에서 벗어나 정신적, 육체적 건강을 회복하는 것, 요컨대 디지털 디톡스의 콘셉트는 이제 사회적인 운동 차원으로 발전해가는 분위기다.

현대인은 디지털 외에도 다방면에서 중독을 강요당하고 있다. 이 때문에 디톡스 화장품, 디톡스 음식, 디톡스 테라피 같은 상업적 문구들이 인기를 얻고 있다. 그중에서도 특히 많은 불안감을 조성하고 있는 쪽이 디지털기기 분야다. 디지털 디톡스와 심신건강 회복이 세간의 화두로 대두되면서, 1980년대 이후 세를 확장해오다 경기침체로 주춤했던 스파(spa)와 웰니스(wellness) 산업이 또다시 활력의 모멘텀을 찾고 있다.

미국의 유력 신문 방송들은 미국 내 호텔과 리조트들이 디지털기기를 반납하거나 사용하지 않기로 약속하는 고객에게 숙박료 할인 혜택을 주는 등 디지털 디톡스 패키지 상품을 인기리에 선보이고 있다고 소개하고 있다.

도심의 데이 스파와 호텔, 그리고 오지의 건강 리조트들도 이러한 흐름에 적극 가세하고 있다. 체류형 건강 리조트에서는 단순히 디지털기기와의 격리가 아니라 보다 적극적인 대안 프로그램을 개발해 디지털 디톡스를 위한 서비스를 제공하고 있다. 흥미(fun)요소를 가미한 뇌체조 놀이, 디톡스 스파 테라피, 하이킹, 요가와 명상, 예술창작, 가족 단위 게임, 인간적인 대화 같은 프로그램들이다. 점차 많은 스파와 리조트들이 디지털기기와의 단절을 전제로 서비스 프로그램을 진행하고, 나아가 심신 활력 회복을 위한 체계적이고 과학적인 후속 모듈들을 개발해 제공하고 있다.

디지털 디톡스를 간판 사업으로 전개하는 곳도 등장했다. 핵심 프로그램은 전자기기의 접속이 곤란한 오지 산간에서 4일 동안 머무르면서 동행자들끼리 각종 오락이나 인간적인 소통 기회를 만끽하게 하는 것이다. 마치 70년대의 보이스카우트 캠핑을 연상케 하는 프로그램이다.

5 생활 위험 이슈들

5.1. 도시생활 위험 이슈

도시민들이 겪는 도시생활 속 위험요소가 증가하는 추세이다. 따라서 도시설계, 운용에 이르기까지 '안전성'이라는 요소는 중요하게 고려해야 하는 상황이다. WHO가 정한 도시의 기본조건은 건강성과 편리성, 안전성에 있다. 하지만 인구 과밀화와 다양한 시설이 집적되어 있는 만큼 다양한 위험들에 노정된다.

도시가 가지고 있는 필수조건은 편리, 안전, 안심이라는 개념을 가져야 하지만, 도시공간의 확대, 고밀화, 노후화, 기후환경변화, 도시적 생활방식, 익명성 증대 등으로 도시의 취약성(vulnerability)이 높아지고 있다. 이는 곧 시민들에게 위험 으로 결과한다. 특히 도시민의 삶은 사건 사고를 비롯하여 다양한 사회문화적 위 험에 노출되고 있다.

도시 거주민들은 거대 자연재해보다는 생활 위험에 자발적으로 노출되는 경우 가 많다. 물론 태풍, 호우, 지진 등의 자연재해를 경험할 가능성도 있지만, 농촌지 역 등에 비해서는 치수시설, 방재시설 등이 잘 갖추어져 있는 편이므로 피해를 덜 입을 가능성이 높다. 오히려 대도시의 특성상 개인의 일정한 생활패턴(학교등교, 쇼핑몰 등의 대규모시설 출입, 회사출근 등)에서 야기되는 소위 '생활 속 위험 (Risks in life)'이 더욱 다양하고 심각하게 발생할 가능성이 높다고 하겠다. 예컨 대, 가정에서의 취사기구 가스폭발로 인한 화재, 각종 절도사고, 지하철 에스컬레 이터 중지사고, 도심 미세먼지로 인한 노약자들의 건강 위협, 야간 흉악범죄(성범죄, 살인사건 등)사고 등이 그 대표적인 사례들이다.

이들 위험은 부지불식간에 벌어지는 사건/사고들도 존재하나, 대부분 도시민들이 위험이 발생할 가능성이 있는 공간으로 직접 이동하거나, 특정 행위를 선택(차량운전, 가정에서의 취사, 범죄취약지구에서의 단독보행)하는 과정에서 발생하는 경우가 빈번하다.

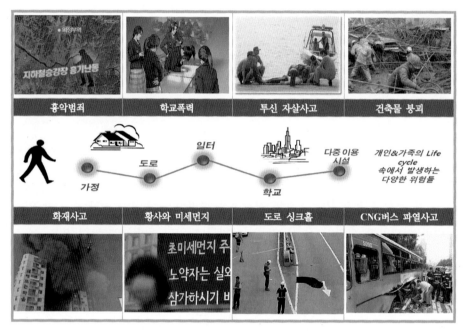

도시민의 생활 위험 전경

생활 속에서 발생하는 위험을 집단(개인, 가정, 도시)의 형태 그리고 공간(거주지, 이동, 학교/일터, 공공시설 및 공간)의 흐름에 따라 정리해보면 다음과 같다.

도시민의 리스크 상황과 이슈들

space〈br〉cohort	거주지(주택)〈br〉(House)	이동(교통시설)〈br〉(Transport)	학교/일터(Work)	공공시설 및 공간〈br〉(Space)
개인〈br〉(Individual)	응급의료 상황 시 긴급연락	안전 이동	작업자 안전	다중이용시설에서 위급상황 시 대피 및 탈출
	가스, 화재, 범죄 감지	싱크홀 회피	학교/일터 출입 보안	묻지 마 범죄/테러 발생
	정신건강 위해요소의 치유	취약 계층 보행 안전	작업장에서의 근골격계 질환 발생	원치 않는 디지털 흔적 (댓글, 사진 등)
		휴대전화의 중독 이용(충돌 등)	사무실 컴퓨터, 네트워크 black out	문화재, 유적 파손/방화
가정〈br〉(Family)	가정폭력 긴급 대응	고령부모, 저연령 자녀, 애완동물 상태 확인	고령부모, 저연령 자녀, 애완동물 상태 확인	레저 현장 사고
	식품 위해성 모니터링	어린이 교통안전	학교 주변 어린이 안전	미아, 심신미약자 발생 심각
	층간소음으로 인한 폭력, 분쟁	게임중독 등 휴대전화 집착	왕따 등 학교폭력	수상, 산악 활동 시 질병 감염
	가정 내 유아/아동 사고	가족 탑승 교통사고	유아원 학대	놀이공원 추락, 안전사고
도시(환경)〈br〉(City)	황사, 미세먼지 유입으로 인한 건강위험	보행 시 우발적 위험요소 발생	산업현장에서의 오염물질 누출	흉악 범죄 등 사건 사고 일상화
	장애인, 독거노인 Care	여성 등 귀가 시 불안	위험인물의 학교 접근	자살 사각지대(감시 소홀)
	도시소음 공해	지하철 인명사고 발생	디지털기기 사용으로 인한 전자파 위험	시설 및 공간 위험 경고, 정보 전파 제한
		대형교통수단 사고 발생		CCTV 역기능(개인 활동 기록 등)

도시 속 다양한 위험은 우리의 삶의 질을 저하시키는 원인으로 작용한다. 삶의 터전인 도시에서 맞닥뜨리는 다양한 위험은 도시민들의 삶의 질을 저하시키는 원인으로 작용하는 것이다.

5.2. 식품 위험 이슈

먹거리 리스크와 정보, 커뮤니케이션의 문제

현대인의 식생활 패턴 변화는 식품 안전성 확보에 있어 중요한 문제로 대두된다. 식품의 원료가 되는 농수산물의 생산에서 시작하여 식품에 대한 처리, 가공, 유통 그리고 최종소비에 이르기까지의 모든 이해관계자들의 위생 및 안전관리가 요구된다.

식품의 변질 및 오염에 대한 우려와 함께, 각종 식품원료의 생산과정에서 생산량 증산을 위한 화학비료, 항생물질, 성장 호르몬 및 농약 등의 과다 사용은 식품의 원재료 및 가공식품에 대한 우려와 심각성을 증폭시킨다. 또한 식품의 수입이 한층 자유로워지면서 저질 불량식품의 수입에 대한 우려도 높아지고 있는 상황이다. 무엇보다도 큰 사회적 이슈로 증폭되었던 식품 관련 안전사고들이 빈번하게 발생하면서 소비자들의 식품 안전에 대한 우려가 현실화되고 있다.

식품 안전사고의 사전예방과 위험대응을 위해 커뮤니케이션의 중요성이 강조된다. 정책적 대응도 중요하지만, 식중독, 중금속 등 식품 안전과 관련된 위험에 대해 전문가와 소비자, 정부, 미디어 등이 서로 의견을 활발하게 나누는 것이 대단히 중요하다고 하겠다. 이러한 소통이 원활하게 이루어지지 못하면 작은 위험이 엄청난 사회·경제적 파장과 피해를 낳게 되는 것이다. 실제로 2008년 미국산 쇠고기 광우병 파동은 식품 안전문제의 불통이 사회 전반에 얼마나 큰 영향을 미치는지를 여실히 보여주었다.

식품 안전사고가 사회적으로 큰 이슈가 되고 소비자의 막연한 불안이 확대되는 주된 원인은 바로 정부의 미숙한 대응, 언론보도의 문제점에서 기인한다. 정부와 소비자가 식품 안전문제에 대해 소통할 수 있는 통로가 부족하며, 언론은 식품 안전사고를 선정적이며 과잉보도하는 경향을 취하기 때문이다.

식품 위험과 관련하여 대중은 개인 및 가족의 건강, 생명과의 직접적인 연관성으로 인해 식품 안전문제에 대해서 민감하게 반응하며, 관련 정보를 충분하게 제공받지 못하거나 불확실한 정보를 제공받는 경우 그 불안감은 더욱 커질 수밖에 없다. 따라서 식품 안전에 대한 우려를 불식시키거나 위험인지의 수준을 낮추는 데 있어 정확한 정보제공은 대단히 중요하다.

식품 안전사고가 발생하였을 경우, 대중은 먼저 TV, 라디오, 신문, 인터넷 등 다양한 미디어로부터 관련 정보를 제공받게 된다. 이들 미디어는 관련 정보를 전달 및 확대하고 재생산하는 과정을 반복하면서 소비자의 인식에 영향을 미치게 된다. 정확하고 분명한 정보를 제공받았을 경우 불안감이 감소될 수 있으나, 오히려 부정확한 정보를 접할 경우 식품에 대한 소비자의 불안감이 증폭될 수도 있다.

정부의 식품 위험에 대한 리스크 커뮤니케이션 상황을 살펴보면, 대중의 신뢰를 얻을 수 있는 '권위'가 부족한 것으로 평가된다. 일련의 국내 식품 위험 관련 사고들을 살펴볼 때, 주요 정보원이 되는 정부가 전문성과 공정성 모두에서 충분한 사회적 신뢰를 확보하지 못하고 있는 것을 알 수 있다. 식품 관련 문제가 발생할 경우에 신속하게 대응해서 믿을 수 있고 일관되고 사회가 공감할 수 있는 정보를 제공해준다는 확신을 심어줘야 하지만 그러한 부분이 미흡했다고 하겠다.

최근에도 그렇지만 식품 안전 관련 리스크 커뮤니케이션은 위험에 대한 정보를 소비자에게 일방적으로 전달하는 데 그치고 있다. 이러한 일방향성의 가장 큰 원인은 바로 일반 대중의 위험인식에 대한 이해 부족에 기인한다. 식품 안전문제에 대한 정보를 전달할 때 전문가의 위험판단과 일반인의 인식이 왜 차이가 나는지를 명확하게 설명하고 이해하려는 노력이 부족하다고 하겠다.

그간 우리 정부는 식품 위험 관련 사건이 발생하면 정부기관이 그 발생원인을 규명하고, 수사과정을 발표하며, 사후처리까지 약속하는 패턴을 반복해왔다. 정부가 올 라운드 플레이어(all-round player)의 역할을 자임해온 셈이다. 하지만, 한국 농촌경제연구원(2011)의 소비자 조사에 따르면, 정부의 제공 정보뿐만 아니라 민간전문가나 시민단체에 대한 정보 신뢰도도 대단히 높은 상황이다. 리스크 커뮤니케이션 전 과정을 정부가 독식할 것이 아니라, 민간전문가와 시민단체의 참여를 통해 견해의 다양성을 확보하려는 노력이 요구된다고 하겠다.

사회적 혼란 및 국민적 불안을 정부가 야기하는 경우도 적지 않다. 세월호, 메르스 사태처럼 정부의 미온적 대처, 정보 비공개 행태가 의심과 불안을 잉태하기도 한다.

먹거리 안전의 경우 관련 당국 간 불협화음이 혼란과 갈등을 야기하고 있는 상황이다. 먹거리 안전을 책임지는 식품의약품안전처와 소비자 권익을 보호하는 한국소비자원 간 일련의 이견이 최근 자주 발생하고 있다. 2015년 초 가짜 백수오 파동과 2014년 여름 모기기피제 유해성 논란에 이어서 2015년 말에는 당면에 든 알루미늄 함량을 놓고 또다시 서로 다른 의견을 내놨다. 두 기관의 엇박자에 시민들은 혼란스럽기만 하다.

한국소비자원은 국내에 시판 중인 대부분 당면의 알루미늄 함량이 유럽연합(EU)의 기준보다 최대 9배 높다는 내용의 시험·평가 분석자료를 냈다. 소비자원은 시험 대상 당면 7개 제품에서 11.36∼94.27㎎/㎏의 알루미늄이 검출됐는데, EU 집행위원회가 설정한 면류 제품의 알루미늄 수입·통관 기준인 10㎎/㎏을 최대 9배 웃도는 수치라고 밝혔다. 소비자원은 알루미늄에 대해 한국, 미국, 중국 등의 여러 권위 있는 기관과 학술자료 등을 인용해 알루미늄과 알츠하이머병 사시의 관련성 같은 잠재적 위험에 대해 자세히 밝혔다. 그러나 식약처는 소비자원의 주장을 반박했다. 식약처는 "유엔식량농업기구(FAO)와 세계보건기구(WHO)가 함께 운영하는 국제기준인 코덱스(CODEX) 기준은 생파스타·국수류에 대해 알루미늄이 포함된 명반(황산알루미늄칼륨)을 300mg/kg 이하로 허용하고 있다"고 밝혔다. 이어 "당면의 함량은 CODEX 기준의 31.4% 수준에 그치고 한국인의 평균 알루미늄 섭취수준도 안전한 편"이라고 전했다.

국민 건강과 직결되는 식품의 위해 정보를 놓고 국가 권위 기관인 식품의약품안전처와 한국소비자원의 이견이 자주 발생하고 있다. 식품의 유해성 공개는 국민 안전에 직결되고, 관련 업체의 사활이 걸려 있는 만큼, 국가 기관의 협업을 통한 신중한 발표가 절실하다. 그런데 정부가 오히려 사회 혼란과 국민 불안을 부추기고 있는 셈이다. 결국 우리 사회의 식품 위험을 둘러싼 리스크 커뮤니케이션 시스템은 여전히 취약한 수준이라 하겠다.

언론의 문제

언론은 식품 위험을 스캔들(scandal) 차원에서 보도한다.

사전적 의미로 스캔들은 '대중적인 물의를 빚는 부도덕하고 충격적인 사건·행위'를 의미한다. 광우병, 급식 대란, 카드뮴 낙지 등과 같은 식품 관련 보도는 일반적으로 '스캔들'의 차원에서 다루어지는 경우가 비일비재하다. 이렇게 식품 위험보도가 스캔들의 형태로 다루어지면 대부분 소비자는 관련 제품에 대해서 불안감은 물론 가혹한 불매저항을 일으키기도 한다.

언론은 식품 관련 스캔들이 살아 움직이는 천혜의 서식공간이다. 또한 우리가 알고 있는 형태의 식품사고와 그 영향력을 만드는 장본인이기도 하다. 일반적으로 미디어는 사고의 본질, 대처방안보다는 스캔들 또는 부끄러운 사건 사고로서 해당 식품 위험을 프레이밍 하는 경향이 있다. 미디어를 통해 보도된 식품 관련 사고는 '사회를 지탱하는 구속력 있는 가치와 규범을 침해'하였기 때문에 사회에서 '보편적으로 느끼는 분노에 대한 공적인 격앙'의 대상이 되고 있다.

건강, 식품과 관련하여 미디어는 가장 중요한 정보원으로서 그 위상이 높아지고 있다. 실제로 식품 위험과 관련하여 주요 방송사, 정론지의 보도는 정부의 발표자료보다도 더욱 큰 신뢰를 가져온다. 따라서 신뢰할 만한 언론매체에서의 식품 관련 사건보도에서 소비자들은 더욱 흥분하기 쉽고, 식품사고의 원인 제공자에게 더욱 큰 공분을 느끼게 되는 것이다.

식품 위험을 비롯해 위험보도에서 나타나는 중요한 문제점 중 하나는 바로 해당 위험에 대한 지나친 과장, 왜곡이 많다는 점이다. 저널리스트들은 대체로 위험보다는 손해에 초점을 맞춘다. 이는 곧 피해가 발생하지 않으면 이것이 실제로 발생할 수 있는 확률에 대한 언급은 대개는 없다는 것을 뜻한다. 저널리스트들이 잘못되며, 정확하지 않은 정보를 제공하는 것도 문제점으로 지적된다. 이러한 전문지식의 부족은 바로 위험보도에서 선정주의를 발현시킨다. 따라서 위험보도와 관련해서 저널리스트들은 객관성이 없고, 표피적이고, 드라마틱하게 만들고, 그리고 인기영합주의적인 보도를 한다는 비난에서 벗어날 수 없게 된다.

정부발표에 대한 받아쓰기식 보도 관행 또한 여전하다. 대부분의 식품 안전 관련 파동은 과학적 근거나 검증 과정 없이 조사결과를 내놓는 정부에 1차적 책임이 있겠지만 발표만 그대로 받아쓰는 언론의 태도 역시 문제로 지적된다. 실제로, 2013년 8월 KBS의 미디어인사이드에서 분석한 결과에 따르면, 어린이들이 밥에 뿌려 먹는 불량 맛가루(일명 후리가케) 파동 당시 기사의 취재원을 분석해본 결과, 식약처나 경찰이 56%의 비율로 절반을 넘어서 가장 높은 비율을 차지한 반면, 식품 관련 학계 전문가의 의견을 반영한 기사는 8%에 그쳐 가장 낮은 것으로 나타났다.

식품 위험 관련 기사들은 전문가의 의견 없이 기관의 발표나 보도 자료를 그대로 기사화한 경우가 많다. 신중하게 다루어야 할 식품 관련 위험보도의 선정주의, 폭로주의가 심각한 수준인 것이다. 실제로, 2004년 불량 만두 파동 당시 단무지를 만들고 남은 자투리들이 만두소의 재료로 이용되었음에도 언론에서는 '쓰레기 만두소'라는 자극적인 표현을 사용했다. 그 결과 제조사들의 줄도산, 기업체 사장의 자살 등의 심각한 사회문제를 양산했다.

언론은 유해성 여부에 대한 진실성 규명보다는 갈등성을 조장한다. 해당 식품 위험의 실제적인 유해성 여부를 취재하고, 정보를 제공해주어야 하나 언론은 유해성을 둘러싼 이해관계자들 간 공방을 부각시켜 사건의 갈등을 강조하는 경향이 있다.

방송과 음식점의 역학관계, 맛집 소개프로그램 vs. 불량 고발프로그램

대한민국은 '맛집 공화국'이다. 그 집들은 모두 '최고'이며 '상상도 못 한' 맛을 끌어내며 '무뚝뚝하지만 인심은 좋은' 사장님들이 운영한다. 드라마보다 더 뻔한 맛집 방송의 공식이다. 2011년 전주 영화제 한국장편경쟁부문에 참여한 다큐멘터리 <트루맛쇼>는 천편일률 같은 패턴으로 10년째 교양정보 프로그램을 독식한 음식 방송의 실상을 고발하는 영화다. MBC 교양국 PD 출신인 감독은 경기도 일산에 직접 식당을 차리고 몰래카메라를 설치했다. 음식 방송에 출연하기 위해 브로커나 홍보대행사에 돈을 건네는 과정을 찍었다. 시청자 몰래 '짜고 찍는' 제작진을 다시 몰래카메라로 촬영한 것이다(한겨레신문, 2011. 4. 30).

MBC 시사프로그램 <시사매거진 2580>은 2014년 10월 12일 방송을 통해 '맛집 검색 믿으십니까'라는 주제를 통해 맛집 블로거의 실태를 고발했다. 방송내용을 살펴보면, 가보지도 않은 음식점 후기를 만들어내고, 검색할 때 가장 잘 보이는 위치에 글이 게시되는 비법을 소개하는, 이른바 '바이럴 마케팅' 업체들이 늘어나고 있다고 지적했다. 또 돈을 주고 블로거를 동원해 방문객을 높인 사례와 블로거들에 의한 피해사례 등이 소개됐다. 방문객이 많은 블로거들에게는 바이럴 마케팅의 주요 타깃이 되어 돈을 내고 블로그에 포스팅하는 내용도 소개됐다.

고발프로그램으로 먹거리에 대한 경각심을 일깨운 <먹거리 X파일>의 경우를 보자. 2012년 2월 10일 첫 방송되었다. 매주 금요일 오후 11시부터 70분 동안 방송했다. 첫 방송부터 2014년 5월 30일까지의 진행자는 이영돈 PD였다. 이영돈 PD가 진행을 맡을 때의 프로그램명은 <이영돈 PD의 먹거리 X파일>이었고, 2014년 6월 6일 <먹거리 X파일>로 바뀌었다. 방송에서 이영돈은 진행자와 내레이션을 모두 맡았으며, '착한 식당 재검증' 등 몇몇 방송분에서 직접 식당에 찾아가는 장면도 나왔다. 업자들의 실태를 고발하는 데 초점을 맞춘다. 음식에 들어가는 A라는 해로운 성분이 방송주제라고 하면, A를 넣은 업주들을 몰래 찾아가 취재하여 고발하고, 진행자가 스튜디오에 직접 A를 가져와 간단한 실험을 한다. 그리고 A를 넣지 않고 양심적으로 영업하는 식당을 암행취재하여 찾아내는데, 이 관문을 무사히 통과하면 '착한 식당'으로 인정받게 된다.

그런데 이 방송은 시청률이 올라가고 사회적 영향력이 높아짐에 따라 조작 등 논란이 발생했다. 대표적인 예가 바로 MSG 논란이다.

이 프로그램은 여러 차례 인공조미료로 맛을 내는 식당과 음식 문제를 다루었다. 유명 냉면집에서 손님들이 맛있다고 하는 육수의 비밀은 쇠고기 맛 조미료와 글루타민산 조미료에 있다고 폭로한 것은 물론 인공조미료의 유해성을 집중적으로 다루기도 했다. 안전하다는 주장보다는 유해하다거나 유해 가능성이 있다는 주장 쪽에 더 관심을 보이는 대중의 심리를 잘 파고들었다. 그 결과 프로그램을 본 대다수는 MSG가 유해하거나 유해 가능성이 상당히 있는 것처럼 머릿속에 각인됐을 가능성이 높다. 나아가 식당에서도 MSG 포함 여부를 원산지를 표시하듯 알려 손님이 직접 MSG 포함 여부를 결정하도록 하자고까지 하였다. 그 결과, 전국 각지의 식당들은 '저희 식당은 인체에 해로운 화학조미료를 일절 사용하지 않습니다'란 문구를 출입구와 실내에 눈에 띄게 알려야 했다. 이에 시민들은 'L-글루타민산나트륨=화학조미료=유해'란 공식을 떠올리게 되었다. 그 결과 MSG를 기피하는 사람이 있는가 하면 그 유해성 여부를 놓고 서로 설전을 벌이기도 한다.

정말 우리 식생활 깊숙이 들어와 40여 년 전부터 즐겨 사용해왔던 MSG(MonoSodium Glutamate)는 해로운 것일까? 그동안 공중파 방송이나 신문 등이 화학조미료의 안전성 문제를 본격적으로 다루거나 부각한 일은 거의 없었다. 일부 소비자단체가 화학조미료 안 먹기 운동 등을 20여 년 전부터 벌여왔으나 언론이나 소비자들의 호응을 별로 얻지 못했다. <먹거리 X파일>의 방송이 아니었다면, 그냥 지나칠 이슈였다.

그런데 <먹거리 X파일>은 MSG가 문제가 없다는 논문 혹은 의학자료를 고의로 배제하고 문제가 있다는 자료들만 취사선택하여 시청자들에게 주입했다. MSG는 인체에 무해함을 식약처에서 인증한 바 있다. 비단 식약처뿐만 아니라 세계의 권위 있는 식품 관련 기구에서 모두 인정하였다고 보면 된다.

<먹거리 X파일>은 비과학적인 실험으로 오히려 혼란을 야기하기도 했다. 예컨대, 인공조미료를 넣은 김치찌개를 먹도록 한 뒤 나중에 어느 집단이 물을 더 많이 마시는가를 살피기 위해 두 대학생 집단을 나눌 때 사람 수는 같게 했지만 한 사람당 먹는 찌개의 양을 똑같이 한다거나 하지 않았다. 그래서 그 짠 김치찌개를 조미료가 많이 들어가 맛있게 다 먹은 집단과 적게 넣어 일부 남겨놓은 집단이 마신 물의 양을 비교하는 치명적 실수를 이 프로그램은 보였다. 과학적으로 실험하려면 식사 후 물을 먹는 양이나 습관이 거의 같은 학생을 실험 대상자로 골라야 한다. 그렇지 않으면 조미료 때문에 다른 사람에 견줘 물을 많이 마셨는지, 아니면 김치찌개에 들어간 많은 양의 짠 소금 때문에 물을 많이 마셨는지, 조미료에 포함된 나트륨과 소금에 들어 있는 나트륨이 마시는 물에 기여하는 비율은 어떻게 되는지에 대한, 매우 기초적인, 과학적 진실에 대해서는 PD가 전혀 의문을 품지 않았다(안종주, 2013. 11. 21).

또한 프로그램에 등장한 아토피 환자나 두통 환자 등은 다른 원인에 의한 것이 가능성이 상당한데도 일방적으로 조미료 섭취 때문인 것으로 단정했다. 조미료

때문일 가능성이 있다 하더라도 그런 증상이나 질환이 다른 보통 사람들에게도 나타날 수 있는 것인지, 아니면 몇 백만 명 또는 몇십 만 명 가운데 한 사람에게서 나타날 수 있는, 매우 희귀한 경우에 해당하는지에 대한 언급을 하지 않았다. 그 때문에 이 프로그램을 본 사람은 모두 자신도 잠재적인 피해자가 될 수 있다고 느낄 만했다.

만약 인공조미료 유해 논쟁이 평행선을 달릴 경우 다른 나라와 달리 상당수의 한국 소비자들만 MSG에 겁을 집어먹거나 찜찜한 생각을 하면서 외식을 하거나 조미료를 사용하게 된다. 어느 한쪽으로 결론이 나지 않고 이런 상태가 지속되는 것이야말로 소비자들의 심리적 건강에 매우 나쁜 영향을 끼친다. 지금 다른 나라에서는 벌어지지 않는 현상이 우리 사회에서는 계속되고 있다(안종주, 2013. 11. 21).

이는 분명 건강한 사회의 모습은 아닐 것이다.

5.3. 먹는 물 위험 이슈

물은 그 자체가 생존의 목표일 뿐만 아니라 삶의 질을 향상시키는 데 반드시 필요한 조건이기도 하다. 그런데 현재 전 세계에 두 나라 이상의 영토를 흐르는 '다국적 강'이 무려 263개나 된다. 유럽의 다뉴브 강은 14개국, 아프리카의 나일 강은 11개국을 거쳐 흐른다. 그러니 강물을 서로 차지하기 위한 나라 간의 다툼이 일어나기도 한다.

1967년 이스라엘 공군기들이 이집트를 기습적으로 공격한 3차 중동전쟁의 원인도 바로 물 때문이었다. 이 전쟁에서 승리한 이스라엘은 요르단강 서안과 갈릴리호의 수원지인 골란 고원 등을 점령해 그 일대의 수자원을 확실히 확보하는 성과를 거두었다. 지난 50년간 전 세계에서 물로 인해 발생한 국가 간의 폭력사태만 해도 30여 건에 이른다.

물을 둘러싼 국가 간 분쟁은 현재진행형이다. 아랄해 주변의 중앙아시아 국가들을 비롯해 나일강 주변 국가들, 티그리스강과 요르단강을 둘러싼 중동지역의 분쟁이 대표적이다. 요즘에는 중국에서 발원해 미얀마, 라오스, 태국, 캄보디아, 베트남을 거쳐서 흐르는 메콩강 유역이 앞으로 분쟁 가능성이 높은 지역으로 꼽히고 있다.

식수의 오염 문제도 심각하다. 최근 경제개발로 메콩강 상수원이 오염돼 베트남 주민들의 상당수가 비소로 오염된 지하수를 마시고 있으며, 방글라데시에서는 약 2,500만 명이 비소에 오염된 물을 마시고 있는 상황이다. 세계보건기구(WHO)는 비소 오염수 문제를 체르노빌 원전사고를 능가하는 최악의 환경재앙으로 꼽고 있다(Science times, April 13, 2015).

1980년대까지만 해도 물을 사 먹는다는 것은 생각하지 못했다. 하지만 지금은 수돗물 대신 생수를 사 먹거나 정수기를 이용한다.

1989년 우리나라 수돗물이 중금속에 오염됐다는 기사가 나온 뒤로 몇 차례 수돗물과 관련된 파동이 있었다. 그때부터 정수기 회사와 생수 제조업체가 시장을 확장해나갔다. 국민은 불안한 마음에 수돗물을 꺼리기 시작했고, 이제는 정부가 깨끗하다고 주장해도 생수를 사 먹는 지경에 이르렀다. 가정에 공급하는 물을 깨끗하게 정화했다고 해도 아파트의 오래된 저수탱크에 대한 신뢰가 부족하다. 실제로 공동주택 물 저장탱크에서 빗자루, 쥐 등이 나왔다는 뉴스가 여러 차례 등장하지 않았나. 그런 언론보도를 접한 주부들이 '다른 것은 몰라도 물만큼은 깨끗한 것을 먹자'고 생각해 집에 정수기를 설치하거나, 생수를 사 먹게 된 것이다.

2% 대 70%. 수돗물홍보협의회가 밝힌 한국과 프랑스의 수돗물을 그대로 마시는 사람의 비율이다. 한국 수돗물은 2012년 '세계물맛대회'에서 7위를 할 정도로 맛과 수질에서 높은 평가를 받았지만, 수돗물 음용률은 하위권이다. 반면 프랑스는 에비앙 등 프리미엄 생수의 본고장인데도 수돗물 음용률이 높다. 영국도 70%, 미국은 56%, 일본 도쿄는 51.7% 등 주요 국가들도 수돗물 음용률이 높은 것으로 조사됐다.

한국은 1960년대 상수도 공급 비율이 16.8%에 그쳤지만, 2012년에는 95.1%로 늘었다. 덕분에 163가지 수질 항목을 점검한 깨끗한 수돗물이 시민들에게 공급되고 있다. 하지만 2010년 서울시 수돗물평가위원회 조사에서 직접 마시는 사람은 0.1%, 끓여 먹는 사람이 31.7%로 조사됐다. 대신 정수기를 이용하는 경우가

56.4%, 생수를 사 마시는 경우는 11%에 달했다.

우리나라 국민의 약 절반은 수돗물 대신 생수나 정수기 물을 식수로 사용하는 것으로 나타났다. 환경부가 2013년 말 만 20세 이상 1만2000명을 대상으로 수돗물 만족도를 조사한 결과 '수돗물을 식수로 사용한다'는 대답은 전체의 55.2%를 차지했다. 이는 수돗물을 직접 마시거나 끓여 마시는 사람만 해당하는 것으로, 밥을 짓거나 국을 끓일 때만 수돗물을 사용하는 경우는 제외됐다.

수돗물을 식수로 마시지 않는 이유는 심리적인 요인이 컸다. '물탱크나 낡은 수도관에 문제가 있을 것 같아서'라는 대답이 30.8%로 가장 많았고, '상수원이 깨끗하지 않을 것 같아서'라는 대답이 28.1%로 뒤를 이었다. '이물질 및 냄새 때문'이라는 이유도 24%로 나타났다. 또한 수돗물에 대한 올바른 정보가 없는 상태에서 '주변에도 마시는 사람이 없으니 나도 안 마신다'는 불안감을 가진 사람이 많다.

수돗물을 끓이면 균은 죽어도 중금속 등은 그대로 남는다. 만일 중금속이 걱정돼 수돗물을 마시지 않는 것이라면, 밥이나 국을 만들 때도 생수를 써야 한다. 국민의 생활수준이 높아져 비싼 값을 주고 물을 마시는 문화가 형성된 탓이라면 우리는 걱정할 필요가 없다. 하지만 막연한 불신 때문에 수돗물 음용률이 낮다면 문제다. 정부의 홍보가 부족했던 것이다. 수돗물을 안심하고 먹어도 된다는 확신을 국민에게 심어주지 못했기 때문이다.

정부와 지자체가 '수돗물을 끓여 먹으면 된다'고 설명해도 '녹조라테'란 말이 나올 정도로 온통 초록빛인 강물을 본 시민들은 이를 믿지 않는다. 폭증하는 생수 수요를 잡기 위해 관련 업체들은 '식수 위기 탈출 브랜드 생수 기획전'까지 벌이고 있다. 대한민국 정책 포털 '공감 코리아'는 "녹조 발생은 기후변화에 의한 자연현상"이란 기사를 올려놓고 있다.

시민의 수돗물 불신, 생수 업체의 공격적 마케팅, 국가의 무책임이란 삼각파도에 휩싸여 '값싸고 안전한 물은 공공재이고 시민의 보편적 권리'란 인식이 속절없이 무너지는 현실이다.

수돗물시민네트워크가 한국프레스센터에서 시민들의 수돗물 음용률을 높이기 위한 '수돗물 국제토론회'를 2014년 11월 18일 열었다. 안네 르 스타(Anne Le

Strat) 프랑스 파리 상수도사업본부장은 파리의 수돗물이 어떻게 신뢰를 쌓았는지에 대해 설명했다. 파리상수도사업본부는 2005년부터 '수돗물은 생태적이면서 경제적'이라는 캠페인을 시작했다. 플라스틱을 사용하는 병물과 달리 수돗물은 환경에도 해롭지 않고, 가격도 300분의 1로 저렴하다고 시민들을 설득했다. 또 유명 산업디자이너 필립 스탁이 디자인한 플라스크 물병 6만 개를 배부·판매하고, 세련된 디자인의 무료 식수대를 1200곳으로 늘렸다. 파리시의회도 모든 회의와 행사에 제공되는 생수를 수돗물(유리병)로 교체하고, 파리시 행정부에서도 병에 든 생수 사용을 금지했다. 르 스타는 "이러한 과정을 통해 수돗물의 가치를 높였다"고 설명했다.

이탈리아의 물 운동가 카트리나 아미쿠치(Caterina Amicucci)는 '물이 기본권'이라는 사실을 강조했다. 전 세계 1인당 병입 생수 소비량은 2000년 8 L에서 2010년 16 L로 증가했다. 아미쿠치는 "병입 회사들이 광고 선전에 대대적인 투자를 해 생수 수질이 수돗물보다 높다는 그릇된 인식을 만들고 있기 때문"이라고 말했다. 또 유럽에서는 물의 사유화라고 할 수 있는 수돗물 민영화로 수질과 요금에 악영향을 미치는 사실이 드러나면서 수돗물 시영화 운동이 10여 년 전부터 시작되고 있다고도 했다.

5.4. 가습기 살균제 사망 이슈

경과 및 정부의 무능

2016년 한국인은 생소한 화학물질들의 등장에 혼돈을 겪었다. 가습기 살균제 때문이다. 처음에는 옥시레킷벤키저가 가습기 살균제에 사용한 폴리헥사메틸렌구아니딘(PHMG)과 세퓨라는 회사가 사용한 염화에톡시에틸구아디닌(PGH)이 회자되더니, 애경이 가습기 살균제에 사용한 클로로메틸이소티아졸리논(CMIT)과 메틸이소티아졸리논(MIT)이라는 이름이 추가되었다.

2011년 우리 정부가 동물 흡입독성 시험 결과를 바탕으로 'CMIT/MIT 성분은

폐질환과 인과관계가 없다'고 잘못된 결론을 내린 적도 있고, 식품의약품안전처는 샴푸 등 씻어내는 방식의 생활용품에 대해서는 CMIT와 MIT를 0.0015% 이하로 사용할 수 있도록 허용하고 있다고 하니 우리가 알아두어야 할 화학물질이 점점 늘어나는 셈이다.

게다가 입으로 들어갈 때 나타나는 경구독성, 분무(에어로졸) 형태로 폐에 흡입될 때 나타나는 흡입독성, 피부에 닿을 때의 피부독성까지 구분하여 판단할 수 있는 아주 비상한 능력이 필요하게 됐다. 그래야만 피부독성이 낮다는 이유로 여전히 샴푸, 물티슈 등 여러 제품에 이러한 물질이 포함된 상황에서 충분히 살아남을 수 있는 상황이다.

세 살 먹은 건강한 아이가 갑자기 원인 미상의 급성 폐렴으로 사망했다. 비슷한 사례가 잇달아 보고되었다. 지금까지 유사 피해 신고 사례만 370여 건이다. 질병관리본부 조사결과, 피해자들은 가습기 살균제를 사용한 경우가 많았는데, 살균제를 사용하지 않았을 때보다 폐렴 발생 위험이 47배 높은 것으로 나왔다. 그러자 기업은 제품 판매를 중단했다.

기업은 치명적 위험성이 있을 수 있는 화학제품을 만들었고, 정부는 제대로 관리감독을 하지 않았으며, 기업과 정부를 믿고 제품을 쓴 소비자는 가족을 잃거나, 생존했어도 직장을 잃고 엄청난 의료비 부담에 시달리고 있다.

그런데 책임을 인정하고 사과한 기업이나 정부부처는 없고, 피해자 보상도 없으며, 유사 피해 재발을 위한 구체적인 예방책도 없다. 그나마 질병관리본부는 문제 원인을 밝혀 제품 판매 중단 권고 조처를 했고, 피해자 폐 손상 정밀조사 재실시를 어제 약속했다. 또한 복지부 장관은 외면당하던 피해자들을 만나 유감의 뜻을 표했으며, 심상정 의원은 '가습기 살균제 피해자 구제' 결의안을 대표 발의해 본회의를 통과시켰다.

가습기 살균제 문제는 2006년 처음 불거졌지만, 원인이 공식적으로 규명되지 않았다. 그사이 안전하다고 표시된 가습기 살균제를 사용하다가 어린이들이 계속 건강을 해쳤다. 2011년 정부기관으로는 질병관리본부가 가습기 살균제 유해성을 처음 밝혔다. 2012년부터 피해자들의 민사소송이 이어졌다. 2013~2014년 정부 차원의 공식 조사가 본격적으로 이어졌다. 2015년 관련 피해자 530명, 사망자

146명이라는 정부 조사결과가 발표됐다. 검찰은 5년 만에 수사에 나섰다.

가습기 살균제 사건은 환경 분야의 '세월호 사건'으로 비유되는 대형 참사다. 이윤에 눈먼 기업의 '우선 팔고 보자'식 장삿속, 위해성 평가를 게을리한 정부의 무능이 얽혀 빚어낸 참사다. 보건복지부 산하 질병관리본부는 사건 발생 3년이 지난 2014년에야 첫 공식 피해 조사·판정과 구제를 해서 피해자들의 분노를 샀다. 피해 신고가 들어왔으면 그에 걸맞은 특단의 대책을 세우는 것이 당연하다. 정부가 동원할 수 있는 모든 예산과 인력을 투입해 이들의 피해 여부를 신속·정확하게 판정하는 것은 지극히 상식적인 일이다. 하지만 현실은 전혀 그렇지 않다.

2016년 현재 가습기 살균제로 인한 사망자는 150여 명이 넘었다. 우리 국민의 20%가 가습기 살균제를 사용했을 것이라는 여론조사 추정치 등을 더하면 향후 피해 규모는 가늠하기 어려운 상황이다. '세계 최악의 바이오사이드(biocide, 살생물제) 참사'라는 외신의 보도가 현실화되고 있다.

가습기 살균제 사태는 한국사회의 여전한 안전 불감증, 리스크 시스템의 부재, 그리고 구성원들 간 소통문제 등의 요인들이 복합적으로 뒤엉켜서 터져 나온 참사이다. 1994년 첫 가습기 살균제가 출시된 이후 누군가가 그 위험에 대해 주목하고 경고하고, 의제화했다면 막을 수도 있었을 사건이다.

가습기 살균제 사태는 대형재해는 예고된 재앙이며, 무사안일주의가 큰 사고로 이어진다는 하인리히 법칙(Heinrich's law)을 상기시킨다. 하인리히 법칙은 '대형재해는 언제나 사소한 것들을 방치할 때 발생한다'고 설명한다. 가습기 살균제 사태는 한국사회의 화학물질 안전관리시스템에 거대한 '구멍'이 존재한다는 사실을 보여주었다. 그 구멍들은 가습기 살균제의 제조사인 기업, 관리책임이 있는 정부, 리스크 이슈를 공론장으로 끌어들여야 하는 언론, 감시의 기능을 수행해야 하는 환경·시민단체 등의 곳곳에 자리하고 있었다. 가습기 살균제 사태는 한국사회의 총체적인 리스크 대응 실패, 리스크 커뮤니케이션 실패의 민낯을 보여준다.

가습기 살균제 사건에서 가장 공포스러운 대목은 피해 규모의 불확실성이다. 1994년 당시 유공(현재 에스케이케미칼)이 가습기 살균제를 처음 개발하고 2011년 말 가습기 살균제 시판이 중단되기까지 해당 제품을 쓴 이들 가운데 몇 명이나 이로 인해 피해를 당하고 숨져갔는지 알 수 없다. 사건 발생 뒤 5년 동안 피해

가족들과 함께 이 문제에 대응해온 환경보건시민센터는 최소 29만 명에서 최대 227만 명으로 추산하고 있다.

검찰 수사가 시작되자 롯데마트는 자체 브랜드의 살균제를 쓴 피해자들에게 공식사과하고 보상 계획을 내놓았다. 5년이 다 되도록 모른 체하다 검찰 수사의 강도가 높아지자 뒤늦게 반성하는 꼴이다.

일이 이 지경에 이른 것은 정부의 소극적 대응과 업체의 책임회피 때문이다. 2006년 의문의 폐질환 논란으로 불거진 이 사건은 2011년 보건당국의 역학조사로 피해자들의 사망 원인이 이미 살균제에 맞춰졌다. 하지만 당국은 판매 중단 외엔 별다른 대책을 세우지 않았다. 2012년 피해자들의 고소 뒤에도 검찰은 최종 역학조사결과가 나오지 않았다며 수사를 중단하는 등 사실상 손을 놓고 있었다. 국민 안전을 최우선으로 해야 할 국가의 명백한 책임 방기다.

가습기 살균제가 대량으로 팔려나가기 시작한 2000년대 초반부터 제조업체들이 가습기 살균제 성분의 독성 사실을 인지하고 있던 점은 정부의 규제 실패를 드러내는 부분이다. 피해자가 빠르게 늘던 2009~2011년 환경부·보건복지부·산업통상자원부 등이 책임 떠넘기기에 급급했다. 사태를 빠르게 해결하기 위한 원인 파악과 피해자를 줄이기 위한 골든타임 확보에 실패한 원인이다. 어느 부처도 적극적으로 나서지 않으면서 판매금지는 2011년 11월에야 됐다.

정부가 그렇게 미적대는 동안 지속적인 은폐와 조작도 벌어졌다. 대표적인 살균제 제조업체로 최대 규모의 피해자를 낸 옥시레킷벤키저는 정부의 역학조사를 반박하려고 대학연구소에 의뢰한 실험에서 '제품과 폐 손상 사이에 인과관계가 있다'는 결과가 나오자 실험결과를 유리하게 조작하려 했다는 의혹을 받고 있다. 이 과정에서 돈을 건넸다는 정황도 있다. 검찰의 압수수색 직전에는 가슴통증과 호흡곤란 등을 호소하는 고객들의 사용 후기를 홈페이지에서 무더기로 삭제하기도 했다고 한다. 논란이 불거진 2011년에는 구 법인을 청산하고 새 법인을 설립했다. 어떻게든 처벌을 피하려는 의도다.

2011년 원인 미상의 폐 손상 환자 집단발생의 원인이 가습기 살균제라는 사실이 밝혀진 이후에도, 해당 기업들이 빠르게 사과하고 수습할 생각은 없이 반박자료와 논리를 만들기 위해 유력 로펌과 함께 전방위 노력을 기울인 것은 지탄받아

마땅하다.

유해화학물질로부터 국민 건강을 보호하기 위해서는 화학물질의 생산, 수입, 유통, 판매, 폐기 등 전 생애를 거쳐 관리해야 한다. 우리나라는 화학물질 관리가 환경부, 노동부, 보건복지부, 산업통상자원부 등 여러 부처에 분산되어 있어 전문가들이 오랜 기간 화학물질 관리의 일원화와 선진화가 필요하다고 주장해왔다.

부모는 아이를 잃고 아이는 부모를 여의면서 가정들이 무너지고 있다. 중증 피해자와 사망자를 수백 명이나 낳은 가습기 살균제 피해 사건은 지구 상에서 한국에서만 제품이 시판되고 피해가 발생한 '한국형 참사'다. 살균제 시판 전후로 정부는 더디고 무능한 규제·감독으로 위험을 방치했고, 그 후 피해자들의 절박한 구제 호소도 오랜 시간 무시했다.

규제는 산업을 억제하는 것만은 아니다. 정당한 규제, 생명과 건강을 보호하기 위한 규제야말로 새로운 산업을 창출하는 원동력이 된다. 좋은 규제 강화와 나쁜 규제 완화는 함께 해야 한다. '안전을 무시해도 좋은 경제'를 위해 '안전만은 지키는 경제'를 포기해서는 안 되는 것이다.

가습기 살균제, 그 이전 세월호 등은 '자본의 탐욕'이 직접적 원인이지만, 그보다 앞서 자본세력이 '돈'을 위해 '소비자의 위험'을 감수하려는(risk-taking) 것을 제대로 제어하지 못하는 정부, 국가의 부재가 근본 원인일 것이다. 그리고 그 해결책도 '자본의 자비'에 의존하는 게 아니라, '국가의 책임'을 묻는 쪽으로 잡을 수밖에 없다(권태호, 2016. 5. 11).

언론의 무관심과 무지

정부의 무관심은 언론이 제구실을 못 한데도 원인이 있다. 그간 언론은 무관심했다.

언론의 관심은 옥시에만 집중되었다. 살균제 판매량이나 피해자의 규모로 보아 옥시가 보도의 초점이 되는 것은 당연하다. 하지만 언론보도가 애경, 롯데, 이마트, 홈플러스 등 가습기 살균제를 제조·판매한 다른 대기업들은 제쳐놓고, 유독 '옥시'에만 집중하는 것은 정도가 지나치다. 검찰 수사와 언론보도가 유사한 혐의를 받는 다른 기업들은 그냥 두고 유독 한 기업에만 집중하면, 그 기업만 불매운동과 같은 대중의 몰매를 맞는 효과를 가져온다.

대중의 시선을 한쪽에만 집중시키는, 일종의 '시선 돌리기' 효과다. 도망자가 지니고 다니면서 추적견을 따돌린다는, 냄새가 지독한 훈제 청어(red herring)가 하는 역할과 비슷하다. 시선 돌리기는 권력자들이 애용하는 통치수법의 하나다. 2년 전 세월호 참사 때 박근혜 대통령과 국정원 등 정부로 향하던 국민적인 분노와 의혹의 시선을 유병언 쪽으로 돌리게 유도한 것이 전형적인 시선 돌리기 기법이다(성한표, 2016. 5. 2).

'공공의 적'이 된 옥시의 문제를 지속적으로 들추는 일도 언론의 역할일 수 있다. 하지만 정도가 지나치다. 애경, 롯데, 이마트, 홈플러스 등 가습기 살균제를 제조, 판매한 다른 대기업은 언론이 보도하지 않고 있다. 옥시에 집중하는 그만큼, 언론은 다른 대기업을 봐주고 있는 것일 수 있다.

언론은 검찰 수사 결과를 뒤쫓을 뿐 수사 방향의 문제점은 짚지 않고 있다. 검찰은 옥시의 가습기 살균제 성분인 PHMG, PGH를 제조한 기업만 조사하고 있다. 언론은 검찰 수사 결과를 받아 적기 바빴다. 수사의 빈틈은 무엇인지, 문제는 무엇인지 묻지 않았다.

검찰 수사 기록만을 뒤쫓는 언론의 관성적 태도는 시민들이 사회를 바라보는 비판적 관점에도 걸림돌이 된다. 시민들이 문제의 본질이 무엇인지, 그래서 우리 사회에 팽배한 병폐가 무엇인지 파악하는 데 방해가 된다. 옥시만을 두고 진행되는 수사와 언론보도는 옥시만을 향한 불매운동 바람을 일으켰다. 그만큼 옥시로 대중의 시선이 쏠려 있다는 것이다.

세월호 참사에 대응하면서 권력이 대중의 시선을 박 대통령과 정부가 아니라 유병언 쪽으로 돌리는 데 성공한 것은 언론이라는 조력자가 있었기 때문이다. 당시 우리 언론은 수사기관의 발표내용을 그대로 수용, 참사의 원인에 대한 독자적인 탐사보도는 하지 않았다.

살균제 참사와 같은 국민적인 분노를 불러일으킨 사건이 터지면, 권력은 철저한 수사로 혐의자들을 몽땅 법정에 세울 수도 있고, 반대로 국내 굴지의 대기업들과 끈끈한 관계를 맺는 기회로 활용할 수도 있다. 권력이 어떤 선택을 하느냐는 언론이 이를 어떻게 보도하느냐에 달려 있다. 언론은 검찰 수사나 피해자단체, 또는 시민단체의 주장을 수동적으로 전달하는 데 그치지 말고, 탐사보도로 나아가야 한다.

가습기 살균제의 비극은 1994년으로 거슬러 올라간다. 1994년 11월 16일 매일경제신문에서 국내 회사(유공, 現 SK케미칼)가 처음으로 가습기 살균제를 개발했다는 기사가 보도되었다. 기사에서는 '독성 실험결과 인체에 전혀 해가 없다'는 개발회사의 입장을 소개했다. 이 신문기사가 한국사회에서 최초로 가습기 살균제라는 이름의 생활제품을 대중에게 알린 계기이다.

가습기 살균제에 대한 언론보도는 무관심, 왜곡, 과학적 전문성 결여 등의 다양한 문제점을 노정하고 있었다. 오늘날 대다수 언론이 가습기 살균제 관련 비판보도를 쏟아내고 있는 상황이지만, 가장 큰 피해자를 낸 가습기 살균제 옥시의 '가습기 당번'이 출시된 2001년부터 2011년까지 가습기 살균제 기사는 10년간 거의 존재하지 않다가 5년 전인 2011년 9월부터 가습기 살균제가 급성 폐질환을 일으켰다는 보도가 수없이 검색되고 있다. 언론 역시도 가습기 살균제의 위해성에 대해서 전혀 관심을 기울이지 않았다는 의미이다. 심지어는 가습기 살균제를 홍보하는 기사들이 버젓하게 언론에 소개되고 있었다.

> 가습기를 고를 때는 분무돼 나오는 수증기를 바로 호흡하기 때문에 항균, 정화 기능 등이 장착되어 있는 제품을 고른다. 이런 기능이 있다 해도 세균 번식을 막기 위해서는 2~3일에 한 번은 청소를 해줘야 한다. 간혹 정수기 물을 사용하는 이들도 있는데 정수기 물은 정수과정에서 세균 번식을 막아주는 수돗물 속의 염소도 함께 걸러져 오히려 세균 번식이 촉진될 수 있으니 유의하자. 가습기 전용 살균제를 사용하는 것도 가습기를 더 안전하게 사용할 수 있는 한 방법이다.
> 시중에서 판매되는 것으로 애경 홈크리닉 가습기메이트(1,000㎖, 3,950원선)와 옥시싹싹 가습기당번(550㎖, 2,200원선) 등이 있다(경향신문, 2004. 12. 1).

언론은 겨울이 오면 관행적으로 가습기 사용을 권장했고, 가습기 물때나 세균 번식 우려가 있으니 물이 깨끗해야 한다고 강조해 은연중 가습기 살균제 사용을 부추겼다'고 볼 수도 있다. 세균을 죽일 수 있는 살균 물질이 인체를 손상할 수도 있다는 개연성을 미처 따져보지 못했던 것이다.

또한 가습기 살균제 보도가 과학저널리즘의 영역임에도 불구하고 '이슈'만 좇을 뿐 '과학'이 없었다. 카이스트 과학저널리즘 7기 연구팀이 2016년 10월 15일 발표한 '가습기 살균제 참사, 언론보도에 대한 고찰' 연구결과에 따르면 가습기 살균제 참사의 경우 과학 저널리즘의 영역임에도 과학 저널리즘이 제대로 작동되지 않았다. 연구팀은 "기자들의 출입처 제도가 이번 사태 취재에 가장 큰 걸림돌"이었다며 "즉, 얘기되는 출입처 보도 자료에만 언론이 끌려다닌 것"이라고 비판했다(미디어 오늘, 2016. 11. 14).

가습기 살균제 사건에서 우리 언론은 위험을 감수하며 스스로의 힘으로 '탐사'하기보다는 발표 내용, 발설 내용을 그럴듯하게 포장해 '퍼 나르기' 하는 데 급급했다. 근거가 희박하거나 무책임한 주장에 대해서 사실을 점검해서 여론이 올바르게 서도록 교정하는 역할을 해야 했음에도 그 책무를 방기했다.

언론은 어떤 개인이나 집단보다 기업과 밀접하다. 광고나 '청부' 기사를 통한 유착은 말할 것도 없다. 이번의 가습기 살균제 사건은 언론이 기업과 유착한 대표적 사례로 기록될 것이다.

가습기 살균제 참사는 기업의 이윤추구를 위해 국민을 상대로 한 비밀이 얼마나 위험한지를 극명하게 보여준 화학제품에 의한 전무후무한 화학물질 중독사건이다.

이미 2011년에 가습기 살균제가 치명적이라는 사실이 확인됐고, 그 후 해를 거듭할수록 확정된 사망자 수가 늘어나 수백 명에 달했어도 지금까지 반응은 미지근했다. 정부는 책임회피에 급급했고, 검찰은 미필적 고의에 의한 살인과 유사한 사건 수사를 외면했고, 언론에서는 세월호 사건보다 더 심각할 수 있는 이 사고를 몇 줄로 다루었을 뿐이며, 정치권에서는 사회적 주목을 받지 못한다는 이유로 관심을 보이는 시늉만 했을 뿐이다. 우리 사회의 수많은 시민단체도 환경보건시민센터 한 곳을 빼고는 그다지 큰 관심을 기울이지 않았다. 이제 사건이 사회적으로 주목을 받게 돼서야 불매운동에 나서는 정도이다.

모두가 무관심했다. 국민의 알 권리 나아가 생존권은 무시되었다. 그리고 그 대가는 컸다. 현재진행형이며, 그 여파가 어디까지 미칠지 가늠하기도 어려운 상황이다.

5.5. 기후변화 및 지구온난화 이슈

2016년 2월 28일, 제88회 아카데미 시상식의 주인공은 리어나도 디캐프리오(Reonardo DiCaprio)였다. 5번의 도전 끝에 남우주연상을 거머쥔 그의 수상 소감에 모두의 관심이 쏠렸다. 하지만, 그가 꺼낸 뜻밖의 메시지!

"사실 지난 2015년은 역사상 가장 더운 해였습니다. <레버넌트>를 찍기 위해 눈을 찾아 지구 남쪽 끝으로 내려가야 했습니다. 기후변화는 현실입니다. 심지어 이 순간에도 일어나고 있죠. 여러분, 우리 아들딸들을 위해서, 탐욕의 정치로 소외된 약자를 위해서 이제는 우리가 바뀌어야 할 때입니다. 대자연을 당연히 주어진 것으로 생각하지 마세요. 저도 오늘 밤, 이 순간을 당연히 주어진 것으로 생각하지 않을 테니까요."

그가 주연한 영화 <레버넌트: 죽음에서 돌아온 자(The Revenant)>(2015)는 서부 개척시대 이전인 19세기 아메리카 대륙을 배경으로 사냥꾼인 휴 글래스의 복수극을 그린 작품이다. 디캐프리오는 극 중에서 곰과 사투를 벌이고 다친 몸으로 추위를 견디는 등 소름 끼치는 연기로 평단의 극찬을 받았다.

그의 수상 소감은 23년의 도전 끝에 상을 받았다는 기쁨보다 큰 울림을 던져주었다. "자라면서는 인간이 지구에 끼치는 영향에 대해 더 많이 알게 되었고, 이를 위해 무언가 하고 싶었습니다." 1997년 영화 <타이타닉>으로 세계적 스타가 된 이듬해인 1998년 '전 지구의 생명체들의 건강한 삶을 위해 헌신한다'는 비전 아래, 자신의 이름을 건 환경 재단을 설립했다. 바로, 'Leonardo Di Caprio Foundation'이다. 그의 재단은 현재까지 40여 개 나라에서 70개 이상의 프로젝트를 활발히 진행하며 멸종위기 동물 보호, 기후변화 방지를 위해 활발히 힘쓰고 있다.

"지구는 더 이상 무시할 수 없는 속도로 파괴되고 있습니다. 지구는 인간의 희생을 담보로 하는 곳이 되어선 안 됩니다. 우리는 미래를 위해 혁신을 해야 할 책임이 있습니다(리어나도 디캐프리오 재단 보도자료 中)."

그의 재단은 2016년 1월 스위스 다보스 세계경제포럼(WEF)에서 세계 기후변화 및 환경보호에 기여한 공로로 상을 받기도 했다. 환경을 위한 그의 행보는 단순히 재단 설립에만 그치지 않는다. 2007년에는 환경 문제의 불편한 진실을 알리기 위해 <11번째 시간>이라는 환경 다큐멘터리 제작까지 나섰다. 자신의 명성과 재능을 기꺼이 환경보호에 기여한 것이다. 일상생활에서도 환경보호를 실천한다. 평소에 하이브리드 자동차를 타고, 집에 직접 태양전지 패널을 일찍이 설치했다. 불필요한 연료 사용을 막기 위해 전용기도 거의 이용하지 않는다.

스스로를 배우 겸 '환경 운동가'로 부르며 자신의 인지도와 재능을 활용하여 환경 운동에 적극적으로 참여한 그는, 2014년, 반기문 총장에 의해 UN 평화사절로 임명되었다. 그리고 UN 기후변화 정상회담에서 개막 연설까지 맡게 된다. 반기문 총장과 박근혜 대통령을 비롯한 전 세계 116개국의 지도자들 앞에서 그는 진지하게 호소했다.

"저는 배우입니다. 영화에서 저는 가상의 인물이 되고, 가상의 문제를 해결합니다. 그런데 지금까지 우리는 기후변화 문제를 저와 같은 시선으로 바라보고 있지 않았을까요? 기후변화를 현실이 아니라, 다른 세계에서 일어나는 소설 같은 이야기처럼 말이죠. 존경하는 UN 대표님들, 또 세계의 지도자분들. 하지만 여러분은 배우가 아닙니다. 이제는 여러분의 차례입니다. 바로 지금이, 우리가 인류가 직면한 가장 중대한 사안에 대해 해답을 제시할 때입니다. 용기와 정직으로 이 문제를 직면해 주시기를, 간절히 부탁드립니다(I beg you to face it with courage, and honesty)."

그는 자신의 영향력으로 세상을 바꾸는 데 기여하고 싶다는 사회적 책임감을 느끼고, 삶 속에서 직접 실천으로 옮긴 진정성 있는 '공인'이었다. 디캐프리오는 말한다.

"우리는 선물과도 같은 세상에 살고 있습니다. 그렇기 때문에 저는 이 세상을 위해 변화를 이끌어낼 것입니다. 그것이 진정, 우리가 가져야 하는 책임감이라고 생각합니다. 우리의 작은 행동들이, 우리의 미래에 큰 변화를 줄 것입니다. 바로 지금이, 우리가 행동해야 할 때입니다(체인지 그라운드, 2016. 3)."

생존의 문제, 예측 불가능 리스크 이슈

세계경제포럼(WEF)은 <세계 위험요소 보고서 2016>에서 기후변화를 완화하고 이에 적절히 대응하려는 노력이 실패함에 따라 기후변화가 2016년 가장 큰 위험요소가 될 것으로 전망했다. 2006년 조사를 시작한 이후 환경문제가 처음으로 당면한 가장 큰 위험요소로 지적됐다.

보고서는 지구온난화로 지난해 지표면 온도가 산업혁명 이전 시대보다 처음으로 1℃ 상승했고, 2014년에 강제이주한 사람은 5천950만 명으로 지난 1940년보다 50% 이상 증가했다고 설명했다. 또 기후변화와 이로 말미암은 강제 이주처럼 여러 위험요소 간의 연계성이 더욱 높아지고 있다면서 사회 불안정과 구조적 실업 등도 서로 밀접한 관계가 있다고 말했다. 기후변화가 물 부족, 식량 부족, 저조한 경제성장 등과 맞물리면서 더욱 위험성이 높아지고 있다고 지적했다.

범지구적 기후변화에 의한 자연재해는 폭우, 폭설, 폭염, 가뭄 등 모든 분야에서 발생하고 있고, 예측할 수 없을 정도로 그 강도가 점점 더 커지고 있다. 또한 지구온난화로 지구의 평균기온은 지난 100년간 0.75℃ 상승하고, 해수면은 지난 반세기 동안에 7.7cm 상승했다.

현재의 기후변화는 과거의 기후변화와 달리 전례 없이 빠른 속도(20~50배)로 진행되고 있다. 여름만 되면 한반도는 폭염과 폭우에 시달린다. 무더운 날씨와 함께 기후변화에 대한 우려도 커지고 있다. 어떤 해에는 극심한 가뭄이 오기도 하고, 어떤 때에는 한 달 내내 비가 계속되기도 한다. 홍수, 태풍, 폭설 피해도 늘어난다.

극심한 가뭄이나 폭우 등의 이상기후가 더 자주 발생할 것이 예상되며, 태풍의 강도나 발생 빈도가 높아질 것이 거의 확실해 보인다. 특히 염려되는 심각한 문제는 빠른 해수면의 상승이다. 일부 과학자들은 지구 상에 과거 살았던 생명이 보여준 멸종 기록을 살피며 다섯 번에 걸친 대멸종 사건이 있었으며 우리가 여섯 번째의 멸종을 향해 가는 것이 아닌가 하는 우려의 목소리를 내기도 한다(교수신문, 2014. 7. 8).

지금의 기후변화, 그리고 환경오염문제는 단지 날씨가 더워지는 문제가 아니라, 사느냐 죽느냐의 문제이다. 지금 살아가는 우리와 앞으로 태어날 생명의 생존문제이다.

과학자들에게 맡길 문제가 아니다. 과학자들도 기후변화를 예측할 수 없다고 한다. 물, 땅, 생물권, 대기권이 서로 복잡하게 얽혀 있기 때문이기도 하지만, 더 중요한 이유는 앞으로 사람들이 어떻게 행동할지가 불확실하기 때문이라는 것이다. 결국 사느냐 죽느냐의 문제는 우리가 어떻게 하느냐에 달려 있다. 지금이라도 기후변화를 극복하기 위해 노력해야 한다. 강력한 정책이 필요하고, 삶의 변화가 필요하다(하승수, 2014).

온실가스 배출에 의한 지구온난화는 세계가 직면한 가장 심각한 환경위험문제 중 하나로 유엔 산하 '기후변화에 대한 정부 간 패널(IPCC, Intergovernmental panel on Climate Change)'은 인류의 산업화를 주요 원인으로 평가하고 있다. 인류는 산업혁명 이후 사회경제적 활동에 나타난 관성으로 화석 연료 사용을 증가시켜 왔다. 이러한 관성은 온실가스의 증가를 야기했고, 지구의 평균온도를 지속적으로 상승시켜 기상재해, 생태계 파괴와 같은 환경위기를 초래하고 있으며, 인류의 지속가능한 삶을 위협하는 요인이 되고 있다.

기후변화(지구온난화)의 징후들이 심각하게 노정되고 있다.

남태평양의 섬나라 투발루(Tuvalu)는 2001년 국토 포기를 선언했다. 지구온난화로 인한 해수면 상승 때문이다. 2011년 북극곰이 가장 많이 살고 있는 캐나다에서는 북극곰을 멸종위기 종(種) 관리법상의 '특별 우려 대상 종'으로 지정했다. 이처럼 기후변화와 날씨에 대한 위험은 국제적으로 주목받는 이슈이다.

지구 기후의 변화는 미량기체를 대기에 방출하는 폭넓은 인간 활동의 결과물이다. 기후문제는 독립적인 단독쟁점이 아니라 다양한 쟁점의 맥락에서 인식되어야 한다. 또한, 기후변화의 복잡성은 사회·경제적인 측면에서 정치이슈로 확장되고 있다. 예컨대, 온난화 불신론이 퍼져가고 있는데, 그 배후는 기업이다. "기후변화는 음모론"이라며 과거 담배업체의 이익을 옹호했던 일부 과학자들이 순식간에 '기후변화'로 주제를 갈아타고 석유회사들의 이익을 옹호하는 데 앞장서고 있다. 학계·정치계에 널리 포진해 있는 기후변화 회의론자들이 석유기업들로부터 거액의 자금을 지원받아 온 사실이 드러났다. 석유업체들이 과학자들에게 돈을 주고 자신들에게 유리한 논문을 쓰도록 하면, 석유업체에서 돈을 받은 정치인들이 그 논문을 근거로 기후변화 규제 법안을 저지하는 비밀 커넥션이 형성돼온 셈이다(한겨레신문, 2015. 3. 23).

이 같은 학계와 업계의 유착은 담배, 산성비, 오존구멍 문제에서 똑같이 반복돼왔던 패턴이다. 나오미 오레스케스(Naomi Oreskes) 캘리포니아대 교수가 쓴 ≪의혹을 팝니다≫에는 프레드 싱어, 프레드 사이츠 등 '기업의 용병이 된' 과학자들이 등장한다. 이들은 로켓이나 원자폭탄을 전공한 학자들로 인체 건강에 아무런 전문성이 없음에도 불구하고, 담배의 유해성이 입증되지 않았다는 연구결과들을 쏟아냈다. 담배회사들이 결국 소송에서 패하자, 이번에는 석유기업들의 자금 지원이 풍부한 기후변화로 무대를 옮겨 '지구온난화는 입증되지 않은 가설'이라는 주장을 펼치고 있다.

'의혹'을 제기하는 것만으로도 이들의 목적은 달성된다. 석유기업은 논란을 부추겨 기후변화 법안 통과를 저지하고, 정치인과 학자들은 자금을 지원받고, 홍보기업들은 석유기업의 반환경 이미지를 희석시켜 줄 수 있는 광고를 수주해 돈을 번다.

우리에게 닥친 현실적 과제

서울 강남역 일대는 2011년부터 3년 넘게 침수되면서 '강남 워터파크'라는 신조어까지 생겨났다. 물론 인위적 홍수대책도 미흡했지만 엄청난 양의 폭우가 쏟아진 것도 큰 원인이다.

2011년 서초구 우면동에 위치한 우면산 주위에 산사태가 발생했는데, 형촌마을과 전원마을 등에서 18명이 사망했다. 기상이변이 심각한 인명 피해로 이어질 수 있음을 보여준다.

게릴라성 폭우가 증가하고 있다. 1시간에 비가 50㎜ 이상 내린 횟수가 1970년대 연평균 5.1회에서 1980년대와 1990년대에는 10.0회와 10.3회로 각각 늘었다가 2000년대에는 12.3회로 증가했다.

한국인의 건강을 위협하는 재난으로 폭염문제도 부상하고 있다. 2013년 폭염특보가 발효된 6~8월 전국적으로 열사병과 열탈진, 열경련 등 온열질환자는 모두 1,195명이 발생하여 14명이 사망했다. 폭염도 심각한 재난으로 취급해야 할 필요성이 대두된다. 현재 폭염은 현대인의 일상생활과 삶의 질에 큰 영향을 주고 있다. 매년 대비가 필요한 상시적인 재난의 형태를 보인다. 예년보다 일찍 열대야가 발생하는가 하면 중부지방의 마른장마와 가뭄, 때 이른 태풍 등 이상기후의 징후들이 증가하고 있다.

2015년 한반도는 역대 가장 더운 12월과 여름 같은 5월을 겪었다. 또 역대 셋째로 가물었고 연중 두 달이나 역대 가장 더웠다. 2016년 1월 15일 기상청 등 17개 부처는 <2015년 이상기후 보고서>를 발간했다. 보고서에 따르면 2015년 한 해 동안 이상고온, 폭설, 집중호우, 가뭄, 한파 등 다양한 이상기후가 발생했다.

5월 평균기온은 18.6도로 1973년 이래 5월 평균기온 1위를 기록했다. 평균 최고기온은 25.1도로 5월 최고기온 가운데 2위를 차지했다. 하루 최고기온이 30도가 넘은 날은 전국 평균 3.5일로 집계됐다. 연평균 강수량은 평년 대비 72%로 역대 최저 3위를 기록할 정도로 가물었던 것으로 나타났다. 특히 수도권을 중심으로 강수량이 평년 대비 60% 미만으로 나타났다. 제주도와 남해안을 제외한 대부분 지방에서 겨울까지 가뭄 현상이 이어졌다.

2015년 전국의 폭염 일수 및 열대야 일수는 각각 8.1일과 4.7일로 집계됐다. 이는 평년의 폭염 일수 5.4일, 열대야 일수 2.7일보다 각각 2.7일과 2.0일 많은 수치이다. 대구, 밀양, 합천, 영천에서는 7월 26일부터 8월 10일까지 16일간 폭염이 지속되기도 했다. 폭염 일수는 일 최고기온이 33도 이상인 날의 수를 말한다.

11월에는 비가 온 날이 절반(14.9일)으로 1973년 이래 역대 최다 1위를 기록하는 등 다양한 이상기후가 발생했다. 11월의 강수일수가 많았던 것에 대해 기상청은 엘니뇨의 영향으로 필리핀해 부근에 고기압이 형성되면서 한국 부근으로 저기압성 흐름이 자주 통과한 탓에 비 내리는 날이 잦았던 것으로 설명했다. 5월의 이상고온 현상에 대해서는 서해상의 고기압으로 따뜻한 공기가 유입되는 동시에 낮 동안의 강한 햇빛으로 인한 것이라고 설명했다.

이상기후로 인해 농업, 국토교통, 방재, 산림, 건강 등의 분야에서 다양한 피해가 발생했으며, 특히 강수량 부족에 의한 피해가 컸다.

정부와 언론의 무관심

대한민국 정부와 언론은 기후변화에 무관심하다. 기후변화 문제에 대한 사회적 공론화와 이해관계자들의 관심은 미흡한 수준이다. 세계 각국은 미래 인류생존의 중차대한 문제로 여겨지는 기후변화 이슈에 대해 중요한 국가 아젠다로 취급하면서 공론화시키고 있다. 이에 비해 우리 정부, 정치, 언론의 관심은 미미한 것으로 평가된다.

정부에서는 심각성을 고려한 정책대응이 필요하지만 특정 부처에 집중된 대응 및 민간과 협력 부재 등의 문제점을 노정하고 있으며, 국민에게 실상을 제대로 알리는 노력 또한 미흡하다. 정치권에서는 기후변화 문제를 선제적으로 대응하기 위한 법제도 수립에 관심을 가져야 하지만 관심을 크게 두고 있지 않다.

언론에서도 특정한 사건(태풍, 홍수, 폭설 등)이 발생한 경우에만 관련 보도에 집중하고 평소에는 보도 및 일반 프로그램에서 기후변화 문제를 크게 언급하지 않는다. 위험 관련 소통에 있어 '전문가-대중'으로 바로 연결되는 경우는 희박하다. 미디어(언론)를 통해서 위험의 예방과 대처를 위한 지식과 정보를 얻는 것이 일반적이다.

위험에 대한 사회 경보시스템은 일반적으로 미디어에 크게 의지하게 된다. 예측되는 위험 또는 일상에 숨겨져 있는 위험들에 대해서 미디어는 끊임없이 발견하여 일반 대중에게 알리고 있다. 기후변화 관련 위험 이슈들도 마찬가지이다. 미디어를 통해 대중들은 기후변화가 가져올 심각성을 인식하고, 미래 대응방안을 준비하는 등 많은 정보·지식적 도움을 받을 수 있다.

그럼에도 불구하고 국내 미디어의 보도는 드라마틱, 스캔들 위주로 보도되거나 사람들의 생활과는 관련이 낮은 주제 등으로만 묘사되고 있다. 구조화된 리스크(위험)의 사회적 의미를 끌어내지 못하고 있는 것이다. 기후변화 관련 보도는 양적으로 증가하였으나 보도가 내포한 질적 의미를 높이고 대중의 위험의식을 변화시키지는 못하고 있다.

저널리스트는 지구온난화를 가정된 현실로 보도한다. 특정한 지역의 현상으로 보도하는 경향이 매우 크다. 농작물 피해, 태풍과 연결시키는 제한적 모습이다.

예방적 노력, 국가사회적 아젠다화

지구온난화 문제는 세계 각국의 에너지 정책 및 이용과 관계되므로 온실가스 배출 및 감축에 따른 국가 간 이해관계가 복잡하게 얽혀 있어 글로벌 차원에서 정치적 의제의 성격을 띠고 있기 때문에 지구온난화에 대한 글로벌적 대처가 상당히 미진한 상태에 놓여 있다.

우리나라도 녹색성장위원회를 통해 이산화탄소 배출량에 대한 합의안을 도출하고, 최종적으로 2020년 배출전망치 대비 30% 감축, 2005년 배출량 대비 4% 감축을 포함한 자발적 배출감축 목표를 세워두고 있어 공중의 기후변화 및 지구온난화에 대한 문제의 심각성 인식과 능동적 대처가 필요한 시점이지만(노성종·이완수, 2013) 지구온난화에 대한 국내의 관심은 상당히 저조한 편이다.

이처럼 지구온난화에 대한 공중의 낮은 관심은 여러 차원에서 그 원인을 찾아볼 수 있는데, 우선 여러 경제적 또는 사회적 이슈로 인해 우선순위에서 밀려나 공중의 관심을 제대로 받지 못하였으며, 지구온난화에 대한 과학자들의 상반된 경고나 권고도 공중이 지구온난화에 대해 잘못 이해하게 하는 데 영향을 미쳤으며, 미디어가 지구온난화 및 기후변화에 대해 전문가들의 과학적 불일치를 과장하여 보도함으로써 공중이 지구온난화 문제를 제대로 이해하는 데 있어 혼란을 초래하였고, 공중이 지구온난화로 인한 기후변화의 문제를 심리적으로 거리가 먼 동떨어진 위험으로 인식하는 경향이 있다는 것이다.

이러한 전반적 요인들이 공중으로 하여금 지구온난화 및 기후변화에 대한 관심을 덜 갖도록 하는 데 영향을 미쳤을 것으로 평가되고 있다. 문제는 지구온난화에 대한 공중의 저조한 관심이 지구온난화에 대한 위험판단과 대처나 예방과 관련된 의사결정에 영향을 미친다는 점이다. 지구온난화에 대한 관련 정보를 공중이 어떻게 해석하고 처리하느냐, 지구온난화 문제를 제대로 이해할 수 있을 정도의 지식이 충분한지, 그리고 환경에 대해 관심을 갖고 있는지 등의 여부가 공중의 지구온난화에 대한 관심, 위험판단, 그리고 관련 의사결정에 일정한 영향을 미친다는 것이다.

이에 지구온난화라는 환경위험문제에 대해 공중의 관여인식과 문제인식을 높이기 위해서 지구온난화에 대한 정보제공을 통해 관련 지식을 높이고, 지역사회를 중심으로 의사결정을 촉진할 수 있는 정보교환이나 토론의 장을 마련할 필요가 있으며, 일방적 정보전달이 아니라 리스크 커뮤니케이션을 통해 정부/전문가와 공중 간의 상호작용이 활발하게 이루어질 수 있도록 하는 환경을 구축할 필요가 있다.

지구온난화 등 기후변화 문제는 사회적 성찰과 대응이 중요하다. 기후변화에 따른 리스크를 예방 및 줄이기 위한 과학·기술적 대응도 중요하지만, 사회적 성찰 및 대응 역시 중요하다. 위험은 사회적 구성의 성격을 갖기 때문이다.

기후변화와 그에 따른 리스크는 인류의 지속가능한 삶을 위협하는 심각한 위험요인이다. 국민이 기후변화를 위험한 이슈로 인식하고, 사회적 갈등 및 심각한 상황이 초래되기 전에 예방하는 것이 중요하다. 그러므로 기후변화에 대한 전문가, 저널리스트 간의 협력을 통한 올바른 정보와 지식전달이 요구된다.

기후변화 문제는 범국가적 차원에서 국민의 지지를 통해서 대응해야 하는 초국적 주제로 대중의 관심과 인식제고가 우선되어야 한다. 따라서 일반 대중에게 정확한 정보전달을 통해서 기후변화가 초래할 위험에 대한 인식을 제고해야 할 것이다.

Chapter 3

위험사회를 넘어, 신뢰시스템 기반
안심사회 구현

1 '안전한 국가' 그리고 '안심사회'

1.1. 우리는 안전한 국가에 살고 있는가?

한국을 여행지로 선택한 이가 묻는다면, 그렇다고 말해도 좋다. 국경 아닌 국경을 지키는 군대 내에서 부대원 간 총격전이 벌어지는 순간에도 도심 광장 곳곳에서 애국가 합창과 함께 월드컵 응원전이 열린다. 전쟁이 끊이지 않는 지구적 상황으로 보든, 국가별 치안 순위로 보든 한국은 안전하다. 그런데 과연 그러한가. 그렇게 말해도 좋은가. 한국에서는 국가가 국민 전체의 안전을 보장해준다고 말할 수 있는가.

치안에 관한 객관적 지표가 보증해주고 있지만, 안전하지 않다는 감각은 이 땅을 사는 이들에게 낯설지 않다. 국가적 재난 수준의 사건 사고가 한국사회에서는 상시로 발생한다. 천재지변과 같은 우연으로 치부하기에는 지나치게 빈번하다. 당연하게도 곳곳에서 터지는 사건 사고가 일상 전반에서 불안 기류를 형성한다. 최근 경우만 두고 보더라도, 지하철이나 열차 관련 사고, 버스터미널 화재나 요양병원 화재 사건, 무고한 희생을 낳은 세월호 참사나 GOP 총기난사 사건 등은 평온한 일상을 산다 해도 언제 어디서든 생명을 위협하는 위험에 직면할 수 있음을 시사한다.

한국사회에서 다양한 사건 사고들이 동시다발적이고 지속적으로 발생하고 있다. 국가적 재난 수준으로 확대되는 경우도 빈번하다. 이러한 위험요소들은 국민의 불안을 가중시키고 국민이 체감하는 안심수준을 낮춤으로써 궁극적으로 삶의 질과 만족도를 낮추는 결과를 낳고 있다. 불안에 떨며 사는 한국인은 일상생활에서 안심하고 살지 못하는 상황에 놓여 있음이다.

우리는 항상 불안하다. 불안의 실체를 파악하기는 어렵지만, '안전하지 않다'는 감각의 문제로 이해된다. 안전하다는 감각은 천재지변까지 포함해서 국가의 가이드라인에 따르기만 한다면 어떤 사건 사고든 사전에 예방하거나 적어도 사후적으로 적절히 처리할 수 있을 것이라는 우리의 믿음과 그 총합인 사회적 합의에 기반한다. 안전하지 않다는 감각은 치안과 안전 시스템을 둘러싼 믿음 혹은 사회적 합의가 깨지고 있음을 시사한다(소영현, 2014). 세월호 참사라는 문턱을 넘어서면서 한국사회는 안전하지 않다는 감각이 국가의 치안과 안전 시스템 작동 여부와 무관해진 상황에 전면적으로 노출되었다.

하여 "안전하지 않다는 감각의 총량은 줄어들기보다 증가되는 추세지만, 치안과 안전 시스템의 주된 관심사는 안전 일반이 아니라 누구의 안전을 지킬 것인가, 안전구역을 어떻게 운영할 것인가가 되고 있다. 끝내는 공동체를 흔적 없이 파괴하게 될 '안전 없는 안전사회'로 우리가 진입하고 있음을 명징하게 인지해야 할 때다(소영현, 2014)"라고 암울한 전망을 하게 한다.

위험관리가 제대로 이루어지지 않을 때 기업은 문을 닫고 국가는 혼란에 휩싸인다. 메르스 사태는 위험 대처방안이 작동하지 않을 때 벌어질 수 있는 상황을 다시금 극명히 드러내보였다. 따라서 기업 및 사회, 국가의 지속성장을 위해 위험관리는 필수적이다.

그런데 오늘 대한민국에서 발생하는 위험들은 완전히 제거될 수 있는 것이 아니다. 단지 관리만 가능하다. 물론 정부와 기업들은 매뉴얼 등 기술적 수단으로 위험관리가 가능하다고 말한다. 그러나 사회적 갈등과 혼란을 일으키는 위험 이슈들이 여전히 빈번하게 등장하는 것을 보면, 이는 잘못된 접근법임을 강력히 시사한다.

최근 위험 논쟁이 과학적인 장르를 벗어나 사회, 문화적 맥락에서 다루어지고 있다는 것은 주지의 사실이다. 위험 논쟁에 가장 중요한 것은 위험 관련 이슈를 과학적 이슈가 아닌 사회적 현상으로 보고, 사회적 접근방법에 따라 이해하려는 자세를 갖는 것이다. 즉, 위험 논쟁의 과정을 과학과 기술의 패러다임이 아닌 사회를 구성하는 구성원들의 정치적 이슈 구성의 패러다임으로 이해할 필요가 있다는 것이다.

실제 혹은 잠재적 위험으로 인한 사회적 갈등은 사회가 다양하게 분화될수록 점차 증가할 것이다. 또한 각종 위험에 대한 막연한 불안감이 해소되지 않는다면 그로 인한 사회적 비용 역시 증가할 것이 분명하다. 따라서 합리적이고 원활한 사회적 논의 및 소통을 통해 개발된 기술이 가져오는 편익과 위험 관련 정보를 객관적으로 전달하고, 위험 규제 절차 및 활동에 대한 국민적 이해를 도모하는 한편 합리적인 위험 논쟁을 활성화하게 되면 과장된 위험지각으로 인한 사회적 갈등을 완화시키고, 불필요한 사회적 비용도 줄일 수 있을 것이다.

<2016년 한국인의 안심수준 진단> 결과(성균관대 SSK 리스크커뮤니케이션연구단, 2016)를 보면, 한국인의 안심수준은 43.3점으로 심각한 수준이다. 2015년에 비해 2.5점 상승했으나 불안과 걱정은 여전하다. 2015년에 비해 우리 사회의 안전에 대한 걱정과 불안이 조금이나마 줄어들기는 했으나, 2016년 안심지수가 43.3점이라는 것은 '안전국가-안심사회'로 나아가지 못했음을 의미한다. 이는 세월호 참사, 메르스 사태 등 우리 사회 위험 이슈에 대한 국가사회의 대응 및 정책적 조치가 상당히 부족했다는 반증이다. 정부는 안전국가를 천명하고 노력해왔지만 별로 나아진 게 없다는 게 우리 국민의 체감인 것이다.

안심지수 결과에 대해 사전, 대응, 사후 차원에서 살펴보면 평소 안전-안심 관련 사전관리가 잘 되고 있다는 점수가 48.0점(2015년 43.0점, 5.0 상승)으로 상대적으로 높게 나타났으며, (사건 사고 발생 시) 대응 차원의 안심지수는 45.9점(2015년 40.7점, 5.2 상승), 사후 차원의 안심지수는 40.0점(2015년 36.9점, 3.1 상승)으로 평가되었다.

사전, 대응, 사후 차원 모두 안심지수가 40점대로 지난해에 비해 크게 상승하지 못한 것은 국가 및 사회의 예방활동, 안전조치 및 사후관리 등 전반에 걸쳐 국가 위기관리시스템이 제대로 작동하지 못하였음을 의미한다. 사전 차원과 대응 차원에서 상대적으로 상승폭이 높은 점은 고무적이지만 사후 차원 안심지수가 상대적으로 낮게 나타났고 상승폭도 크지 않아 국민들이 위험발생 이후에 책임소재 규명이나 보상, 재발방지 조치, 국가적 차원의 후속 조치에 대해 여전히 불신하고 있음을 시사한다. 신속대응체계를 갖추고 재발방지를 약속하는 정부의 안전조치들이 국민의 안심수준을 높이는 데 역부족이며, 국가에 대한 국민의 높은 불신을 반영하는 결과라고 하겠다.

1.2. 안전과 안심 개념

대중의 위험 감정촉발 요인

감정촉발 요인(outrage factor)이라는 개념은 위험인식 수준의 다양한 결정 요인을 탐구해온 위험인식 연구를 바탕으로 개발되었다. 위험인식 연구 자체는 1960년대 원자력에너지의 안전성 논란이 일면서 시작된 것으로 1970, 80년대 다양한 경험 연구들이 '심리측정 모델(psychometric model)'을 토대로 진행되었다. 이 모델에 기반한 경험 연구들에 따르면 신뢰, 리스크와 혜택의 크기, 통제 가능성, 두려움 등 위험요소에 내재되어 심리적 반응을 야기할 수 있는 다양한 속성이 위험인식 수준을 결정하는 데 영향을 미치는 것으로 나타났다(Slovic, 1987). 코벨로와 샌드만(Covello&Sandman, 2001)은 한 단계 더 나아가 심리측정모델에서 다뤄진 요인들을 '효율적 위험소통의 장애물(obstacles to risk communication effectiveness)'의 차원에서 '감정촉발 요인'으로 명명했다.

이러한 접근방식은 리스크가 과학적으로 평가되는 실질적 위험(hazard)과 일반대중의 감정촉발(outrage)로 구성된다는 발상에 기반한다. 예컨대, 벤조피렌이 몸에 암을 유발할 가능성이 삼겹살을 구워 먹을 때의 위험성보다 1만 분의 1이라고 하는 과학·기술적 의미에서의 위험(hazard)만 리스크를 결정하는 것이 아니라 사람들이 이 위해요소에 어떤 감정적인 반응을 보이는가 하는 것이 이 위해요소로 인한 리스크의 한 주요 부분을 차지한다는 발상인 것이다.

샌드만(Sandman, 1993)의 이 발상을 좀 더 구체적으로 보면 (지역사회의) 감정촉발은 과학적 의미에서의 위험 그 자체(hazard)만큼이나 '실제적(real)'이며, '측정 가능(measurable)'하며, '관리 가능(manageable)'하며, 위해요소 그 자체만큼 위험(risk)의 중요한 부분을 차지한다. 이 논리에 따르면 감정촉발 요인이 강한 위험요소는 분노, 공포와 같은 지역사회구성원들의 강한 감정적 반응을 유발함으로써 상대적으로 큰 리스크가 된다. 따라서 사회구성원들의 해당 리스크에 대한 위험인식도 필연적으로 높아지는 것이다.

샌드만(1993)에 따르면 위험(risk)은 전문가들의 객관적, 기술적 평가로 측정하는 위해(hazard)와 일반인의 감정촉발(outrage)로 구성된다. 위해가 과학과 기술 차원에서 건강에 악영향을 주는 요소라면, 감정촉발은 심리 요인으로 사람들이 해당 위해에 특정한 감정을 보이게 하는 요인이다. 즉, 감정촉발 요인은 위해요소의 다양한 성격 중 실제 위험과 무관하게 사람들의 감정 반응을 유발해 위험인식에 영향을 주는 것으로, 이는 사람들이 위해를 감정으로 접근할 경우 위험의 크기를 실제보다 과도하게 인식할 가능성을 시사한다. 이 경우 사람들은 위해요소가 갖는 감정촉발 요인의 크고 작음에 따라 작은 위해에 과민하게 반응하지만 정작 심각한 위해에는 무관심할 수 있다.

감정촉발 요인을 개념정의하면 다음과 같다(유명순 외, 2013).

(1) 비자발성(Involuntariness): 위해요소와의 접촉이 나이나 장소, 특정 질환 치료처럼 특수한 환경 조건 때문에 비자발적으로 이루어지는 것을 뜻한다. 가령, 지하수를 사용하는 집단 급식소, 기후변화로 예년보다 빨리 찾아온 무더위, 일본 원전사고 여파가 그 예이다. 이 위해요소는 먹거리 일반과 관련해 불가피성을 동반한다. 농심라면의 발암물질 수프처럼 특정 브랜드가 독과점 위치를 차지하는 품목과 관련된 위해요소도 비자발성을 내포한다.

(2) 통제불가능(Uncontrollability): 위해요소의 발생이나 이 위해요소와의 접촉을 개인이 통제할 수 없는 상황을 의미한다. 불량식품의 판매, 식품 유해물질의 검출 등 식품문제는 제조 과정에서 발생하기 때문에 국민이 이를 통제하기는 불가능하다. 위해요소에의 노출은 바이러스가 감염된 상수원을 이용하는 경우처럼 국민이 그 위험성을 알지 못한 상황에서 발생한다.

(3) 생소함(Unfamiliarity): 해당 위해요소의 이름이 외래 고유어처럼 낯설다는 점을 뜻한다. 살모넬라, 장염비브리오, 벤조피렌처럼 전문용어와 개념이 그

예이다. 해당 위해요소의 발생과 효과가 이처럼 전문용어로 설명되는 경우에서 생소함이 나타난다.

(4) 공평성(Fairness): 위해요소의 발생과 노출에 불공평한 행위가 개입하는 것을 의미한다. 불공평이란 건강 관련 규정 위반처럼 국민에 대한 부당한 행위가 아니라 특정한 집단에 대해서 차별적인 조치를 취하는 것을 뜻한다.

(5) 혜택(Benefits): 위해요소의 노출 과정에 혜택이 명확하지 않은 활동이 개입하는 것을 뜻한다. 식의약품 섭취나 복용은 혜택이 명료한 행위로 볼 수 있으며 혜택의 명료성을 단정할 수 없는 경우도 있다. 특히 혜택이 개인이 아니라 사회 전체에 해당하는 경우도 있다.

(6) 참사가능성(Catastrophic potential): 위해요소가 특정 조건에 해당하는 집단에 동시에 노출되는 상황을 의미한다. 피서지 불량식품, 어패류 판매 밀집지역, 농심라면 발암물질 스프의 경우 참사가능성을 내포한다고 하겠다. 위해요소는 특정 조건에 있는 집단이 병에 걸리거나 사망하는 피해를 가져올 수도 있다. 학교급식 식재료의 부패나 지하수 노로바이러스가 그 예이다.

(7) 불확실성(Uncertainty): 위해요소를 생명공학이나 유전자공학 같은 현재의 과학기술로 확실하게 예측할 수 없는 경우를 의미하며 나노기술처럼 안전성이 정립되지 않은 활동도 포함한다.

(8) 지연효과(Delayed effects): 위해요소에 노출됐을 때 피해가 바로 발생하는 것이 아니라 잠복기를 거친 뒤 발생하는 것을 뜻한다. 화학물질이 유전으로 영향을 미치는 경우가 해당한다.

(9) 아이들에의 영향(Effects on children): 위해요소가 어린이나 청소년에 미치는 영향이 직간접으로 나타남을 의미한다.

(10) 피해자의 정체성 제시(Victim's identity): 위해요소의 잠재적 피해자에 관한 신분이나 정보가 공개되는 경우를 뜻하는데 피서객, 주부, 아이가 피해자에 해당한다.

(11) 공포(Dread): 위해요소가 암이나 에이즈처럼 치명적인 질환과 관련해 두려움, 불안감, 심각한 걱정 등을 불러일으키는 것을 말한다. 발암물질 검출, 일본 원전사고가 이에 해당한다. 또한 위해요소가 강한 전염성 등 급

속한 피해 확산 가능성이 있을 경우도 국민에게 공포감을 유발할 수 있다.

(12) 신뢰 상실(Distrust): 위해요소를 제공한 자를 고발하거나 구속하는 등 제재나 위해요소의 유발행위를 중단시키는 조치가 취해진 경우를 의미하며 그렇지 않을 경우를 의미한다. "신뢰 상실"에는 제조 과정에서 함량 미달, 가짜 성분, 불순, 불결한 성분 포함 같은 위법활동이 개입한다.

(13) 사고 전력(Accident history): 위해요소가 과거 사회문제가 된 대형파동이나 사회 공포를 유발한 전염병과 기타 질환과 관련이 된 경우를 뜻한다. 광우병 쇠고기 사태, 분유 파동, 발암물질 라면 수프, 신종플루, 사스, 조류독감이 그 예이다.

(14) 비가역성(Irreversibility): 위해요소가 원상복귀가 불가능한 피해를 가져온 경우를 뜻한다. 신체 일부 절단, 실명, 뇌졸중처럼 원상회복이 불가능함을 알 수 있는 위해요소가 이에 해당한다.

(15) 인위성/자연성(Human vs. natural origin): 위해요소가 자연스럽게 발생하는 것이 아니라 식의약품 공급자의 인위적인 잘못이나 태만, 부적절한 안전조치처럼 비정상적인 활동으로 일어난 경우를 의미한다. 즉, 위해요소가 검출된 제품은 제조 과정에 문제가 있었음을 암시하며 이용자의 잘못된 습관이나 기호로 발생한 경우도 포함된다.

위해요소에 관한 정보가 국민들이 이해하기 어렵다는 점과 위해 여부를 과학으로 입증하기가 쉽지 않은 불확실성을 내포한다.

언론은 다양한 위해요소 중 특정 요소를 공중의제로 설정해 여론에 영향을 줄 수 있다. 공중은 자신의 경험보다 언론이 다루는 기사에서 실제 위험을 감지하며 현실에서 접하지 못한 위험일수록 언론보도에 영향을 받으며 위험이 발생할 가능성이 낮은 경우에도 언론보도를 접하고 위험에 대한 심리적 긴장과 공포감을 느낄 수 있다. 전문가들은 위해요소의 특성과 상황을 고려해 위험을 인지하지만, 공중은 주관과 개인 관점에서 위해요소를 파악하며 감정에 치우칠 수 있다.

특히 당국과 언론 간 과학적 불확실성에 접근하는 방식에 차이가 난다. 그로 인해 고려하는 위해요소 간 차이가 발생한다. 당국은 100% 안전한 것은 없으며

"어떤 기준에서는 안전하다"는 표현을 추구한다. 위해물질이 검출되더라도 실제 위해성이 나타날 가능성은 낮다는 인식인 것이다. 반면, 언론은 위해하지 않다는 것이 증명되기 전에는 위험한 것으로 간주하며 완전히 안전하지 않다면 기사로 다룬다는 입장이다. 위해요소에 노출될 수 있고 병에 걸릴 수 있다는 두려움과 불안감 같은 '공포'를 감안하는 것이다.

결국 이상의 감정촉발 요인들은 위해요소의 다양한 성격 중 실제 위험과 무관하게 사람들의 감정 반응을 유발해 위험인식에 영향을 끼치는데, 사람들이 위해를 감정으로 접근할 경우 위험의 크기를 실제보다 과도하게 인식할 가능성이 높다. 사람들은 위해요소가 갖는 감정촉발 요인의 크고 작음에 따라 작은 위해에 과민하게 반응하지만 정작 심각한 위해에는 무관심할 수 있다. 이는 상당 부분 감정 촉발 요인 중 특정 요인을 부각시키는 언론의 역할에 의해 영향을 받는다고 하겠다.

'안전'을 넘어, '안심' 컨셉이 보다 중요

성균관대 위험커뮤니케이션연구단은 안심척도를 개발해 국민의 안심수준을 진단하는 작업을 진행하고 있는데, 그 결과들을 보면 우리 국민이 안심하지 못하는 삶을 살고 있음이 여실히 드러난다.

▷ 국내 항공사의 안심수준(2015년)

만 20세 이상의 일반 국민 1,000명(최근 3개월 이내 국내선 항공사 이용 고객, 각 항공사별 최소 100명)을 대상으로 국내 항공사의 안심수준을 측정(신뢰수준 95%에서 표본오차 ±3.10%p)한 결과, 국내 항공사의 안심지수는 100점 만점 기준 64.5점으로 나타났다. 일반항공의 경우 67.1점, 저가항공은 61.8점으로 각각 나타나 5.3점의 차이가 났다(저가항공: 제주항공, 진에어, 에어부산, 이스타항공, 티웨이항공 / 일반항공: 대한항공, 아시아나).

저가항공의 경우 '남자'(62.5점)가 '여자'(60.8점)보다, '50대 이상'(66.1점)의 연령대에서 안심지수가 높게 나타났다. 일반항공의 경우 '여자'(67.4점)가 '남자'(66.9점)보다, '50대 이상'(69.7점)의 연령대에서 안심지수가 높게 나타나 차이를 보였다.

이상의 결과는 우리 국민이 국내 항공에 대해 이동수단으로서 안심하지 못함을 드러낸다. 항공 안심지수가 64.5점이라는 결과는 국내 항공사들의 노력이 부족함을 시사한다. 또한 저가항공사의 안심지수(61.8점)가 일반항공(67.1점)에 비해 낮은 수준인 것으로 나타났는데, 이러한 결과는 저가항공사들의 안전 대책 및 신뢰를 위한 커뮤니케이션 전략이 잘못되었거나 부족함을 의미한다.

안심지수 결과에 대해 사전, 대응, 사후 차원에서 살펴보면 평소 안전-안심 관련 사전관리가 잘 되고 있다는 점수가 65.1점으로 상대적으로 높게 나타났으며, (사건 사고 발생 시) 대응 차원의 안심지수는 63.7점, 사후 차원의 안심지수는 61.2점으로 평가되었다. 저가항공이 일반항공에 비해 4∼5점 낮게 나타나 차이를 보였다.

▷ 국내 놀이공원의 안심수준(2015년)

만 20세 이상의 일반 국민 1,000명(최근 6개월 이내 놀이공원 이용 고객)을 대상으로 설문조사를 진행한 결과, 국내 놀이공원의 안심지수는 100점 만점 기준 56.9점으로 나타났다. 성별의 경우 '남자'(58.9점)가 '여자'(54.6점)보다 안심지수가 높게 나타났고, 연령별로는 '50대 이상'(60.9점)이 다른 연령대에서 비해 높았으며, 연령이 낮을수록 안심지수가 낮게 나타나는 경향을 보였다(20대 53.7점, 30대 56.4점, 40대 58.1점, 50대 이상 60.9점)

이러한 결과는 우리 국민이 국내 놀이공원 이용에 대해 안심하지 못하고 있음을 드러낸다. 사회 각 분야에서 안전에 대한 노력이 진행되고 있음에도 놀이공원 안심지수가 56.9점이라는 결과는 국내 놀이공원들의 안전을 위한 전반적 노력이 매우 부족하고, 지난 4월 조사된 항공사 안심수준(64.5점)보다 낮다는 점에서 그 심각성이 높다. 또한 연령이 높아질수록 안심지수가 높게 나타나 놀이공원을 자주 이용하는 20∼30대의 불안이 적지 않음을 시사한다. 이러한 결과는 놀이공원들의 안전 대책 및 신뢰를 위한 커뮤니케이션 전략이 잘못되었거나 부족함을 의미한다.

안심지수 결과에 대해 사전, 대응, 사후 차원에서 살펴보면 평소 안전-안심 관련 사전관리가 잘 되고 있다는 점수가 58.9점으로 상대적으로 높게 나타났으며, (사건 사고 발생 시) 대응 차원의 안심지수는 57.7점인데 반해, 사후 차원의 안심지수는 55.3점으로 매우 낮게 평가되었다.

▷ 학교급식 안심수준(2015년)

학교급식을 실시하고 있는 중·고등학생 자녀를 둔 30~50대 학부모 1,000명을 대상으로 설문조사를 진행한 결과, 국내 학교급식의 안심지수는 100점 만점 기준 62.5점으로 나타났다. 거주지별로는 '수도권'(61.7점)이 '비수도권'(63.4점)보다 안심지수가 낮게 나타났고, 자녀유형별로는 '중학생 자녀'(61.3점)를 둔 학부모가 '고등학생 자녀'(64.3점)를 둔 학부모에 비해 상대적으로 안심지수가 낮은 것으로 나타났다.

이런 결과는 국내 학교급식에 대한 학부모의 불안이 지속되고 있음을 보여주는 것으로, 학부모들이 학교급식에 대해 여전히 안심하지 못하고 있는 상황임을 여실히 보여주는 결과이다. 수도권이 비수도권보다 안심수준이 상대적으로 낮게 나타났다는 점은 매우 우려스러운 상황으로, 그간 학교급식 관련 사건 사고가 수도권에 집중되어 나타났음에도 불구하고 정부 및 학교 당국의 학교급식과 관련된 학부모의 신뢰성 제고를 위한 노력이 부족했음을 시사한다.

안심지수 결과에 대해 사전, 대응, 사후 차원에서 살펴보면, 평소 안전-안심 관련 사전관리가 잘 되고 있다는 점수가 64.6점, (사건 사고 발생 시) 대응 차원의 안심지수는 63.6점인데 반해, 사후 차원의 안심지수는 61.5점으로 상대적으로 낮게 평가되었다. 특히 사후 차원 안심지수 중 '사고 후 보상'(59.6점)과 '책임소재 규명'(60.1점)이 매우 낮게 나타나 후속조치에 대한 학부모의 불신이 매우 높은 것으로 평가되었다.

▷ 세월호 이후 여객선 안심수준 (2015년)

국내에 거주하는 만 20세 이상의 성인남녀 1,000명을 대상으로 설문조사를 진행한 결과, 국내 여객선의 안심지수는 100점 만점을 기준, 36.7점으로 매우 심각한 수준인 것으로 나타났다. 성별로는 '여성'(33.4점)이 '남성'(39.9점)보다 여객선 안심지수가 낮게 나타났고, 연령별로는 '30대'(35.7점)가 '20대'(37.3점), '40대'(36.1점), '50대'(37.8점)에 비해 상대적으로 낮은 안심수준을 보인 것으로 나타났다.

국내 여객선 안심수준이 40점 이하라는 점은 충격적 결과로 우리 국민이 세월호 사건의 트라우마에서 완전하게 벗어나지 못하고 있으며, 여객선 안전에 대한 정부의 노력에도 불구하고 국민의 불신과 염려가 여전히 높은 수준임을 보여주는 결과이다. 또한 여객선 안전을 위한 정부의 지속적인 노력이 '안전'을 넘어 '안심'을 이끌어내지 못하고 있음을 의미한다는 점에서 여객선 안전에 대한 국민의 우려를 그대로 보여주는 결과라고 하겠다.

안심지수 결과에 대해 사전, 대응, 사후 차원으로 구분하여 살펴보면, 평소 안전-안심 관련 사전관리가 잘 되고 있다는 점수가 36.7점, (사건 사고 발생 시) 대응 차원의 안심지수는 37.4점으로 나타난 반면에 사후 차원의 안심지수는 34.6점으로 나타나 사전 차원과 대응 차원에 비해 사후 차원이 상대적으로 낮게 평가되었다. 특히 사후 차원 안심지수 중 '사고발생 시 국가적 차원의 후속조치'(33.7점)와 '책임소재 규명'(34.9점)이 상대적으로 낮게 나타났다.

▷ 북한 리스크에 대한 안심수준(2016년)

국내에 거주하는 만 20세 이상의 성인남녀 1,000명을 대상으로 설문조사를 진행한 결과, 북한 리스크에 대한 우리 국민의 안심지수는 100점 만점 기준 42.3점으로 나타났다.

'남자'(42.9점)가 '여자'(41.7점)보다 높게 나타났으며, 연령이 높을수록 안심지수가 높아지는 경향(20대 36.9 < 30대 40.3 < 40대 45.1 < 50대 이상 45.4)을 보였다. 지역별로는 '영남권'(46.4점)이 가장 높았으며, '수도권'(41.2점), '중부권'(41.1점)에 이어 '호남권'(39.3점)이 가장 낮게 나타났다.

안심지수가 50점에도 미치지 못하는 결과는 최근 북한의 핵·미사일 도발과 대북관계 악화 등 북한 발(發) 리스크에 대한 우리 국민의 불안이 적지 않음을 의미하는 것이다. 정부 및 관련 당국의 북한 리스크 대응 및 조치가 국민을 안심시키지 못하고 있음을 시사한다.

안심지수 결과에 대해 사전, 대응, 사후 차원에서 살펴보면, 평소 북한 리스크 관리가 잘 되고 있다는 사전 차원의 안심지수가 42.0점, (사건 사고 발생 시) 대응 차원의 안심지수는 41.7점인데 반해, 사후 차원의 안심지수는 37.6점으로 상대적으로 낮게 평가되었다. 사전, 대응, 사후 차원 모두에서 낮은 점수가 도출된 점은 북한 리스크에 대한 정부나 관련 당국의 대응정책이나 리스크 관리, 예방, 사후관리 등에 대한 국민의 염려와 걱정이 심각한 수준임을 의미한다.

사전 차원(평소)의 경우, 일상적 안도감 즉 평소 불안감을 느끼지 않는 정도가 57.1점으로 상대적으로 높게 나타났는데, 이는 북한의 지속적인 도발로 우리 국민이 관련 이슈에 둔감해졌기 때문으로 판단된다. 대응 차원(사건 사고 발생 시)의 경우에 사건 사고대응 전문성과 대비를 위한 매뉴얼이 갖추어져 있는지, 매뉴얼 준수를 위한 평상시 교육훈련이 제대로 갖춰져 있는지에 대한 국민의 기대치가 높지 않음을 의미한다. 사후 차원의 경우, 북한 발 사건 사고 이후의 보상과 책임소재 규명에 대해 불신하는 경향이 매우 높은 것으로 나타났고, 국가적 차원의 후속조치에 대해서도 낮은 기대치를 보여 전반적으로 사후조치에 대한 국민의 낮은 기대와 높은 불신을 보여준다.

▷ 신종 전염병 리스크에 대한 안심수준(2016년)

국내에 거주하는 만 20세 이상의 성인남녀 1,000명을 대상으로 설문조사를 진행한 결과, 신종 전염병 위험에 대한 우리 국민의 안심지수는 100점 만점을 기준으로 할 때, 40.8점에 그친 것으로 드러났다.

'남자'(42.1점)가 '여자'(39.4점)보다 높게 나타났으며, 연령은 '50대 이상'(46.3점)이 '40대'(39.2점), '20대'(39.1점), '30대'(38.5점)에 비해 높았다. 지역별로는 '호남권'(43.5점)의 안심지수가 가장 높았고, 그다음으로 '영남권'(41.6점), '수도권'(40.1점), '중부권'(39.9점) 순으로 나타났다.

신종 전염병 위험에 대한 안심지수가 불과 40.8점이라는 것은 2015년 메르스 사태의 불안심리 여파가 여전함을 의미한다. 특히, 메르스 사태 당시 정부와 의료계의 안일하고 미숙한 대응활동에 대한 불만과 불신이 해소되지 않아 신종 전염병 위험에 대한 국민의 높은 불안 심리로 나타난 것이다. 결국 세월호 사태 이후 국민안전처를 설립하고 '안전한 국가'를 표방한 정부의 노력에 우리 국민이 공감하지 못하고 있음을 시사한다.

안심지수 결과에 대해 사전, 대응, 사후 차원에서 살펴보면, 평소 전염병 위험관리가 잘 되고 있다는 사전 차원의 안심지수는 40.8점, (전염병 발생 시) 대응 차원의 안심지수는 42.4점인데 반해, 사후 차원의 안심지수는 불과 38.1점으로 상대적으로 낮게 평가되었다.

사전, 대응, 사후 차원 모두에서 낮은 점수가 도출된 점은 신종 전염병 위험에 대한 정부나 관련 당국의 예방 및 대응정책, 사후관리 등에 대한 국민의 높은 불신과 불안 심리를 반영하는 것이다.

사전 차원(평소)의 경우, 일상적 안도감, 즉 평소 불안감을 느끼지 않는 정도가 51.0점으로 상대적으로 높게 나타났는데, 이는 타인의 위험은 높게 지각하는 반면에 자신의 위험은 낮게 지각하는 사람들의 무감각한 위험 심리가 반영된 것이다. 대응 차원(사건 사고 발생 시)의 경우에 매뉴얼 준수에 대한 기대수준이 사고 대응 전문성이나 정보제공수준 등에 비해 낮게 나타났다는 점은 신종 전염병 위험에 대한 정부 및 관련 당국의 무사안일주의에 대한 여전한 불신을 반영하는 것이다. 다만, 대응 차원에서 시민의 협력수준이 가장 높게 나타나 성숙한 시민사회에 대한 기대감이 높은 점은 희망적이다. 마지막 사후 차원의 경우, 신종 전염병 발생 및 그에 따른 피해 이후의 보상과 책임소재 규명이 가장 낮게 나타나 국민의 국가적 차원의 보상과 책임소재 규명에 대한 불신이 상당함을 의미한다.

2015년 메르스 '악몽'이 우리 국민에게 신종 전염병 위험에 대해 공포와 불안을 각인한 결과다. 당시 정부와 의료계의 허술한 대응체계가 낳은 불신이 지금까지 지속되고 있는 것이다.

이상의 조사결과들이 보여주듯, 정부나 전문가들이 나서서 '안전(安全, safety)' 하다고 강력하게 주장해도 우리 국민은 '안심(安心, relief)'하지 못하는 상황이다. '안전'의 여부는 전문가가 판단하나, '안심'은 공중이 판단하기 때문이다. 공중은 안전보다 안심을 선호하고 우선시한다. 예컨대, 광우병은 안전의 문제가 아니라 안심의 문제로서 광우병에 대한 공중의 불안과 불신, 공포감이 우리에게 광우병 문제를 증폭시킨 것이다. 또한 원자력의 경우에 정부나 전문가는 통제 가능한 위험이며, 안전하게 관리되고 있다고 아무리 강조해도 공중은 후쿠시마 원전사고의 학습사례를 통해 '안전'을 떠나 '안심'하지 못하는 것이다. 2014년 세월호 참사에 이어 2015년 메르스 사태는 국가위기관리시스템의 총체적 난국을 극명히 드러낸 우리의 부끄러운 민낯이다.

이제 위험 이슈는 공중의 입장에서 안전을 넘어 안심개념 차원에서 고려되어야 한다. 객관적 위험 그 자체를 줄이려는 노력도 중요하나, 위험에 대한 국민의 주관적인 인식인 불안을 줄이려는, 즉 국민의 안심을 증대시키는 방안은 국민의 안전을 지향하는 정부와 기업의 필수적인 정책 활동이라고 하겠다.

수용 가능하거나 잠재적 위험요소에 대해서는 '안전'을 통해 위험에 대한 통제와 대비가 가능하나, 예기치 못한 위험에 대해서는 안전 개념만으로는 한계가 있다.

안전의 여부는 전문가가 판단하나, 안심은 공중이 판단한다. 공중은 안전보다 안심을 선호하고 우선시한다.

결국, 아무리 정부나 전문가들이 나서서 '안전'하다고 주장해도 공중의 '안심' 여부는 안전과는 별개의 문제가 된다. 특정 위험에 대한 불안은 위험이나 위협적 요소가 설사 제거되었다고 하더라도 외상 후 장애와 같이 지속되는 특성을 보인다. 이는 특정 위험에 대해 전문가에 의해 측정된 위험수준과 공중의 체감 간에 명백한 괴리가 있음을 시사한다. 특히, 안심은 심리적으로 평안하거나 안녕 상태, 즉 긍정적 감정과 관련되지만, 불안은 명백히 두려움과 같은 부정적 감정이므로 '낮은 불안상태'가 곧 '안심상태'라고 볼 수 없다.

'위험'이라는 공격적인 상황은 '안전'이라는 수비 대책과 상호 대비를 이룬다. 대중은 일상에서 위험을 감지하고, 그 위험에 대한 불안과 공포는 이념의 차이나 경제적 이익을 넘어 또 다른 차원에서 가장 핵심적이고 강력한 사회적 기제가 되고 있다. 위험은 안전을 강화하고 안전은 위험에 대한 불안과 공포를 확산한다. 그렇게 위험과 안전은 대립적인 한 쌍으로 존재확인을 하고 있다. 따라서 위험이 생기거나 사고가 날 염려가 없다는 안전의 개념을 넘어서는, 위험에 대한 모든 걱정을 떨쳐 버리고 마음을 편히 가질 수 있는 안심개념으로의 패러다임 변화가 요구된다고 하겠다.

안전과 안심, 개념적 이해

국어사전에 따르면 안전은 '위험이 생기거나 사고가 날 염려가 없음, 또는 그런 상태'인 반면, 안심은 '모든 걱정을 떨쳐 버리고 마음을 편히 가짐'으로 정의된다. 유사한 개념으로 염려는 '앞일에 대하여 여러 가지로 마음을 써서 걱정함, 또는 그런 걱정'이며, 걱정은 '안심이 되지 않아 속을 태움'이라는 뜻으로, 국어사전에서 '염려'와 '걱정'은 의미상 별 차이가 없는 것으로 보인다.

옥스퍼드(Oxford) 영어사전에서 안전은 'safety'로 '피해나 위험으로부터 안전이 유지되는 상태'로 정의되며, 안심은 'relief'로 '어떤 (기쁘지 않은) 불쾌한 일이 발생하지 않거나 오랫동안 지속되지 않기 때문에 기쁨이나 행복감을 느끼는 것'으로 정의된다.

안전은 '물리적, 기술적 문제'로 수용 가능한 혹은 잠재적인 위험으로부터 면해지는 것을 의미하나, 안심은 마음으로부터 걱정이나 불안을 느끼지 않고, 기쁨이나 행복감을 느끼는 '마음의 상태'라는 차이가 있다. 안전은 사건, 사고로부터의 안전인 반면, 안심은 사건, 사고의 위험이 없는 마음의 평안이나 안녕 상태인 것이다. 안전은 전혀 예기치 못한 위험에 대한 걱정과 불안이 포함되어 있으나, 안심은 예기치 못한 위험에 대한 걱정과 불안이 없는 마음의 평안과 안녕 상태를 의미한다. 결국, 안심은 외부적, 신체적, 사회적인 안전요소를 강화하고, 위험 및 위기 요소를 제거함으로써 얻게 되는 심리적 안녕으로서 지극히 주관적 개념으로 볼 수 있겠다.

국내에서는 안전과 안심이 혼용되어 사용되나, 안전과 안심은 분명히 다른 개념이다.

안전과 안심의 차이점

안전(safety)	안심(relief)
외부적인 물리적, 기술적 문제로부터 보호되는 물리적 상태	마음으로부터 걱정이나 불안을 느끼지 않고, 기쁨이나 행복감을 느끼는 마음의 상태
사건이나 사고로부터의 안전 상태	사건이나 사고의 위험이 없는 마음의 평안과 안녕 상태
예기치 못한 위험에 대한 걱정이나 불안 포함	예기치 못한 위험에 대한 걱정과 불안이 없음

위험에 대조되는 개념으로서 안전이란 통상적으로 '위험이 전혀 없는 상태'를 말한다.

위험이 만연한 사회에서 완전히 위험을 제거하는 것은 불가능하다. 또한 위험을 완전히 제거하기 위해서는 너무나 많은 사회적, 경제적 비용이 발생하기 때문에 최근에 안전성이란 '위험하지만 그 위험이 무시될 수 있거나 또는 (이득이 더 크기 때문에) 받아들일 수 있는 위험'으로 정의하고 있다. 이와 같은 안전의 정의는 '받아들일 수 있는 위험'이라는 개념을 통해 안전은 그 사회가 지각하는 위험의 수준과 위험의 제거를 위해 갖는 지불의사에 따라 안전의 수용기준도 달라질 수 있음을 시사한다(유현정, 2008).

안전은 바람직하지 않다고 생각되는 실패나 상해, 오류, 사고, 위해 등의 물리적, 사회적, 정신적, 재정적, 정치적, 감정적, 직업적, 심리적, 교육적 결과로부터 보호된 상태를 의미한다. 안심이란 주관적이고 심리적인 상태(feel safe or feel secure)에 관한 안전의 한 측면이다. 따라서 '국민안심'은 공공질서를 파괴하는 범죄로 인한 사회적 위험과 자연·인적 재해로 인한 위험과 상해로부터 국민이 보호되고 있다고 믿는 신뢰감을 의미한다고 할 수 있다.

안심은 외부적, 신체적, 사회적으로 안전한 객관적 환경뿐만 아니라 심리적 불안까지 제거되어야 느낄 수 있는 주관적 심리상태이다. 위험이 '본질적으로 재구성되며 주관적인 인식'이라는 사회적 구성주의를 따르면, '국민안심'도 '정보 해석에 대한 개인차, 사회적인 배경, 역사적인 맥락, 사회를 지배적인 신화의 차이 등'으로 재구성되는 사회문화적 산물이라 하겠다.

1.3. 안심사회를 향하여

'재난자본주의' 시대이기도 한 위험사회에서 위험의 잠재성 혹은 조건들이 심화되고 있음에 '안전'을 실현하기는 불가능한 것처럼 보인다.

사실 '안전한 사회'는 실현 불가능한 꿈이다. 근대 과학과 기술의 발달과 더불어 형성된 '안전율'의 개념은 완전한 것은 없으며 안전하다는 것은 결국 일종의 근사치로 표현하는 평균값에 해당되는 것임을 보여준다. 의학에서의 질병 예방이나 식품 안전의 문제 역시 완벽한 것이라기보다는 점차 확률을 높이는 것에 불과하다. 절대나 완전이라는 표현은 적어도 '안전'의 영역에서는 존재할 수 없는 단어다. 안전을 강조할수록 위험의 공포는 커지고 우리의 자유는 사라지게 된다. 그런 점에서 안전의 또 다른 얼굴은 감시와 검열이 되고 만다. 나아가 안전 이데올로기로 무장한 시민들은 상호 간의 자율통제를 완성시킬 것이다. 안전은 말 잘 듣는 '착한 시민'을 무더기로 양산할 가능성이 적지 않다(권경우, 2014. 6. 24).

안전은 규칙을 지키는 것이다. 세월호에서 '안전'을 위해 무작정 기다리기만 한 희생자들이 그러하다.

더 이상 안전한 곳은 없다. 후쿠시마를 통해 직접 알게 된 원전의 위험은 이 사실을 증명한다. 인간의 조건에서 실제로 피할 수 있는 공간은 없다. 그래서 우리에게 필요한 것은 안전을 추구하는 것이 아니라 위험을 감지하고 감수하는 능력이다.

위험을 감수하고 감당할 수 있는 사회야말로 건강한 사회다. 나아가 안전을 위반하고 벗어나는 것이다. 모든 삶은 안전지대를 넘어설 때야 혁명과 조우한다.

각종 재난이나 테러, 위험으로부터 국민을 지키고 보호(안전)하는 것이 정부의 역할이며, 안전을 넘어 국민이 안심하고 살아갈 수 있는 사회를 구축하는 것도 정부의 막중한 역할이다. 그러므로 객관적 위험 그 자체를 줄이려는 노력도 중요하나, 위험에 대한 국민의 주관적인 인식인 불안을 줄이려는, 즉 국민안심을 증대시키는 방안은 국민의 안전을 지향하는 정부의 필수적인 정책 활동이라고 하겠다.

우리 사회에서 위험문제는 안전이 아니라 안심 즉, 공중의 입장에서 안전을 넘어 안심을 우선시해야 하는 이슈로 진화하고 있다. 위험사회 극복을 위한 기본목표도 안전사회(safety society)가 아니라 안심사회(relief society)로 설정해야 할 것이다.

위험사회를 넘어, 안심사회를 향하여

　우리 사회에서 각종 사건 사고가 지속적으로 증가하고 사이버사회에서조차 부정적 현상들이 노출되는 것은 사람들 간의 신용, 나아가 사회적 신뢰기반이 허약하기 때문이다.

　프랜시스 후쿠야마(Francis Fukuyama, 1996)는 국가경쟁력의 원천을 트러스트(trust)로 보고, 각 사회가 지니고 있는 신뢰의 정도가 그 사회의 경제적 특징을 결정짓고 국가의 운명까지도 결정하는 동인으로 규정한다. 그러면서 그는 한국사회를 저(低)신뢰의 사회로 평가한다. 그의 평가가 아니라도 사회적 신뢰가 낮다는 점에 대해 부정하기 어려운 게 현실이다.

　우리 사회 신뢰수준이 낮은 것은 근대화의 부작용에 기인한다. 근대화를 추구해오면서 전통적인 가치관은 허물어졌는데, 새로운 가치관은 뿌리를 내리지 못한 가운데, 기회주의가 하나의 생활패턴으로 자리를 잡았다고 하겠다. 그리고 사회의 변화에 따라 신흥세력이 권력을 잡게 되는데, 대개 신흥세력은 기존의 기반이 약하기 때문에 부정한 방법으로 권력을 잡거나, 활동재원을 마련하게 되고 또 이것이 그들의 권력기반을 흔들게 되고 하는 과정이 반복된다. 결국 우리는 급격한 경제성장과 생활향상을 이루었지만, 사회적인 신뢰기반을 제대로 만들어내지 못한 것이다.

　일견 우리 사회가 신뢰의 수준이 높은 것으로 보일 수도 있다. 우리는 가족 간에 그리고 조직원들 간에 또 사회의 비공식조직 속에서 끈끈한 정으로 뭉쳐 있고 거기서 서로를 믿고 있기 때문이다. 그러나 바로 이러한 상황 때문에 사회적 신뢰수준이 낮은 것이다. 사실 우리 사회를 위험하게 한 각종 대형 사건 사고 뒤에는 각종 인연으로 엮인 이해당사자들 간의 유착이 있었기 때문이다. 혈연끼리 믿는 것, 연고가 있는 사람들끼리 믿는 것, 그것을 넘어서서 낯선 사람과도 믿음을 나누고 이민족과도 믿음 있게 행동하는 것이 진정한 신뢰이다. 보편적인 신뢰가 요구되는 것이다.

2 협력적 거버넌스 구축

아는 것만으로 충분하지 않다. 적용할 줄 알아야 한다.
의지만 가지고는 충분하지 않다. 행동으로 옮겨야 한다.
(Knowing is not Enough, We must Apply.
Willingness is not Enough, We must Do.)
-괴테(Johann Wolfgang von Goethe)

2.1. 시스템 차원의 접근 필요성

우리 국민은 그리 행복하다고 생각하지 않는다. 이는 미래의 불확실성에서 기인한다. 사람들은 현재 고통받고 있다고 하더라도 앞으로 가능성이 보인다면, 희망이라는 감정의 지배를 받아 역동적 삶을 설계한다. 그러나 현재가 과거보다 나아졌다고 하더라도 미래가 불확실하면, 그 희망의 불꽃은 시들고 어둠의 그림자가 엄습하며 불안과 공포에 휩싸인다. 그렇기에 우리는 현재 행복할 수 없다.

우리 사회의 현재 및 미래를 설명해주는 키워드 중 하나가 바로 이 '공포'라는 감정이다. 감정은 이처럼 사회를 읽어내는 하나의 렌즈인 것만이 아니라 행위의 동인이 돼 사회를 변화시키기도 한다.

사람들은 자신의 공포가 자신이 아닌 사회구조에 의해 유발된 것으로 인지할 경우 분노라는 배후감정이 발생하고 사람들은 저항을 통해 이를 극복하고자 한다. 반면 공포가 자신의 능력 부족에서 기인한다고 인지할 때 수치심을 느끼고 자기계발을 통해 공포를 극복하고자 한다. 다른 한편 공포가 사회체계에 원인이 있지만 자신이 극복할 수 없다고 인지할 경우 무력감을 느끼고 체계에 순응하려 하고, 공포의 원인이 자신에게 있지만 자신이 극복할 수 없다고 인지할 경우 체념하고 퇴행적인 행위를 하게 된다(박형신, 2016).

우리 사회는 정부에 대한 의존(reliance)과 두려움(fear)이 공존하는 상황으로, 정책이 어떠한 방식으로든 국민 의사를 반영하고 참여를 통해 이루어지도록 노력하지 않는다면 국민들은 정부정책에 대해 감정적 대응을 보이게 되며, 이는 대화와 설득을 통한 정책수용성 강화에 부정적 영향을 미치게 된다(Park, 2013). 특히, 독단적 의사결정은 과거 폭압적인 정부에 대한 기억과 이미지를 재생 및 강화시키며 정책수용성에 부정적 영향을 끼친다.

국민이 납득하지 못한 정책은 정책집행의 곤란함을 가중시킨다. 권위주의적인 정부에 대한 인상과 정부의 강제적 법 집행 사례에 대한 기억 등이 국민들의 기억 속에 남아 있어, 정부에 대한 불신과 정책에 대한 낮은 수용성이 발생할 우려가 있다. 또한 독단적인 의사결정은 '정부=권위적'이라는 단순화된 대표성 휴리스틱을 야기하며, 정부신뢰 및 정책지지를 이끌어내는 데 부정적 영향을 결과한다. 따라서 민주적 절차와 법제도적 장치들의 강화를 통해 부정적인 과거의 기억으로부터 발생하는 대표성 휴리스틱을 개선할 필요가 있다. 구체적인 정보를 제공하고, 절차적 민주성과 주민의견 수렴과정을 거치면서 과거에 발생했던 부정적인 사회적 기억들을 효과적으로 관리하여, 이를 통해 주민들과의 신뢰형성 및 정책 수용성을 제고해야 할 것이다(박정호, 2014).

국민은 익숙한 과거의 기억으로부터 부정적, 긍정적 태도를 결정하는 경향이 강하므로, 정부에 대한 긍정적인 이미지 및 신뢰관리가 중요하다. 국민은 인지적 편의로 인해 정부정책으로 발생할 피해에 대해 막연히 예측, 판단, 상심하게 되므로, 이러한 측면을 고려하여 국민들에게 정책으로 수반되는 비용과 편익에 대한 상세한 정보를 제공할 필요가 있다. 정부신뢰가 함께 수반될 경우 정부가 제공하는 정보에 대해 신뢰를 부여하여, 비용과 편익에 대한 할인율을 보다 이성적으로 접근하는 경향이 강화될 수 있다.

국민의 분노와 불신, 대규모 집회는 정책결정자들의 투명하지 못한 정보제공과 국민의 의견(정보)이 투입되는 과정이 미흡한 데서 비롯된다. 충분한 정보교류가 부족하거나 기존의 지원 약속을 번복할 경우 정책에 대한 혼란을 가중시키며, 이에 따라 정부의 정보가 아닌 다른 출처의 정보에 의존하여 정책을 인식하는 현상이 발생하는 것이다. 광우병 사례의 경우, 이해를 위한 전문적 정보가 필요했으나 정부가 적극적인 정보공개로 혼란을 감소시키는 데는 미흡하였고, 이에 인터넷 및 방송을 통해 불확실한 정보들이 퍼져나가면서 국민의 불안과 염려가 고조되었다. 그럼에도 불구하고 정부는 '쇠고기 괴담', '과민반응'이라는 태도를 보여 더욱 국민감정을 훼손시켰다.

과학기술 위험관리 및 대중인식에 관한 패러다임 전환

이영희(2010)는 기술적 위험에 대한 정부의 관리체제의 성격을 크게 기술관료적 패러다임과 과학기술사회론적 패러다임으로 구분하고 있다.

기술관료적 패러다임이란 한 사회의 위험관리체제가 위험에 대한 과학주의적 인식론에 기반하여 폐쇄적으로 운영되는 것을 의미한다. 기술적 교육을 받은 전문가들이 자신들의 전문지식을 이용하여 지배하는 행정체계이며, 공공적 정책결정의 메커니즘이다. 위험에 대한 과학주의적 인식론에서는 기본적으로 위험을 객관적인 과학의 힘을 빌려 정량화할 수 있고 통제할 수 있다고 본다. 이 인식론에서는 위험이란 우리의 인식 외부에 독립적으로 실재하는 것이며, 건전한 과학(sound science)에 기반하여 그 범주와 발생 가능성을 객관적으로 파악하고 측정할 수 있다고 여긴다. 이러한 인식론에 바탕하여 보험, 독성학과 역학, 엔지니어링 등의 분야들에서는 위험의 파악과 계산, 측정에 종종 통계학과 확률론이라는 과학주의적 방법론이 동원된다. 이러한 과학주의적 위험인식론은 대체로 위험관리 의사결정에 있어 전문가주의라는 폐쇄적 접근법을 선호하게 된다. 과학주의적 위험인식론에 따르면 기술적 위험은 사회의 다른 영역과는 달리 복잡성과 난해함을 그 특징으로 하고 있기 때문에 위험의 측정과 관리는 특정한 과학적-분석적 방법론을 구사할 수 있는 과학기술 및 경제전문가들과 전문관료들에 의해 수행되어야 하기 때문이다. 따라서 기술관료들은 통상적으로 시민 대중이 비합리적이고 전문성이 결여되어 있기 때문에 공공적인 의사결정에 참여해서는 안 된다고 주장하는 경향이 있다(한국과학기술학회, 2015). 효율성(efficiency)의 논리가 지배적인 기술관료적 패러다임에 따르면 기술적 위험과 관련된 정책이라 하더라도 기술관료들은 그냥 '결정하고, 선포하고, 방어하면(Decide, Announce, Defend: DAD)'되었다. 꼭 필요할 경우에만 사후적으로 시민들을 설득하는 절차를 밟았을 뿐이다.

기술관료적 패러다임의 대척점에 있는 과학기술사회론(STS: Science, Technology and Society)은 과학기술을 사회체계와의 상호작용을 통해 형성되는 복합적 구성물로 간주하면서 그 성격과 과정을 규명하려는 학문적 접근방법을 의미한다. 과학기술사회론에서는 과학기술 지식에 부여되었던 특권적 인식론적 지위, 즉 과학기술 지식은 여타의 지식과는 달리 사회와는 무관하게 발전한다는 관념을 거부하고 과학기술 지식의 발전과정도 여타의 지식과 마찬가지로 사회문화와 관련되어 있다는 점에서 과학기술의 사회적 구성성을 주장한다. 이처럼 과학기술에 대한 단순한 실재론을 뛰어넘어 사회적 구성성을 강조하는 과학기술사회론에서는 위험에 대해서도 실재론적이고 과학주의적인 인식론을 거부하고 위험이 사회문화적으로 구성됨을 지적한다. 위험이 사회문화적으로 구성된다는 것은 위험이 객관적으로 실재하기보다는 사회에 따라 달리 인식될 수 있다는 것을 의미한다(Krimsky&Golding, 1992). 비록 위험 잠재력이 있는 대상이 동일할지라도 위험에 대한 전문가의 프레임과 일반 시민의 프레임이 상이하게 구성될 수 있으며, 위험을 다루는 관련 기관과 전문가들에 대한 신뢰 여부가 위험에 대한 일반 시민들의 인식에 매우 중요한 영향을 미치게 된다는 과학사회학자 브라이언 윈(Wynne, 1992)의 연구는 위험관리에 유의미한 시사점을 제공한다. 윈은 위험에 대한 전문가 지식도 한계가 있으며, 일반 시민들의 과도하게 보이는 반응에도 나름의 합리성이 존재하므로 일반 시민에게 전문가의 방식을 강제하기보다는 상호소통과 학습이 필요함을 설득력 있게 보여주었다(이영희, 2010).

또한, 어윈(Irwin, 1997)은 일반 시민이 동질적이고 수동적이며 비이성적이고 과학적 지식에 대해 무지하다는 기술관료적 사고는 비판되어야 한다고 주장하고 있다. 최근 과학기술의 패러다임이 실험실에서 사실의 발견, 그 사실에 대한 동료의 평가, 이를 지원하는 국가나 과학 재단의 지원 정책이 중요한 가치였던 정상과학(normal science)에서 과학을 둘러싼 과학자 사회와 시민사회의 대화와 신뢰가 중요하게 부상하는 탈정상과학(post-normal science)으로 변화되고 있는 상황 역시 과학기술위험관리에 있어서 과학기술사회론적 패러다임 적용의 필요성을 지지하고 있다. 탈정상 과학이 당면한 위험문제를 다루기 위해서는 기존 전문가들로만 국한되지 않는 '확장된 동료 공동체(extended peer community)'가 필요하게 된다. 확장된 동료 공동체는 문제가 되고 있는 과학기술적 이슈에 대한 '사실의 확장(extended facts)'을 가져오기 위해 전문가들만이 아니라 일반 시민이나 지역주민 그리고 언론 등과 같은 직간접적인 이해관계자들까지 참여하도록 함으로써 위험에 대한 관리를 민주적으로 수행하게 되는 것이다. 결국 과학기술사회론적 패러다임은 위험에 대한 과학주의적 인식론과 전문가 중심주의에서 탈피하여 위험의 사회적 구성성과 일반 시민을 중심으로 하는 동료 공동체로의 확장을 통한 개방성을 강조하는 위험관리의 접근방식이라고 하겠다.

기본적으로 과학지식이라는 것은 과학자 사회 내에서 자기 충족적으로 생산되는 완성된 지식으로 간주되고 있으며, 대중은 이러한 지식의 생산과 무관하며 생산된 지식을 흡수하는 수동적인 객체로 간주되어 왔다. 오히려 생산된 지식의 흡수 역시 어려운 것으로 생각되어 무지한 '대중의 계몽'이 과학자들의 중요한 과제로 여겨지기도 하였다.

실상 과학기술의 위험관리에 있어서의 두 가지 패러다임인 '기술관료적 패러다임'과 '과학기술사회론적 패러다임'은 과학기술계(혹은 과학자)의 대중을 바라보는 두 가지 시각인 '결핍모형' 그리고 '맥락모형'과 상당 부분 연계되어 있다.

단선적 차원의 과학대중화론인 '결핍모형(deficit model)'은 대중들이 인지적으로 결핍되어 있기 때문에 과학지식의 중요성과 그 의미를 제대로 이해하지 못한다는 주장이다. 결핍모형에서 과학은 문제시되지 않는다. 과학지식은 과학자 사회에서 배타적으로 생산되는 지식이며, 그 자체로 완성되기 때문이다. 과학자 사회라는 자기 완결적 구조에서 만들어진 지식은 자연스럽게 확산되어야 한다. 왜냐하면 그것은 보편적이고 객관적인 지식이며, 자연이 보증하는 진리이기 때문이다. 결핍모형은 이러한 확산을 자연스러운 것으로 가정한다. 마치 물이 높은 곳에서 낮은 곳으로 흐르듯 우월한 지식이 대중들에게 확산되는 것은 당연하기 때문이다

(김동광, 2002). 결핍모형의 측면에서 보면 과학지식을 생산하는 배타적인 집단으로서 과학자 사회와 이른바 전문가라 불리는 정책입안자들의 관점을 기반으로 삼는다. 대중은 결핍된 대상으로서 중요한 과학기술 관련 정책결정에서 배제할 수밖에 없다. 이러한 입장은 대중이 비합리적이고 전문성이 결여되어 있기 때문에 과학기술위험과 관련한 공공적 의사결정에 참여해서는 안 된다는 기술관료적 패러다임과 인식적 궤를 같이한다. 실제로 영덕, 안면도, 굴업도, 부안 등의 방폐장 건설에 있어서 정책입안자들과 과학자들은 일반 대중들이 복잡한 원자력의 안정성에 대한 과학적 논쟁과 지식에 무지하기 때문에 이를 이해하기 어렵고, 따라서 적극적인 홍보활동만이 일반 대중들의 원자력 안정성에 대한 이해를 높일 수 있는 방법이라고 생각했다. 하지만, 그 결과는 격렬한 지역민들의 저항과 폭력사태로 귀결되었다.

반면 대중의 과학이해(Public Understanding of Science: PUS)의 관점에서 '맥락모형(contextual model)'은 일반인들이 특정하고 구체적인 맥락 속에서 과학기술을 어떻게 이해하는가를 중심적으로 다루려는 입장이다. 이에 관한 주장은 다음과 같다. 첫째, 전통적 입장에서는 대중은 한데 뭉뚱그려진 단일한 집단으로 간주되지만, 실제로 대중을 동질적인(homogenous) 집단이 아니라 이질적인(heterogenous) 집단으로 취급한다. 결국 대중의 과학에 대한 이해는 개인이 속한 집단, 성(gender), 연령, 학력, 지역, 인종 등의 맥락(context)에 따라서 달라진다는 것이다. 둘째, 대중의 다양한 실체와 마찬가지로 '과학'도 단일한 개념이 아니며 절대적인 가치로 취급하지 않는다. 오히려 대중적 논쟁이나 토론과정에서 전문지식의 지위(status)가 규정되고, 그 지식의 유효성(efficacy)의 한계가 규정될 수도 있다는 것이다. 셋째, 대중의 과학에 대한 이해 역시 일방향적이거나 단순하지 않다는 것이다. 그들에게 주어진 과학지식이나 메시지는 그들이 갖고 있는 풍부한 실생활의 경험에 비추어 비교되고 평가된다. 그리고 그러한 가치들은 대중이 과학적 메시지를 해석하는 데 강력한 영향을 미친다. 대중은 구체적인 맥락 속에서 과학지식을 다른 지식들과 비교하고 그것의 신뢰성을 저울질한다. 따라서 대중의 과학이해는 숱한 설명들에 대한 판단과 평가, 그리고 기존의 가치체계와 과학적 지식의 경쟁이라는 상호작용을 통해서 이루어진다는 것이다. 이러한 PUS 차원의

'맥락모형'은 과학기술위험의 관리가 전문가만의 전유물이 아니라 대중을 비롯한 다양한 이해관계자들의 참여와 상호작용을 통해 민주적으로 이루어나가야 한다는 과학기술사회론적 패러다임과 동일한 인식철학을 공유한다.

영국, 캐나다 등 과학기술 위기관리를 선도적으로 진행하고 있는 국가들의 경우 기술적 방벽(technological barrier), 과학적 방벽(scientific barrier)이라는 과학자, 기술관료들이 확신할 수 있는 혹은 전문성을 보일 수 있는 정책방안보다는 시민들과 지역주민들로부터 사회적 신뢰성을 획득하는 과정인 사회적 방벽(social barrier)의 수립에 정책의 무게중심을 두고 있으며, 모든 정책결정이 전문가들에 의해 독점되어야 한다는 기술관료적 관리패러다임을 지양하고 있다. 결국 폐쇄적 전문가들만의 결정보다는 합의적(consensus) 의사결정과 다수결 원리의 요소를 모두 포함하는 숙의 민주주의 차원에서 시민참여의 공론화 모델을 지향하고 있다는 것이다. 또한, 시민 대중을 인식하는 입장도 인지적 결핍을 가진 대상(결핍모델)이라기보다는 같이 협력하고 소통해야 하는 동료 공동체(맥락모델)로서의 인식이 기저에 강력하게 자리하고 있다.

위기-위험관리 시스템의 혁신

국가적인 위기가 발생할 때마다 정부는 나름대로 위기상황에 대처하기 위해 노력하는 모습을 보인다. 하지만 위기관리 정책과 시스템의 개선을 통해 체계적인 위기관리, 장기적이고 철저한 사후 복구, 동일한 재난이나 사고의 재발방지를 위한 제도적 개선방안을 마련하고 정착시키는 데는 실패한다. 그 결과, 동일하거나 유사한 재난이 발생하게 되고, 또다시 요란스럽게 일회적인 위기관리와 원인 제공자 및 책임자 색출과 처벌을 한다.

국가위기관리는 정부, 기업, 시민사회 등 국가를 구성하는 모든 구성원이 함께 파트너십을 갖고 공동의 노력을 기울여야 하는 것이다. 정부는 이들 부문, 즉 정부 부문, 기업 부문, 시민사회 부문이 각자의 영역에서 해야 할 기능과 역할을 배분하고 조정하며 지원하는 역할을 해야 한다. 또한 위험의 공유(shared risk)에 따른 책임의 공유(shared responsibility)가 이루어질 때 비로소 적절한 위기관리를 이루게 되고, 이를 통해 다른 사람들을 위험으로부터 구할 수 있는 것이다.

위기 대응 위주의 명령, 지시, 통제, 감독이라는 비상시의 권위주의적 운영 논리에 기반하여 업무를 수행해오던 것을 지원, 협력, 연계, 조정이라는 민주적 파트너십 운영 논리로 전환해야 한다. 또한 중앙정부의 역할이 모든 위기관리서비스를 직접 제공하는 것으로부터 위기관리 지원자 또는 조정자의 역할로 바뀌어야 한다.

어느 사회에서도 단일 정부부처나 기관이 또는 정부 부문이 언제, 어디서, 무슨 사고가 터질 것인지를 예측하고 대비하는 것은 불가능하다. 따라서 이제 국가위기관리 시스템이 정부 중심형 위기관리 시스템으로부터 개별 가정이나 기업, 시설, 건물 등 사회체계를 구성하는 모든 개별 조직들이 스스로 재난이나 위기를 사전에 탐색하고 예방하며, 효율적으로 대응할 수 있도록 위기관리 역량을 키우는 사회내장형 위기관리 시스템으로 바뀌어야 한다(이재은, 2015).

2014년 세월호 사고의 발생과 재난대응과정은 한국사회의 총체적 부실과 비인간적인 자본주의 문화의 문제를 여실히 보여주었다. 이것은 단지 국가(정부)의 문제만이 아니라 기업과 시민들의 문제이기도 하다. 자본주의 사회의 이윤 극대화 논리와 경쟁논리가 확산되고, 특히 신자유주의 정책의 급진화로 공공재의 사유화와 시장화, 노동시장의 유연화와 비정규직화 등이 확산되면서 사회 전반적으로 화폐물신주의(황금만능주의)가 확산되어 일자리와 관련된 직업윤리, 책임의식이 쇠퇴하였다. 자본주의, 신자유주의 사회에서 화폐물신주의가 팽배해지면서 경쟁논리가 더욱 확산되어 개인주의적인 재산(소득)경쟁, 출세경쟁이 심화되었고, 이에 따라 사람들 간 신뢰와 윤리가 쇠퇴하면서 사회연대의식은 약화되었다. 시민들 간의 신뢰를 회복하고 협력과 연대를 통한 공동체 사회에 대한 합의를 이루어 나가야 한다.

세월호 사고는 자본주의와 신자유주의가 낳은 비윤리적, 경쟁적, 황금만능주의적, 개인주의적 문화에 대한 시민들 스스로 반성의 계기가 되어야 한다.

2.2. 거버넌스 개념 및 접근법

국가사회적 문제해결의 키워드, 거버넌스

신뢰의 결여가 통치능력의 결함으로 작용한다는 사실은 경제위기 국면에서 거듭 확인되고 있다. 그런데 신뢰만 해주면 문제를 풀어갈 다른 능력은 있는 걸까? 지금 세간의 불신이 '능력'에 대한 불신을 포함하게 된 것만은 분명하다.

시민사회가 다양한 분야에서 국가 거버넌스의 일부를 담당할 만한 책임성과 전문성을 함양하면서, 정당·사회단체·노동조합·종교계 들이 연대하여 입법부의 활성화, 사법부의 독립, 언론의 건전성 등을 확보할 범국민적 합의를 이끌어내야 한다. 대중의 토론과 합의를 이어받아 언론과 여러 전문집단, 권익집단을 포함한 시민사회가 정당들과 함께 건설적으로 국정에 기여하는, 단순한 시위참여가 아니라 국가 거버넌스에 참여하는 길을 마련해야 한다.

일반적으로 과학기술에 따른 위험을 논할 때 다음의 두 가지를 동시에 고려해야 의미가 있다. 과학기술의 산물이 갖는 위해성 그 자체와 인간과 자연 생태계가 이 위해성에 얼마나 노출될 수 있는지의 가능성이다. 가령 인공 제조된 나노물질로 만든 나노제품을 생각할 때, 나노물질(입자상태)의 독성이 지닌 위해성 그 자체와 인간이 나노제품(결합상태)을 사용할 때 독성을 띤 이런 입자상태의 나노물질에 얼마나 노출되는가를 동시에 고려해야만 나노제품으로 인한 위험을 논하는 것이 의미가 있다. 아무리 위해성이 큰 사물이 존재하더라도 우리가 그 사물에의 접근이 차단될 수 있다면 인간에게 결코 위험하다고 볼 수 없기 때문이다. 지구온난화를 막고자 공장에서 배출되는 이산화탄소의 양을 줄이려는 노력, 원자로에서 방사능이 유출되더라도 인간이 접근할 수 없도록 원전 주변 일대를 차단하는 경우 등이 이에 해당한다(이중원, 2012. 9. 16).

전자의 요소가 미래의 과학기술 발전으로 완화될 문제라면, 후자의 요소는 현재의 사회적 시스템과 관련된 문제이므로 현재 위험을 논할 때는 이 문제가 더욱 중요하다. 그래서 이 부분, 곧 위해성에의 노출을 최소화할 수 있는 사회적 안전망 구축이 위험 거버넌스의 핵심 관건이다. 일반적으로 거버넌스(governance)란 거번먼트(government)로서의 정부뿐 아니라 위험을 통제하려는 모든 사회적 요소들-관련 행위자들, 논의 및 결정 과정, 문화와 전통, 사회적 규약과 제도 등-이 함께 작동하는 사회적 기제를 말한다. 과학기술적인 차원에서의 접근만이 아니라 과학기술이 미처 예상하지 못한 요소들을 포함한 위험에 대한 사회적 차원의 공동대처가 중요하다는 의미다. 그런데 이것이 제대로 작동하려면 위험에 대한 투명한 공개와 사회적 공유 그리고 이에 대한 책임 있는 공동대처가 필요하다. 한마디로 여러 이해당사자들 간의 사회적 소통이 매우 중요하다. 사회적 소통은 이제 정치권의 문제만이 아니라 우리 개개인의 안전하고 지속가능한 미래를 위해 꼭 필요하다.

특히 최근 미디어, 테크놀로지 진화에 수반되는 정치적 특징은 기존의 통치(government) 개념이 거버넌스 개념으로 점차 대체되고 있다는 점이다. 이는 전통적인 국가 중심의 정치와 외교 그리고 정책결정체계의 근본적 변화를 의미한다. 공공정책결정 영역은 전통적으로 정부의 독점적 영역으로 간주되어왔지만, 이제는 시민사회의 구성원들도 참여하는 거버넌스의 영역이 되고 있다는 것이다. 디지털혁명은 산업화시대와는 다른 새로운 거버넌스를 요구한다. 왜냐하면 정부의 일방적 요구와 명령에 의해 의제가 제기되고 정책이 결정되는 것이 아니라 정부, 정치인, 언론 등 전통적인 중간매개자의 역할을 감소시키고 점차 시민들 간의 직접적인 거래와 상호작용을 증가시키기 때문이다.

거버넌스 개념과 작동원리

거버넌스는 신자유주의의 등장과 이에 따른 정치·경제·사회분야의 변화를 주요 배경으로 한다. 신자유주의의 등장으로 다양한 참여자의 역할이 강조됨에 따라 그동안 국가가 점유하고 있던 독점적 지위는 약화되고 반면 조정(coordination), 조종(steering), 조절(regulation)을 위한 국가의 역할이 강조되기 시작하였다. 이러한 배경에서 거버넌스의 의미는 환경변화에 대한 국가의 적응과 다른 한편 사회체제의 협조적 조정과 그 과정에서의 국가의 역할에 대한 새로운 개념적, 이론적 표현으로 볼 수 있다(김석준 외, 2002).

거버넌스는 광의로 "새로운 상호협력적인 조정양식"으로 정의될 수 있는데(김석준, 2000), 이처럼 정의되는 거버넌스는 규범적인 것으로서 가치내재적 정의라고 할 수 있다. 여기에서 상호협력성은 곧 국가, 시민사회, 시장 간의 관계를 의미한다.

이와 같은 광의의 거버넌스 개념과 비교하여 UNDP에서는 상대적으로 구체적이며, 시민사회 중심적인 개념정의를 하고 있다. 즉, UNDP에서는 거버넌스를 "국가의 문제를 해결하기 위한 정치적, 경제적, 행정적 권위의 사용"으로 정의하면서, 거버넌스는 시민들과 각종 집단들이 자신들의 이익을 모색하고, 자신들의 권리와 의무를 수행하고, 자신들 간의 차이를 조정하는 "복잡한 메커니즘, 과정, 관계, 제도"라고 하여 시민사회 중심으로 정의하고 있다(UNDP, 1997).

거버넌스 형성의 3대 주체는 바로 국가, 시장, 그리고 시민사회라고 할 수 있다. 이들 간의 역학관계나 기능의 수행에 의하여 다양한 거버넌스의 형성이 가능하다. 이들 간의 균형관계가 어떻게 형성되든, 이들 간의 상호작용성은 곧 거버넌스가 그 속성상 네트워크의 형태를 취하고 있음을 의미한다. 이와 같은 네트워크를 기반으로 하는 연계망의 활동이 지속성을 갖기 위해서는 무엇보다도 신뢰를 기반으로 상호작용이 이루어져야 한다.

거버넌스의 핵심으로서의 네트워크는 그 특징으로서 개방성, 균등성, 상호작용성, 공동체적 선 등을 들 수 있다. 즉, 문제의 상황이나 맥락과 관련된 모든 주체의 자유로운 출입, 이 주체들 간의 권력과 영향력의 균등성, 주체들 간의 영향을 주고받는 상호작용성의 존재, 주체들은 느슨하지만 하나의 가치체계로 연결시켜주는 공동체적 선의 보유 등을 기본적인 특징으로 한다.

어떠한 형태의 거버넌스가 형성되든, 거버넌스가 형성되기 위한 가장 중요한 원리는 바로 다양한 주체의 참여와 이들 간의 상호작용에 의한 공동체주의의 형성이라고 할 수 있다(김석준 외, 2000). 참여와 공동체주의가 지향하고자 하는 것은 또한 다원적 평등(complex equality)의 실현이라고 할 수 있다(Walzer, 1998). 정의와 평등은 온정주의 혹은 포괄적인 간섭주의(paternalism)에 의하여 피동적으로 주어지는 것이 아니라, 문제의 논의과정에 참여하고, 주체로서의 의견제시가 가능하고, 이러한 가운데 형성되는 공동체적 선의 형성을 통하여 이루어지는 것이다. 어느 특정한 가치, 예를 들어서 정부에 의하여 선호되는 가치가 사회의 가치나 혹은 국가의 가치를 대체할 수 없다는 것이다. 여기에서 참여주의는 기본적으로 거버넌스에 대한 주체로서의 참여를 의미한다. 예를 들어서 시민단체의 거버넌스에 대한 참여를 의미한다.

새로운 주체의 참여가 효과성을 발휘할 수 있으려면 무엇보다도 다양하고 새로운 참여주체들에게 균등하게 적용될 수 있는 공동체적 선의 형성, 즉 공동체주의가 지향될 수 있어야 한다.

여기서 지향되어야 할 공동체주의 혹은 공동체적 선은 개인의 비판적 성찰(self-reflection)과 해방을 통하여 추구되어야 할 것이다. 개인이 지향하는 가치와 자유의 한계에 대한 자기 스스로의 비판적 인식과 이를 통한 배타적 개인주의로부터의 해방, 그리고 이타적 봉사주의와 공동체적 선의 지향이 바로 거버넌스에서 지향되어야 할 가치이다. 공동체적 선과 가치는 일정한 양식에 의하여 정형화되거나 고정되는 것이 아니라 타자의 가치에 대한 적극적 이해와 수용의 과정을 통해서 다양하게 형성된다는 점에서, 곧 다원적 가치의 수용 혹은 다원적 평등의 지향이라고 할 수 있다.

거버넌스가 제대로 작동하기 위해서는 구성 주체들 간의 관계가 갈등과 대립보다는 보완과 협력의 관계를 지향해야 한다. 거버넌스가 강조하는 것은 다양한 주체들의 자발적이고 능동적인 참여라고 할 때, 이것이 가능하기 위해서는 여러 가지 조건이 요구된다. 가장 중요한 전제조건은 각 구성주체들의 자기 비판과 참여의 동등성 확보라고 할 수 있다.

먼저 자기비판(self-reflection)은 그 특징으로서 권력의 부당한 사용의 인식, 이에 따른 침해의 존재에 대한 인정, 자기 권력의 절제, 타 주체의 가치관에 대한 인정과 개방적 수용, 적극적 의사소통의 유지 등을 들 수 있다. 이러한 과정은 닫힌 체제에 고립되어 있던 정부를 열린 체제 속으로 '해방'시키는 것이라고 표현되기도 한다. 정부 입장에서의 이와 같은 자기비판은 기존의 독점적인 통치를 포기하는 것과 동일하다. 포기라기보다는 공동관리 혹은 공동통치의 의미로 해석되는 것이 바람직할 것이다. 그리고 동등 참여(equal participation)는 부분적인 참여, 선택적인 참여, 비공식적인 참여, 형식적인 참여가 아니라 거버넌스에 정부와 동등한 주체로서 참여하는 것을 의미한다.

이와 같은 자기비판과 동등 참여가 유효하게 이루어질 수 있는 방법은 거버넌스 주체들 간 문제에 대한 충분한 정보(사실, 방법, 지식, 과정 등)를 공유하는 것이다. 정보의 공유는 곧 자원(권력)의 공유이다.

협력적 거버넌스 모델

과거 계층적인 관료제가 노정해왔던 이해관계 조정의 한계와 서비스 공급 및 전달의 비효율성을 극복하기 위한 하나의 대안으로 협력적 거버넌스(collaborative governance)가 제시된다.

이러한 맥락에서 재난관리, 위기관리, 공공재 등 다수의 이해관계가 얽힌 공공문제에 대해 정부 단독의 해결보다는 외부의 다양한 이해관계 조직들의 참여를 통한 다조직 간 상호작용과 협력이 문제해결에 더욱 효과적이라고 할 수 있다(Agranoff&McGuire, 1998).

협력적 거버넌스 하에서는 일방적, 계층적, 폐쇄적 의사결정구조가 아니라, 개방된 문제해결의 장에서 다양한 이해당사자들이 자율적, 적극적으로 의사결정구조에 참여함으로써 결국 이들의 이해관계를 반영한 결정이 이루어진다(윤태범·장현주, 2007). 이는 협력적 거버넌스에서는 집합적 문제해결을 위해 과거 관료제 중심에서 벗어나 부문 간 경계를 초월하는 개방적 네트워크를 적극적으로 활용하기 때문에, 관료제와 같은 계층제적 의사결정 구조가 갖는 경직성을 적극적으로 배제할 수 있기 때문이다.

협력적 거버넌스는 부문 간 경계를 가로지르는 다양한 행위자의 자발적인 참여를 통한 협력을 강조하고, 참여자 간 계층제적 구조보다는 수평적 네트워크 구조를 중요시한다. 이는 이들의 네트워크에의 참여가 결과적으로 조직간 조정과 의사소통을 촉진하고, 신뢰성 높은 양질의 정보를 제공할 수 있다고 보기기 때문이다(Putnam, 1993: 37).

협력적 거버넌스는 정책과정에 참여하는 다양한 집단 간의 상반된 이익을 중재하는 조정기제의 역할을 수행하고 있지만, 동시에 정책참여자의 제도적 다원성과 이들 간의 성숙한 상호작용의 문화를 필요로 하기도 한다. 또한 협력적 거버넌스는 공공부문과 민간부문 사이에서, 그리고 각각의 부문 내에서 필요한 자원과 권한을 적절히 배분하는 역할을 수행하며, 이를 통해 민간부문의 전문성과 정책역량을 수용하고, 때로는 통제와 조정을 통해 공공서비스의 효율성 증진을 추구한다. 따라서 좋은 거버넌스(good governance) 또는 협력적 거버넌스의 구축이 정부에 대한 불신을 줄일 수 있다.

먼저 거버넌스의 구축과 관련해서는 다음과 같은 점을 유의할 필요가 있다. 첫째, 거버넌스의 이해당사자인 지방자치단체들을 직접 참여시키고 진정성 있는 협의과정을 거쳐서 상호 합의하에 거버넌스를 구축하여야 한다. 둘째, 거버넌스 이해당사자 간에 상호 이해관계의 공유가 있어야 한다. 셋째, 거버넌스의 운영에 영향을 받거나 영향을 미치는 지역주민, 지역단체, 지역기업 등 이해 관련자들을 모두 참여시켜야 한다.

다음으로 거버넌스의 운영과정에서는 다음과 같은 점을 유의할 필요가 있다. 아무리 좋은 거버넌스를 구축해도 제대로 운영하지 않으면 거버넌스가 성공할 수 없다. 첫째, 거버넌스의 참여자의 합의하에 각 참여자의 역할과 책임이 명확하게 설정되어야 한다. 둘째, 거버넌스의 운영과정을 공정하게 관리할 수 있도록 사전에 합의된 운영규칙과 절차가 마련되어 있어야 한다. 셋째, 거버넌스의 운영과정에서 정확한 정보를 제공하고 상호 공유하여야 한다. 특히, 정확한 정보의 제공은 상호 신뢰구축의 중요한 요인의 하나이다. 넷째, 거버넌스의 운영과정이 투명하고 공정하게 운영되는지를 상호 감시할 수 있는 체계가 있어야 한다.

성찰적 리스크 거버넌스와 시티즌십

현대사회에서 대부분의 재난사고는 인적, 사회적 차원과 기술적 차원이 복합적으로 작용하여 발생한 사회기술적 재난사고로 분류된다. 때문에 기술관료주의에 입각한 위험-위기관리로는 리스크를 예방하고 대비하며 대응하기 어렵다. 따라서 기존의 위기관리 패러다임이 아닌 리스크 거버넌스 패러다임을 고려해야 하는 것이다.

리스크 거버넌스는 리스크에 대한 대처방안을 소수의 전문가들이 기술적 차원에 국한해서 모색하는 협소한 리스크 관리와 달리, 리스크 대응에 있어 사회구성원의 폭넓은 참여(이들의 경험세계에서 나오는 합리적 질문들, 의심들, 두려움, 선호 등에 대한 존중)에 기반해 집단적 지혜를 모아 아젠다를 설정하고 그에 대한 해결책을 모색하는 것을 의미한다(이영희, 2014).

리스크 거버넌스 패러다임은 리스크 예방과 대응체제 구축과 운영과정에 전문가 외에도 다양한 가치와 관점, 지식과 경험들이 관여될 필요가 있다는 점을 고려한다는 점에서, 성찰의 제도화를 증진시키는 성찰적 거버넌스(reflexive governance)라 하겠다.

리스크 거버넌스는 정부 주도의 리스크 대응과 복구과정에서 단지 필요에 따라 자원봉사단체 등의 동원과 같은 방식으로 시민의 협력을 구하자는 기술관료주의적 시민참여론을 뛰어넘어 리스크 예방과 대응에 대한 기존의 전문가주의적 관점을 근본적으로 변화시켜야 함을 의미한다. 무엇이 문제인가와 같은 리스크를 보는 틀 짓기, 누가 리스크에 취약하고 리스크가 사회적으로 어떻게 분배되는가에 대한 영향평가, 리스크의 영향(피해)에 대한 대책 마련, 그러한 리스크 경험에 대한 집합적 학습을 통한 장기적 차원에서의 사회적 복원력 증진 등에 관심을 둔다.

이른바 시민과학(citizen science)이 중요한데, 과학기술과 관련된 의사결정에서 전문가들의 교과서적인 지식만이 아니라 그 과학기술로부터 직접적으로 영향을 받는 일반인의 삶의 경험에서 우러나온 평범한 시민적 지식의 실제적 중요성이 인정되어야 한다는 것이다.

리스크 거버넌스는 이러한 시티즌십이 인정되고 제대로 발휘될 때 효력을 발생시킨다. 시민들이 리스크 이슈에 일상적으로 관심을 기울이고 리스크 관련 공적 의사결정에 적극적으로 참여할 권리를 주장하며, 리스크로 인한 공동체의 파괴에 대한 연민과 연대감을 가지고 그 복구과정에 정신적, 육체적 또는 다른 어떤 방식으로라도 힘을 보태는 것, 그것이 바로 리스크 시티즌십이다. 사회구성원들의 시민적 지식과 경험을 소중한 사회적 자산으로 존중하고 활용함으로써 리스크에 대한 사회적 대응력과 복원력 향상에 기여할 수 있는 것이다.

민주적 갈등관리와 주민참여, 숙의 민주주의

최근 우리나라에서의 갈등사례들을 살펴보면 다양한 이익이 결집되고 표출되는 민주화 시대가 되었음에도 그로부터 발생하는 갈등의 관리는 여전히 권위적인 요소를 많이 포함하고 있다. 갈등의 발생과 해결 간의 간극은 결코 만족할 만한 갈등문제의 해결로 연결되지 못한다. 갈등의 발생은 다양하고 복잡한 차원에서 발생하는 반면 그러한 갈등을 해결하기 위해서 단선적이고 명령·지시적인 해결책만을 강조할 경우 갈등은 심화되고 또 다른 갈등으로 발전하기 때문이다.

기존과 구별되는 새로운 갈등의 속성은 갈등관리방식의 변화를 요구한다. 새롭게 제기되는 갈등관리방식의 가장 큰 특징은 갈등의 주체인 이해관계자들의 참여에 관한 부분이다. 이해관계자들의 참여는 일방향적인 정책의 결정과 집행에서 부족한 절차적·내용적 정당성과 타당성을 확보할 수 있는 수단이 된다. 이해관계자의 참여가 갈등관리에 효과적이기 위해서는 형식적 참여가 아닌 실질적인 참여가 이루어져야 한다. 형식적인 참여에 그칠 경우 참여하는 소수의 이해관계자에게 편중된 갈등문제의 해결로 바람직한 결과를 기대할 수 없기 때문이다.

이러한 이유에서 민주적 갈등관리 방법이 요구된다. 민주적 갈등관리는 절차적 정당성이 보장되고, 대표성 있는 이해관계자의 적극적·능동적 참여를 전제로 진지한 논의구조하에서 숙의의 과정을 거쳐 다수결이 아닌 합의에 이르는 방법이다. 민주적 갈등관리는 공공의사결정에서 초래될 수 있는 갈등을 사전적으로 예방하고, 통제·관리·해결하는 일련의 절차적 정당성과 민주성을 근간으로 한 갈등관리방식이다.

민주적 갈등관리는 숙의 민주주의에 사상적 토대를 두고 있다. 숙의 민주주의는 참여 민주주의의 이념을 계승, 발전시키면서 대의제 민주주의의 한계를 보완하고자 한다. 그래서 숙의 민주주의는 참여와 숙의의 측면을 모두 갖고 있으며, 숙의를 통한 합의의 특징도 갖고 있다.

우선 숙의 민주주의에서 참여는 의사결정과정의 포용성을 의미한다. 의사결정에 영향을 받는 모든 행위자들의 포괄적인 참여와 참여를 통한 의사결정과정에서의 복잡·다양한 이해관계의 반영은 집합적 의사결정을 강조한다. 참여를 통한 의사결정은 '형식적 참여는 성공하기 어렵다'라는 공리를 갖는다. 의사결정과정에서의 이해관계자의 참여가 성공적으로 이루어지기 위해서는 균등하고 실질적인 참여기회의 보장, 직접적 이해관계자의 참여를 통한 질적 제고, 공정한 절차를 통하여 정당성을 부여받은 참여자의 대표성 등이 필요하다.

숙의적 측면은 참여자들의 '강제되지 않은 담화'를 의미한다. 다양한 견해와 가치들의 소통이 이루어지는 담화적 조건 속에서 이루어지는 의사결정이야말로 보다 합리적, 민주적인 정당성을 갖는다. 그뿐만 아니라 의사결정 참여자들 상호 간의 이해와 존중을 자극하여 공동의 이익을 탐색 또는 형성하도록 한다. 숙의 과정이 성공적으로 이루어지기 위해서는 자율성·신뢰성 기반의 협의기구 구성 및 운영, 숙의적 논의구조의 효과성 제고를 위한 토론의 개방성과 절차의 합리성 등 그리고 정보의 공개 및 공유가 필요하다.

숙의과정은 합의를 통하여 민주주의적 정당성뿐 아니라 의사결정의 책임성을 함께 보장한다. 이러한 정당성의 기반은 투표나 이해관계의 결집에 있는 것이 아니라 진정한 숙의를 통한 의사결정과정에 있다는 점에서 숙의의 확장을 통한 의사결정의 질이 향상되게 된다. 합의과정은 숙의 과정의 최종 결론이며, 민주적 갈등관리의 최종결정인 만큼 큰 의미가 있다. 합의의 과정은 명확하고 합리적인 합의문의 작성과정, 합의문 추인과 정의 공정성, 구속력 등 그리고 최종합의의 공식화가 전제되어야 한다.

대부분 공공갈등은 정부의 공식적 의사결정과정에 주요한 이해관계자들의 참여가 허용되지 않거나 거부됨에 따라 이들의 의견과 이해가 반영되지 않고 무시되거나 고려되지 않기 때문에 발생한다. 따라서 갈등이 더욱 심화되지 않기 위해서는 갈등 초기단계에 핵심 이해관계자들의 참여기회의 제공이 갈등완화 및 해소에 결정적으로 작용할 수 있다.

많은 공공갈등의 경우 정부의 계획이나 사업에 반대하는 이해관계자 집단들은 원천적으로 참여가 배제되거나 거부됨에 따라 자신들의 이해관계를 관철시키기 위해서 선택할 수 있는 수단이 바로 물리적인 수단들이다. 즉, 시위, 서명운동, 청원제기, 성명서 발표 등의 유형을 선택하면서 시작되지만 갈등상황이 고조되면 물리적인 폭력사태까지 전개되고 결국 법적 소송이라는 극단적인 수단을 통해 자신들의 목소리, 주장, 이해관계를 표출하고자 한다. 따라서 참여의 기회는 갈등이 고조되기 전에 외부의 개입 없이 갈등당사자들의 대화에 대한 상호 필요성을 인식하고 당사자들의 협의 및 합의를 통해 스스로 참여의 기회와 대화의 기회를 자신에게 제공하는 것이 가장 이상적이고 바람직하다.

민주적 갈등관리에서 숙의의 과정은 공통의 이익을 발견하는 과정이 아니라 상호 이해와 합의를 통하여 그것을 만들어가는 과정이다. 즉, 갈등하는 사적 이익들 사이의 조정과 협상뿐만 아니라 공통의 이익을 향한 집단적 노력도 포함한다. 따라서 숙의의 과정은 개인의 선호를 단순히 집약하거나 서로 경쟁하는 이해관계 간의 거래가 아니라 숙의의 강조에 있다.

이러한 의미의 숙의가 갈등관리의 과정에서 실제로 이루어지기 위해서는 갈등 주체들 간의 자율적 의사결정이 이루어질 수 있는 협의체의 구성과 운영이 필요하다. 대표성을 가진 참여자들은 저마다의 소속 이해관계자들의 요구를 수렴하고 이를 관철하기 위해 노력하게 된다. 이 과정에서 갈등 주체들은 자연스럽게 공통의 이익을 만들어가기보다는 사적인 이익에 무게중심을 두게 되어 갈등 해결을 어렵게 만든다.

자율적 협의기구의 구성과 운영은 공통의 이익 모색과 달성을 위한 구체적 방법 마련을 위한 기본조건이 된다. 숙의를 위한 협의기구는 세부적이고 구체적인 규정에 따라 운영될 필요가 있다.

갈등문제의 해결을 위한 이해관계자의 참여가 실질적인 효과로 연결되기 위해서는 숙의의 과정이 필요하다. 민주적 갈등관리에서 숙의의 과정은 갈등관계에 놓인 상호 간의 이해와 접점의 형성을 통한 현실적 대안의 마련 등을 목적으로 한다. 그리고 이러한 숙의과정의 목적달성을 위해서는 정보의 공개 및 공유가 필수적이다. 민주적 갈등관리에서 숙의과정의 필요성은 이해관계자 참여가 필요한 이유와 마찬가지로 정책결정과정에서의 블랙박스(black-box)가 갖고 있는 문제를 해결하기 위함이다. 정책이 결정되는 체제 외부에서는 어떠한 과정을 거쳐 정책이 결정되는지 명확하게 알지 못하며, 제한된 정보만을 가지고 유추할 뿐이다. 이때의 제한된 정보로 인하여 정책의 대상인 시민사회는 정책과 정책결정자를 온전하게 신뢰하지 못한다.

민주적 갈등관리를 위해서 다음과 같은 조치들이 요구된다.

첫째, 정보공개와 공유 대상의 확대가 요구된다. 정책갈등을 유발하는 문제와 관련된 정보에 대하여 정부는 갈등관리의 참여자뿐 아니라 때에 따라서는 수준 차이가 존재하더라도 외부에도 관련 정보를 공개하고 공유할 수 있도록 해야 한다. 직간접적 이해관계자 모두에게 정보를 공개하고 공유할 수 있도록 한 조치는 이해당사자의 참여뿐만 아니라 참여의 대표성을 확보하는 데 중요한 기제가 된다.

둘째, 정보의 내용상 범위의 확대가 요구된다. 숙의과정에서 공개 및 공유되는 정보는 비단 정부 측에서 생산하고 정책결정을 위하여 활용한 정보만을 포함하지 않는다. 갈등관리를 위한 숙의과정에서 형성되는 모든 과정을 정보에 포함하고 있다. 즉, 갈등관리 테이블에서 일어난 참여자들의 모든 것들이 정보가 되고 이러한 것들을 관련자들 모두가 공유할 수 있도록 한다면 실질적 문제해결(합의)의 가능성을 높일 수 있을 것이다.

셋째, 정보공개와 공유의 과정과 절차적 보장이 요구된다. 정보공개 및 공유는 합의적 담론형성뿐 아니라 책임의 강화에도 긍정적인 효과를 준다. 정책결정 관련 정보를 이해관계자 모두가 공유함으로써, 좁게는 갈등관리 참여자들에서부터 넓게는 관련 이해관계자 혹은 일반 시민사회구성원들까지 문제를 공유하고 합리적 해결점을 찾는 데 도움을 준다. 민주적 갈등관리는 단순히 이해관계자인 시민의 참여만으로 이루어지는 것이 아니라 적실성 높은 정보공개와 공유의 절차적 과정을 거쳐 이루어질 수 있다.

효과적인 숙의과정을 위해서 협의기구의 구성 및 운영이 필요하며, 협의기구는 핵심 이해당사자들이 참여하고 신뢰성 있는 운영과정을 거쳐 실질적인 문제해결 가능성을 높여야 한다.

민주적 갈등해결을 위해 갈등문제 관련자들의 파트너십이 형성되어야 하며, 효과적인 파트너십의 발휘를 위해서는 협의절차와 방식의 공정성과 수용성이 높을 때 숙의적 논의구조를 구축할 수 있고, 나아가 민주적 갈등해결을 이룰 수 있다.

2.3. 리스크 거버넌스 및 리스크 커뮤니케이션 거버넌스

위험/재난 거버넌스 개념

오늘날의 위험이란 발생 가능성에 대한 통계적 수치나 물리적 피해 규모로 확정되는 것이 아니라, 다양한 위험정보에 대한 관리와 커뮤니케이션, 그에 대한 대중의 반응이 결합되어 현실에 재현되는 '사회적 구성물'이다. 따라서 국가/정부가 단독으로 총체적인 위험을 관리감독하거나 통제를 감당할 수 없으며, 그렇게 해서도 안 된다. '사고'가 '참사/재난'으로 전환되는 경우는 흔히 정부의 역량 부족, 기업 이해(利害)에 편향된 신자유주의적 규제완화, 규제기관의 불법용인, 직업윤리 상실 등이 지적된다. 이들은 모두 정치제도, 경제체제, 사회적 규범과 관련된 것으로, 정부의 행정이나 기술적 관리감독의 범위를 넘어서는 것들이다. 이러한 문제들에 대해 전통적인 재난관리 패러다임으로 접근한다면 실패할 수밖에 없다. 새로운 접근법은 위험의 예방과 대응에 관련된 다중의 조직과 행위자들을 포함해야 한다. 각 행위 주체들이 전망하는 사회적 위험의 원인과 위험의 취약구조에 대한 다양한 지식과 경험을 공유하고 그들 간 상호견제와 협력을 만들어냄으로써 수용 가능한 사회적 합의에 이르는 형태가 되어야 한다. 바로 이러한 패러다임이 민주적 위험/재난 '거버넌스'이다.

현대의 사회적 위험들은 세계화 등 거시사회적 변화에 의해 발생하는 경우가 많으며, 이러한 위험은 일국 정부에 의한 전통적 관리방식으로는 대처할 수 없기에, 문제의 성격에 따라 세계적/국가적 차원에서 수평적/수직적 협력과 대응이 필수적이다.

상호 신뢰 관계 구축과 다양한 이해 당사자의 경험 등 집단지성을 활용하는 '위험 거버넌스'의 필요성이 도출된다. 이러한 맥락에서 이영희(2010)는 과학기술시민권 개념의 확산이라는 규범적 차원, 정부가 저신뢰 문제에 대응하여 정당성 위기를 극복하려는 도구적 차원, 인식론적 불확실성 문제에 대응하기 위한 실제적 차원에서 참여적 위험 거버넌스의 등장을 설명했다.

재난관리와 관련하여 이영희(2014)는 기술관료적 패러다임과 재난 거버넌스 패러다임을 구분했다. 이때 재난 거버넌스 패러다임이란 기술과학적이고 전문관료주의 중심인 '재난관리'패러다임의 한계를 지적하고 위험관리의 주체와 인식론적 출발을 달리하는 대항 패러다임이라 할 수 있다. 한 국가 내에서 정부관료와 시민사회가 위험에 접근하는 방법론적, 인식론적 차이를 반영한 패러다임이라고 할 수 있다.

재난 패러다임의 비교

	기술관료주의적 패러다임	재난 거버넌스 패러다임
방법론의 기반	근대적 위험관리(risk management)와 재난관리론	-
인식론	과학주의, 전문가주의(과학적 합리성, 기술적 전문성 우선)	시민지식(lay knowledge)
재난의 불확실성과 다차원성 인정 여부	재난의 규모나 시급성은 객관적으로 존재	재난은 사회적으로, 집단적으로 구성
재난의 정량화와 통제에 대한 인식	정량화와 통제 가능함	불가능함
의사결정과정	폐쇄적(기술관료, 전문가)	개방적(전문가+시민+대의자)
재난관리모형	전문가의 적소 배치	전문가와 비전문가(시민)의 구별 불가
시민참여	시민은 주관적, 가치편향적, 과학적으로 무능하므로 배제	집단적 지혜를 모아 의제를 설정하고 해결책을 모색
평가	'오만의 기술', 민주적 결손(democratic deficit) 초래 재난 대응에서의 불충분성	'겸허의 기술' 민주적인 지식정치에 입각

출처: 세월호 참사 특별조사위원회(2016). 623쪽 재인용

결국 재난 거버넌스는 재난 위험의 규제, 감축, 통제라는 공적 목표를 위해, 정부와 시민사회가 민주적 원리에 근거하여 재난관리의 효과성과 형평성을 제고할 수 있도록 시민참여와 사회적 합의를 존중하면서 상호 호혜적으로 협력하는 것을 의미한다.

전통적인 위험/재난관리와 통제방식이 아닌, 거버넌스 접근이 갖는 의의는 네 가지 요소로 정리된다(세월호 참사 특별조사위원회, 2016). 첫째, 거버넌스 접근은 현장성과 다양한 주체, 자원의 동원을 통해 훨씬 효과적으로 재난에 대비하고 대응할 수 있게 해준다는 점이다. 둘째, '이중의 위험사회'라는 맥락에서 거버넌스는 정부에 대한 견제와 감시 역할을 수행함으로써 정부 책무성을 강화하고 신뢰를 높일 수 있다. 셋째, 다양한 주체들의 참여와 조정 과정을 통해 추진되는 정

책들은 사회적 불평등을 최소화하는 수단이면서, 동시에 정부의 정당성을 강화시키는 윤리적 토대가 된다. 넷째, 거버넌스의 도구적 유용성을 넘어, 참여 그 자체가 시민적 권리라는 점에서 진정한 거버넌스의 확대는 민주주의의 성장이라고 할수 있다.

재난 거버넌스 구축방안 및 작동 조건

과거 안전 및 위험에 대한 관리는 정부의 고유한 업무로 인식되어왔다. 정부는 위험관리에 대한 자원과 물리력, 법적 권한을 가지고 있기 때문이다. 그러나 정부의 노력만으로 위험관리를 효과적으로 수행하기에는 한계가 있음이 수많은 안전사고와 사건들로 드러나고 있다. 위험관리 영역에서도 민간이 참여하지 않은 것은 아니지만, 그간의 참여는 민관유착, 전문성 결여, 관리감독 권한 없음 등 관료적 거버넌스에 불과했다. 이에 특히 안전 분야에서는 기존의 관료적 거버넌스의 한계를 뛰어넘어 의제 발굴과 정책 형성, 관리 감독 전 과정에서 제대로 된 참여가 보장된 안전관리 거버넌스가 필요하다.

재난 거버넌스를 구축하기 위해서는 다음과 같은 조치들이 요구된다(세월호 참사 특별조사위원회, 2016).

첫째, 민간의 정책결정과정 참여보장이다.

민관 거버넌스에서 민간의 참여를 높이기 위해서는 위원회의 위상을 행정위원회로 격상하는 것이 가장 바람직하다. 그러나 그러기 위해서는 법률의 개정이 함께 이뤄져야 한다. 위험과 안전에 대한 민관 공동의 관리감독이 요구되는 만큼 안전 분야 위원회들의 성격 격상이 필요하다. 또한 민간의 관점을 적극적으로 반영하고 참여를 강화하기 위해서 민간의 과반수 위촉 강화, 민간위원 중 위원장 선출하는 것으로 규정을 정하는 것도 검토해보아야 한다. 그리고 민간위원 중에서는 연구자, 법률가, 시민사회단체 등과 같은 전문가그룹뿐만 아니라 지역주민, 노동자, 서비스 이용자 등 직접 당사자들의 참여를 보장하는 것이 필요하다. 안전시설의 관리와 위험 발생 시의 대처 및 대피, 일상적인 관리감독에 있어서 직접 당사자 및 이해관계자의 역할만큼 실질적인 것이 없으며, 전문가그룹의 의사 반영만으로는 직접 당사자의 요구와 의사를 구체적으로 반영하기 어렵다는 한계가 있다.

둘째, 위험/안전 정보에 대한 정보공개요건 강화이다.

위험을 예방하고, 안전을 강화하기 위해서는 상시적인 관리감독과 감시체계가 이뤄져야 한다. 그러기 위해서는 국민들이 오히려 위험정보에 쉽게 접근하고, 이를 활용할 수 있도록 해당 정보가 정보공개청구 없이도 공개되어야 한다. 시설물 및 교통수단의 안전점검 현황, 사업장의 유해화학물질 보유 현황, 유해화학물질취급에 대한 안전수칙 및 대피 교육 현황 등 기본적인 위험정보 및 관리감독 현황을 사전공개함으로써 국민에게 일차적으로는 위험정보에 대한 인지, 이차적으로는 위험정보 관리에 대한 공공기관 감시 역할을 할 수 있도록 해야 한다.

셋째, 거버넌스 실현을 위한 정책결정과정 정보의 공개 강화이다.

공공기관에서 운영하는 각종 위원회를 재정비하여 정책결정과정에 국민의 의견이 제대로 반영될 수 있도록 하고, 그 과정을 투명하게 공개해 신뢰성을 확보해야 한다. 위원회 재정비의 방안으로 우선 관련 규정에 따라 정해진 위원회의 경우를 제외하고는 위원의 구성에서 민간위원이 절반을 넘도록 하여, 민간전문가들의 의견이 다양하게 반영될 수 있도록 해야 한다. 또한 미국에서 시행하고 있는 회의 공개법을 한국에서도 제정하여 심의, 의결 기능을 가지는 위원회들의 모든 정책 결정과정이 고스란히 공개될 수 있도록 해야 한다.

넷째, 정부의 기록관리 및 정보공개 의무 강화이다.

정보가 투명하게 공개되기 위해서는 모든 업무과정이 빠짐없이 기록으로 남겨져야 한다. 기술이 발달하고, 전자통신망의 활용이 활발해져서 업무 매체가 다양해졌지만 아직 우리의 기록관리 기준은 정부시스템에 국한되어 있다. 그마저도 정부시스템 하에서 사용되고 있는 업무 이메일은 기록관리 대상에 포함되어 있지도 않다. 미국의 경우에는 업무용 이메일도 엄연히 공공기록으로 관리되어, 업무 시기에 맞춰 기록물관리기관으로 이관되고 있다. 우리도 이를 제도화하여 기록화되지 않고 있는 공공업무를 획득할 필요가 있다. 특히 대통령의 업무는 이메일뿐만 아니라 영상, 녹음, 속기록 등을 통해 업무의 전 과정이 누락되지 않고 기록될 수 있도록 해야 한다. 정보들이 모두 빠짐없이 기록된다 하더라도 그것이 제때에 공개되지 않으면 아무 소용이 없다. 현재 한국의 정보공개법에는 처벌조항이 없어 공무원이 공개를 거부하거나 지연하는 등 국민의 알 권리를 침해하는 일이 발생해도 국민들은 속수무책으로 당할 수밖에 없는 실정이다. 정보의 자의적 비공개, 공개 불이행 등 알 권리 침해 행위에 관해 처벌조항을 두어 정보공개제도가 본래의 취지에 걸맞게 운영될 수 있도록 해야 한다.

한편, 재난 거버넌스가 제대로 작동하기 위해서는 '좋은 재난 거버넌스'여야 한다.

좋은 거버넌스는 물리적인 조직 구조나 법/제도의 개선만으로 달성할 수 있는 것이 아니다. 거버넌스 자체가 전반적인 사회의 구조와 제도, 신뢰나 공공가치 같은 문화와 사회적 인프라, 중앙정부와 지방정부, 정부와 시민사회, 정부와 민간(기업)과의 관계, 사회적 불평등 구조 등과 관련되기 때문이다. 이러한 복잡성에도 불구하고, 문제를 돌파할 수 있는 몇 가지 핵심 조건들을 지적할 수 있다(세월호 참사 특별조사위원회, 2016).

첫째, 정부는 거버넌스에서 정부의 책무성을 제대로 인식해야 한다.

반복적으로 강조하지만, 재난 거버넌스의 일차적 책무성은 정부에 있다. 재난 거버넌스는 정부와 시민사회가 모든 책임을 균등하게 분배하는 구조가 아니며, 독점적 권력과 자원을 가진 국가의 책무성은 아무리 강조해도 지나치지 않다. 유능한 사회단체, 시민적 주체가 존재할 수는 있지만 사회단체가 모든 관련 문제를 균형 있게 다루는 것은 불가능하다. 위기상황에서 여러 행위 주체들 사이의 효율적이고 유기적 조화를 이끌어낼 수 있는 행위 주체로서의 국가 역할은 매우 중요하다(정유선, 2014). 또한 앞선 사례들이 보여준 것처럼 문제를 일으킨 기업과 피해 당사자들 사이에서 정부가 충분한 중재 역할을 하지 못하거나 혹은 피해자들 사이의 갈등을 완화하려 노력하지 않을 때, 일차적 재난에 버금가는 사회적 재난과 갈등이 초래될 수 있다. 거버넌스는 정부의 책임을 모면하게 해주는 방패막이 아니라, 책무성을 강화시키는 도구라는 점을 인식해야 한다.

둘째, 정부는 시민사회와 함께 일하는 방법을 배우고 훈련해야 한다. 이는 정책결정자, 기술관료, 일선의 담당자 모두 해당한다.

현재 재난 거버넌스가 제대로 작동하지 않는 가장 중요한 이유 중 하나는 시민사회를 대하는 정부의 시각과 관련 있음을 지적했다. 시민 혹은 시민사회를 거버넌스의 행위 주체가 아니라 훈육과 계몽, 동원의 대상으로만 인식하고 있다는 점이다. 이러한 인식을 개선하고, 실질적인 협력의 토대를 마련하기 위해서는 시민사회와 함께 일하는 방법을 배우고 훈련해야 한다. 시민에게 안전교육을 하는 것이상으로, 정책결정자, 기술관료, 각급 정부의 일선 실무자들은 시민성, 시민사회의 조직원리, 소통과 협업의 방식을 배우고 익혀야 한다. 시민의 이해에 반응하는 것이야말로 정책결정의 질을 향상시키고 신뢰를 구축하는데 긴요하다는 점을 다시금 강조하고 싶다(최성욱, 2007).

셋째, 평소에 해당 영역, 혹은 지역사회의 시민사회 역량을 파악하고 있어야 한다.

재난 거버넌스 체계를 구축하기 위해서는 최소한 지역사회에서 누구와 어떤 협력을 할 수 있는지에 대한 정보와 자원 연결망의 흐름을 파악하고 있어야 한다. 이는 단순히 전문가 명단과 유관기관 목록을 확보하는 차원을 넘어서는 것이다. 사전에 시민사회의 연결망을 파악하고, 공동의 비전과 행동규칙을 만들어야 재난 상황에서 혼란을 피할 수 있다.

넷째, 시민참여가 가능하기 위해서는 정보의 투명한 공개와 알 권리가 보장되어야 한다.

재난관리에서는 위험커뮤니케이션을 중요하게 다룬다. 재난에 대한 고전적 정의에 따르면, "물리적 사건이 그것에 대한 사회시스템과 제도의 대응역량을 초과할 때, 바로 재난이 된다." 사회의 대응역량을 초과한다는 것은 구체적으로 "불충분한 계획과 정보로 인하여 개인과 조직행동이 사건을 악화시키면서 실패가 상호의존적으로 연속 증폭되는 것이다"(Comfort, 2005). 사회적으로 익숙하지 않은 위험이면서 대응계획과 정보마저 잘 알려지지 않았다면, 시민의 불안과 공포가 확산되면서 애초의 재난을 넘어선 부수적인 재난을 확산시킬 수 있다.

투명성 제고를 위한 정보공개에는 두 가지 차원이 있다. 하나는 생성된 또는 알려진 모든 정보를 예외 없이 투명하게 공개하는 것이고, 다른 하나는 당사자 또는 시민에게 반드시 알려야 하는 정보를 그들이 수용할 수 있는 형식과 내용으로 전달하는 것이다. 공공정책과 관련한 다양한 분야의 고도로 전문화된 지식은 개별 시민들이 일일이 접근하거나 이해하기 어렵기 때문에 가독성과 접근성을 보장하는 형태로 제공되는 것이 매우 중요하다.

리스크 커뮤니케이션 거버넌스 모형

밀스톤(Millstone, 2009)은 안전규제를 연구과학이 지배하던 시대에서 위험평가와 위험관리로 구분된 시대로 발전하였고 이는 다시 위험소통이 포함되는 시대로 발전했으며, 최근에는 위험평가, 위험관리, 위험소통이 서로 뒤엉켜 진행되는 상황으로 발전한 것으로 설명한다.

밀스톤은 공진화적 모델을 제시하고 있다. 여기서 '위험평가(risk assessment)'란 위해요소의 인체 위해성, 잔류 허용기준 등을 과학적 연구를 통하여 결정하는 절차를 말하고, '위험관리(risk management)'란 위험평가의 결과를 토대로 정치, 경제, 윤리적 요인 등 비과학적 요인을 고려하여 안전과 관련한 정책결정을 실행하는 절차를 말한다. '위험소통(risk communication)'이란 안전규제 담당기관이 위험에 관해 대내외적 소통을 실시하는 것을 말한다.

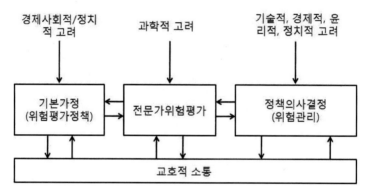

리스크 커뮤니케이션 거버넌스 모형

공진화적(co-evolutionary) 모델에서 전문가 위험평가는 위험평가를 실시하기 위한 기본가정과 위험관리를 위한 정책적 의사결정 사이에 위치하여 서로 교호적으로 영향을 미치고 영향을 받는다. 그 기본가정과 의사결정은 과학과 같이 중립적인 것이 아니라 그 사회가 처해 있는 과학 외적인 환경에 의해 영향을 받는다. 위험의 수준은 과학적 판단과 비과학적 판단이 뒤섞인 혼합적 양상을 보인다. 특히 소통은 전 과정에 걸쳐 지속적으로 이루어지면서 혼합적 양상을 더욱 강화시킨다. 과학과 정책의 공식적인 분리가 제도화되어 있지 않은 이상 실제로는 공진화적 모델을 보이는 경향이 있다(Millstone, 2009).

리스크 거버넌스(Risk Governance) 개념은 다음과 같이 정리된다(Renn, 2008).

* 위험평가를 위험인식 및 위험의 사회문화적 프로세스와 연결시키는 콘셉트
* 위험의 사회적 구성을 포함하지만 지식의 상대적 관점은 회피
* 위험평가, 관리 그리고 커뮤니케이션 간 연계
* 물리적 위험분석과 재정적, 경제적, 사회적 위험을 연결하는 개념
* 위험 증폭 경로에 대한 탐구
* 분야와 경계의 지류를 넘어선 통찰
* 위험이론과 조직적 능력 구축 및 관리 능력을 연결하는 개념
* 경영 과학과 의사결정 지원의 체계적 이용
* 기관과 전문가들 간 리스크 커뮤니케이션의 강조

거버넌스는 권한을 행사 당하거나 결정을 받아들이고 수행해야 하는 조치, 과정, 법률, 전통, 제도 등을 의미한다. 따라서 위험 거버넌스는 위험관리를 대비하고, 처리하고 수행하는 데 있어서의 그와 같은 결정에 의한 조치, 과정, 법률, 전통, 제도 등을 의미한다. 위험 거버넌스에 있어 최선의 실행방법은 위험 분류, 평가, 관리의 과정과 커뮤니케이션 등의 제 과정에 좋은 거버넌스의 원칙을 통합하고, 효율성, 책임성, 효용성, 공정성 그리고 사회 윤리적 적합성과 같은 기준을 포함해야 한다.

한편, 초연결사회는 새롭게 안전할 수도 있지만 새로운 위험이 늘 도사리고 있다. 그래서 주목해야 할 것이 바로 사회적 복원력(Resilience)이다. ICT 신기술 활용 통합 재난안전관리체계 구축·정보보안과 사회인프라 재난관리를 포함한 미래형 통합 재난관리 정보시스템의 구축은 사회적 복원력을 갖추기 위한 목적으로 설계되어야 한다.

인터넷 미디어 분야의 세계적인 권위자 클레이 셔키(Clay Shirky) 교수는 정보기술이 만들어 낸 개방과 협업의 기회가 사회 전체의 가치를 제고하는 도구가 될 수 있음을 언급한 바 있다. 월드와이드웹의 창시자 팀 버너스 리(Tim Berners

Lee)는 인터넷은 초협력(Ecollaboration: 협업과 협력을 통해 만들어가는 협력적 생태계, Collaborative Ecosystem)을 위한 도구로 더욱 진화할 것이라고 강조한 바 있다. 이처럼 지금까지 웹은 콘텐츠 소비의 목적으로 활용되었다면 점차 공유와 협력의 도구로 사용되면서 초연결·초협력 사회로 발전하는 데 기여할 것이다. 즉, 초연결과 초협력은 사회적 복원력을 강화시키는 데도 일조할 것이다. 초연결사회에서는 무한 경쟁과 대립을 넘어 양보와 참여를 토대로 공유가치를 발굴하고 공유가치가 작동할 수 있는 긍정적 생태계를 만들어가기 위해 협력과 협업이 더욱 필요해지는 이유이다.

3 신뢰시스템의 구축

나는 당신이 하는 말에 찬성하지는 않지만,
당신이 그렇게 말할 권리를 지켜주기 위해서라면
내 목숨이라도 기꺼이 내놓겠다.
(I disapprove of what you say,
but I will defend to the death your right to say it.)
-볼테르(Voltaire)

3.1. 신뢰시스템 구축의 필요성

2016년 9월 낯선 위험의 공포와 신뢰시스템의 붕괴

2016년 9월 대한민국은 새로운 공포를 마주했다.

9월 12일 오후 7시 44분에 경주시 남남서쪽 8㎞ 지역에서 모멘트 규모 5.1의 강력한 지진이 발생한 것이다. 그리고 48분 후 오후 8시 32분에 경주시 남남서쪽 8㎞ 지역에서 1차 지진보다 더 강력한 모멘트 규모 5.8의 지진이 또 발생했다. 이 지진으로 부산에 있는 80층 고층 건물이 흔들렸고, 서울에서도 3~5초간 건물이 흔들리는 것을 느꼈다고 한다. 한반도에서 발생한 지진 가운데 가장 강력한 규모였다. 지진의 진동은 경상도, 충청도, 제주도, 부산, 강원도, 서울 등 전국 각지에서 감지되었다. 여진은 계속되어 9.12 지진 이후 2017년 1월 6일 8시 10분 기준 총 562회 발생했다(1.5~3.0 미만 540회, 3.0~4.0 미만 20회, 4.0~5.0 미만 2회).

처음 지진이 일어났을 때부터 대다수 국민이 걱정한 것은 무엇보다 원전이었다. 지진의 직접적인 피해도 문제였지만, 일본의 사례에서도 볼 수 있듯이 지진으로 인한 원전 파손은 우리의 상상을 훨씬 뛰어넘는 최악의 재앙이 될 것이기 때문이다.

정부는 국민의 우려에 대해 즉시 반박하고 나섰다. 원전은 무조건 안전하니 걱정하지 말라고 했다. 원전은 안전하고 또 안전하니, 그 발표만은 믿어달라고 했다. 국민은 의심쩍었지만 정부의 발표를 믿을 수밖에 없었다. 그러나 얼마 지나지 않아 정부의 안전하다는 발표가 결코 신뢰할 수 없음을 밝히는 증거가 튀어나왔다. 우선 경주의 여진이 계속해서 발생했으며, 19일에는 모든 이들의 예상을 훨씬 뛰어넘는 4.5도의 여진이 일어났다. 기상청은 끊임없이 5.8도 이상의 지진은 그 가능성이 낮다고 주장하지만, 적지 않은 학자들이 7.0도의 지진을 경고하고 나섰다. 진정한 공포는 방금 끝난 지진 속에 있는 것이 아니라 미래에 존재하는 공포이다.

심각한 것은 정부가 이미 이 지역의 단층이 심상치 않다는 것을 보고받았으면서도, 국민들이 혼란스러워할 수도 있다는 핑계를 대며 사실을 알리지 않은 채 계속해서 원전을 개발했다는 사실이다.

이번에도 어김없이 시스템이 작동하지 않았다. '만전을 기하라'는 총리의 지시 역시 한참이 지나서야 내려졌다. 비상 재난상황에서 컨트롤타워 역할을 해야 할 국민안전처는 제 역할을 다하지 못했다. 지진이 발생한 지 8분 뒤에야 뒤늦게 재난문자를 발송한 국민안전처는 2번째 5.8 규모의 지진에 대해서는 재난문자를 발송하지 않았고, 첫 번째 문자 역시 각종 이유로 송신하지 못한 사람이 더 많았다. "지진을 못 느낀 사람들에게 재난문자를 보내면 문제가 생길까봐 전국 발송은 안 했다." 국민안전처의 공식 대답이었다. 국민안전처 홈페이지는 지난 12일 마비 사태를 경험하고 처리 용량을 80배 늘렸음에도 또 마비되었다.

인명 피해 등 큰 피해가 없었음에도 주민들이 불안에 떨었던 가장 큰 이유는 '정보'였다. 지진과 같은 재난이 드문 한국에서는 진동이 느껴질 때 어떻게 대처해야 하는지 정확히 숙지하고 있는 경우가 드물다. 이번 지진 사태에서도 진동에 놀라 무작정 건물 밖으로 피신한 주민들이 공포에 떨며 밤이 늦도록 공원이나 학교 운동장 등에 모여 쉽사리 자택으로 귀가하지 못했다. 누구 하나 분명한 정보를 제시하지 못했고, 인터넷 포털 사이트에는 '지진 대피요령'이 실시간 검색어에 오르는 웃지 못할 상황이 이어졌다. 다급한 맘에 119에 전화를 걸었던 한 시민은 안내의 말 대신 이런 말을 들어야 했다. "뉴스 보세요."

우리 정부는 달라진 게 없었다. 세월호 때도 그렇고, 이번 지진에서도 그랬다. 정부는 국민에게 '정부의 지침에 따를 것'을 강조하면서 어떠한 지침도 내려주지 않았다. 또 '가만히 있으라'는 거였다. 오죽했으면 한 시민이 직접 지진 알람을 만들었고, 시민들은 정부의 재난 경보 문자보다 해당 알람을 더 신뢰하고 있다. 실제로 19일 이후의 지진에 대해서는 정부의 경보보다 빠른 속도로 지진 사실을 알리기도 했다.

신뢰는 사라진 지 오래다. 그리고 사회는 극도의 혼란에 빠졌다. SNS 상에는 대지진설이 파다하게 퍼지는 등 괴담이 넘쳐났다. 이러한 상황에서 누가 정부의 '안전하다'는 말을 믿을 수 있겠는가. 세월호 참사 때에도 아이들은 책임 있는 자들의 '가만히 있으라'는 말을 듣다가 희생되고 말았다. 결국 혼란은 모두 정부가 자초한 것이다. 정부는 국민들을 위해서라고 이야기하지만 그것은 '비겁한 변명'에 지나지 않는다. 정부는 재앙에 대한 일말의 가능성에 대해서도 국민들에게 낱낱이 밝혀야 하며, 그것을 바탕으로 모아지는 국민들의 여론에 귀 기울여야 한다.

현재 우리 국민들의 정부에 대한 신뢰도는 말 그대로 밑바닥이다. 세월호가 침몰했을 때도, 메르스가 창궐했을 때도 정부는 불리한 정보를 숨기기만 했을 뿐, 국가가 국민을 위해서 무엇을 하는지 보여주지 못했다.

정부는 있는 그대로 정보를 공개해야 한다. 무조건 유언비어이고, 무조건 안전하다고 말할 것이 아니라 가지고 있는 정보를 바탕으로 사회적 합의를 이끌어내야 한다. 정부는 혼란을 막기 위해서라며 정보를 독점하려고 하지만 이는 온갖 억측만을 만들어낼 뿐이다.

정보는 그렇게 얻어진 사회적 합의를 존중해야 한다. 그것이 정부의 정책방향과 다르다면 충분한 논의를 통해 국민을 설득해야 하고, 그것도 아니면 아예 정책을 바꿔야 한다.

현재 국민들의 삶을 가장 위협하는 것은 사회 전체적으로 퍼져있는 불신이다. 만인이 만인을 믿지 못하고 만인과 투쟁하는 이 상황에서는 그 어떤 것도 안전할 수 없는 것이다.

지난 2001년에 일어난 911 테러. 그 혼돈의 와중에서 빛났던 것은 뉴욕시장 줄리아니의 대처였다. 그가 특별한 무언가를 해준 것은 아니었다. 되레 기자들의 질문에 속시원한 답을 내놓지 못한 적도 있었다. 그러나 건물붕괴 현장에 가고 소방관을 만나고 매시간 상황을 직접 발표하는 그의 모습을 보며 시민들은 안심했고 믿음을 가졌던 것이다.

한국사회의 신뢰수준은 낙제점

우리 사회의 사회적 신뢰의 수준은 그다지 높지 않은 것으로 알려져 있다. 후쿠야마(1996)는 널리 읽힌 그의 저서에서 한국을 저신뢰사회로 규정한 바 있지만, 일상생활에서도 우리는 흔히 타인의 불신을 경험하고 산다.

미국의 정치철학자 프랜시스 후쿠야마 교수는 1996년 출판한 ≪신뢰≫라는 책에서, 건전한 자유민주주의 시장경제체제가 발전하기 위해선 사회구성원 사이의 신뢰가 바탕이 되어야 한다는 주장을 펼쳤다. 사회적 신뢰가 클수록 경제활동의 거래비용이 줄어듦으로써 경제의 효율성이 높아진다는 것이다. 당시 후쿠야마 교수는 한국을 사회적 신뢰가 낮은 국가로 분류했었는데, 20년 가까이 지난 지금 한국사회의 신뢰는 오히려 더 나빠진 것이 아닌가 의심된다. 사회구성원 간의 신뢰가 없으니 거래비용이 증가함은 물론 사회적 갈등의 조정 비용도 천문학적이 되고 있다. 최근의 밀양 송전탑을 둘러싼 갈등과 원격진료 등을 둘러싼 정부와 의료계의 갈등은 대표적인 예가 될 것이다. 이러한 비효율을 해결할 수 있도록 사회적 신뢰가 쌓여야 우리나라가 선진국으로 진입할 수 있을 것이다.

후쿠야마(1995)에 따르면, 한국사회는 이탈리아와 같이 가족주의가 강한 사회로 접착 사회자본(bonding social capital)이 풍요로운 반면에 연결 사회자본(bridging social capital)이 빈곤한 사회이다. 이러한 사회에서 대다수 사람들은 사적 영역의 교제생활(associational life)에 적극적인 반면에 공적 영역의 교제생활 혹은 결사체 활동에는 소극적인 경향을 보인다. 그리고 사적 영역에서 생활의 만족도는 높을 수 있으나 공공생활(public life)에서 대단히 불만족해하는 것이 사실이다. 한국인들은 민주화 이행기와 공고화 과정을 거치면서 시민적 개입(civic engagement)과 정치적 참여를 소폭이지만 지속적으로 확대해온 것이다.

전반적으로 한국사회의 사회적 자본의 수준을 외국과 비교해서 평가한다면, 구조적 조건의 측면에서 비공식적 관계와 네트워크의 잠재력은 있지만 질적으로 보다 개방적이고 다양하게 바뀌어야 하며, 자발적 결사를 통한 참여의 측면에서 보다 광범한 참여의 기회와 조건을 갖출 필요가 있는 것으로 보인다.

또한 문화적 조건의 측면에서 본다면, 일반화된 신뢰의 정도가 상당히 낮고 또한 신뢰의 범위가 좁아서 신뢰 회복을 위한 노력이 필요하다. 다만 아직 호의를 베풀었을 때 그 호의가 되돌아올 것이라는 호혜성에 대한 믿음이 상당하기 때문에 개선의 가능성이 크다고 볼 수 있다.

<2015 사회통합 실태조사> 결과에 따르면, 우리 국민은 가족(96.1%)과 지인(83.0%)에는 '신뢰한다'는 답이 절대다수인 반면 주요기관에는 심한 불신을 드러냈다. 주요기관에 대한 신뢰도는 법원(35.0%), 검찰(34.3%), 중앙정부부처(31.9%), 국회(15.3%) 순으로 조사됐다. 특히 국회에 대한 신뢰도는 법원·검찰·중앙부처의 절반에도 못 미쳤다. 청렴성 인식은 더 나빴다. 법원, 검찰, 중앙부처에 대해 응답자의 27.2~28.3%만 청렴하다고 인식했다. 국회가 청렴하다는 답변은 10.6%에 머물렀다. 주요기관의 공정성에 대한 인식은 행정기관(44.6%), 검찰(35.3%), 법원(35.1%), 국회(20.8%) 순으로 나타났다. 분배구조, 취업, 복지, 정치활동 등 한국사회 각 부문에 대해 국민 절반 이상이 '공정하지 않다'고 인식하는 것으로 나타났다. 경제·사회적 분배구조가 공정한가를 묻는 질문에 27.7%만 '공정하다'고 응답했다. '대기업·중소기업 관계'의 공정성은 25.7%였다.

응답자가 공정하다고 답한 비율은 '정치활동'(30.0%), '취업 기회'(35.4%), '지역균형발전'(36.8%), '법 집행'(37.9%), '과세 및 납세'(38.5%), '언론보도'(39.2%), '성별에 따른 대우'(47.0%), '병역의무 이행'(48.2%) 등의 수준으로 대체로 불공정하다는 인식이 높았다. '교육기회'(57.8%)에 관해서만 절반 이상이 공정하다고 응답했다. 특히 검찰과 법원의 공정성 인정이 각각 35.3%와 35.1%에 그친 것은 심각한 불신사회를 방증하고 있다.

빈부격차에 대한 갈등이 심하다고 응답한 비율은 84%에 달했다. 보수와 진보

간 이념갈등이 심하다고 응답한 국민은 86.7%였다. 세대갈등에 대해선 응답자의 65.1%가 심하다고 답했다. 세대갈등이 심하다고 응답한 비율은 2013년엔 64.1%, 2014년엔 62.3%로 올해 크게 늘었다. 국민들의 정치·사회 참여는 전반적으로 낮게 나타났다. 사회단체 활동인 동창회·향우회(31.3%), 동호회(20.0%), 종교단체(17.7%) 참여 정도는 비교적 활발한 반면, 정치단체 활동인 정당(1.6%), 시민운동단체(2.2%) 등에 대한 참여는 미미했다.

국민들은 정부 및 국회 등이 '협력적으로 일하는 정도'에 대해서도 낮게 인식하고 있다. 중앙정부와 국회 간 18.3%, 중앙정부부처 상호 간 29.6%, 중앙정부와 지방정부 간 26.0% 등 정부의 협력적 상호작용을 강화해야 할 필요성이 제기됐다. 또한 '정부와 국민 간 소통이 이뤄지고 있다'고 응답한 비율은 21.8%로 나타났다.

정부, 기업, 정치권은 그들만의 리그로 받아들여지고 있으며 국가운영의 실패 책임은 국민에게 전가되고 있음이다.

국정소통의 문제점

그간 우리 정부의 소통은 국민의 신뢰를 담보하기에는 부족한 모습이었다. 사건의 발생 초기부터 정부가 정보를 적극적으로 제공하지 않아서 의혹이 증폭되거나 제공된 정보 자체가 부실하거나 정확하지 않아서 혹은 말 바꾸기를 하는 등 제대로 된 소통이 이루어지지 않아서 정부에 대한 국민의 신뢰가 저하되었다고 하겠다.

국민과의 소통이 제대로 이루어지지 못하는 원인은 주로 다음과 같은 이유 때문이다(박희봉, 2011).

첫째, 가장 두드러진 특징은 정부가 국민과 소통하려는 의지가 부족하다는 점이다. 그동안 권위주의 정권의 영향으로 정부는 국민을 소통의 상대방으로, 대화와 협력의 상대로 인식하기보다는 계도의 대상 내지 훈육해야 할 대상으로 인식하는 경향이 컸다. 정부의 권위적인 입장은 이해와 공감대 형성을 소홀히 함으로써 국민의 지지를 획득하거나 지지 확산을 곤란하게 만들었다. 이로 인해 국민과의 소통은 일방적이 될 수밖에 없었다. 소통이 아니라 일방적인 홍보에 불과하게 되어 국민들이 납득하기가 쉽지 않다. 주고받아야 할 정책이슈에 대해 일방적인 주입 위주의 PR이 이루어졌다. 결국 대화와 협력에 기초한 소통이 부재했던 것이다.

둘째, 소통의 중요성을 인식하지 못하고 있다. 인터넷의 보급과 정보통신기기의 발달 등으로 국민의 알 권리에 대한 요구가 증대하고 여러 정보채널을 통하여 국민들은 다양한 정보와 지식을 접할 수 있게 시대가 변하였음에도 불구하고, 정부는 정보공개 및 공유의 중요성을 인식하지 못하고 있을 뿐만 아니라 틀에 박힌 소통방식에만 집착하고 있다. 정부가 소통에 소극적일수록 의혹은 증폭되게 되는데, 정부는 보다 풍부하고 적극적인 정보공개를 통하여 국민의 의혹이 생기지 않게 미연에 방지하는 노력을 보이지 않았다. 국민의 알려는 욕구는 강한 데 비하여 정부는 적극적이지 못하여 국민이 원하는 정보를 적시에 제공하지 못함으로써 오히려 의혹이 증폭되고 정부에 대한 불신이 증가하는 문제가 발생하게 되었다.

셋째, 정책에 대한 정부의 PR 기능이 부족하다. 정부는 최선을 다해 좋은 정책을 만들면 된다는 입장이 강해 굳이 정책을 국민이나 이해관계집단에게 설명하고 설득하거나 이해를 구할 필요성을 인식하지 못하고 있다. 정책 PR에 대한 중요성을 인식하지 못하니 이에 대한 사전준비가 제대로 이루어지지 않게 되고, 차후에 정책이 중요한 이슈로 제기되게 되면 부랴부랴 PR 대책을 수립하게 된다. 사전에 준비되지 않은 상태로 긴급하게 정책 PR을 하려고 하니 정책이나 주요 현안에 대한 정부의 초기 정보제공이 부실하거나 정확하지 않을 경우가 생기게 된다. 이렇게 되면, 국민과 이해관계집단의 반발이나 지적에 직면하여 정부가 다시 말 바꾸기를 하게 되어 이는 결국 정부에 대한 국민의 신뢰 저하를 초래하게 된다. 정부는 국민의 요구와 기대를 적극적으로 수렴하면서 한편으로 정책의 중요성과 내용에 대하여 적극적으로 알리려고 노력해야 한다.

넷째, 국정소통이 체계화되어 있지 않다. 국민은 지배해야 할 대상이 아니라 이해를 구하고 협력해야 할 파트너임에도 대화와 협력에 기초한 소통이 부재하였다. 국민들은 이미 다양한 채널을 통해 의사소통을 하고 있는데도 정부는 너무 틀에 박힌 소통방식에만 집착하여 효과적이지 못하다. 정책 대상집단에 따라 적합한 소통방식을 활용해야 함에도 보도자료, 담화 등 틀에 박힌 소통방식에 집착하였다. 국민의 관심이 증대한 중요한 사안임에도 정부의 정보 통제 또는 부적절한 대응방식 등 정부가 적극적인 소통에 나서지 않음으로 인하여 국민이 원하는 정보를 적시에 제공하지 못해 오히려 의혹이 더욱 증폭되고 정부에 대한 불신이 증가하는 문제가 발생하였다. 또한 여러 정부부처가 관계되어 정책 조정이 필요하거나 국가적으로 중요한 사항에 대해서는 분명한 조정자(control tower)가 있어서 국정소통에 대한 조율이 필요하지만, 그러지 못하여 정부부처 간 또는 여당·청와대 간의 알력과 갈등이 표출되기도 하였다. 이제는 정부가 무엇에 대하여 누구와 어떻게 소통할 것인지에 대하여 분명하게 인식하고 있어야 한다.

3.2. 리스크 상황과 신뢰

'신뢰'의 의미와 구성요인

논어의 <안연편(顏淵篇)>에 '무신불립(無信不立)'이라는 말이 나온다. 자공(子貢)이 정치에 대해서 묻자, 공자는 "식량을 풍족하게 하고(足食), 군대를 충분하게 하며(足兵), 백성의 믿음을 얻는 일(民信)"이라고 답했다. 자공이 어쩔 수 없이 포기해야 한다면 어떤 순서로 포기해야 하느냐고 묻자, 군대와 식량의 순서로 들고 "백성의 신뢰가 없으면 국가의 존립 자체가 불가능하다(民無信不立)"라고 답하였다. 이처럼 수천 년 전에 이미 공자는 사회적 신뢰가 국가사회의 존립을 위해서 절대적임을 설파하였다.

신뢰(trust)는 "상대방이 자신에게 중요한 특정 행동을 해줄 것이라는 기대를 가지고, 상대방을 모니터하거나 통제할 수 있는 능력과는 상관없이, 상대의 행동에 대해 취약해지려는 의사(willingness to be vulnerable)"로 정의된다(Mayer, Davis&Schoorman, 1995, 712; Gambetta, 1988).

신뢰에 대한 영향요인으로는 대체로 의도의 진정성(trustworthy intentions)과 능력, 처벌의 신뢰성(credible threat of punishment)과 약속의 신빙성(credibility),

호의성과 정직성, 역량(competence)과 무결성, 능력(ability)과 가치의 일치성 (value congruence) 등이 지적되어왔다. 특히 '취약성의 의사'로 신뢰를 정의하는 경우에는 신뢰의 영향요인으로 신뢰대상자(trustee)의 능력(ability), 호의성 (benevolence), 그리고 무결성(integrity)을 든다.

신뢰는 상대방의 의도와 태도만의 함수가 아니다. 다시 말해, 상대방이 그의 의도에 있어 제아무리 호의적이고 정직하다 해도, 그의 능력과 역량이 의도를 뒷받침하지 못할 경우에는 신뢰를 얻기 어렵다. 이와 관련하여 정책집행의 소통모델 (communication model)에서는 정책결정자의 의도가 집행의 맥락에서 제대로 수용되기 위해서는 결정의 내용과 형식에 있어 다음과 같은 조건이 적절히 충족되어야 한다고 본다(최흥석, 2014).

첫째, 결정의 내용: 자원의 크기 및 적절성, 강제규정의 존재 유무, 정책의 효력 (efficacy)에 대한 인식
둘째, 결정의 형식(the form of the decision): 결정의 명확성(clarity, 즉 수단과 목표의 확실성), 정책의 일관성
셋째, 정책결정자에 대한 인식: 결정자 혹은 조직의 정통성과 신뢰성

신뢰는 사회적 관계(social relationship)에 존재한다는 의미에서 '사회자본 (social capital)'의 하나로 간주되었다. 유명한 퍼트남(Putnam, 1993)의 사회자본의 정의에 따르면, 사회자본은 "협력적 행동을 촉진시켜 사회의 효율성을 증진시킬 수 있는, 사회조직의 속성들, 예를 들어, 신뢰, 규범, 네트워크"이다. 여기서 신뢰는 분명 사회자본의 주요한 요소이다.

한 사회가 진정으로 발전하기 위해서는 '사회적 자본'이 필수라고 한다. 그 사회가 가진 자원이나 제도보다도 사회 전체적인 상호 신뢰와 협력이 무엇보다 중요하다는 뜻이다.

사회적 자본은 흔히 네트워크, 규범, 제도, 신뢰 등의 요소로 구성되는 것으로 이해된다. 또한 사회적 자본은 개념적으로 공동의 과제나 목표를 달성하는 데 도움이 되는 사람들 간의 사회적 관계나 그 사회적 구조의 특성을 의미한다.

사회적 자본은 크게 네 가지 구성요소로 이루어진다고 한다. 하나는, 사람들 간의 비공식적인 네트워크와 사회적 유대관계이다. 둘째는, 자발적 결사체의 활발한 활동과 사람들의 광범위한 참여이다. 이 둘을 합쳐서 사회적 자본의 구조적 요소라고 한다. 셋째는, 사람들 간의 협동을 증진할 뿐 아니라 불필요한 계약에 따른 비용이나 갈등으로 인한 손해를 줄이는 '일반화된 신뢰'의 존재이다. 넷째는, 사람들이 사회의 규칙과 규범에 따라 행동할 뿐 아니라 타인의 선의를 되갚는 '호혜성'(reciprocity)의 존재이다. 이들 둘을 합쳐서 사회적 자본의 문화적 요소라고 볼 수 있다.

신뢰가 사회적 협력에 긍정적 영향을 미치는 것은, 이른바 호혜성의 개념과 관련하여 생각해 볼 수 있다. 호혜성은 다소 물질적 손해를 감수하고서라도 상대방의 공정하고 친절한 행동에 마찬가지로 공정하고 선의를 가지고 대응하려 하고, 반대로 상대방이 공정하고 않고 적대적으로 행동해올 경우 역시 약간의 손실을 감수하고서라도 상대방에게 보복을 가하려고 하는 인간행동의 경향성을 가리킨다. 기회주의적인 행동으로 배신을 당할 우려가 있음에도 신뢰를 보여주는 타인에 대해 우리는 상대방의 선의를 감지하고 이에 대해 마찬가지로 선의를 가지고 대응하려는 행동경향을 지닌다. 이렇게 시작되는 상호관계는 협력의 성과를 누리면서 신뢰가 점증되어 가는 선순환의 궤적을 그리게 될 것이다. 반대로 상대의 행동으로부터 불신을 느낄 경우 자신도 방어적인 태도를 보이게 되고, 이에 따라 신뢰의 축적 및 선순환은 요원하게 될 가능성이 높다.

신뢰는 이른바 특수화된 신뢰(particularized trust 혹은 personalized trust)와 사회적 신뢰(social trust)로 나뉜다. 특수화된 신뢰는 잘 알고 지내는 동료, 이웃, 친구 사이에서의 신뢰를 가리킨다. 이에 비해 사회적 신뢰는 잘 모르는 타인에 대한 신뢰를 지칭한다.

위험상황과 신뢰수준의 관계

위험상황은 기반 시설의 파괴를 일으킬 뿐 아니라 인지정서적으로 혼란을 경험하게 되는 시기이다. 따라서 가장 필수적인 생존을 위한 요구뿐 아니라 공포와 불안으로 인한 정서적 혼란이 지역사회의 일상성을 마비시킨다. 이러한 시기에 잘 조직화된 사회적 자본은 사회적 안정성과 암담한 현실을 희망의 미래로 볼 수 있도록 하는 중요한 토대가 된다. 실제로 재난상황에서 심각한 인명 피해는 사회적으로 고립되어 있는 사람들에게서 자주 발생한다. 사회적 연계는 경제적 지원이나 물품의 제공 및 비경제적 자원에 대한 접근성을 높여준다. 뿐만 아니라 정서적 지지, 긍정적인 인지적 평가의 가이드가 되는 것은 공식적인 정보 소통라인보다는 평소에 믿고 교류했던 네트워크를 통해서 더 효율적으로 파급되고 영향을 미친다(최남희, 2015).

완벽하게 안전한 사회는 어디에서도 찾기 어렵다. 이러한 시기에 우리 앞에 닥친 재난과 재앙을 손 놓고 어쩔 수 없는 일이라고 외면할 수는 없다. 더 잘 견디고, 똑같은 곤란을 반복하지 않기 위한 길을 찾고 실행에 옮겨야 한다. 사회적 자본은 이러한 재난 대비에서 중요한 사회적 그물망인 동시에 앞으로 나아갈 수 있는 실천의 동력이다. 공동체의 역량은 저절로 생겨나는 것이 아니라 지속적인 노력으로 축적된다. 그런데 이러한 노력을 용이하고 효율적으로 이루어지도록 하는 동력이 바로 가치와 규범을 공유하는 사람들의 집단적 힘이다. 이러한 점에서 재난을 보다 발전적으로 극복하고 앞으로 나아가기 위해서 우리는 보다 수준 높고 탄탄한 사회적 자본이 형성될 수 있도록 함께 노력할 필요가 있다. 이와 함께 사회적 자본이 본래적 의미의 역량을 갖출 수 있도록 노력해야 한다.

사회적 신뢰는 개인과 기존의 또는 새롭게 형성되고 있는 그룹과의 관계를 의미하며 사회적 신뢰는 개인이 심각한 위험을 수반할 수 있는 중요한 프로젝트를 수행할 때 다른 사람들에게 의지하는 상황에서 형성된다. 사회적 신뢰는 사회의 인식자원을 저장하는 수단으로 간주되고, 개인은 스스로 필요를 충족할 수 없으므로 자신이 할 수 없는 일들을 다른 사람에게 혹은 시스템 및 기관과 협력하여 해결해야 한다.

윤리적 정부와 신뢰

신뢰시스템을 구축하고 유지하기 위해 윤리적 정부가 되어야 한다.

최근 많은 국가가 신뢰적자(confidence deficit)의 문제에 직면하고 있는데, 이 것은 정부 정당성, 정부조직, 나아가서 정책에 대한 불신까지 포함한다. 이러한 신뢰적자의 증가는 부적절한 행동(in appropriate actions)이나 스캔들 등에 의하여 증폭되며, 이것의 해소방안으로 윤리기반 혹은 이를 기초로 하는 윤리적 정부가 중요한 이슈로 부각되고 있다(OECD, 1998).

윤리적 정부는 공무원의 부적절한 행동을 억제하고, 부적절한 행동을 발견하고, 도덕적 분위기를 증진시키는 유리온실과 같은 개방된 정부로서, 사익을 위하여 공적 비용을 지출하지 않는 정부(Zimmerman, 1994)라고 할 수 있다. 따라서 윤리적 정부하에서는 부패에의 유인과 기회가 줄어들고, 반대로 탐지의 가능성은 증가하게 된다. 윤리적 정부는 단순히 목표에 그치는 것이 아니라 지향하고 또한 달성해야 할 정부의 모습이라고 할 수 있다.

윤리적 정부는 신뢰를 기반으로 하는 정부이다. 그러나 다른 나라의 경우를 보아도, 정부가 한 국가에서 가장 높은 신뢰를 차지하는 경우가 전혀 없다는 점에서 한계는 지니고 있다. 다만 신뢰성을 부단히 추구하는 과정에서 보다 많은 성공적 사례의 축적을 통하여 지속적으로 신뢰를 증가시킬 수밖에 없다. 몇 가지의 제도 와 몇 가지의 성공사례로 한 정부가 가장 신뢰 있는 조직으로 바뀔 수는 없기 때문이다. 지속적인 실패와 성공, 그리고 실망 속에서도 정부가 국민의 신뢰를 얻기 위하여 지속적으로 노력하고 있음을 인정받을 수 있을 때 윤리적 정부는 구현된 다고 할 수 있다.

많은 국가들이 윤리적 정부의 구축을 위한 예방 지향적인 신뢰시스템을 구축하고자 하고 있다. 여기서 신뢰는 곧 믿음을 의미하는 것으로서, 신뢰시스템은 공동의 합의에 기초한 믿을 수 있는 시스템을 의미한다. 따라서 신뢰시스템은 가변적이거나 혹은 비지속적인 사람보다는 절차, 법, 제도 등을 선호하게 된다. 그리고 이러한 신뢰시스템은 다중의 합의를 전제로 하는 것이기 때문에 공개를 지향하는 시스템이다.

신뢰는 조직의 생산성 증가와 조직구성원의 조직 몰입을 향상시킨다. 신뢰는 또한 사회적 자본으로 사회를 묶어주는 아교 역할을 하고, 정부에 대한 신뢰는 정책 수용성 제고, 거래비용 절감의 긍정적 효과를 가져다준다.

최근에 신뢰 개념은 협력 거버넌스 모형, 공동 의사결정과정, 그리고 네트워크 관리에서 더욱 강조되었다. 신뢰는 협력 거버넌스와 갈등해결 과정에서 중요한 선행 요소로 간주된다(김홍회, 2011).

3.3. 신뢰시스템 구축방안 및 조건

신뢰시스템의 구성

신뢰시스템은 말 그대로 신뢰할 수 있는 시스템을 의미한다. 여기서 신뢰는 곧 믿음을 의미하는 것으로서, 신뢰시스템은 공동의 합의에 기초한 믿을 수 있는 시스템을 의미한다. 따라서 신뢰시스템은 가변적이거나 혹은 비지속적인 사람보다는 절차, 법, 제도 등을 선호하게 된다. 그리고 이러한 신뢰시스템은 다중의 합의를 전제로 하는 것이기 때문에 공개를 지향하는 시스템이다. 소수의 합의에 기초한 시스템이라면 공개에 저항적일 수 있지만, 다수에 기초하고 있기 때문에 내부의 공개에 적극적인 시스템이라고 할 수 있다.

신뢰시스템은 다음과 같은 특징을 지니고 있다(윤태범, 1999).

첫째, 신뢰시스템은 하나의 구조물이다. 이것은 눈에 보이기도 하며, 눈에 보이지 않기도 하는 구조물이다. 따라서 이 구조물은 여러 가지 요소들로 구성되어 있으며, 튼튼하게 그 활용이 이루어지도록 체계적인 설계에 따라서 합리적으로 구성되어 있다. 따라서 이러한 구성요소들이 제대로 맞추어지기 위해서는 분명한 원칙과 기준이 마련되어야 한다. 그리고 안정성이 있도록 그리고 변화에 적절하게 대응할 수 있도록 그럴듯한 관리가 이루어져야 한다. 따라서 이 시스템을 어떻게 관리할 것인가가 중요하다. 시스템의 설계에 있어서 가장 중요하게 고려해야 할 요소는 바로 국민이다.

둘째, 신뢰시스템은 절차이다. 이것이 내부에 한정되든 혹은 외부와 관련되든 절차라고 할 수 있다. 그리고 이 절차는 안정적이고(즉, 법으로 규정되고) 또한 외부에 분명하게 노출되어 있어야 한다. 예를 들어서 법규에 모호하게 규정되어 있는 절차와 규정들은 그만큼 업무에 대한 분석과 규정이 미흡하다는 것을 의미하며, 또한 해당 업무에 대한 권한을 공무원이 재량껏 사용할 수 있도록 되어 있음을 의미한다. 물론 재량권이 부패 자체를 의미하는 것은 아니며, 단지 그 잠재적 가능성만을 제시할 뿐이다. 문제는 재량권의 행사가 곧 통제가 불필요함을 의미하는 것은 아니라는 것이다.

셋째, 신뢰시스템은 미래 지향적이고 개혁 지향적이다. 예컨대, 사회 부조리를 처벌만 하는 것이 아니라, 예방을 하고자 하는 것이다. 과거보다 미래를 지향하는 것이 저항을 극복하기에도 유용하기 때문이다.

넷째, 신뢰시스템은 저비용 고효율, 고윤리 시스템을 지향한다. 부패한 정부 혹은 비윤리적인 정부는 고비용의 비효율적인 시스템으로서, 정상적인 비용 이외에 항상 추가비용(뇌물 등)이 투입되어야 작동하는 초과비효율성의 시스템이다. 따라서 신뢰시스템은 저비용 구조를 지향한다. 신뢰시스템의 기본적 성격은 저비용 시스템을 지향하는 것으로 이를 위해서는 초과비용을 유발하는 요인을 제거하거나 혹은 비용 자체를 축소할 수 있도록 방향을 정립할 수 있어야 한다.

다섯째, 신뢰시스템은 다중의 합의에 기초하고 있기 때문에, 합의된 시스템하에서 각 요소의 자율성을 보장하는 자율적 체제를 지향하는 시스템이다. 이러한 자율성을 인정하는 것은 신뢰시스템을 구성하는 어느 요소도 완전할 수 없다는 인식 때문이다. 자율성을 인정한다는 것은 독단을 수용하는 것이 아니라, 구성요소의 불안정성을 인정하고 시스템의 다른 구성요소의 지원과 협력을 적극적으로 수용하는 시스템이다.

여섯째, 신뢰시스템은 사회적 약자를 옹호할 수 있는 구조이다. 즉, 신뢰시스템은 특정한 개인이나 조직이 아닌 모든 사람과 조직으로부터 신뢰를 받는 조직을 지향한다는 점에서, 권력을 소유한 사람만이 아니라 그렇지 못한 사람도 옹호하는 시스템이다. 그것은 곧 정부의 정보에 대한 접근에 있어서 동등한 기회를 얻는 것을 의미한다.

일곱째, 신뢰시스템은 사람의 재량을 시스템으로 대체하고자 한다. 즉, 정책의 결정, 프로젝트의 결정, 인허가의 결정 등에서 특정 개인에 의한 독점적 결정이 불가능하도록 설계되어야 한다. 개인 단독의 의사결정이 필요하다면 이 경우에는 자동화된 의사결정이 이루어지도록 한다. 결과적으로 사람을 신뢰하게 되는 시스템이다. 기업활동을 함에 있어서 국가 수준에서 부패방지를 위한 장치가 마련되어 있을 경우 외국기업이 국내기업을 신뢰할 수 있듯이, 조직 수준의 신뢰시스템이 구축되면, 결과적으로 조직의 구성원인 공무원에 대한 신뢰의 정도는 증가하게 된다.

한편, 신뢰시스템을 구성하는 대표적인 요소에는 행정부, 국회, 사법부, 직업공무원, 감시기관(의회, 감사원, 경찰, 부패방지기구), 시민사회, 미디어 등을 들 수 있다. 그런데 이러한 신뢰시스템의 구성요소들이 모두 완전할 수는 없으며, 이 중 일부가 제대로 기능하게 되면 다른 기능도 긍정적인 영향을 받을 수 있을 것이다. 즉, 지나치게 모든 요소가 완벽하기를 기대할 필요는 없으며, 일부 요소에서 부작용이 발생하더라도 이러한 기능은 원활하게 기능하는 다른 요소에 의하여 얼마든지 보정될 수 있다. 저신뢰의 시스템하에서는 이와 같은 보정기능이 작동하지 않는다. 그것은 저신뢰 시스템에서는 시스템을 구성하는 모든 요소가 부정적 강화를 지향하여 경쟁하고 있기 때문이다.

신뢰시스템의 구성요소는 신뢰성과 실행가능성이다.

신뢰성은 정부 자체의 신뢰성과 정책의 신뢰성으로서, 정책의 체계성과 정부의 높은 도덕적 성실성을 의미한다. 그리고 실행가능성은 실제적인 집행가능성을 의미하는 것으로서, 이 실행가능성은 신뢰성을 중요한 전제조건으로 한다. 신뢰성은 반부패에 대한 다수의 성공사례 개발과 축적, 확실한 정책의 집행, 정권의 도덕성, 법 적용의 무차별성 등에 의하여 강화될 수 있으며, 실행가능성은 법적 구체성과 체계성, 정치권의 수용태도, 국민의 인식, 비용의 저렴성 등에 의하여 결정된다. 따라서 실효성 있는 반부패 정책은 이 양자를 공히 유지할 수 있어야 한다. 이와 관련하여 사회적 힘(social empowerment)의 강화(시민의 권한 강화와 시민단체의 적극적 참여)는 반부패 정책의 신뢰성과 실행 가능성을 제고할 수 있는 방안이 된다.

신뢰시스템의 구축 및 운용

신뢰시스템의 구축은 단기간에 이루어지기 어렵다는 한계가 존재하고 있다는 점에서, 불신이 팽배한 것으로 평가되는 우리의 실정에서는 너무 한가한 정책방안이라고 판단할 수도 있다. 그러나 현재 우리의 불신상황이 어제와 오늘의 원인에 의해서 만들어진 것이 아니며, 실로 많은 세대와 시간에 걸친 부정적 경험들의 누적이라는 점에서 보면, 불신 해소를 위한 어느 방안도 즉효성을 기대하기는 어렵다고 할 수 있다. 어떤 면에서는 분위기의 반전과 새로운 계기의 마련을 위하여 극약처방이 필요한 경우도 있지만, 그러한 처방안은 일회성에 그칠 수밖에 없는 방안이라는 점에서 최적의 대안이라고 보기는 어렵다.

따라서 신뢰시스템 구축은 궁극적으로 국가에 대한 신뢰회복의 문제라고 할 수 있다. 정부에 대한 불신의 만연은 하루아침에 이루어진 것이 아니라는 점에서, 정부에 대한 신뢰를 회복하는 데는 많은 노력과 시간이 필요할 수밖에 없다. 여기에서 노력은 공무원만의 혹은 시민만의 노력이 아닌 전 정부적 혹은 전 국가적 노력을 의미하는 것이며, 시간은 한 정권 혹은 한 세대를 뛰어넘는 시간을 의미한다. 즉, 국가의 한 부분만의 힘으로 그리고 한 정권의 기간 내에서 불신을 해소하고 정부신뢰를 회복하기를 기대한다면, 또다시 실패할 수밖에 없다.

시스템이 제대로 운영되기 위해서는 이 시스템에 충분한 권한을 부여하여야 한다. 권한이 없는 시스템은 작동하지 못하며, 형식에 그칠 가능성이 매우 높기 때문이다. 신뢰시스템이 구축된 후 제대로 운영되기 위해서는 이 시스템의 운영과 관리에 대한 책임성이 명확하게 규명되어야 한다. 즉, 시스템이 제대로 작동되지 않을 때, 그 책임을 물을 수 있는 명확한 존재가 있어야 한다. 책임성을 물을 수 있는 장치가 필수적이다. 책임성을 물을 수 있는 장치가 마련되어 있고, 이 장치가 제대로 작동될 때, 국민들은 이 시스템에 대하여 신뢰를 부여할 것이다.

신뢰시스템이 제대로 작동할 수 있도록 이를 지지할 수 있는 그룹의 형성이 중요하다. 이 그룹은 신뢰시스템을 지속적으로 지지하고 후원하는 역할을 한다. 행정조직 외부에서는 최근에 급부상하고 있는 각종 NGO가 신뢰그룹의 역할을 할수 있으며, 행정조직 내부에서는 공무원을 대상으로 하는 각종 청렴성과 관련된 수상도 이와 같은 신뢰그룹을 형성하는 방법이다. 신뢰그룹은 특정한 조직체라기보다는 신뢰시스템을 지지하고 이를 적극적으로 실천하는 추상적 구조라고 할 수 있다.

신뢰시스템을 구축하여 지속성을 유지하는 것도 필수적이지만, 이 문제가 일시적인 이슈가 아닌 지속적인 이슈가 되도록 하는 것이 중요하다. 즉, 지속적인 문제제기와 지속적인 해결책의 논의가 항상 이루어져야 한다. 이러한 지속적인 논의과정과 결과물의 축적을 통하여 개혁에 대한 다양한 안들이 개발되고 논의될 수 있기 때문이다.

결국 투명하고 객관적인 감시구조가 관건이다. 안전신화에 사로잡혀 있으면 사고가 발생할 수밖에 없다. 끊임없이 경각심과 감시가 필요하다. 꾸준한 소통을 하고, 자료를 공개하고, 비판을 수용하고, 재발을 방지하고, 노력하고, 국민과 함께 제도를 투명하게 객관적으로 운영해야 한다.

사회적 신뢰회복 모델

트러스트 회복방안은 유럽연합이 1995년부터 추진해 온 트러스트넷(Trustnet) 프로그램이 시사점을 제공해 준다. 이 프로그램이 제안하는 위험사회 치유방안은 사회적 신뢰의 회복에 있다(EC, 2000).

사회적 신뢰는 개인과 기존의 또는 새롭게 형성되고 있는 그룹과의 관계를 의미한다. 사회적 신뢰는 개인이 심각한 위험을 수반할 수 있는 중요한 프로젝트를 수행할 때 다른 사람들에게 의지하는 상황에서 형성된다. 사회적 신뢰는 사회의 인식자원을 저장하는 수단으로 간주된다. 개인은 스스로 필요를 충족할 수 없기 때문에 자신이 할 수 없는 일들을 다른 사람에게 혹은 시스템과 기관에 의탁해야 한다.

사회적 신뢰를 회복하기 위해서는 개인의 적극적인 참여가 필요하다. 현대사회의 위험을 통제하기 위해서는 사회적 신뢰를 구축할 수 있는 사회의 능력이 중요하다. 그리고 위험통제가 사회적 신뢰를 창출하는 데 도움이 될 수 있어야 한다. 이를 위해 위험을 발생시키는 사회의 다양한 사업의 정당성이 평가되어야 하며,

사업에서 얻을 수 있는 편익도 고려할 필요가 있다.

국가적 차원에서 위험통제 시스템은 트러스트, 즉 상호 신뢰에 기반해야 효과를 거둘 수 있다. 상호 신뢰방식에 의한 위험통제는 위험관리 과정에서뿐만 아니라 위험활동의 정당화 과정에서 광범위한 이해당사자들의 참여를 유도한다. 정부가 관련된 폭넓은 이해당사자들의 참여를 통해 위험을 효과적으로 통제하는 것이다. 특히 정부는 위험관리의 공정성을 최대한 유지하기 위해 개인과 사회가 위험을 인내해야 할 당위성과 기준을 마련해야 한다.

상호 신뢰 패러다임에서는 위험문제를 해결하기 위한 의사결정과정이 시민에게 열려 있다. 따라서 정부가 시민과 상호작용을 거쳐 위험문제를 해결한다. 전문가들은 위험활동에 관한 다양한 연구결과를 제시하고 토론을 유도하여 문제를 규명함과 동시에 불확실성을 솔직하게 알린다. 이해당사자들은 지역 수준 및 국가 수준의 논의에 참여하여 공동의 선(善)을 이끌어내는 데 협조한다.

사회적 신뢰구축을 위해 커뮤니케이션 파워의 회복(커뮤니케이션 합리성)이 필요하다. 개인과 지역공동체, 사회제도 간에 위험에 대한 공통의 의미체계를 만들어가고 서로 신뢰하는 관계를 확립해나가는 보다 복합적인 과정이다. 리스크 커뮤니케이션 활성화 기반 사회적 신뢰-합의 시스템 구축을 통해 위험사회 극복이 가능한 것이다.

신뢰시스템 구축의 조건

신뢰시스템 구축을 위해서는 독일의 사회철학자 위르겐 하버마스(Jürgen Habermas)가 제안한 소통의 합리성 개념을 리스크 커뮤니케이션에 접목해야 한다. 참여민주주의의 회복인 것이다.

계몽시대 이후 근대 사회를 지배해온 중요한 키워드 중 하나가 '합리성'이다. 하버마스는 두 가지 서로 다른 합리성을 이야기한다. 첫째는 '도구적 합리성'이다. 사회와 조직이 설정한 가치와 목적은 제도 및 전략 차원의 도구적 합리성의 지지(支持)에 의해 실행되고 유지된다. 도구적 합리성은 철저한 논리성의 요건을 갖춰야 한다. 그 결과는 충분히 예견적(豫見的)이어야 한다. 두 번째는 '의사소통의 합리성'이다. 사회 집단 및 구성원들 간에 공유된 의사소통의 합리성이 결여된 도구적 합리성은 사상누각(沙上樓閣)이다. 의사소통의 합리성으로 인해 사회와 조직의 목적 및 도구는 비로소 최소한의 정당성을 확보하게 된다.

이 두 가지 합리성이 모두 우리 사회에서 제자리를 찾지 못하고 있다. 양자가 적절한 균형을 이루고 있지 못함도 또한 문제다. 도구적 합리성과 의사소통의 합리성의 최적 균형 비율을 찾는 것이 우리 사회의 과제인 것이다.

'이치에 맞게 행동하는 상태'가 '합리적'인 상태이고 하버마스는 이치에 맞는 행동을 두 가지로 구분하였다. 도구적 합리성이란 목적달성을 위해 최선의 수단이나 방법을 선택하는 행동방식을 말한다. 한편, 의사소통적 합리성이란 자신이 왜 그렇게 생각하는지, 왜 우리가 그렇게 해야 하는지 그 이유를 설명하면서 다른 사람을 설득하려는 행동방식을 말한다. 하버마스는 의사소통을 통해 합의가 형성되고 이를 통해 사회가 운영되어야 올바른 사회라고 하였다.

하버마스의 사상을 관통하는 핵심은 이성에 대한 확고한 믿음이다. 그는 인간 해방과 정의로운 사회건설을 위하여 비판적 사고활동이 갖는 잠재력에 주목한다. '어떤 불신과 불리한 조건에서도 사회통합을 향한 합리적 토론은 포기할 수 없다'는 단호한 입장을 견지한다. 합리적 이성에 바탕을 둔 대화를 통하여 역사를 발전시킬 수 있다는 이성적 낙관주의를 견지하고 있다. 하버마스는 인간의 상호주관적 의사소통으로 이성을 확립할 수 있다고 주장한다. 이 같은 그의 사상은 의사소통행위이론 또는 담론이론으로 널리 알려져 있다.

그는 의사소통의 합리성을 주창한다. 의사소통적 행동이란 '관련 당사자들의 행동이 성공을 위한 자기중심적인 계산이 아닌 이해도달 지향적 행동을 통해서 조정되는 행동'이다(Habermas, 1984). 의사소통적 행동에서 달성하려는 합리성은 행동하고 담화하는 주체들이 자유롭고 평등하게 합의를 이루는 과정이 중시된다.

하버마스의 '의사소통 합리성'이라는 개념은 궁극적으로 강제 없이도 일치를 이루고 합의를 형성시키는 논증적인 담화가 지닌 힘에 대한 경험으로 환원되는, 많은 함축들을 지니고 있다. 그러한 담화에서 서로 다른 참여자들은 자신들의 애초의 주관적인 견해를 극복하고 또한 동시에 이성적으로 동기화된 확신이라는 공통성 덕분에 객관적 세계와 자신들의 삶의 연관이 갖는 상호주관성의 통일성을 확신하게 된다(김재현, 1994). 결국, 외적 강제 없이 자유롭게 의사소통하는 일상적 경험 속에서 그리고 '타당성 요구(주장)'를 통한 담화 속에서 우리는 '의사소통적 합리성'에 대한 경험을 할 수 있다.

커뮤니케이션 합리성이 관건

하버마스가 의사소통적 합리성을 중시하는 이유는, 첫째로 '훌륭하고 참된 삶(good and true life)'의 규범이 존중되기 때문이다. 하버마스가 의사소통적 합리성 이론을 제시한 것은 이러한 삶의 본질을 밝히고 그 실현방안을 수립하기 위함이었다. 둘째로 사회진보를 위한 비판과 계몽의 과정으로서 가치를 지녔기 때문이다. 의사소통적 합리성의 개념화는 생활세계의 합리화를 위한 비판과 반성을 회복하고 자유롭고 평등한 대화공동체를 실현하려는 노력의 성과이다. 이와 달리 과학과 기술은 현실의 그릇된 적법성을 밝히고 비인간적 억압을 드러내는 '비판적 표준'으로서가 아니라 이데올로기로서 '옹호적 표준'의 역할을 하는 경향이 있다. 옹호적 표준으로서 과학적 합리성은 비판적 표준을 약화시키고 사회체계 안에서 기껏해야 조정의 기능만 한다. 즉, 과학과 기술은 계몽과 해방의 열쇠로 활용되기보다도 오히려 부당한 사회지배를 정당화하는 기능을 행사하고 있다. 과학기술의 표준에 토대한 목적 합리성으로부터는 자기반성과 비판을 통한 계몽과 사회해방의 실현을 충분히 기대할 수 없는 것이다(김태오, 1991).

하버마스는 의사소통적 합리성 확보를 위한 전제조건으로 타당성 개념을 제시하고 있다. 하버마스에 있어서 타당성이란 형식논리의 논증에 의해서가 아니라 의사소통에 의해 도달되는 이해와 합의에 근거하는 합리성의 개념적 조건이다. 합리성을 확보하는 근본적인 방법은 어떤 명제와 판단에 대하여 찬성하거나 반대하는 증거를 올바르게 제시하는 것이다. 그래서 합리적인 태도로 인정되기 위해서는 단순히 권위, 전통 또는 무력행사 등으로 해결하려 하지 않고 비판과 논의를 통해 대립된 주장을 정당화해야 한다. 의견이 불일치하고 갈등하는 일상생활에서 논의와 토의를 실행함이야말로 '호소의 법정'이 되어야 한다(Habermas, 1984). 논거나 이유 제시에 의해 어떤 주장을 옹호하며 그 타당성을 자유롭게 비판할 수 있는 상황에서 이루어지는 의사소통이야말로 말과 행동의 합리성을 확립할 수 있는 기본조건이 된다. 타당성의 주장은 의사소통적 합리성의 전제이다.

하버마스에 따르면, 타당성 주장에는 네 가지 형태가 있다. 이해가능성, 진리성 및 효율성, 정당성, 진솔성이 그것이다. '이해가능성'은 상대방이 말하는 내용을 이해할 수 없을 때 그 말이 정확히 무엇을 뜻하는가를 알기 위해서 제기하는 타당성이다. '진리성'이란 말한 내용은 이해하지만 그것이 참(사실)인지 확신할 수 없는 경우 주제로 삼는 타당성이다. 그리고 '효율성'이란 주어진 상황에서 행동계획 및 행동규칙이 어떤 목적을 이루는 데 적절한지를 다루는 타당성 주장이다. '정당성'이란 어떤 행동과 언명이 규범적으로 적법한지 상호 검토할 때 요구되는 타당성이다. '진솔성'이란 말하는 사람의 발언이 진지하지 못할 때 그의 성실성을 문제 삼는 타당성 주장이다.

모든 담화는 진정한 합의에의 이념을 지향하고 있는바, 하버마스는 우리의 합의가 합리적 합의로 인정받을 수 있는 조건을 '이상적 담화상황'이라고 부른다. 이상적 담화상황은 강제에 의하지 않고 합의에 도달할 수 있는 전략개발을 위한 '무제약적 토론', 불가침의 극단적인 개별화 아래에서 이루어지면서도 적절한 친밀성이 발휘되는 '온전한 자기표현', 보편적 이해 주장과 규범의 보편화를 가능하게 하는 '기대의 충만'이라는 세 가지 특징을 갖는다(Habermas, 1970).

합리적 합의는 논의에 의한 토론적 정당화 과정을 거친다. 토론에 참여한다는 것은 행동에 제약 사항이 없어야 하고 '보다 나은 논증'이란 비강제적인 힘에 의해 의견일치를 이루려는 자발성을 제외한 다른 모든 동기를 배제함을 뜻한다. 이 경우 토론에는 다음과 같은 전제조건이 포함된다. 진정한 토론은 의견일치 즉 합리적 합의를 목적으로 한다. 합리적 합의에 도달하는 것이 가능하다. 참된 합의와 거짓된 합의는 구분된다. 오직 합리적 합의만이 진리 주장과 규범을 객관적인 것으로 근거 짓는 데 도움을 준다. 이런 전제들은 담화의 구조(또는 목적 자체)에 이미 붙박여 있는 것이며, 이 전제 없이는 합리적 의사소통은 결코 성립되지 못한다.

하버마스에 따르면, 사회는 생산력의 발전, 체계자율성의 증대, 규범구조의 변화의 차원에서 진화한다. 세 가지 차원에서 사회합리화가 전개된다는 것이다. 그런데 외적 자연이 사회체계와 연관을 맺는 것은 생산력에 의해서이지만, 내적 자연은 규범구조에 의해서 사회체계와 연결된다. 바꾸어 말해 사회체계는 외적 자연에 대해서는 기술적인 규칙을 따르는 도구적 행동(노동)에 의해 결합되는 반면, 내적 자연에 대해서는 타당한 규범에 규제되는 상호작용(의사소통)에 의해 유지된다.

하버마스는 의사소통의 실천 안에서 사회합리화의 의미를 찾는다. 의사소통은 '상호주관성'의 구조 내에서 수행된다. 생활세계의 수준에서 이 상호주관성의 구조는 한편으로 언행주체의 주관성을 다른 한편으로 보편성(인식의 객관성과 규범의 정당성)을 요청하면서 사회생활을 구성하는 공동성을 확보한다. 이러한 의사소통의 구조 자체 안에 이미 '진리, 자유, 정의의 실현이 가능한 삶의 형식에 대한 예상'이 내재해 있다. 이런 견지에서 하버마스는 대화적 이성(의사소통적 합리성)을 사회합리화를 지향하는 실천의 관건으로 본 것이다.

사회를 합리화하는 열쇠는 사회구성원들의 합리적인 능력과 자질이다. 의사소통적 상호작용의 능력을 발휘하는 자율적 자아의 발달이 그 조건이다.

Chapter 4

안심사회의 조건, 사회적 신뢰회복과 커뮤니케이션 합리화

1 사회적 신뢰회복과 소통 강화

진실을 사랑하고 실수를 용서하라.
(Love truth, and pardon error.)
-볼테르

1.1. 사회적 상호작용과 신뢰

현대사회의 위험 이슈들은 위험 그 자체의 문제도 있지만, 사회적 신뢰의 하락에서 증폭되는 경우가 많다. 따라서 위험통제 시스템은 트러스트(trust), 즉 상호 신뢰에 기반해야 효과를 거둘 수 있다. 상호 신뢰방식에 의한 위험통제는 위험관리 과정에서뿐만 아니라 위험활동의 정당화 과정에서 광범위한 이해당사자들의 참여를 유도한다. 관련된 폭넓은 이해당사자들의 참여를 통해 위험을 효과적으로 통제하는 것이다.

사회적 신뢰구축은 개인과 지역공동체, 사회제도들 간에 위험에 대한 공통의 의미체계를 만들어가고 서로 신뢰하는 관계를 확립해나가는 복합적인 과정이다. 신뢰의 형성을 위해서는 상대방이 어떤 생각을 하고 있는지, 나와 같은 가치를 공유하고 있는지, 앞으로 어떻게 행동할 것인지 등을 알 수 있어야 하는데 이를 위해 원활한 의사소통은 필수적이다. 상호 신뢰 패러다임에서는 위험문제를 해결하기 위한 의사결정과정이 시민에게 열려 있어야 한다. 전문가들은 위험활동에 관한 다양한 연구결과를 제시하고 토론을 유도하여 문제를 규명함과 동시에 불확실성을 솔직하게 알려야 한다.

이처럼 위기관리에 대한 중요성이 높아지면서 위기징후를 포착하기 위한 시스템의 구축과 위기를 준비하고 공유하려는 노력이 중요해지고 있는데, 그 핵심에 커뮤니케이션이 자리하고 있다. 총체적인 위기관리 활동이 곧 커뮤니케이션 활동과 연결되기 때문이다. 즉, 리스크 커뮤니케이션이 요구되는데, 기업/정부에 위기 사건이 발생했을 경우 기업/정부와 관련된 다양한 이해관계자(소비자, 시민단체, 지역주민, 언론 등) 간 커뮤니케이션 과정을 관리하여 사건이 위기로 발전하는 것을 막고 조직의 명성을 방어하기 위한 전략적 커뮤니케이션 과정이 필요하다는 것이다.

현대사회의 위험은 그 자체 내에 불확실성과 보편성을 내재하고 있기 때문에 동일한 물리적 위험에 대해서도 각각의 공중들이 처한 맥락에 따라 위험을 서로 다르게 바라보고, 해결방법도 다르게 제시한다. 따라서 현대사회의 위험문제가 전문가에 의해서만 독점될 수 없고, 위험을 둘러싼 다양한 공중이 리스크 커뮤니케이션을 통해 위험관리에 대한 합의를 이루어나가는 민주적인 과정이 담보되어야 위험을 둘러싼 갈등을 최소화하고, 위험에 대한 정의, 인식, 해결방법에 대한 합의를 이끌어낼 수 있다.

리스크 커뮤니케이션은 위험요인에 대해 인식을 공유하는 커뮤니케이션 과정으로서 위험주체들(정부, 연구자 등의 전문가집단, 언론, 일반 시민) 간의 위험인지 및 위험행태, 위험관리, 위험수용 등에 대한 위험소통, 즉 상호작용을 기본 전제로 한다. 하지만 과학기술자들은 사회적 인식에 대해 관심이 약하고, 대중은 과학적 지식에 취약하며, 이로 인해 잦은 정보의 통제나 왜곡이 발생하고 결국 사회적 불신과 저항이라는 갈등 양상으로 발전하곤 한다. 정보를 제공하는 경우에도 정보제공자의 목적을 위한 도구적 접근에 치중하고, 성실한 의사소통이 잘 이루어지지 않는다. 따라서 전반적인 커뮤니케이션의 실패로 나타나곤 한다. 이런 측면에서 커뮤니케이션 파워를 회복함으로써 모든 사람들이 정보에 자유롭게 접근하고, 의사결정과정이 투명하게 이루어질 수 있는 커뮤니케이션 환경이 구축되어야 하는 것이다. 따라서 위험을 최소화하고 예방하기 위해서는 기술적 접근뿐 아니라 원활한 위험소통을 위한 사회적 접근이 중요하고, 커뮤니케이션 회복을 통한 근본적인 대책과 사후처방이 필요하다. 결국 위험에 대한 위험관리의 출발은 위험주체들 간의 리스크 커뮤니케이션을 통한 커뮤니케이션의 회복을 바탕으로 이루어져야 하는 것이다.

리스크 커뮤니케이션을 통한 위험관리의 기본 전제는 신뢰이다. 이는 리스크 커뮤니케이션 자체가 위험주체 상호 간의 신뢰를 바탕으로 열려 있는 커뮤니케이션을 기본 전제로 하고 있기 때문이다. 1980년대 리스크 커뮤니케이션 연구는 공중과 전문가들을 연결시킴으로써위험평가에 대한 공중과 전문가의 격차를 최소화하는 데 초점을 두었으나, 1990년대 이후 리스크 커뮤니케이션 연구분야가 공중과 전문가의 격차를 줄이는데 부응하지 못하였고, 그 원인으로 신뢰에 대한 리스크 커뮤니케이션 연구분야의 관심 부족이라는 비판이 부각되면서 신뢰는 위험관리 분야에서 매우 중요한 요소로 부상하고 있다. 특히, 신뢰의 중요성은 사람들이 시간과 정보, 지식 등이 부족할 경우에 더욱 큰 영향을 발휘한다. 즉, 사람들은 특정 위험에 대해 판단할 수 있는 기준과 근거가 부족하거나 없을 경우에 대부분 신뢰에 의존하여 위험을 평가하는 경향이 있기 때문에 위험관리에 있어서 신뢰는 매우 중요한 영향요인으로 이해되고 있다. 기존의 연구들도 사람들이 특정 사고를 해석하고 평가하는 데 있어 신뢰에 의존하는 경향이 많고, 운영 혹은 책임 기관(사람)에 대한 신뢰 여부가 위험을 지각하는 데 중요한 영향을 미친다고 보고하여 신뢰가 전반적인 위험관리와 밀접한 관련이 있음을 시사한다.

신뢰(trust)는 타인의 의도 혹은 행위에 대한 긍정적 기대에 기반한 것으로 취약성을 수용하려는 의도가 포함된 심리적 상태를 의미한다. 이런 신뢰는 특정 위험과 관련된 주요 의사결정을 내리는 과정에서 정책을 수행하는 책임자들을 믿고, 의존하는 것을 포함한다. 그러므로 특정 위험을 책임지고 관리하는 사람들에 대해 높은 신뢰를 가질 경우에 사람들은 관련 위험을 낮게 지각하는 경향을 보이는 것으로 보고된다. 이에 따라 신뢰는 위험지각을 효율적으로 제어하고 통제할 수 있는 요인으로서, 전반적으로 위험을 평가, 관리하고 그 수용성 여부를 결정하는 핵심요인으로 볼 수 있는 것이다. 하지만 신뢰는 단기간에 걸쳐 형성되는 것이 아니라 오랜 기간에 걸쳐 점진적으로 형성된다. 또한 단 한 번의 실수나 사고로 인해 그동안 쌓아왔던 신뢰가 순식간에 무너지기도 한다. 한번 신뢰를 잃으면 이전의 수준으로 다시 돌아가기 힘들며, 때로는 이전의 수준으로 회복 자체가 불가능하다는 특성을 띤다. 따라서 리스크 커뮤니케이션을 통한 효과적인 위험관리가 이루어지기 위해서는 다른 상황에 놓여 있는 다양한 사람들에게 위험에 대한 이해를 높이고, 실제 사실을 평가함은 물론 정확하고 객관적인 정보제공을 통해 위험주체 간에 상호 신뢰가 형성될 수 있도록 해야 하는 것이다.

1.2. 신뢰와 커뮤니케이션의 관계

신뢰수준과 리스크 커뮤니케이션의 상관

일반적으로 신뢰란 다른 사람에 대한 긍정적인 평가를 바탕으로 자신의 취약성을 감수할 수 있는 심리 상태를 의미한다(Rousseau, et. al., 1998). 미쉬라(Mishra, 1996)는 신뢰대상이 갖춰야 할 속성으로 능력, 개방성, 상대방에 대한 배려, 그리고 행동의 일관성을 꼽았는데, 능력은 교환 또는 거래의 목적을 기술적으로 실현시킬 수 있는 가능성을 의미하며, 개방성은 신뢰대상이 진실한 정보를 숨김없이 제공하는 것을 의미하고, 타인에 대한 배려는 자기 이익을 추구하는 과정에서 기회주의적 행동을 하지 않는다는 것을 의미하며, 행동의 일관성은 예측 가능성을 의미한다. 하지만, 박통희(1999)는 신뢰대상의 속성뿐 아니라 신뢰자의 속성이 신뢰를 개념화하는 데 중요한 요소라고 보고, 신뢰대상에 대해 집단적 동질성과 가치이념적 동질성을 가질 때 신뢰가 높아질 수 있다고 보았다.

이러한 신뢰의 개념을 위험 연구로 가져오면 신뢰란 위험에 관한 정보를 제공하고, 위험을 직접 또는 간접적으로 관리하는 기관들, 즉 과학자, 위험 관련 시설이나 설비를 운영 및 관리하는 기관, 위험 관련 시설이나 설비를 규제 및 감독하는 기관 등에 대해 갖는 확신의 수준(Cha, 2000)으로 볼 수 있다.

신뢰가 무너진 상태에서 행해지는 커뮤니케이션은 그 내용이 아무리 훌륭하더라도 효과를 내기 힘들다. 위험에 대한 지식이 불충분한 상태에서 공중들은 위험을 관리 주체에 대한 신뢰를 바탕으로 그들이 행하는 커뮤니케이션에 대해 평가하고, 그에 따라 위험수용 여부를 결정하기 때문이다(Siegrist&Cvetkovich, 2000). 따라서 낮은 수준의 신뢰는 오히려 위험에 대한 우려를 증가시켜 커뮤니케이션을 더욱 어렵게 만들고, 결국 위험수용에도 부정적인 효과를 결과할 것이다.

리스크 커뮤니케이션에서 중요한 변수는 커뮤니케이션 주체의 신뢰이다. 상대방을 전혀 신뢰할 수 없다면 메시지의 내용과 상관없이 리스크 커뮤니케이션은 성공하기 어렵다. 리스크 사안과 관련하여 상대방에 대한 신뢰는 ① 타인에 대한 기대와 미래전망, ② 위험의 수용정도, ③ 타인과 상황에 대한 주관적인 인식에 영향을 미친다(Kasperson, Golding, and Tuler, 1992). 신뢰를 구축하는 것은 위험인식과 관련한 갈등상황에서 위험의 수용을 가능하게 해주며, 위험지각을 감소시켜 위험에 대한 판단(인식)에도 긍정적인 영향을 미치게 된다(김서용 외, 2014).

의사소통 과정에서 신뢰를 어떻게 형성할 것인가에 대해 베넷(Bennett, 1999)은 세 가지 조건을 이야기했다. 첫째, 행위로서 진정성이다. 말과 행동이 다른 기회주의적 행동은 신뢰를 무너뜨리는 데 결정적이다. 둘째, 정보의 투명성이다. 의사결정의 과정과 결과들을 여과 없이 공개해야 한다. 셋째, 메시지를 공중에게 전달할 때 감정적인 동화를 이루어야 한다. 단지 이성적 차원에서 지식과 정보를 제공하는 것만으로는 한계가 있다. 이와 관련하여 공공조직이 공중의 신뢰를 획득하고 공중관계를 우호적으로 가져갈 수 있는 방안을 연구한 결과(Langford, Marris, and O'Riordan, 1999)에 따르면, 다음과 같은 여섯 가지로 정리된다.

① 조직은 위험과 관련한 의사결정 시 모든 외부 이해 관련 집단이나 이해 공중으로부터 독립성을 유지하여야 한다.

② 위험과 관련한 의사결정주체는 사회의 모든 관련 공중을 포함하여 중립적으로 구성되어야 한다.

③ 지도부의 의사결정 등 모든 진행상황은 인터넷에 올려야 하고, 인터넷을 통해서 의사결정체는 모든 공중과 의사를 교환하여야 한다.

④ 모든 관련 이슈들에 대해 조직 내에서부터 문제의 해결에 대해 활발한 논의를 해야 한다.

⑤ 관련 공중을 문제해결과정의 구성원으로 받아들이고, 모두에게 투명한 문제해결과정을 보여주어야 한다.

⑥ 되도록 위험문제해결을 위한 신속한 조치와 대응을 보여주는 것이 필요하다.

리스크 커뮤니케이션에서 신뢰는 매우 중요하지만, 신뢰는 장기간에 걸쳐 형성되는 특징이 있어 단기적으로 구축하기는 어렵다. 사회적인 불신상황에서도 위험이 개입된 공공정책의 추진이 필요한 경우에는 다음 네 가지 요소를 무엇보다도 고려할 필요가 있다(Kasperson, Golding and Tuler, 1992; 김영욱, 2008).
① 위험 가능성에 대한 철저한 답변
② 역사적으로 발생한 피해에 대한 당사자의 관점 수용과 과거 사건에 대한 사과
③ 공평성 문제 인식에 대한 감정이입과 해결
④ 보상 합의를 위한 공중 참여와 지속할 수 있는 인센티브 제시

재난상황에서 발생하는 갈등의 원인과 대응

재난은 기존의 사회적 불평등을 악화시키며, 이 과정에서 잠재되어 있던 사회적 갈등을 표면화시키곤 한다. 최근 전 세계적으로 대형 재난이 빈번하게 발생하고 있고, 이에 대한 대응, 복구 과정에서 커다란 사회적 갈등이 발생하는 모습을 보여주고 있음이다.

재난은 일반적으로 지역공동체에 큰 피해를 주며, 이와 함께 사회적 갈등이 심화되면 해당 지역공동체의 복구는 매우 어려워진다. 일부의 경우, 재난 피해 자체보다도 관련 사회적 갈등에 따른 2차, 3차 피해가 훨씬 큰 경제적·사회적 피해를 주곤 했다. 우리의 경우 2008년 광우병 사태를 보면, 실제적 피해는 거의 없었음에도 극심한 사회적 갈등으로 진전되어 커다란 경제사회적 피해를 남겼다. 반면 재난은 공동체의 대응 능력과 사회적 결속(social cohesion)을 강화하기도 한다. 대규모 자연재난에 공동체는 연대감과 희생정신의 고양을 통해, 피해자 구조·지원에 적극적으로 나서게 되고, 피해 복구에 힘을 모으며 사회결속에 도움을 준다. 재난은 공동체를 '치료적(therapeutic)'인 형태로 전환해주는 것이다(정지범, 2013).

어떤 형태의 조직에서건 갈등을 피할 수는 없다. 재난상황에서 갈등이 특히 중요한 것은 재난상황에서는 다양한 원인으로 인해 갈등이 쉽게 발생하며, 심화될

수 있기 때문이다. 재난상황에서 사람들은 심리적으로 매우 불안해지며, 통신망 등 인프라 붕괴로 인하여 효과적 소통이 어려워진다. 또한 재난은 일반적으로 사회적 약자들에게 더욱 심한 피해를 남긴다. 돈이 없어 보험도 없고, 위험한 지역에 거주하며, 몸이 불편한 사람들은 재난으로 인한 피해를 직접적으로 받게 될 뿐만 아니라, 적절한 완충장치가 없기 때문에 그 피해가 심화되고 장기화된다. 따라서 재난은 사회적 불평등을 심화시키며 이로 인하여 잠재되어 있던 사회적 갈등을 표면화시킨다.

일반적으로 갈등은 갈등의 이해당사자가 누구냐에 따라 민민갈등, 민관갈등 등으로 구분할 수 있고, 갈등의 원인이 무엇이냐에 따라 이익갈등, 가치갈등 등으로 구분된다. 무어(Moore, 2003)는 갈등의 종류를 정보, 관계, 구조, 가치, 이익 등 5가지로 구분하고 각각의 원인과 일반적 해결 방안을 제시했다.

갈등 종류와 대응방안

갈등 종류	갈등의 원인	대응방법
정보 갈등 (data conflicts)	자료의 부족 및 잘못된 정보 정보에 대한 다른 해석 중요성에 대한 다른 견해 서로 다른 분석 과정	정보가 중요하다는 견해 공유 자료 수집 절차 합의 자료 분석 기준 합의 전문가를 활용한 제3자 의견 활용
관계 갈등 (relationship conflicts)	격한 감정 오해, 고정관념 부족하거나 부적절한 소통 반복적인 부정적 행위	원칙과 절차에 입각한 감정 표현 제어 절차에 입각한 적절한 감정 표현 증진 관점 명확화 및 긍정적 관점 구축 구조 변화를 통한 부정적 행위 금지 긍정적 문제해결 태도 고양
구조 갈등 (structure conflicts)	적대적 상호관계 불평등한 권력, 자원, 정보 배분 지리적·물리적·환경적 방해 요인 시간의 부족	역할과 임무에 대한 명확한 정립 기본 원칙과 절차를 통한 적대적 행위 제어 공정·상호 수용가능한 의사결정절차 확립 충분한 정보제공을 통한 지식 공유 관계기반교섭에서 이익기반교섭으로 전환 강요에서 설득으로 이해당사자에 대한 외부 압력 제어
가치 갈등 (value conflicts)	생각·행위에 대한 다른 평가기준 다른 가치관에 근거한 다른 목적 다른 생활방식·이데올로기·종교	가치관 기준 문제 정의 금지 이해당사자에게 찬반 허용 이해당사자들이 공유할 수 있는 목표 가치의 차이에 대한 인정 및 확인
이익 갈등 (interest conflicts)	이익의 차이 실제적·인지적 경쟁 절차적 이해관계 심리적 이해관계	직위가 아닌 이해관계에 집중 이해당사자와 독립적·객관적 기준 탐색 이해당사자들을 모두 만족시키는 해결책 선택 가능 옵션 및 자원 확대 방안 마련

출처: 무어(2003); 정지범(2013)

재난의 원인, 방재방법의 효과 등에 대한 정보의 부족, 서로 다른 분석 및 해석으로 인해 정부와 언론·시민사회단체 간 정보갈등이 빈발하고 있다. 예컨대, 정부는 거대화된 자연재난은 불가항력의 천재(天災) 입장이지만, 언론사나 시민사회단체들은 정부의 잘못되었거나 태만한 방재 노력이 큰 피해를 가져왔기 때문에 이는 인재(人災)라는 입장을 견지한다.

무어(Moore, 2003)는 정보갈등해소 방법으로 정보의 중요성에 대한 입장 공유, 정보 수집 절차 및 분석기준에 대한 합의, 그리고 독립된 제3자의 의견 활용 등을 제시했다. 우리의 경우, 다양한 재난에 대하여 정보갈등이 발생할 소지가 있다고 판단되면 제3자 의견수렴의 한 형태로 '민관합동 조사위원회'를 구성하곤 한다. 그러나 민관합동조사단은 조사단 구성부터 공정성 논란을 불러일으킬 가능성이 높고, 조사 과정 및 결과에 대해서도 시민단체가 만족할만한 수준으로 진행되는 경우가 드문 것이 현실이다. 조사위원회 자체도 전문성이 부족하며, 급조된 인력의 결합으로 인해 조사의 효율성이 떨어지는 경우도 많다. 따라서 이러한 문제의 해결을 위하여 정부로부터 독립된 기관의 설치를 고민해볼 필요가 있을 것이다. 그러나 독립위원회가 만들어진다고 해서 모든 정보갈등이 해소될 수 있을지는 미지수이다. 원자력 안전문제에 대한 독립적 진단을 위한 원자력안전위원회 역시 끊임없는 논란과 정보갈등에 시달리는 것을 보면 단순히 조직의 설립만이 답은 아닐 것이다. 설립된 조직이 독립성을 가지고 실제 문제를 공정하게 해결하는 모습을 지속적으로 보여주는 것과 이를 통한 국민들의 신뢰 확보가 더욱 중요할 수 있다.

갈등해소 및 사회통합의 조건, 소통

사회학 분야에서는 한국에서의 사회적 갈등의 심각성을 대내외적으로 비교하면서 갈등을 치유하고 사회통합으로 나아가기 위한 조건으로서 소통이 필요하다(한상진, 2013)고 주장하고 있다.

원활한 소통을 위해서는 몇 가지 공통된 규범적 지향점들이 제안되었다(한상진, 2009). 첫째, 모든 시민은 차별과 예외 없이 소통에 자유로이 참여할 수 있어야 한다. 둘째, 어떤 주제이건 간에 구속 없이 자유롭게 의사를 개진하고 검토될 수 있어야 한다. 셋째, 소통은 자유롭게 의사표현하고 상호작용, 협의로 진행되어야 한다. 넷째, 소통을 통해 도달한 합의나 결정을 조직이나 국가가 정책으로 수행한다. 다섯째, 두드러진 차이가 존재하는 문제에 있어서 서로 다양성을 인정하고 관용하고 합의나 타협이 가능하도록 계속 협력하여야 한다. 여섯째, 상대의 관점에서 역지사지하고 상보의 원리를 인지하고 두드러진 차이가 있더라도 공통점을 찾기 위해 서로 힘을 모은다.

대체로 커뮤니케이션 학자들은 소통을 정의할 때 송신자와 수용자가 서로 쌍방향으로 지식과 경험을 공유하고 공감하는 것을 중요시하는 것으로 볼 수 있다.

커뮤니케이션학 분야에서 소통을 논할 때 빼놓을 수 없는 중요한 개념으로는 하버마스(1996)의 공론장 개념이 있다. 그에 따르면 공론장은 공적 토론이 가능한 장소를 뜻하며, 시민들이 공적인 문제에 대해 숙의할 수 있는 과정이고, 이를 자연스럽게 나타낼 수 있는 공간을 의미한다. 다시 말해, 공론장은 개인들이 자율적으로 공공문제에 대해 비판적으로 토론하고 의견을 나타내며 평등한 관계에서 합리적인 토론을 통해 공공선을 위한 합의에 도달하여 그 합의를 사회적인 공론으로 구현하는 장을 의미한다. 소통과 접목해본다면 공론장은 소통의 장소이자 토론을 통해 합의를 끌어내는 소통과정이라고도 이해해볼 수 있다.

이러한 소통 및 유관 개념의 정의로부터 나아가 관련 커뮤니케이션 연구와 논의는 크게 웹사이트와 SNS를 포함한 뉴미디어를 이용하여 개인, 기업, 정부 등이 어떻게 소통하는가의 문제를 주로 연구하였다. 이전의 전통적인 매체를 통해서는 송신자와 수신자 간의 진정한 쌍방향 소통이 이루어지기 힘든 한계가 있었기 때문에 소통에 대한 논의는 특히 뉴미디어의 등장 이후 가속화된 것으로 쉽게 추론해볼 수 있다. 기술의 발전을 바탕으로 이용자의 공유와 참여를 통해 만들어낸 진보한 인터넷 환경을 뜻하는 웹2.0은 누구에게나 열려 있는 정보의 개방, 모든 정보자원의 공유, 그리고 이용자들의 직접적인 참여를 가능하게 하였다. 이와 같은 개방, 공유, 참여는 소통을 위한 주요 전제조건이자 키워드라고도 볼 수 있다(황성욱 외, 2014).

1.3. 커뮤니케이션 기반 갈등관리

커뮤니케이션적 합리성의 추구

우리 사회 위험의 근본적인 예방 및 사후처방은 커뮤니케이션의 회복에 있다. 우리 사회 위험 예방 및 대응에 있어서 (안전을 위한) 기술적 접근뿐만 아니라 원활한 위험 의사소통을 위한 사회적 접근의 중요성이 점점 더 커지고 있다. 또한 위험 이슈에 대한 기본적 철학에 있어서도 도구적 합리성(instrumental rationality)보다는 커뮤니케이션적 합리성(communicative rationality)의 중요성이 부각되고 있다.

재난 등 리스크에 대응하기 위해서는 적합한 통신수단과 원활한 의사소통, 중앙과 지역의 적절한 역할 분담, 현장상황에 맞는 지역지식활용, 데이터 축적을 통한 체계적인 대응, 리더십 등이 필수적이다.

리스크 대응에서 중요한 것은 작은 사고가 발생했을 때 더 큰 사고로 발전되는 것을 막기 위하여 조직의 각 말단에 있는 조직구성원(또는 시스템 운영자)들이 긴급 상황에서 짧은 시간 내에 동일한 결정을 내릴 수 있도록 훈련이 되는 '조직의 신뢰성 문화'가 있어야 한다는 점이다. 구난 조직은 긴급한 상황 속에서 짧은 시간 안에 최적의 의사결정과 행동이 이루어지도록 철저하게 준비되어 있어야 한다.

갈등은 복합적인 요소로 발생한다. 특히 갈등발생의 내면을 살펴보면 인지적 이유에서 시작되는 경우가 많다. 즉, 불완전한 의사소통, 왜곡된 정보, 사실에 대한 인식부족, 선입견, 피해의식 등은 상대방에 대한 불신으로 이어지며 결국 다른 갈등요소와 맞물려 완강한 갈등세력으로 작용한다(나태준, 2006).

우리 사회의 가장 큰 갈등 원인은 의사소통에 있다고 해도 과언이 아니다. 제도적인 것을 논하기 이전에 하나의 사회적 문화와 시대를 흐르는 기본정신으로서 정부와 국민 간 원활한 의사소통은 가장 기본적인 것이다.

의사소통과 연관하여 사회적 담론이 중요하다(Schmidt, 2002). 담론은 크게 두 가지 수준으로 나뉘는데, 조정적 담론(coordinative discourse)과 소통적 담론(communicative discourse)이다. 조정적 담론은 정책행위자 간에 기본적 정책내용을 형성해나가는 과정과 연관되고, 소통적 담론은 이렇게 형성된 담론이 대중에게 전달되고 다시 환류되는 것을 의미한다. 이 두 가지의 담론을 얼마나 적절하게 잘 활용하는가에 따라 그 사회의 의사결정의 효과성 정도가 결정된다(Schmidt & Radaelli, 2004). 국민들은 자신과 관련된 문제가 정부에 의해 일방적으로 결정되는 것을 더 이상 원하지 않는다. 정부의 정책 성공을 위해서는 국민이 정책내용을 충분히 이해하고 납득하도록 설득하는 과정이 반드시 필요하다. 그 과정은 험난할 수 있고 시간이 많이 소요될 수도 있다. 그러나 비판적 의견수렴은 정책의 질 확보를 위해서도 반드시 필요한 과정이다. 특히 일반 시민의 의견을 수렴할 제도적 장치가 없는 경우 잠재적 갈등까지도 유발될 수 있으므로, 정책 성공을 위해 의견수렴과정은 선택이 아닌 필수과정인 셈이다. 이를 위해서 갈등조정기구의 역할이 중요하다. 프랑스의 국민토론회와 같은 범정부적 갈등예방·관리자의 역할도 중요하다. 정상적 제도의 통로를 통해 의사소통이 일어나는데, 만일 이러한 정상적 의사소통이 불가능할 경우, 즉, 통로가 너무 좁아 의사의 양을 다 수용할 수 없을 경우, 또는 통로가 선택적으로 정보를 받아들일 경우, 이러한 정상통로에 들어가지 못한 의사소통이 사회적 갈등이며 이는 파업, 시위, 실력 저지 등 물리적 집단행동과 사회적 비용으로 나타난다. 따라서 정부는 의사소통의 중요성을 인식하고 갈등관리를 위한 제도 설계와 전문적 조정을 수행해야 한다. 성공적 갈등관리를 위해서는 내용적 합리성과 절차적 합리성을 갖추는 것이 중요하다(김선희, 2005). 특히 정책과정에서 정보공개와 절차적 투명성 확보를 통해 이해관계자들을 설득하고 동의를 구해가는 과정은 사업의 정당성을 확보하여 정책을 성공으로 이끄는 필수요소이다. 유의할 것은 법적 기준을 충족했다고 하여 의무를 다했다고 생각할 것이 아니라 보다 적극적이고 전향적인 갈등 방지 노력이 필요하다.

커뮤니케이션 기반 갈등관리 프로세스

한국사회에는 다양한 갈등이 존재하고 있다. 건전한 민주주의 사회에서 갈등은 당연한 현상이지만 갈등이 해소되지 못하고 적체되고 심화된다는 것은 국가사회 발전을 위해 도움이 되지 않는다.

민주주의 사회에서 다양한 갈등이 발생하는 것은 당연하게 받아들여지는데, 사회적 안정과 건전한 민주주의는 다원적 원칙(pluralistic principles)과 정치적 이질성(political heterogeneity)이 유지될 때 가능하지만 이는 필연적으로 갈등과 긴장을 불러오기 때문이다. 즉, 건전한 민주주의 사회에서 갈등과 긴장이 나타나는 것은 당연한 것인데 이러한 문제를 해결하기 위해서는 사회구성원들의 포용력, 즉 관용이 요구된다(Gibson, 2006). 구성원들의 관용이 높을 때 갈등은 서로의 이해 속에서 해결될 수 있지만 관용이 낮을 때 갈등은 해결의 실마리를 찾기 힘들며 사회적 협력, 소통은 기대하기 힘들게 된다.

다양한 사회적 소통과 협력을 통해 갈등을 해소해야 하며, 높은 포용성을 통해 서로의 입장을 이해할 수 있는 시민성을 가져야 한다. 국회는 다양한 청문회와 효율적 입법을 통해 갈등해소의 기능을 수행해야 한다. 정부는 조정자로서 그리고 정책형성자로서 역할을 해야 한다.

사회적으로 공공갈등에 대한 정부의 대응능력 제고가 요구된다. 대표적인 방안이 자주 발생되는 유형의 공공갈등에 대한 '갈등관리 프로세스'를 개발하는 것인데, '예방형·맞춤형·시민참여형' 갈등관리 프로세스 개발이 필요하다.

'갈등관리 프로세스'란 갈등관리의 과정·절차(process) 메커니즘(고경민, 2010)을 말한다. 그러나 갈등관리 프로세스는 단순한 절차로서의 역할만을 하는 것은 아니다. 실제 갈등상황에서 갈등관리 프로세스의 문제(조정자의 개입 여부, 주민의 협의체 참여 여부, 주민의 동의를 먼저 얻었는지 여부 등)는 결정적인 갈등의 유발·심화요인이자 갈등해소방안이 되기도 한다(전주상, 2000). 따라서 갈등관리프로세스는 어떻게 개발하는지에 따라 실효성을 발휘할 수도 있고, 단지 형식적인 절차에 그칠 수도 있다. '예방형 갈등관리 프로세스'는 갈등이 이미 발생된 이후 갈등관리를 하는 것이 아니라, 갈등이 예상되는 사업 또는 정책의 정책결정 과정에 참여적 의사결정이 가능하도록 프로세스를 개발·운영하는 것을 말한다(고경민, 2010). '맞춤형 갈등관리 프로세스'는 갈등의 종류가 너무 다양하기 때문에 일반화된 절차 및 방법으로는 맥락에 맞는 대응하기 어렵다는 데서 제안되었다. 갈등을 유형화하여 유형별로 맞춤형 갈등관리 프로세스를 개발함으로써 보다 적절하게 갈등관리 대응을 할 수 있다는 아이디어이다(강을만·김태룡, 2013).

'시민참여형 갈등관리 프로세스'는 소송 등 기존의 갈등관리 프로세스가 지니는 한계를 극복하기 위한 방안이다. 정책형성과정 및 갈등해결과정에서 정부・사업주체가 시민과의 관계 형성을 통해 갈등을 관리하는 방안을 말한다(박태순, 2007). 시민이 갈등관리 프로세스에 직접 참여하여 의견을 제시하고, 대등한 협상의 상대방 또는 협의체의 구성원이 되는 갈등관리 프로세스를 의미한다.

　종합해보면, '예방형・맞춤형・시민참여형'의 갈등관리 프로세스는 자주 발생되는 갈등의 유형별로 시민이 참여하는 의사결정 및 갈등관리 프로세스를 미리 개발하여 이를 활용함으로써 실효성 있는 갈등관리를 할 수 있도록 하는 시스템을 의미한다(윤수재, 2014).

　해외에서는 이미 갈등사례 유형에 맞는 시민참여형 공공갈등관리 프로세스가 개발되어 활발히 운영되고 있다. 사실 조사, 의제 선정, 토론, 위원회 운영이 시민 주도로 수행되는 등 시민참여를 통한 갈등 선제대응이 이루어지고 있는 사례가 다수 발견되고 있다. 대표적으로 '송전선로 경과지 선정과정'에서 미국 캘리포니아주의 공공시설위원회는 시민참여에 의한 갈등발생 전 갈등관리 프로세스를 설계・운영함으로써 갈등 없이 주요 합의점에 도달하였다. 그러나 우리나라는 대부분 지방정부와 사업자 간의 협의에 따른 송전선로 경과지 선정이 이루어지면서 지역주민들과의 심각한 갈등을 경험한 바 있다. 또한 '사용후핵연료 공론화위원회'의 경우, 영국은 장기간에 걸친 국민적 토론/협의 프로세스를 설계・운영해 공론화를 이루어냈다. 그러나 우리나라의 경우는 위원회의 구성 및 운영에 대한 논쟁이 여전히 끊이지 않고 있다.

　갈등관리 프로세스 개발을 통해 실효성 있는 공공갈등관리를 실행하기 위해서 다음과 같은 네 가지 지속적인 노력이 필요하다(윤수재, 2014). 첫째, 반복적으로 발생되는 갈등의 유형을 발굴해 유형별 갈등관리 프로세스를 개발하고, 시민들이 참여해 적극적 역할을 할 수 있도록 해야 한다. 둘째, 성공적인 시민참여형 갈등관리 프로세스를 활용한 사례가 있는 경우에는 이를 표준화해 제도적으로 활용하도록 유도해야 한다. 셋째, 시민참여를 통한 갈등관리 프로세스에서 시민의 역할이 형식적이지 않도록 하는 제도적 보완장치를 마련해야 한다. 또한 다양한 환경에서 활용할 수 있도록 갈등관리 프로세스의 유연성 강화도 필요하다. 넷째, 시민

참여형 갈등관리 프로세스를 활용하는 정부 및 사업주체들은 실질적인 시민참여 보장을 위해 태도를 변화시킬 필요가 있다. 정부 및 사업주체가 시민과 대등한 대화, 공동의사결정을 하고자 하는 적극적 자세를 가져야 개발된 프로세스가 실효성을 발휘할 수 있을 것이다.

1.4. 커뮤니케이션 합리화 기반 사회적 신뢰회복 사례들

영국 원전 핵폐기물 관리정책과 공론화과정(CoRWM 사례)

영국은 세계 최초로 상업용 원자력발전을 시작한 나라로 16기의 원자력발전소가 가동되고 있다. 영국의 핵폐기물 관리정책은 1990년대 중반까지는 폐쇄적이고 권위주의적인 방식으로 전개되었지만, 1990년대 말부터는 전문가만이 아니라 대중 및 이해관계자들의 참여를 중시하는 보다 참여적인 방식으로 운영되어왔다.

1940년대 말부터 1970년대까지 영국에서 핵폐기물은 정치적 사안이 아니었다. 폐기물은 채널 제도나 대서양에 투기하는 등의 주먹구구식이며 대단히 위험한 방식으로 관리하였다. 하지만 1970년대 원자력에너지에 대한 대중의 확신과 신뢰가 특히 스리마일섬(Three mile island)[1]과 체르노빌 사고의 여파로 약해지면서 핵폐기물의 안전한 처리에 대한 사회적 관심이 대단히 높아졌다.

1990년대 핵폐기장 건설을 위해 500여 곳의 지역조사 등을 진행하였으나 애초 후보부지에 없던 셀라필드 지역이 갑작스럽게 선정되면서 한바탕 소동을 겪었다. 셀라필드 지역은 핵재처리 시설을 비롯한 원자력연구단지가 있는 곳으로 지역주민들의 반발이 상대적으로 적을 것이라 생각되었기 때문이다.

결국 영국정부는 기존 핵폐기장 관련 정책을 전면 백지화하겠다고 1997년에 공표하게 된다. 곧이어 정부는 향후 영국의 핵폐기물 정책이 국민들의 신뢰와 지지를 받을 수 있도록 핵폐기물 관리정책의 초반 단계부터 일반 시민과 이해관계

---

1) 스리마일 섬 원자력발전소 사고(Three Mile Island accident)는 1979년 3월 28일 미국 펜실베이니아 주 해리스버그 시에서 16km떨어진 도핀 카운티의 서스쿼해나 강 가운데 있는 스리마일 섬 원자력발전소 2호기(TMI-2)에서 일어난 노심 용융(meltdown)사고로 미국 상업 원자력산업 역사상 가장 심각한 사고임

자들을 가급적 많이 참여시키겠으며, 이를 주관할 권위 있는 독립적 기구를 곧 설립하겠다고 선언했다.

그간의 무차별적인 부지 선정을 지양, 다양한 이해관계자들의 의견을 수렴하고 최선의 방법을 찾기 위한 공론화기구의 출범이 가시화된다. 이에 따라 2003년 11월에 설립된 기관이 바로 방사성폐기물관리위원회(CoRWM: Committee on Radioactive Waste Management)이다. CoRWM은 정부로부터 자금지원은 받지만 운영은 독립된 기구로, 공개모집과정을 거쳐 선발된 13명의 위원들(기술적 전문가, 사회과학자, 환경단체 인사 등)로 구성되었다. CoRWM이 다루는 이슈의 범위가 과학, 기술, 윤리, 법률, 경제 및 사회적인 사항 등을 포함하여 폭이 넓은 점을 고려하여 일부러 광범위한 회원들로 발족되었으며, 특히 원자력이라는 기술적 특성을 고려하여 폭넓은 과학전문가 패널의 참여를 유도했다. 실제로 각 분야를 적절하고 효과적으로 대표하는 약 70명의 전문가가 선정되었다. 예컨대 보건 및 안전 패널은 방사선 효과, 보건 및 안전, 방사능 방호, 규제, 엔지니어링, 지질, 지구화학, 수리지질학 및 운송에 관해 국제적으로 인정받는 학계 인사를 위원에 포함되었다.

CoRWM은 3단계에 걸친(PSE 1~3단계) 대중 및 이해관계자 참여(PSE)프로그램을 통해 최종안을 도출하였다. 최종적으로 CoRWM의 권고안에 대해 영국 정부와 의회는 즉각 수용하겠다는 뜻을 밝혔다.

이처럼 영국 정부와 의회가 한결같이 CoRWM의 권고안 수용을 긍정적으로 받아들인 것은 무엇보다도 CoRWM의 권고안이 몇몇 전문가들에 국한된 것이 아니라 광범위한 대중 및 이해관계자들의 참여 과정을 거쳐 도출되었기 때문이다. 이는 원자력 커뮤니케이션 분야의 새로운 이정표로 평가된다. 전문가들이 가진 전문성뿐만 아니라 일반 대중이 원자력에 대해 가질 수 있는 의구심과 위험성을 모두 반영하여 과학자 중심의 독립기구가 신뢰성 높은 결론을 도출했기 때문이다.

CoRWM 사례는 과학기술정책에 대해서 정부와 전문가의 주도뿐만 아니라 다양한 이해관계자들이 참여하는 공론화 과정이 얼마나 중요한 것인지를 보여준다. 특히 권위 있는 과학자들이 이해관계자포럼, 지역 라운드테이블, 공개미팅, 토론회 등 소통의 장에 지속적으로 참여하여 다양한 사람들의 의견을 듣고 이를 정책에 반영했다는 점에서 원자력 커뮤니케이션 더 나아가 과학 커뮤니케이션의 선진적 모델을 제시했다는 점에서 중요한 교훈을 제공한다. 또한 CoRWM의 핵폐기물 처리장 부지 선정 권고안 도출과정에서 과학기술과 사회과학적 방법이 동시 적용된 점도 높게 평가할 만하다. 과학기술이 초래할 수 있는 위험문제의 해결은 이제는 융합적 시각과 통찰력을 요구하고 있기 때문이다.

영국의 광우병 논쟁과 갈등해결 과정

흔히 광우병이라 불리는 '소 해면상뇌증(BSE)'은 1985년에 영국에서 최초로 발생했다. 광우병은 변형 프리온단백질에 오염된 조직이나 골육분 첨가사료를 먹음으로써 발생하는 동물의 퇴행성 신경질환이다.

이러한 광우병이 인간에게 전염될 수 있다는 논의가 제기되면서부터 심각한 사회문제로 대두되었다. 인간 광우병은 광우병에 걸린 혹은 광우병 인자를 가지고 있는 소를 사람이 섭취하면서 발생된다고 추정되고 있다.

자연상태에서는 풀이나 곡식을 먹는 소에게 동물의 부산물을 이용하여 만든 동물성 사료를 단백질 보충제로 사용하는 관행(영국의 경우에는 프리온 질병에 걸린 양을 사료로 활용함)이 이러한 비극을 키우게 된 것이다.

영국정부가 심각성을 인정한 것은 1986년이었지만 인간에 대한 전염을 부인하였다. 오히려 1995년 인간광우병 첫 사망자(18세)가 발견된 상황임에도 당시 집권 보수당 보건부 장관은 1996년 1월 광우병이 인간 광우병(vCJD)을 일으킨다는 증거가 없다는 기자회견을 하고, 육류업계는 '쇠고기 안전' 광고 캠페인을 벌였다. 그러나 오래지 않아 1996년 3월 광우병이 인간에게 전염되어 나타날 수 있다는 사실을 처음으로 시인했다. 이미 영국 내에서 10여 명이 인간광우병 의심증세로 사망한 이후였다. 이후 유럽 각국은 물론 전 세계적으로 영국산 소와 쇠고기의 수입금지 조치가 이루어졌다. 패스트푸드 업체인 맥도널드가 영국산 쇠고기 사용을 중단했고 영국 내 학교급식에서 쇠고기가 제외되는 조치가 이루어졌다. 인간 광우병의 공포감이 영국은 물론 유럽 전역에 심각한 패닉현상을 가져왔다.

광우병 사태를 제대로 막지 못했던 보수당 정부가 선거에 패배하고 집권한 노동당의 블레어 총리는 2007년 퇴임 연설에서 광우병 초기대응을 제대로 못 한 잘못은 과학계가 아니라 그 위험을 경고한 과학자들의 말에 귀 기울이지 않고 고집을 피우거나 안일하게 대처한 정부에 있었다고 언급했다. 위험문제해결에 있어서 과학자들의 중요성을 간파한 블레어 총리도 영국 왕립 학술원의 '모든 보건정책 결정 과정에서 순수 전문가로 인정받은 과학자에게 자문하라'는 권고를 받아들여 정부에 독립적 과학자문관 자리와 자문평의회를 설치했다.

광우병 초기에는 일부 과학자들도 정부와 마찬가지로 광우병 위험에 대한 불확실성을 솔직하게 공개하지 않음으로써 지탄받았다. 하지만, 노동당 정권이 집권하고 과학계의 목소리에 귀를 기울이자, 과학자들도 광우병의 인간광우병과의 연결고리를 찾기 위해서 많은 학술적 노력을 경주했다. 더불어 과학전문가 위주의 광우병 규명위원회에 일반 대중을 참여시키면서 상호 간의 소통과 이해를 위해 노력을 기울였다. 이러한 노력으로 인간광우병에 대한 대중의 막연한 불안감이 상당 부분 해소되었다.

영국의 광우병 사태는 과학계의 목소리에 귀 기울이려는 정부 태도 변화와 과학자들의 진실규명, 대중과의 참여와 소통을 활성화하려는 노력이 합치되어 국민의 신뢰를 상당 부분 회복하는 데 성공한 사례이다. 심대한 국가적 위기에서는 순수 과학전문가들의 역할론이 중요하다는 것을 강력하게 시사한다.

2015~2016년 일본 지진과 아베 정부의 소통활동

2015년 4월 14일 밤 9시 26분, 일본 서부 구마모토현을 강타한 규모 6.5의 강진이 발생했다.

아베 신조(安倍 晉三) 일본 총리는 구마모토(熊本) 지진 소식을 접한 지 '5분'만에 기자들과 접견했다. 지진이 발생한 지 26분이 지난 시각이었다. 이후 아베는 총리실 관저에 위기관리 센터를 구성하고 재난 컨트롤타워인 '비상재해대책본부'를 설치했다. 지진 발생 40분 만의 일이었다. 같은 시각. 스가 요시히데(菅義偉) 관방장관이 첫 비상기자회견을 열어 지진피해상황을 전했다.

16일 새벽 규모 7.3의 강진이 발생했고, 일본 구마모토현 일대는 폐허가 됐다.

미나미아소 지역의 산은 쪼개진 녹색의 껍질 바깥으로 붉은 흙을 토해냈다. 그 여파로 952채의 가옥이 무너졌다. 19일까지 사망자 45명, 부상자 1117명으로 집계됐다.

일본 정부의 재해 대응은 매우 투명하고 공개적인 방식으로 이뤄졌다. 국정 최고 책임자인 아베 총리는 사고 직후부터 18일 현재까지 기자들 앞에 9번 나타나 정부의 상황 인식과 대응 방침에 대한 의견을 밝혔다. 총리가 공개적으로 진행하는 발표여서 이를 들은 관료 조직과 공무원들이 한 방향을 향해 역량을 모으기 쉬워진다(한겨레신문, 2016. 4. 20).

일본 구마모토현의 강진 이후 아베의 리더십이 다시 조명받고 있다. '신속·현장 중심·메뉴얼에 따른 체계적 구조' 등 재난 대책의 3바퀴가 톱니바퀴처럼 일사불란하게 움직였기 때문이다. 마이니치신문이 19일 2차 강진 발생 후 벌인 전화 여론 조사에서 정부와 지방자치 단체의 재난대응이 적절했다고 답한 응답자가 65%에 달한 것도 이와 무관치 않다. 적절하지 않았다는 응답자는 13%에 불과했다(헤럴드경제, 2016. 4. 20).

신속한 대응은 '매뉴얼 교육' 덕분에 이뤄질 수 있었다. 아베는 지난 2007년 이와타 대지진과 2011년 동일본 대지진을 경험해 사태 수습에 능숙함을 보였다. 매뉴얼에 따라 아베 총리는 사태 발생 즉시 정보를 접하고 총리 관저로 복귀했다. 그리고 재난발생 시 '컨트롤타워'인 비상재해대책본부를 설치했다. 아베 총리와 국무대신, 방재담당상, 부흥상 등 일본 주요 각료로 구성된 이 컨트롤타워는 재난발생 시 행정조치를 담당한다. 비상재해대책본부는 재해 지역인 구마모토 현의 지자체로부터 상황을 전달받고 가능성이 가장 높은 시나리오를 선택해 재난대응 지침을 현 정부에게 내렸다.

일본 컨트롤타워의 발 빠른 대처 덕분에 각 지역에서는 신속한 복구작업이 진행되었다. 탈선했던 규슈(九州)신칸센(新幹線)은 중단됐던 운항을 재개했다. 19일 기준 아베 내각은 비상재해대책본부 회의를 총 15회 주재했다. 지진 발생 닷새간의 일이다. '아베의 26분', 세월호 참사 당시 '우리' 대통령의 '7시간'과 극명히 대비된다.

2016년 지진사례에서도 아베 정부의 대응은 모범적이었다.

2016년 11월 22일 오전 5시 59분경 일본 북동부 후쿠시마(福島)현 앞바다에서 규모 7.3의 강진이 발생해 쓰나미(지진해일) 경보가 내려졌다. 일본 기상청은 후쿠시마 현 일대 연안에 최대 3m, 미야기(宮城)·이와테(岩手)·지바(千葉)현 등지에는 1m가량의 쓰나미가 몰려올 가능성이 있다며 긴급 대피를 당부했다. 공영방송 NHK는 정규방송을 중단하고 긴급 재난방송으로 전환했다. NHK는 "동일본대지진 당시를 생각해보라. 목숨을 지키기 위해 급히 대피해달라"고 당부했다. "지금 바로 가능한 한 높은 곳, 해안에서 먼 곳으로 달아나라. 주변 사람들에게도 피난 권고를 하면서 달아나 달라"고 반복해서 방송했다.

일본 정부의 신속한 대응은 주목된다. 일본 정부는 지진 발생(오전 5시 59분) 3분만인 오전 6시 2분 총리 관저 위기관리센터에 관저연락실을 설치하고 대책 마련에 돌입했다.

해외 순방 중이던 아베 신조(安倍晋三) 총리는 지진 발생 1시간 만에 현지에서 긴급 기자회견을 열고 대응을 지시하는 등 기민한 움직임을 보였다. 아르헨티나를 방문 중이던 아베 총리는 지진 발생 18분 만에 긴급지시를 내리고, 그로부터 40여 분이 지난 뒤 아르헨티나 현지에서 기자회견을 열어 정부 방침을 설명했다. 일본 총리관저 누리집 공고를 보면, 총리관저는 지진 발생 3분만인 새벽 6시 2분 총리관저 위기관리센터에 관저연락실을 설치했다. 보고를 받은 아베 총리는 15분 뒤인 새벽 6시 17분, ① 국민에게 쓰나미, 피난 등에 관한 정보제공을 적시에 정확하게 할 것 ② 신속히 피해상황을 파악할 것 ③ 지자체와 긴밀히 연계해 정부와 일체가 돼 지진 피해자 구조 등 재해긴급대책에 전력을 기울이라는 3가지 지시를 내렸다. 그리고 총리관저는 총리가 지진발생 직후 어떤 지시를 내렸는지를 곧바로 누리집에 공고했다.

스가 요시히데 관방장관은 "아베 총리가 지시사항을 전달했고, 내게도 직접 전화를 걸어 '만반의 조치를 취하라'고 지시했다"고 말했다. 이어 28분 뒤인 아침 6시 45분 관저연락실은 관저대책실로 승격해 재난 컨트롤타워로 전환됐다. 관저대책실에는 정부 관계부서 국장급으로 구성된 긴급팀이 구성됐고, 관방장관도 참여했다. 그리고 지진 발생 1시간여만인 7시 19분 아베 총리가 아르헨티나에서 직접 기자회견에 나섰다. 아베 총리는 "지시사항을 전달했고, (내각 2인자인) 관방장관에게도 직접 거듭해서 만반을 다하라고 지시했다"고 국민들을 안심시켰다.

스가 관방장관도 아베 총리 기자회견 20분 뒤인 7시 39분 기자회견에 나서 "쓰나미 경보가 발령된 곳의 지역 사람들은 즉시 안전한 장소로 피난해 달라"고 알렸다. 또, 동일본대지진 당시 방사능 누출 사건이 일어났던 후쿠시마원자력발전소 상황에 대해서도 국민들에게 자세히 설명했다. "후쿠시마 제2원전 3호기 사용후 연료풀의 냉각장치가 정지됐고, 후쿠시마 제1원전은 이상이 없다고 보고받았다"고 말했다. 관방장관은 2시간 뒤인 오전 9시 55분 기자회견을 또 열어 "후쿠시마 제2원전 3호기 사용후연료풀의 냉각장치 정지는 (냉각장치가) 복구됐다는 보고를 받았다"며 새로운 정보가 나올 때마다 계속 전달했다. 스가 관방장관은 오후 4시 6분에도 기자회견을 했다.

다른 정부 관계부처도 기민하게 움직였다. 기상청은 지진 발생 3분만인 새벽 6시 2분 후쿠시마현에는 쓰나미 경보, 그리고 다른 일본 동북부 지역과 태평양연안 지역에는 쓰나미 주의보를 내렸다. NHK는 지진발생 직후 곧바로 정규방송을 중단하고 재해방송으로 전환했다. 아베 총리 기자회견도 생중계했다.

일본 정부는 동북부 이와테현, 미야기현, 후쿠시마현 등 3개 현 주민 최소 16만 세대에 피난지시·권고를 내렸다. 약 40만 명에 이르는 숫자다. 실제 피난한 숫자는 약 9천여 명에 이르는 것으로 전해진다.

2011년 3월 동일본대지진을 겪은 주민들은 안내방송에 따라 차량 등을 이용해 고지대나 건물의 높은 곳 등으로 질서 있게 대피했다. 이날 후쿠시마 강진은 대부분 사람들이 잠에서 깨어나지 않은 새벽 시간대에 발생했지만, 주민들은 침착하게 대피하는 모습을 보였다. 다행히 이날 지진은 5년 전과 같은 대참사로 이어지진 않았다. 일본 총리관저는 이날 오후 2시 기준으로 집계 피해가 중상 3명, 경상 7명이라고 밝혔다.

이처럼 재난상황에서 일본 정부의 대응과 리더십은 우리의 교훈으로 삼기에 충분하다.

27년 만에 밝혀진 '국가의 책임', 1989년 힐즈버러 경기장 사고

1989년 영국 셰필드의 힐즈버러(Hillsborough) 경기장에서 96명의 축구팬이 목숨을 잃었던 참사가 27년 만에 사고가 아닌 국가의 잘못으로 결론 났다.

2016년 4월 26일 영국 리버풀 인근의 워링턴 법원에서 열린 힐즈버러 참사 진상규명 재판에서 배심원단은 당시 참사의 원인이 팬들의 잘못이 아닌 경찰의 과실치사라고 평결했다.

세계 축구 역사의 대표적인 참사로 기록된 이 사건은 1989년 4월 15일 영국 중부 셰필드의 힐즈버러 경기장에서 열린 노팅엄 포레스트와 리버풀의 잉글랜드 축구협회(FA)컵 준결승에서 벌어졌다. 당시 엄청난 관중이 몰리면서 경기장의 수용 인원을 넘어서는 축구팬이 입장했고, 경찰은 평소보다 출입문을 늘렸다. 하지만 너무 많은 사람이 몰리면서 관중석 앞쪽에 있던 축구팬들이 담장에 끼였고, 결국 96명의 리버풀 원정팬이 압사했다. 사망자 명단에는 10살 어린이도 있었다.

경찰은 책임을 회피하며 팬들의 부주의로 인한 사고사로 결론 내렸다. 일부 팬들이 술에 취해 있었다거나 전과 기록도 있다는 내용의 보고서를 발표하며 잘못을 덮어씌웠다. 언론도 축구팬들의 훌리건(난동꾼) 행태를 비난하며 오히려 경찰과 구조대가 폭행을 당했다는 보도를 쏟아내며 여론몰이를 했다.

"사고 당시 리버풀 훌리건이 경찰을 폭행하고 사망자들의 소지품을 훔쳤다." 당시 영국 타블로이드지 <더 선 (The Sun)>은 이렇게 보도했다.

<더 선>은 진실을 왜곡했다. 이 신문은 참사 직후 "술 취한 훌리건이 난동을 부렸다", "관중이 경찰의 구조활동을 방해했다"는 식으로 보도했다. 이 직후부터 <더 선>은 리버풀을 떠나야 했다. 절대다수의 리버풀 시민은 여전히 <더 선>을 사지도 읽지도 않는다.

리버풀 축구팬들은 경찰의 지시에 따라 경기장에 입장했을 뿐이라고 항변했지만, 경찰과 언론으로부터 무시당했다. 마거릿 대처(Margaret Thatcher) 당시 영국 총리도 경찰은 아무런 잘못이 없다며 공권력을 감싸기에 바빴다.

그러나 유족들과 리버풀 팬들은 '96명을 위한 정의'라는 이름의 캠페인을 시작하며 진상규명에 나섰다. 경찰에 당시 사고를 기록한 관련 문서 공개를 요구했고, 진실을 밝혀내기 위한 긴 싸움이 시작됐다(오마이뉴스, 2016. 4. 27).

유족들의 진심과 끈기로 마침내 2012년 법원은 재심을 결정했고, 데이비드 캐머런(David Cameron) 총리는 당시 팬들을 비난하며 책임을 회피했던 영국 정부의 잘못을 국민 앞에 공식 사과했다. "23년이 지난 후에도 이 일이 왜 그토록 중요한지에 대해 정부 입장을 분명히 하고 싶습니다. 이 일은 희생자 가족의 일일 뿐만 아니라 리버풀과 영국 전체를 위한 일이었습니다. (중략) 힐즈버러 희생자 가족들과 정의를 향한 그들의 오랜 여정을 지지해준 그 공동체의 놀라운 힘과 위엄에 경의를 표합니다."

96명의 축구팬들의 누명을 벗겨준 배심원단은 홈팀이었던 셰필드 구단이 잘못된 관중 입장 정보를 공개했고, 경찰이 출입문을 더 열어 입장 인원을 늘리며 잘못된 지휘 체계를 드러냈다고 지적했다. 또한 사망한 96명 중 최소 16명은 적절한 응급조치를 했다면 목숨을 구할 수 있었으나 경찰과 구조대의 직무 태만으로 불법적 살인(unlawful killing)을 당했다고 결론 내렸다. '96명을 위한 정의'는 성명을 통해 "힐즈버러 참사는 비극임과 동시에 기만과 거짓이며, 진실과 정의를 무너뜨린 조직의 집단방어였다"라는 뜻을 밝혔다.

진실은 27년 만에 드러났지만, 힐즈버러 참사는 그동안 많은 것을 바꿔놓았다. 영국을 넘어 유럽 전역의 축구장에서 입석 문화가 사라졌고, 관중석 설치를 의무화해 입장 인원을 철저히 제한하고 안전 규정을 마련했다.

리버풀은 물론이고 영국의 모든 프로축구팀은 힐즈버러 참사가 벌어진 4월 15일이 있는 주에는 경기에 앞서 묵념을 하며, 팔에 검은 띠를 두르고 그라운드에 나선다.

"You'll never walk alone" 리버풀 팬들의 응원가이자, 매년 4월 15일 희생자에게 바치는 노래이다. 이 곡은 행진곡풍의 힘찬 노래가 아니다. 가사와 느린 멜

로디 모두 애잔하다. 한 대목은 이렇다. "바람 속을 걸어요. 빗속을 걸어요. 비록 당신의 꿈이 날아가고 빛나갔더라도, 당신의 희망을 가슴속에 품고 계속 걸으세요. 그러면 당신은 결코 혼자 걷는 것이 아니에요. 당신은 결코 혼자 걷는 것이 아니에요." 당시 목숨을 잃었던 96명의 축구팬을 영원히 기억하며, 이런 참사가 재발하지 않도록 하기 위한 다짐을 반복하는 것이다.

27년이라는 시간이 흘러도 희생자를 잊지 않고 진실을 추구하는 집념과 끈기, 그 진실을 겸허히 받아들이는 영국 정부의 태도는 우리에게 많은 것을 시사한다.

1.5. 시사점(그리고 다시 세월호⋯)

세월호 참사 2주기인 2016년 4월 16일 방송된 SBS <그것이 알고 싶다> '세타(Θ)의 경고! 경고!-세월호와 205호 그리고 비밀문서'편(이하 '세월호' 편)은 이 참사가 불행한 상황이 우연히 겹쳐 일어난 결과가 아님을 보여주었다. 만 톤 급의 배가 침몰하고 있는데 현장에 처음 도착한 것은 고무보트 한 척과 헬기 두 대뿐이었다. 이들의 어설프기 짝이 없는 구조작업을 더 어렵게 만든 것은 청와대의 몰상식한 행동이었다.

배가 급속히 물 속으로 꺼져가고 있을 때 청와대 위기관리상황실은 구조 지휘에 바쁠 해경 본청에 전화를 걸어 배 이름을 물은 뒤, "''에'자, '세'자⋯ 울? 아, '세월호'⋯" 하며 느긋하게 철자법을 확인한다. 여기에 출발 시간과 도착 예정 시간을 물은 뒤 배의 크기까지 확인하고는, "현지 영상이 나온 게 있느냐"고 묻는다. 해경 측에서 사진을 보내기 어려운 상황이라며 난처해하자, "여기 지금 VIP(대통령) 보고 때문에 그런데"라며, 빨리 보내라고 재촉한다. 결국 구조 중인 대원들에게 영상 주문이 전해지고, 현장 작업을 벌이던 대원이 사진까지 찍어야 했다. 청와대는 이제 '구조 인원이 몇 명인지' 알려달라고 조르기 시작한다.

청와대의 끈질긴 요구는 몇 명 되지도 않는 일손마저 빼앗아갔다. 방송에서 인터뷰한 생존자 한 사람은 "해경이 구조는 안 하고 인원수만 계속 세고 있었다"고 말했다. 청와대는 다시 집요하게 영상을 요구하기 시작한다. "영상 시스템(탑재한 배가) 언제 도착하느냐"고 묻더니, 배가 오는 대로 "영상 바로 띄우라"는 명령을 내린다. 그다음 정말 기막힌 주문이 내려진다.

"그것부터 하세요, 다른 것 하지 말고."

배가 머리만 남기고 가라앉은 상황에서 청와대는 "지금 거기 배는 뒤집혔는데 지금 탑승객들은 어디 있느냐"고 묻는다. "아직 선실 안에 있는 것으로 파악됩니다"라고 답하자, "네? 언제 뒤집혔어요?"라며 되묻는다.

청와대 담당자가 가장 경악한 순간은 대통령에게 인원이 잘못 보고된 것을 깨달은 때였다. "166명이라고? 큰일 났네. 이거 VIP(대통령께)까지 보고 다 끝났는데."

청와대는 이렇게 세월호가 가라앉던 위급한 순간에 1시간 50분이나 통화를 하며 시간을 끌었다. 하지만 그 뒤 나온 것은 "학생들은 구명조끼를 입었다고 하는데 그렇게 발견하기가 힘듭니까?"라는 대통령의 질문과, 청와대 대변인의 "청와대, 컨트롤타워 아니다"라는 책임회피 발언이었다. 보고의 목적이 구조가 아니라 보고 그 자체였음이 드러난 것이다(강인규, 2016. 4. 20).

이듬해 메르스라는 또 다른 재앙이 터졌다. 세월호 때 그랬듯, 국민 목숨보다 담당자가 책임을 면하고 윗분 심기를 건드리지 않는 게 더 중요했으므로, 덮고, 감추고, 변명할 수밖에 없었다. 그 과정에서 1명의 환자는 186명의 감염자와 37명이 사망자로 번졌다. 겨우 상황이 수습되자, 정부는 경제실패의 책임을 메르스로 돌렸다.

2016년 6월 30일 언론노조와 민언련 등 7개 언론단체는 이정현 전 청와대 홍보수석이 2014년 4월 세월호 참사 당시 김시곤 전 KBS 보도국장에게 연락해 보도에 직접 개입한 사실을 드러내는 음성녹취를 공개했다. 이날 공개된 녹취에 따르면, 이 전 홍보수석은 세월호 참사 발생 직후인 2014년 4월 21일과 30일 김 전 국장과의 통화에서 각각 '해경 비판 자제'와 '해군의 구조작업 투입을 해경이 막았다는 보도의 교체' 등을 요구했다.

21일 녹취에서 이 전 홍보수석은 "9시 뉴스에 다른 데도 아니고 말이야 이 앞의 뉴스에다가 지금 해경이 잘못한 거처럼 그런 식으로 내고 있잖아요" "KBS가 저렇게 다 보도하면 전부 다 해경 저 새끼들이 잘못해가지고 이 어마어마한 일이 일어난 거처럼 이런 식으로 다들 생각하잖아요" "지금 이렇게 중요할 땐 극적으로 좀 도와주십시오, 극적으로. 이렇게 지금 일적으로 어려울 때 말이요. 그렇게 과장해가지고 말이야, 거기다 대놓고 그렇게 밟아놓고 말이야'라며 불만을 토해냈다.

이에 김 전 국장이 "이 선배 솔직히 우리만큼 많이 도와준 데가 어디 있습니까, 솔직히?" "비난한 이유는 책임도 막중하고 역할이 있기 때문에 그런 것" "해경은 국민들의 안전이 제일 중요한 거 아닙니까"라고 답하자 이 전 홍보수석은 "내가 진짜 그렇게 얘기를 했는데도 계속 그렇게 하십니까? 네?"라며 해경에 대한 비판 자제를 끈질기게 종용했다.

이 전 홍보수석은 30일 통화에선 해경이 해군 정예요원들의 구조투입을 막았다는 보도를 빼줄 것을 요구하기도 했다. 그는 해당 보도가 '뉴스라인'에 포함됐다는 김 전 보도국장의 말에 "좀 바꾸면 안 될까" "아주 아예 그냥 다른 거로 대체를 좀 해주든지 아니면 한다면은 말만 바꾸면 되니까 한 번만 더 녹음 좀 한 번만 더 해주시오" "하필이면 또 세상에 (대통령이) KBS를 오늘 봤네"라고 말했다.

김 전 국장은 이에 대해 "여기 조직이라는 게 그렇게는 안 됩니다. 그렇게는 안 되고 제가 하여간 내 힘으로 할 수 있는 데까지 해볼게요" "뉴스라인 쪽에 내가 한번 얘기를 해볼게요"라고 답했다. 이후 해당 보도는 KBS '뉴스라인'에서 사라졌다.

녹취록 내용에서 드러난 것은 정부가 구체적으로 KBS에 뉴스 보도지침을 내렸다는 것, 그리고 이를 담당하는 보도국장을 압박했다는 사실이다. 민주주의 국가에서 당연히 이루어져야 하는 언론보도의 독립성은 전혀 지켜지지 않았고, 결국 진실보도를 추구해야 하는 공영방송사의 뉴스는 그 역할을 제대로 수행하지 못했다는 것을 확인한 꼴이다.

(보론) 소통하는 인간, 커뮤니케이션의 본질

우리 인간이란 존재는 어쩔 수 없이 인간관계 속에 놓여진다. 태어나는 순간부터 다양한 커뮤니케이션 채널을 통해 사회적 네트워크에 연루되기 시작하는바, 평생 누군가(잘 아는 사람일 수도 있고 모르는 사람일 수도 있다)와 그러한 관계를 개발하고 유지하고 끝내는 과정을 지속한다. 우리는 홀로 떨어진 섬에 고립된 객체가 아니라, 사회적 동물이기 때문이다.

인간관계는 우리가 일상생활에서 다른 사람을 어떻게 대우하는가에 따라 결정된다. 우리가 다른 사람들에게 애착을 갖는 근거는 윌리엄 슐츠(William Schultz)의 '사회적 욕구'라는 개념이다. 그에 따르면, 우리 인간은 커뮤니케이션을 통해 세 가지의 사회적 욕구를 충족시키고자 끊임없이 노력한다는 것이다.

여기서 사회적 욕구는 포섭, 통제, 애정 등을 포함한다. 먼저 포섭(inclusion)은 일종의 소속감이다. 다양한 사회집단의 구성원이 되고자 하는 욕구이다. 그 속에서 다른 사람들과 관계를 유지함으로써 우리 자신의 정체성을 개발하게 된다. 왜냐하면 집단 속에서 우리의 개인성과 차별성이 인식되어지기 때문이다. 통제(control)는 우리 자신의 삶을 책임지고 주변 사람들에게 영향을 줄 수 있는 능력이다. 지식이나 매력, 권위 등을 통해 가능하다. 일반적으로 인간관계를 맺고 있는 네트워크 속해서 행사하는 행위 및 역할들이 통제욕구를 충족시켜준다. 통제력을 획득하거나 보여주기 위해서는 커뮤니케이션 과정에서 언제 어떻게 동등하거나, 우월하거나, 혹은 종속적인 역할을 수행할 것인지를 알아야만 한다. 애정(affection)은 자신의 사랑을 보여주거나 다른 사람에게 사랑받고자 하는 욕구이다. 관계를 만족스러운 상태로 유지하기 위해서는 포섭욕구와 통제욕구가 애정에 의해 강화되어야만 한다. 애정은 열정, 참여, 친밀한 관계를 강화하기 때문에, 사람들을 물리적으로나 감정적으로 또 지적으로 결속시킨다.

결국 인간관계란 사회적 욕구(포섭, 통제, 애정)를 포함한 네트워크 속에서 우리 자신을 타인들과 연결시키는 상호작용적 과정으로 정의된다. 사람들을 연결하는 과정은 긍정적인 결과를 유도할 수도 있고 부정적인 결과를 유도할 수도 있다. 우리가 사회적 욕구를 인지하고 성취하는 방식은 문화에 의해 조건지워진다. 따라서 문화적 배경이 다른 사람들은 서로의 욕구를 충족하기 위한 방식이 다를 수밖에 없는 것이다.

인간관계가 어떻게 작동하는지를 알 수 있는 특징은 다음의 다섯 가지로 요약된다.

▷ 역동성: 인간관계는 계속 진행되고 꾸준히 변화하는 변형상태. 커뮤니케이

션을 통해 끊임없이 서로에게 영향을 준다. 커뮤니케이션을 통한 인간관계의 발전은 결코 완결되거나 종결되지 않는다.

▷ 위계성: 인간관계의 위계는 이방인, 지인, 그리고 친구들을 포함. 관계수준이 포섭, 통제, 애정 등의 욕구의 연루 정도를 결정.

▷ 호혜성: 네트워크 구성원이 어느 정도 각자의 사회적 욕구를 충족시킬 수 있을 때 호혜적 관계가 존재.

▷ 독특성: 인간관계의 결속을 위해서는 일련의 특별한 상호작용적 규칙들, 즉 사회적 규범이나 표준화된 규칙들에 의해 지배되는 상호작용적 규칙들이 필요.

▷ 상호의존성 및 비대체성: 휴먼 네트워크의 구성원들은 서로 연결되어 있어 분리가 불가. 대인간 결속을 행할 때, 우리는 서로에게 영향을 주고 의존하기 시작. 다른 사람의 감정을 공유(감정의 교류).

커뮤니케이션의 개념은 목적에 따라, 커뮤니케이션의 어떤 측면에 초점을 맞추는가에 따라 다양하다. 커뮤니케이션(Communication)의 어원은 '공통되는(common)' 또는 '공유한다(share)'는 뜻의 라틴어 communis에서 유래하며, 공동체 혹은 지역사회라는 뜻의 community와 같다.

커뮤니케이션은 메시지를 통한 사회적 상호작용(Fiske)으로 한 사람이 타인과 관계를 맺는 과정(메시지 전달)이기도 하고, 개인이 어떤 특정 문화나 사회의 일원이 되는 과정(의미의 생산과 교환)이기도 하다.

커뮤니케이션은 정보의 흐름을 통해 한 개체와 다른 개체가 의미를 공유하는 과정, 즉 기호(sign)를 통해서 의미(meaning)를 전달하는 현상이다.

무엇보다 사람이 사람 되는 가장 두드러진 특징이라 하겠다. 인간은 커뮤니케이션을 통해 '의미의 질서'를 창조하고, 상징체계를 구축한다(예, 언어). 의미 공동체를 중심으로 사회가 형성되고, 인간의 문화가 출현하는 것이다. 이로써 다음과 같은 명제들이 성립한다.

▷ 인간은 커뮤니케이션 없이는 살 수 없다 (의사전달 위해 다양한 상징 사용)

▷ 커뮤니케이션은 시작과 끝이 없다 (태도, 가치, 경험, 선입견 등에 의해 영향)

▷ 커뮤니케이션은 정보의 교환이다 (정보교환을 통한 의미공유)

커뮤니케이션은 하나의 묶음으로 전달되는 신호들의 집합이다. 언어적 메시지와 비언어적 메시지가 하나의 묶음으로 전달되는 신호들의 집합인 것이다. 몸 전체가 하나의 세트로 움직인다. 언어적 메시지와 비언어적 메시지가 불일치할 때 대부분 진짜 마음은 비언어적인 쪽에 더 많이 반영된다. 사회적으로 용인될 수 있는 메시지는 언어적으로 표현, 사회적으로 용인되기 힘든 메시지는 비언어적으로 표현되는 경향이 있다.

커뮤니케이션은 교류적 행위이다. 각 사람이 화자이면서 동시에 청자가 되어, 메시지를 보내고 받는 과정이 동시에 이루어지는 것이다. 계속 움직이는 역동적 과정/동시적 과정이다(예: 전화).

커뮤니케이션은 적응과정과 협동의 원리를 추구한다. 메시지 전달자와 수신자가 서로에게 맞추어 가는 적응과정인 것이다. 이는 커뮤니케이션 조절(accommodation) 이론으로 설명되는데, 화자가 사회적 인정, 즉 다른 사람의 인정을 받기 위해 그리고 커뮤니케이션의 효율성을 증가시키기 위해 청자의 스타일에 맞추게 된다는 주장이다. 커뮤니케이션 스타일이 유사할수록 즉각적인 반응, 사회성, 친밀성이 증가한다(유사성의 원리).

커뮤니케이션은 내용 차원과 관계 차원으로 구성된다. '무엇'을 말하느냐보다 '어떻게' 말하느냐가 더 중요한 경우가 존재한다. 사실 표현과 감정 표현, 직접 표현과 간접 표현이 다를 수 있다.

커뮤니케이션은 필연성, 비가역성, 비반복성을 그 원리로 한다. 커뮤니케이션은 피할 수 없고(inevitability), 취소할 수 없으며(irreversibility), 똑같이 반복할 수 없다(unrepeatability)는 것이다. 따라서 커뮤니케이션을 포기하는 것은 곧 인간이기를 포기하는 것과 같다.

커뮤니케이션은 다목적성을 가진다. 인간은 관계유지와 정보교환, 그리고 오락과 휴식을 위해 커뮤니케이션한다. 또한 정보에 대한 불확실성을 줄이기 위해서, 다른 사람들에 대한 불확실성을 줄이기 위해서, 자기 자신과 타인에 대한 불확실성을 감소시키기 위해 커뮤니케이션하는데, 이를 확실성 감소(uncertainty reduction)이론이라 한다.

커뮤니케이션은 기본적으로 다섯 가지 구성요소를 갖는다. 라스웰(1948)의 모델에 따라, "Who Says What in Which Channel to Whom with What Effects?"로 명명된다.

① 송신자(sender, communicator): 목적을 가진 미디어 조직, 조직구성원

② 메시지(message): 목적 달성을 위해 송신자가 수용자에게 전달하는 내용(신문기사, TV프로그램)

③ 채널(channel): 정보 및 메시지의 송수신 과정 혹은 전달 경로, 수단(신문, 텔레비전, 영화 등 미디어)

④ 수용자(receiver, audience): 송신자의 메시지를 받는 개인 또는 조직(독자, 시·청취자, 관객 등)

⑤ 효과(effect): 송신자가 의도했던 수용자의 반응(정보획득, 태도변용, 의미공유, 즐거움 등)

커뮤니케이션에 대한 기본 가정은 다음과 같다.

첫째, 커뮤니케이션은 과정(process)이다. 역동적, 연속적, 지속적인 순환체계를 갖는다. 커뮤니케이션은 당사자들 사이에서 발생하는 지속적인 순환관계를 갖기 때문에 여러 사람이 똑같은 내용을 들었을지라도 동일한 커뮤니케이션을 했다고는 할 수 없다.

둘째, 커뮤니케이션은 체제적(systemic)이다. 커뮤니케이션을 구성하는 모든 구성요소 사이에 상호의존성(모든 구성요소가 필수적임)이 존재한다. 상호의존성이란 구성요소의 하나라도 제 기능을 충분히 해내지 못하면 그 체제 자체가 이루어지기 힘들다는 것을 의미한다.

셋째, 커뮤니케이션은 상호작용적(interactional)이며 교류적(transactional)이다. 상호작용이라는 뜻은 커뮤니케이션 과정에 관련되는 사람들 사이에 메시지나 정보를 교환하는 일이 발생한다는 의미다. 교류적이라는 의미는 단순히 메시지가 교환되는 것을 넘어서 상호작용하는 당사자들 사이에 공유하는 것이 필요하다는 것이다. 진정한 커뮤니케이션은 당사자들끼리 공유가 있어야 한다. 커뮤니케이션 과정에 참여하는 사람들은 함께 메시지를 만들고 해석한다.

넷째, 커뮤니케이션은 의식적 및 무의식적으로 발생한다. 커뮤니케이션이 반드시 의도적인 상황에서만 발생하는 것은 아니다.

2 위기관리 활동과 커뮤니케이션 합리화

2.1. 위기관리 프로세스

위기관리의 개념에 대해 캐슬린 뱅크스(Fearn-Banks, 1996)는 조직에 부정적인 영향을 주는 사건들의 위험성과 불안 요인을 감소하고 조직이 능동적으로 대처할 수 있도록 하는 전략적인 계획을 말한다. 주로 조직이 위기에 대응하는 과정과 그것을 준비하는 데 초점을 맞추고 있다.

리틀존(Little John, 1983)은 위기관리를 이루는 비상사태를 피하기 위해 노력하고 위기 발생에 대비하여 계획하고 필요할 때에는 그것을 실행에 옮기는 다각적인 조직 차원의 노력이라고 보았다. 따라서 조직에 미칠 위기상황을 찾아내고(identifying) 그것의 예방(preventing)과 발생 시의 위기 극복(coping)을 총괄하는 장기적인 조직 차원의 노력이 위기관리이다. 따라서 위기관리를 땜질식 처방이나 위기 발생 시의 봉쇄 노력 정도로만 생각한다면 성공적인 위기관리 프로그램을 만들 수 없다.

쿰즈(Coombs, 1999)는 위기관리는 위기상황에 대응하고 위기에 의해 야기되는 실제적인 피해를 줄이는 활동이라고 광범위하게 정의하였다. 하지만 그는 위기관리가 네 가지 요소로 이루어져 있다고 보았다. 위기관리는 위기로 인한 부정적인 결과를 예방하거나 최소화함으로써 위기의 피해로부터 조직, 스테이크홀더, 산업계를 보호하는 것을 목표로 한다.

일반적으로 위기관리는 예방(prevention), 대비(preparation), 실행(performance),

학습(learning)의 네 가지 기본 요소로 구성된다.

첫 단계인 예방은 위기를 피하기 위한 단계이다. 위기관리자는 때때로 위기에 대한 경고 신호를 포착하고 위기의 발생을 예방하기 위한 행동을 취한다. 예컨대 토스터기의 과열 문제로 인해 화재 및 사상자가 발생하기 전에 미리 토스터기를 리콜하는 경우를 들 수 있다. 예방 활동은 거의 공중의 눈에 띄지 않는다. 발생하지 않은 위기는 거의 뉴스기사에서 다루어지지 않기 때문이다.

둘째 단계인 대비는 위기관리계획(CMP: Crisis Management Plan)을 포함하고 있기 때문에 위기관리 요소들 가운데 가장 많이 알려진 요소이다. 위기관리에 대한 지식이 전혀 없는 사람이라도 조직이 위기관리 계획을 가지고 있어야 한다는 것은 알고 있다. 그러나 위기관리 계획은 위기관리 전체를 놓고 볼 때 빙산의 일각에 불과하다. 대비에는 위기관리 계획 수립뿐만 아니라 조직의 위기 관련 취약점 진단, 위기관리팀과 대변인의 선정 및 교육, 위기 포트폴리오의 구성, 그리고 위기 커뮤니케이션 시스템의 정비 등이 포함된다.

셋째 단계인 실행은 위기에 대비해서 준비한 요소들을 실제로 점검하는 것이다. 이때 위기는 가상으로 행하는 모의 위기일 수도 있고 실제의 위기일 수도 있다. 그러나 중요한 사실은 대비 단계에서의 구성요소들이 정기적으로 점검되어야 한다는 점이다.

네 번째 위기관리 단계는 학습으로, 이 단계에서는 가상 또는 실제 위기 동안 수행된 조직의 실행에 대한 평가가 이루어진다. 조직은 위기관리 실행단계에서 잘 행해진 행동과 잘못 행해진 행동을 평가함으로써 학습을 하고, 그 결과를 축적해 미래의 상황에 대비하게 한다. 즉, 잘 행해진 행동은 계속 유지하고 그렇지 못한 행동은 개선함으로써 좋지 않은 결과가 되풀이되지 않도록 하는 것이다. 위기로부터 배우지 않은 조직은 같은 위기를 겪을 가능성이 크다. 위기 학습은 위기관리 활동을 정확히 평가하고 난 후에 가능하다.

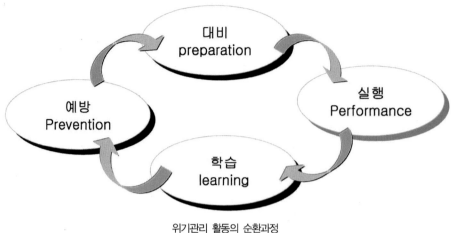

위기관리 활동의 순환과정

학자들의 정의를 종합하면, 위기를 관리하는 것은 위기상황에 대해 체계적으로 대응하는 조직의 활동이라고 할 수 있다. 위기관리는 위기가 일어났을 때 대응하는 것을 포함해 위기의 모든 단계에 대응하는 것이다. 즉, 위기관리는 위기가 일어나기 전 위기 징후를 파악하고 위기를 준비하는 것, 위기상황이 종결되고 나서 위기를 평가하고 다른 위기상황을 위해 조직의 대응체계를 향상시키는 것을 포함한다. 위기관리는 또한 조직 전체 차원의 고려들, 즉 조직문화, 조직 구조 등과도 연결되어 있으며 장기적으로 일관성 있는 조직의 활동을 의미한다.

위기관리를 실시하는 전체 과정 중에서 가장 중요한 것은 커뮤니케이션으로 위기관리는 단순히 위기가 발생했을 경우 이에 대한 기자회견 정도를 준비하는 것으로 이루어지지 않는다. 위기를 예방하고 위기에 대비하는 계획을 수립하여 이러한 계획이 제대로 실천되는지 검토하는 것이 바로 위기관리 커뮤니케이션의 과정이라고 할 수 있다(유종숙, 2004).

한편, 이윤심(1991)은 위기가 발생한 후의 조처는 물론, 발생 가능한 위기상황을 예측하여 실제상황에 대비하고 훈련하며 위기를 겪고 난 다음에도 앞날을 위해 철저한 평가를 내리는 일련의 과정이라고 위기관리 과정을 설명한다. 특히 그 중에서도 위기관리의 유비무환적인 특성을 발휘하는 요소는 발생 가능한 위기를 사전에 예측하고 이에 대한 대응책을 마련하는 것이다. 이에 따라 다양한 형태로 나타나는 위기를 예측하기 위해서 예측 가능한 위기관리 모델의 필요성이 강조되면서 위기에 준비하고 대응하는 두 번째 단계의 중요성은 더해졌다.

따라서 위기관리에 있어서 위기를 단계별로 나눈다는 것은 위기가 발생하고 나면 위기는 어떤 단계적 특성을 따라서 진행해 나간다는 것을 의미한다. 따라서 효율적으로 위기관리를 하기 위해서는 위기 단계의 특성을 이해함으로써 위기에 따른 피해를 최소화하고 정상적인 업무로 복귀하기 위한 시간을 최대한 줄일 수 있다. 어떤 조직이 위기를 통해서 훼손된 이미지를 회복하는 전략은 위기와 쟁점에 있어서 예방적인 측면을 무시하는 것은 아니지만 위기의 발전단계 면에서 준비과정과 봉쇄전략에 더 초점을 맞추는 과정이다. 위기가 예방될 수 있다면 가장 좋겠지만 속성상 불가피하게 일어난다면 피해를 최소화하고 실추된 이미지를 빠르게 회복하는 것이 관건이 된다. 따라서 이미지 회복전략은 위기의 발생을 전제로 위기의 속성을 이해하고 준비하는 조직의 전반적인 준비과정과 위기가 발생했을 때의 실행과정을 의미한다.

위기관리는 위험을 조직 목표의 달성을 위한 활용 대상으로 보는 위험관리와는 차원이 다르며, 좀 더 장기적인 공중관계에 기반한 위험과 위기 관련 광범위한 조직행위라고 할 수 있다. 그래서 위험관리는 보험회사나 투자회사 등 위험요인을 이용하여 조직을 목표를 달성하는 조직들이 주로 사용하지만, 위기관리는 공중관계를 기반으로 하는 모든 회사들에 광범위하게 적용되는 개념이라고 할 수 있다 (김영욱, 2008).

위기관리는 크게 종합적·포괄적(comprehensive approach)과 통합적 접근 (integrated approach)으로 구분할 수 있다. 통합적인 접근은 사무 중심의 분야별 시각에서 출발하여 단일의 관리구조를 통해 위기관리를 수행하는 것을 말한다. 이는 하나의 조직 내에서의 위기관리시스템을 설계하는 것을 목적으로 조직구조와 설계를 통하여 구현된다. 통합적인 접근은 하나의 조직 내에서 부처와 기관이 산재해 있기 때문에 중복되거나 사각지대가 있어 위기관리의 비효율이 나타나는 부분을 개선하여 단일조직 차원의 재난관리의 효율성을 높이려는 시도라고 할 수 있다.

이에 비해서 종합적 차원의 위기관리는 기존의 위기관리와 관련된 다양한 시각과 접근방식을 포괄하고 종합화하여 위기관리의 효율성을 제고하기 위한 기능 중심의 접근을 말한다. 따라서 예방-대비-대응-복구라는 일반적인 위기관리의 각 기능이 결합되고 국가와 시민사회, 정부와 시장이 협력적으로 위기관리 기능을 수행하는 거버넌스 방식의 위기관리를 의미한다. 따라서 종합적 위기관리에서는 정부뿐 아니라 민간의 시민단체, 지역주민의 자발적인 결사체, 시장의 기능으로서 보험과 관련 산업 등의 역할과 기능에 대한 재정립을 요구한다. 또한 위기관리를 통해 동원되는 지식들도 사회와 재난의 구조를 밝히는 사회학적인 시각뿐만 아니라 전통적인 재난관리의 영역에 대한 행정학적, 정책학적, 처방적인 접근, 방재기술과 예측기법, 안정공법 등과 관련된 공학적 접근까지도 포함한 포괄적인 접근을 지향한다. 위기관리의 대상으로 재난의 영역도 종합적인 위기관리 차원에서는 포괄적인 차원으로 접근한다. 따라서 화재, 수해, 폭발, 산업재해, 국가기반시설의 재난 등 다양한 유형의 분야별 재난에 대하여서도 공통적인 이해와 관리가 필요한 영역에 대한 공통적 접근뿐만 아니라 분야별 재난이 가진 특성을 고려한 특수성의 관리 또한 종합화된다.

현대적 차원의 위기관리는 현대사회가 가진 위기의 복합화·대형화의 특징을 고려하여 정부뿐만 아니라 시장, 시민사회 등 모든 관련 행위주체들이 자발적이고 적극적으로 위기관리자의 역할과 기능을 수행해야 한다는 점에서 종합적이다. 이와 같은 현대적인 의미의 위기관리는 위기관리 거버넌스의 차원으로 해석할 수 있으며, 거버넌스 내의 관련 행위자들의 협력적인 활동을 촉진하기 위한 각 주체들의 기능과 구조, 조정 및 커뮤니케이션 등의 활동에 대한 적극적이고 포괄적인 접근이 이루어져야 한다.

2.2. 위기관리 활동과 커뮤니케이션

위기관리 활동과 리스크 커뮤니케이션 체계 복원

최근 위기관리 연구에서 가장 강조되는 것이 리스크 커뮤니케이션과 참여의 중요성이다.

무엇보다도 안전에 대한 일반 국민의 요구 수렴과 보다 현실적이고 구체적인 안전대책 수립을 위해서는 안전 관련 규제기관이 개방적이어야 하며 안전 관련 의사결정과정에 일반 국민의 참여가 보장되어야 한다.

개방과 참여를 위험관리의 민주화(democratization of risk management)라고 표현하는데, 위험관리의 민주성을 제고하기 위해서는 책무성과 투명성 확보가 매우 중요하다. 위험관리가 효과성을 갖기 위해서는 가부장적 규제국가에서 참여적 규제국가로 전환할 필요가 있다. 위험관리에 있어서 참여가 중요한 이유는 이를 통해 정책결정과정의 정당성을 높일 수 있기 때문이다(Hutter, 2006).

안전에 관련된 투입 민주주의가 확립되기 위해서는 선거라는 공식적 차원의 투입 기제의 활성화로는 부족하며, 안전을 둘러싼 정부와 국민 간 조정적 담론과 소통적 담론이 활성화될 필요가 있다. 담론은 정책 엘리트들 상호 간에 정책형성과 논쟁을 위해 필요한 공통의 언어와 논의의 틀을 제공하는 이른바 조정적 기능(coordinative function)과 일반 국민들을 대상으로 정책의 필요성과 적합성을 설득하는 의사소통적 기능(communicative function)을 수행한다(Schmidt, 2001).

위험 예방, 위험 완화, 위험 대처라는 위험관리에 관련된 정책결정과정의 전 과정에 걸쳐서 국민의 요구가 반영되기 위해서는 일방적인 하향적 정책결정이 아니라 조정적 담론이 활성화될 필요가 있다. 또한 안전 관련 정부기구 간의 협업을 위해서도 이들 간의 조정적 담론이 활성화되어야 한다. 안전에 관련된 투입 민주주의가 활성화되기 위해서는 조정적 담론뿐만 아니라 소통적 담론이 활성화되어야 한다.

자유민주체제로의 전환에 따라 보다 많은 사회구성원들이 정책의 조정적, 소통적 단계에 참여하여 의견을 표출하고 담론을 수행할 것으로 기대되고 있음에도 불구하고, 사회의사결정과정의 실제는 여전히 권위주의적인 유산의 영향을 받고 있는 실정이다. 소통적 담론이 거의 이루어지지 않은 결과, 생산 및 소비, 그리고 일상생활에서의 위험에 대한 대처를 위한 국민적 요구가 국민 생활의 전 영역에 걸쳐 스며드는 데 실패하고 있다.

우리 사회에서 안전문제가 대두된 근본적인 원인은 정치적 권위주의, 기술적 권위주의, 공급자 권위주의가 맹위를 떨쳤기 때문이며(장경섭, 1998), 또한 안전

관련 정부기관들의 협력과 소통의 부재가 중요한 원인이라고 할 수 있다. 권위주의와 정부기관 간 협력의 부재를 해소할 수 있는 길은 소통의 활성화라고 할 것이다.

리스크 관련 갈등과 커뮤니케이션의 상관성

울리히 벡은 현대사회의 위험은 과학기술의 급속한 발전에 의해 태동된 것으로 진단하면서, 보다 근본적으로 발달된 과학기술 그 자체가 아니라 과학기술의 발전을 끊임없이 위험사회로 연결시키는 의사결정과정을 원인으로 규정한다. 이는 우리 사회에서 극명히 드러난다.

우리 사회의 위험 의사소통은 매우 빈약한 실정이다. 과학기술자들은 사회적 인식에 대해 관심이 약하고, 대중은 과학적 지식에 취약하다. 그로 인해 잦은 정보의 통제나 왜곡이 일어나고, 이에 대한 사회적 불신과 저항이 거세져서 자주 갈등이 커지는 양상으로 발전되곤 한다. 정보를 제공하는 경우에도 정보제공자의 목적을 위한 도구적 접근에 치중하고, 성실한 의사소통이 잘 이루어지지 않는다. 결국 전반적인 커뮤니케이션의 실패가 나타나는 것이다.

과학과 산업기술의 변화는 그것이 나타나는 즉시 모든 사람들에게 이해되고 받아들여지는 건 아니다. 새로운 기술이 구현되고 사회에 적용·발전되는 과정은 고도의 전문영역이므로 일반인들이 그에 대한 정확한 지식을 갖기 어렵다. 그에 따라 일반인들은 위험을 인지할 때 위험에 대한 객관적 사실들을 이해하고 반응하기보다는 주관적인 경험에 의지하게 된다. 특히 개인적 환경과 사회문화적 환경은 주관적 인지(認知), 즉 위험인지과정과 반응양식에 적지 않은 영향을 주기 때문에 주관적 인지가 객관적인 사실과 꼭 일치하지는 않는다. 결국 기술이 급속하게 발전하고 산업화가 진전되어 오면서 객관적 변화와 주관적 인지 사이에 간격은 점점 더 커져왔다(김영평 외, 1995).

일반적으로 사람들의 위험에 대한 반응은 세 가지 측면으로 나타난다.

첫째 위험의 인지(risk perception)로 위험의 성격이나 크기에 대한 측정이다. 예컨대 원자력 사고는 한 번에 수만 명 이상의 목숨을 빼앗아가는 대형사고이고 한번 방사능에 오염되면 오랜 기간이 지나도 회복이 불가능하다는 등의 인식을 이야기한다. 둘째 위험에 대한 태도(risk attitude)이다. 이는 위험에 대한 평가 및 주관적 반응으로 위험을 기피하거나 선호하는 일관된 성향을 의미한다. 예를 들어 카레이서처럼 매우 위험한 스포츠를 적극적으로 즐기는 사람이 있는가 하면 어떤 사람은 위험한 놀이기구는 아예 탑승하지도 않으려 한다. 이러한 태도의 차이는 바로 위험의 인지와 밀접하게 관련되어 있다. 셋째, 위험에 대응행동 (reaction to risk)으로 위험에 대한 수용 혹은 불수용을 가리킨다. 대개 위험에 대한 태도가 그 위험의 수용여부를 결정짓지만 양자가 반드시 같은 것은 아니다. 예컨대 과거 권위주의 정권시절에는 위험한 시설물을 정부의 강제력으로 별다른 저항 없이 원하는 장소에 설치할 수 있었다. 위험에 대한 극도의 거부감을 갖고 있더라도 정부의 강압에 눌려 받아들일 수밖에 없었다. 반면 대수술이나 방사선치료와 같이 더 큰 위험을 피하기 위해 불가피하게 위험을 감수하는 경우도 있다 (소영진, 2000a).

위험수용(risk acceptance)은 이들 개념 중에서 어느 하나에 해당하기보다는 보다 복합적인 개념이라 할 수 있다(김영평 외, 2000). 한편 던컨(Duncan, 1981; 소영진, 2000a)은 위험수용과 관련하여 순응(compliance)과 수용(acceptance)을 구분하여 사용하고 있다. 순응은 외면적으로 드러나는 행동이 일정한 행동규범에 일치하는 것인데 비해 수용은 외적인 행동뿐만 아니라 내면적인 가치체계와 태도까지도 규범에 일치하는 것을 의미한다. 이러한 의미에서 위험수용은 외적인 강제에 의해 억지로 위험을 받아들이는 것이 아니라 어느 정도는(어떠한 조건하에서는) 위험을 감수하겠다는 자발적인 태도에 의해 위험을 받아들이는 행위를 의미하는 것으로, 태도와 행위를 복합적으로 표현하는 개념이라고 할 수 있는 것이다.

수용자들이 기존에 가지고 있던 위험인식을 해소하고 위험 이슈에 대해서 보다 긍정적 수용태도를 보이는 것은 다음과 같은 사항에 대해 수용자에게 확신을 줄 때 가능하다(송해룡·김원제, 2005). 예컨대, 오랜 기간 국민들에게 원자력에너지의 수용을 설득하려는 전문적인 커뮤니케이터와 수용자는 서로 간의 지식의 영속성, 가치 경험, 인식적인 삶의 세계 등에 기반해 서로를 다른 집단으로 봐왔다. 국민들을 비합리적으로 행동하게 만드는 불만 요인은 바로 이렇게 일반인들의 주관적인 합리성이 어떠한지를 설명하려는 노력이 없었기 때문이었다. 위험수용과 관련한 결정에 있어서 장점이 단점보다 더욱 많아야 하며, 공동의 원칙(공공의 안녕, 적법성, 다수결 원칙 등)에 비추어 개인적인 손해(위험)를 감수해야 할 당위성이 있는 경우이다.

현대사회의 일반인들은 위험을 인지하는 데 여러 특성을 나타내고 있다. 일반인은 같은 위험에 대해 자신이 당할 가능성보다 다른 사람이 당할 가능성이 더 크다고 느낀다. 즉, 주관적으로 느끼는 위험인지보다 객관화된 위험을 항상 큰 것으로 스스로 여기고 있다는 것이다. 즉, 일반인들의 판단에 나타나는 차이는 일반인들이 위험에 대한 통계 수치를 잘못 인지해서 나타난 것이 아니라, 자신의 일상적인 생활환경에서 경험하고 느끼는 위험요인들에 대한 언어적인 수용 빈도에 의해 위험의 정도가 등급화되어 있기 때문이다. 예컨대 일반인들에게 객관적 위험보다 주관적 위험이 높게 평가된 위험은 대체로 환경 관련 위험과 원자력 관련 위험이다. 이 위험분야들에서 공통적으로 발견할 수 있는 위험의 특성은 대체로 일반인들이 쉽게 경험할 수 없는 위험들로, 자신이 위험제공의 원인이 될 수 없다고 여기며, 위험의 발생도 즉각적이기보다는 오랜 기간을 두고 나타나는 것이다(임재춘, 1998).

결국 일반인들에게 위험이란 전문인들의 경우와 같이 통계적으로 예측되는 피해 판단과 일치하지 않는 경우가 많음을 알 수 있고, 이같이 일반인들과 전문가들은 위험을 서로 다른 방향에서 수용할 수도 있다는 측면에서 전문가들과 일반인들 사이의 커뮤니케이션 방식이 중요한 문제로 제기된다.

리스크 커뮤니케이션의 중요성에도 불구하고, 기업과 정부는 이를 간과하여 치명적인 타격을 입기도 한다. 위기상황이 발생하면 기업 혹은 정부는 언론의 집중적이고 집요한 취재 대상이 되는 것은 물론 소비자 혹은 국민의 주시 하에 공적 이슈로 취급받게 된다. 또한 이러한 상황에서는 소문이 나돌고 갖가지 견해가 넘쳐나는 등 혼란스러운 커뮤니케이션 상황이 발생하는데, 바로 이때 빠르고 효과적인 커뮤니케이션 차원의 위기 대응이 필수적으로 요구되는 것이다. '아무것도 말하지 않고 침묵하기' 혹은 '시간을 벌며 사건을 조용히 봉합하기'는 더 이상 최상의 선택이 아니다. 위기상황 시 해당 기업 혹은 정부가 그 사건에 대해 적절하게 대응하지 않을 경우 언론과 국민은 기업/정부가 이슈에 대해 신경 쓰지 않거나 훨씬 더 심각한 상황을 숨기고 있다고 생각하기 때문이다.

이처럼 우리 사회의 리스크 커뮤니케이션은 '이슈 관리' 수준이라기보다는 '갈등 후 대응' 수준에 머무르고 있다. 기술 개발 단계와 규제현안에 따라 나타나는 각 단계별 리스크 관련 이슈에 대해 체계적으로 대응하지 못하고 있으며, 이로 인한 사회적 갈등 가능성을 야기하고 있는 실정이다.

국가위기−위험관리와 커뮤니케이션 합리화

광우병 사태, 세월호 침몰, 메르스 확산 등은 위험 이슈에 대한 국민저항이 거대한 흐름으로 나아갈 수 있음을, 국가사회적 혼란을 잉태할 수 있음을 시사한다. 사회적 위험 이슈에 대한 불확실성과 통제 불가능한 위험성에 대한 공포가 확산되면 대중은 당면한 위험에 대해 직관적 판단에 따라 '분노'라는 형태로 감정을 표출하게 된다는 것을 확인시켜 주었다. 따라서 우리 사회가 적절한 위험관리를 해내거나 정치적 순기능을 활용해 대중적 분노를 제어하지 못하면, 위험담론은 국가사회시스템에 대한 총체적 불신으로 이어질 수 있다.

소비자, 국민은 점점 더 똑똑해질 것이며, 대중적 분노를 그대로 방치하면 엄청난 거부 운동으로 나아갈 소지가 다분하다. 이를 예방하기 위한 대응방안이 요구되는데, 이는 바로 리스크 커뮤니케이션 전략으로 귀결된다.

위험의 크기를 알 수 없는, 심지어 그 위험의 크기를 결정하는 데 어떤 요인들이 작용하는지조차 잘 모르는 고도의 불확실성이 지배하는 상황에서 정책판단 및 결정은 '기술' 혹은 '과학'에만 그 근거를 기댈 수만은 없는 것이다. 다른 위험에 비해 미약하고 확률도 낮지 않으냐는 식의 주장들은 좁은 의미의 '과학'에 근거한 판단이 아니라, 사람에 따라 다를 수밖에 없는 '가치판단'의 결과라는 사실을 알아야 한다. 따라서 위험에 대한 판단은 이른바 전문가들과 정책결정자들의 전유물이 되어서는 안 되며, 좀 더 폭넓게 일반 시민의 참여하에 이뤄질 수 있도록 논의의 장을 개방해야 할 것이다.

결론적으로 위기상황을 신속하게 타개할 수 있는 효과적 리스크 커뮤니케이션 전략을 제시하면 다음과 같다(송해룡 외, 2015).

첫째, 발생 가능한 심각한 위기상황을 고려한 대응원칙의 우선순위와 세부원칙을 결정해서 위기상황에서 전전긍긍하는 모습을 보여서는 안 된다. 일촉즉발의 상황에서 미흡한 대처와 대응은 국민·고객의 불안감을 조성하고, 위기를 걷잡을 수 없는 상황으로 증폭시킬 수 있기 때문이다. 따라서 위기에 대한 대응원칙을 우선적으로 세워야 하는바, 모든 역량을 총동원해서 사고에 최대한 신속한 대응을 하고 있다는 것을 보여줄 필요가 있으며, 여기에 덧붙여 발생한 재산손괴 및 인명피해에 대한 유감의 표현과 함께 피해보상 등 구체적인 대응방안도 신속하게 마련해야 할 필요가 있다.

둘째, 국민·고객에게 상황에 맞는 적절한 대응 메시지를 제공하여 신뢰를 가지고 위기상황을 타개하도록 노력해야 한다. 현재 처한 위기상황을 빠른 시일 내에 해결할 수 있는 메시지를 신속하게 준비하여 단일 소통창구를 통해서 국민에게 전달해야 한다. 사태가 어느 정도 진정될 기미를 보이면 기존에 지니고 있던 대중과 국민과의 좋은 관계를 부각시켜 빠른 시일 내에 위기상황을 돌파할 능력이 있음을 각인시킬 필요가 있다.

셋째, 정보를 은폐하거나 신속하게 제공하지 못하고 있다는 인상을 타개하기 위해서는 조직 내부의 커뮤니케이션 시스템 정립이 필요하다. 중요한 결정은 최고 책임자의 일관된 지시에 의해 움직여야 하겠지만, 위기대응 커뮤니케이션은 지위고하를 막론하고 빠르고 격의 없이 소통하는 것을 원칙으로 삼아야 한다.

넷째, 이해관계자들과의 리스크 커뮤니케이션을 중요하게 생각해야 한다. 리스크 커뮤니케이션은 일반 대중들로부터의 신뢰 확보뿐만 아니라 위험 잠재성이 있는 문제의 발견과 예방을 촉진하는 효과를 가진다. 이를 위해서는 공개성, 투명성, 참여 등 다양한 의견이 보장되는 민주적이고 양방향적인 커뮤니케이션이 이루어져야 한다. 치명적인 위기상황을 가정한 지속적인 대응프로그램 운영 등을 포괄한 대중과의 양방향성, 민주성, 개방성 등을 지향하는 새로운 리스크 커뮤니케이션 거버넌스를 현실화할 필요가 있다.

개인, 기업, 국가 모두에게 리스크 관리와 이에 따른 리스크 커뮤니케이션은 중요하다. 개인의 삶의 지속 및 안락한 삶을 위해, 기업의 지속가능경영을 위해, 국가의 지속발전을 위해 리스크 관리는 절대적으로 중요하다. 일종의 보험인 셈이다. 개인이 평안할 때 보험료는 적지 않은 부담이다. 그러나 막상 사고가 닥치면 보험은 엄청난 고마움으로 다가온다. 리스크 커뮤니케이션에 대한 준비 역시 그러하다. 당장은 쓰임새 없는 것처럼 보이나, 정작 위기가 닥치면 효력을 발휘한다. 우리의 미래를 위한 안전장치인 것이다.

2.3. 국민소통과 민주적 거버넌스

국정소통 증진 방안 모색

그동안 정부는 어떻게 국민을 설득하고 이해시켜야 할 것인가에 대한 진지한 고민은 부족한 가운데 정부 위주로, 정부 편의대로 국민과 소통하였다고 하여도 과언이 아니다. 지금은 정부 정책을 단순히 알리는 일방통행적 소통에서 벗어나 국민들에게 정책의 미래 예측가능성을 제시하고 정책에 대한 국민적 공감대를 형성하기 위한 적극적 정책 홍보가 필요한 시대이다.

국정소통이란 정부의 정책과 운영에 대한 행정부의 비정치적인 또는 비정당적인 국민과의 의사소통 활동이라고 할 수 있다. 국정소통의 기능은 국민에 대한 정보제공, (정책과 개혁에 대한) 주장과 설득, 그리고 국민의 참여이며, 정부는 국정소통을 통하여 효과성(정부 시책에 대한 정당성과 광범한 지원 형성), 대응성(국민의 요구를 알고 이에 대응), 책무성(정부의 임무를 설명하고 정부의 책무성을 확보하기 위한 메커니즘 제공) 등 핵심 요소의 증진을 도모할 수 있다. 국정소통의 특징은 소통의 쌍방향성, 투명성, 윤리성 그리고 소통능력을 들 수 있다. 정부와 국민 간의 상호작용 측면에서, 국정소통이 가장 광범위하고 일반적인 양방향적 커뮤니케이션이라고 볼 수 있다.

국정소통이 중요한 가장 기본적인 이유는 정부에 대한 신뢰형성에 기여하기 때문이다. 정부신뢰가 중요한 이유는 정부 역할의 효과적 수행, 정치체제의 정당성 확보 및 사회 안정을 위하여 중요하다. 첫째, 정부신뢰는 정부 존립의 도덕적 기초이다. 둘째, 정부신뢰는 시민의 정부 권위에 대한 수용성을 증대시킴으로써 재량권의 요구와 책임성의 요구 간의 상충관계를 완화시키는 기능을 수행한다. 셋째, 정부신뢰는 행정비용 감소를 통하여 정부성과를 향상시킨다. 넷째, 정부신뢰는 정부로 하여금 정부의 역량을 단기적, 미시적 정책 관심이 아니라 보다 장기적이고 거시적인 정책 관심을 갖도록 한다.

국정소통이 잘 되면, 정부 정책과 활동에 대한 광범한 국민의 지원과 정당성을 부여받을 수 있을 뿐만 아니라 국민의 요구에 대한 정부의 대응성과 책임성이 제고된다. 실제로 국정소통은 단순한 위기관리 이상의 역할을 수행한다. 국정소통은 사회의 맥박을 듣고 느끼는 것뿐만 아니라 정책결정에 대한 자문, 합의 도출, 공감대 형성, 행동 변화, 투명성 제고, 시민교육 등도 포함한다. 웹 2.0을 기반으로 한 새로운 소셜미디어의 활용으로 정부가 국민과 소통할 수 있는 기반이 형성되어 있으며, 이러한 뉴미디어시대에 정부는 보다 개방적이고 공개적인 소통과 국민의 국정 참여 촉진을 통해 정부와 시민 간 협력관계를 형성하여 정부에 대한 국민의 신뢰를 증진하고자 보다 적극적으로 노력해야 할 것이다.

국정소통이 원활하게 이루어지기 위해서는 국민과의 소통을 최우선 과제로 정립하여야 하며, 국민과의 소통을 기반으로 한 정책 수립이 이루어져야 한다. 이를 위해서는 무엇보다도 소통을 중시하는 문화가 정착되어야 하는데, 상시적인 국정소통모니터링시스템(Government Communication Monitoring System)을 구축해야 한다. 상시로 소통활동에 대한 모니터링과 평가를 통하여 소통문화 확립 및 적극적 소통활동을 장려하고, 정책의 적절성과 수용성을 제고할 수 있다.

중앙부처 차원에서는 개별 부처의 대변인 또는 담당부서의 주관 아래 모든 활동과 정책에 대하여 국정소통이 제대로 되고 있는지를 상시 점검하여야 한다. 모니터링활동에는 주요 현안과 사업, 정책의 종료 후 소통활동에 대한 평가가 반드시 포함되어야 한다. 중앙부처 차원에서 이루어지는 모니터링활동을 통해 점검해야 할 중요 사항은 아래와 같다.

① 국민과의 양방향적 의사소통을 위한 자세가 확립되어 있는가?
② 국민의 국정 참여를 보장하는 시스템이 구축되어 있는가?
③ 정책 구상단계에서부터 국민의 의사와 요구를 수렴하고 있는가?

④ 국민의 정보 요구에 대하여 적극적으로 정보를 제공하고 있는가?

⑤ 국민과의 소통에서 다음 원칙이 준수되고 있는가? ; 신뢰성의 원칙, 공공성의 원칙, 양방향성의 원칙, 진실성의 원칙

⑥ 소통을 위해 다양한 채널(미디어)을 활용하고 있는가?

⑦ 정책과정별로 소통활동이 적절하게 연계되어 활용되고 있는가?

⑧ 조직은 항상 국민과의 소통을 최우선 과제로 인식하고 있는가?

⑨ 적극적 소통을 위한 조직의 역량(인력, 조직, 예산 등)은 갖춰져 있는가?

정부와 공무원의 행태 변화를 유도하는 데 있어서 효과적인 방안은 평가와 연계시키는 것이다. 이러한 국정소통모니터링시스템 구축은 소통의 양방향성, 투명성, 윤리성에 대한 정부의 인식을 제고하여 정부의 일상적인 소통방식의 변화를 유도할 수 있을 것으로 기대할 수 있다. 기존 소통방식에 대한 국민들의 불만은 정부의 권위적인 소통의 자세, 불명확한 정보의 제공 등으로 인해 정부와 국민 간 신뢰관계의 미형성에 기인한 것으로 분석할 수 있다. 따라서 정기적이고 지속적인 모니터링을 통해 정부와 공무원의 태도 변화를 도모해야 할 것이다.

정부 차원의 국정소통 능력을 제고하기 위해서는 모든 정부기관과 공무원이 미디어 환경변화를 잘 이해하고 정부 정책에 대한 이해와 국민과의 소통에 대한 적극적인 자세를 갖추어야 한다. 이를 위해서는 적극적인 소통을 선도하는 인력의 확보와 이를 뒷받침할 수 있는 조직과 제도가 갖춰져야 한다.

첫째, 개별 정부부처의 대변인 및 담당부서의 전문성을 제고하여야 한다. 이를 위해서 정책과 소통에 대한 이해가 높은 인력을 안정적으로 확보하여야 하며, 대변인의 주요 의사결정에의 참여를 보장하여야 한다. 대변인 및 담당인력은 적극적인 소통을 위한 자세와 의지가 확고하고, 기존 미디어 및 뉴미디어를 포괄하는 소통 역량을 갖추어야 하며, SNS를 활용한 양방향 의사소통 활성화에 기여하고자 노력하여야 한다.

둘째, 소통의 중요성에 대한 부처 차원의 인식을 제고하여야 한다. 이를 위해서 장관 및 각 부서 책임자가 소통의 중요성에 대하여 충분히 인식하여 소통에 대한 적극적 자세를 가져야 하며, 부처 내에서 대변인의 권한 및 위상을 확고히 확립하

고, 대변인과 정책 담당부서와의 상호 협력적 관계가 확립되어야 하며, 대변인실 중심의 양방향적 의사소통체제를 구축하여야 한다.

셋째, 부처 내에서 대변인 및 담당인력의 주된 역할은 적극적인 정보제공, 부처 내 소통 중시 문화 형성, 적극적인 양방향적 소통, 그리고 국민 및 이해관계집단 과 신뢰관계 형성 등이다.

효과적인 소통을 위해서는 소통을 전담하는 역량 있는 조직과 인력이 필수적이 다. 특히 미디어 환경의 변화에 적극적으로 대응할 수 있는 태세를 구축하여야 한 다. 유능한 전문인력을 확보하고 이들에게 충분한 권한을 부여하여 이들이 보다 적극적으로 국민과 소통할 수 있도록 힘을 실어주어야 할 것이다.

국정 소통메커니즘 설계 및 운영방향

소통메커니즘 운영의 주요 쟁점은 크게 여섯 가지로 분류될 수 있으며, 각 주 요 쟁점에 대응하는 소통메커니즘 운영의 기본방향을 다음과 같이 제시할 수 있 다(이민호, 2013).

첫째, 정부-언론 간 협력적 관계 정립의 부분이다. 과거 극단적인 유착관계나 대립관계를 넘어서 건설적인 협력관계 구축이 필요하다. 개방적이고 포괄적 형태 의 언론관계를 구축하며, 이를 통해 다양한 언론매체에 대해 적극적인 접촉을 통 해 국민과의 소통채널을 확대할 필요가 있다. 또한 단순한 정보전달 통로로서 언 론을 활용하는 수준을 넘어서 공동기획 등 언론과의 협력을 통한 국정 PR 수행 방안을 활성화할 수 있다.

둘째, 쟁점관리를 통한 효과적 위기관리의 부분이다. 국정 PR의 대상이 되는 주요 쟁점을 대상으로 상시적인 언론분석 및 모니터링을 통해 쟁점의 변화추이를 분석하며, 상황에 대응하는 상시 브리핑 활성화를 통해 쟁점이 사회적 위기로 악 화되지 않도록 관리하는 노력이 필요하다. 한편 이러한 쟁점관리과정에서는 쟁점 의 변화를 주도적으로 달성할 수 있도록 정부의 적극적인 메시지 전달이 필요하며, 효과적인 메시지 전달이 이루어질 수 있도록 창의적인 메시지 개발이 요구된다.

셋째, 직접홍보 및 현장홍보의 활성화 부분이다. 전통적 매체로서 언론매체에 대한 지나친 의존도를 완화하고 다양한 매체 활용을 통한 국정 PR의 효과성 제고를 위해 직접홍보 및 현장홍보 기능을 활성화할 필요가 있다. 이를 위해 직접홍보 역량을 확충해야 할 것이며, 민간과의 협력을 통해 직접홍보물의 제작 및 배포 과정의 효과성을 제고할 수 있다. 또한 다양한 방식의 현장홍보 활동을 통해 다양한 공중을 대상으로 한 차별적이고 효과적인 국정 PR을 수행하며 민간참여를 활성화한다.

넷째, 국정 PR 관련 종합포털사이트의 개선 부분이다. 온라인 매체를 활용한 국정 PR의 가장 중요한 매체는 정부정책에 대한 종합포털사이트라고 할 수 있으며, 이에 대한 시스템 개선 및 고도화가 필요하다. 이를 위해 종합포털사이트의 구성 및 운영을 일반 국민이 쉽게 접근할 수 있도록 효율화할 필요가 있으며, 반면 충분한 정책정보를 전달하기 위해서 종합포털사이트를 통한 다양한 온라인 매체와의 네트워크화가 요구된다. 또한 종합포털사이트에서의 정책정보를 효과적으로 전달하기 위해 인포그래픽 등 신기술의 활용을 통한 창의적인 메시지 전달이 필요하다.

다섯째, 국민 참여를 통한 소통전략이다. 온라인 매체 및 SNS 등 새로운 매체의 활용이 기존의 전통매체에 비해 국민의 참여를 쉽게 지원할 수 있다는 점을 적극 고려해야 한다. 이와 관련해 민간포털사이트나 민간기업, 시민사회단체 등의 민간 PR 매체와의 연계한 국정 PR 매체의 활용이 필요하다. 또한 기존의 정보공개 및 민원처리와 다른 차원의 디지털 참여를 활성화하기 위한 지원체계의 마련이 요구된다.

여섯째, SNS를 활용한 국정 PR의 효과 제고 부분이다. SNS에 대한 사회적 관심이 높아지는 반면 국정 PR을 위한 활용 과정에서의 효율성에 대한 부정적 입장도 제기된다. SNS의 활용을 통한 국정 PR의 효과성을 제고하기 위해 별도의 전담 조직 구축이 필요하며, 다양한 플랫폼을 통해 복잡하게 진행되는 SNS 상의 정보 흐름을 분석하고 국정 PR에 반영하기 위한 메시지 분석 활동이 요구된다. 이와 함께 SNS를 다른 PR 매체와 연계하여 활용함으로써 국정 PR의 효과성을 제고할 있는 융합적 매체관리 노력이 필요하다.

소통을 위한 민주적 거버넌스 구축

우리 국민의 상당수는 정부의 정책결정에서 국민의 의사와 요구가 제대로 수렴되지 않고 있으며, 이로 인해 정부 정책이 절차적으로 하자가 많다고 생각한다.

이러한 국민의 인식을 불식하고 정책에의 순응도 및 정부신뢰 제고를 위해서는 정책과정에 국민들의 요구와 의사가 반영되고 정책결정에 국민과 이해관계집단이 참여할 수 있도록 정책과정과 소통활동이 연계되어야 한다.

정책과정과 소통활동의 연계는 정책과정별 시민참여를 보다 활성화할 뿐만 아니라 정책에 대한 국민의 수용도 및 순응을 확보하는 데 보다 유리하다(김상묵 외, 2004). 정책단계와 소통활동이 원활하게 연계되어야만 정책에 대한 국민의 신뢰를 제고할 수 있을 것이다.

정부조직과 공직사회 전반에 걸쳐서 비밀주의, 부처 중심적 사고방식, 눈치 보기 등을 일소하고 국민과 진정한 소통을 위한 문화적 기반을 형성하는 것이 가장 기본이 되어야 할 것이다. 국민의 폭넓은 이해와 공감대 형성을 위한 적극적인 소통이 정부의 정당성을 제고할 수 있음을 분명히 인식하도록 하여야 한다. 국정소통모니터링, 정부업무평가, 부처 대변인제, 정책과 소통의 연계 등을 통하여 정부조직에 적극적인 소통문화가 형성되도록 하여야 할 것이다.

첫째, 국민은 지배하야 할 대상이 아니라 이해를 구하고 협력해야 할 대상임을 인식해야 한다. 둘째, 국민과의 소통을 최우선 과제로 정립해야 한다. 국민과의 소통을 기반으로 정책이 수립되어야 정책에의 순응도가 제고된다. 셋째, 정부가 먼저 적극적으로 정보의 공유와 국민과의 소통을 중시하려는 의지를 보여야 한다. 넷째, 소통문화 형성을 위해서는 정보의 적극적 공개 및 국민과의 양방향적 의사소통이 공무원의 기본적 임무임을 공무원 행동강령, 근무규칙 등에 보다 명시하여야 할 필요가 있다.

이러한 소통문화의 정착을 위해서는 정부 지도자들의 명확한 의지 천명이 필요하다. 정부 지도자들이 소통을 중요시하고 국민과의 소통에 보다 적극적인 자세를 보여주어야만 소통문화가 형성될 수 있다. 정부의 소통방식이 일방적이고 해명 위주여서 정부가 정보를 통제하여 공개하지 않거나 정보의 정확성이 부족하면 정부 발표가 신뢰성을 잃게 된다. 따라서 정부의 비밀주의, 눈치 보기를 일소하여 소통문화를 정착하기 위해서는 무엇보다도 소통을 중시하는 리더십이 확고하여야 한다.

민주적 거버넌스에서는 정부와 시민사회, 기업 등 다양한 주체들이 국정의 대등한 파트너이자 협력자로서 위치하고, 상호 간 이해와 소통을 토대로 협력적으로 국정을 수행할 것을 요구하고 있다. 각 주체들이 동등한 입장에서의 정보 공유, 이해관계의 절충, 참여와 협력에 의한 정책의 결정과 집행 등이 강조되고 있다.

정부는 국민이 소통과 거버넌스의 파트너이며, 이해를 구하고 협력해야 할 상대로 인정해야 한다. 그동안 정부는 국민과 시민사회를 국정의 파트너보다는 이용할 도구로 간주하는 도구적 거버넌스가 지배적이었다. 정부의 이러한 시각은 국민의 폭넓은 이해와 공감대 형성을 소홀히 함으로써 국민의 지지 획득이나 확산을 곤란하게 만들었다. 효율성 증진을 목표로 민주성을 결여되어 전반적으로 국민과의 소통 자체가 제대로 이루어지지 않았다. 이와 반대로 민주적 거버넌스는 민주주의의 심화를 포함해서 국민들의 참여 확대를 통해 효율성뿐만 아니라 공정성과 사회정의를 증진시키고자 한다. 또한 민주적 거버넌스는 정부가 책무성과 투명성 등 정부의 역할을 정당화하면서, 한편으로는 국민과 시민사회가 자신의 역량을 발휘하여 새로운 역할을 수행하도록 하는 상호 파트너십으로 시너지를 창출하기 위한 거버넌스로 볼 수 있다.

민주적 거버넌스가 민주주의 원칙들을 중시한다고 효율성을 경시한다고 볼 필요는 없다. 보다 많은 시민이 공동체를 형성하는 규율과 제도에 참여하는 것은 하나의 기본적 권리이며, 보다 포용적인 거버넌스가 보다 효율적이며, 보다 참여적인 거버넌스가 보다 형평성을 지향한다. 투명성, 책무성, 참여, 역량 등이 민주적 거버넌스의 기본 원칙이라고 할 수 있다.

웹 2.0은 민주주의 체제에서 공개적이고 표준화에 기반한 네트워크를 통해 많은 사람들이 소통하고 협력할 수 있도록 하는 방법적 수단으로 정부가 국민과 소통할 수 있는 새로운 사용자 참여 모델이다. 새로운 미디어의 출현은 국민과의 양방향적 의사소통을 위한 다양한 채널의 사용이 가능할 뿐만 아니라 필수적임을 보여주고 있다. 뉴미디어시대에서는 커뮤니케이션이야말로 정부가 성공하느냐 실패하느냐 하는 차이를 결정하는 중요한 요인이라고 할 수 있다. 소셜미디어의 등장은 국정에 대한 국민들의 참여를 보다 용이하게 만들었다. 이러한 소셜미디어를 정책과정에서 효과적으로 활용하게 되면 정부는 정책에 대한 국민의 요구를 수렴하고 올바른 정책정보를 제공하는 상호 커뮤니케이션을 통해 정책에 대한 이해와 지지를 획득할 수 있다. 따라서 정부는 보다 개방적이고 공개적인 소통과 정책과정에서의 시민의 적극적인 참여와 이성적 토론을 바탕으로 정부와 시민 간 협력관계를 형성하여 정부에 대한 국민의 신뢰를 증진하여야 할 것이다. 뉴미디어를 활용하여 민주적 거버넌스를 구현하고자 보다 적극적으로 노력하여야 할 것이다(박희봉, 2011).

첫째, 민주성을 보다 중시하는 정부가 되어야 한다. 정부가 가장 중요시하는 가치가 효율성(efficiency)인 경우에는 충분한 논의와 합의 도출보다는 신속한 의사결정과 과감한 추진을 선호하게 되는 데 이 경우 국민과의 소통이 아니라 일방적인 홍보에 불과하여 국민들이 납득하기가 쉽지 않다. 국민의 정책에 대한 수용 내지 순응을 담보하기 어렵고, 궁극적으로 효율성마저 훼손되는 경우가 생기게 된다.

둘째, 적극적인 참여를 촉진해야 한다. 양방향적 의사소통은 참여를 통한 의사소통을 의미한다. 다양한 이해관계집단과 국민들이 쌍방향 온라인 소통과 참여를 기반으로 한 웹 기반 정책결정과정에서 합의와 협력을 도출함으로써 정책형성과 집행을 보다 효율화할 수 있다. 정책과정에 실질적인 참여와 소통의 기회를 제공하여 정부의 정책결정과 집행의 효율성을 증진하도록 하여야 한다.

셋째, 국민의 정보 접근이 보다 용이하도록 해야 한다. 시민들에게 정부가 무엇을 어떻게 하고 있는지에 관한 정보를 정확하고 투명하게 공개함으로써 정부의 책임감 향상 및 신뢰 제고에 기여할 수 있다. 이를 위해서는 국민이 정부의 정책과 주요 현안, 예산과 성과 평가 등에 대한 정보를 보다 편리하게 획득할 수 있도록 해야 하며, 국민으로부터의 환류(feedback)와 의견개진을 통해 정부의 정책역량 향상을 도모해야 한다.

넷째, 정부와 국민 간 수평적·협력적 관계를 형성해야 한다. 정부와 시민사회, 기업 등 다양한 주체들이 국정의 대등한 파트너이자 협력자로서, 상호 간의 이해와 소통을 토대로 협력적으로 국정에 기여하도록 해야 한다. 이러한 참여와 협력을 바탕으로 정부는 정책에 대한 정당성과 광범한 국민의 지원을 받게 되고, 국민의 요구와 기대를 알고 이에 대응할 수 있으며, 정부의 역할을 효과적으로 수행할 수 있다.

이처럼 새로운 미디어 환경에서는 정부가 참여와 조화를 지향하고 국민과의 협업적 의사결정을 통한 정책형성을 도모하는 참여민주주의의 실현이 보다 절실하다. 국민과의 적극적이고 쌍방향적인 소통과 국민의 적극적인 의사결정 참여를 통해 상향적 민주주의를 실현하고 정부와 국민 간 파트너십을 형성하여 정부 정책결정의 질을 제고하여야 한다. 이제는 정부와 국민과의 관계가 갑(甲)과 을(乙)의 관계가 아니라 갑(甲)과 갑(甲)의 대등한 동반자 관계임을 깨달아야 한다.

스마트미디어 및 IoT 환경은 정부가 국민과 소통을 효과적으로 할 수 있는 사용자 참여모델을 강화해주고 있다. 정부는 정책에 대한 국민의 요구를 수렴하고 올바른 정책정보를 제공하는 상호 커뮤니케이션을 통해 정책에 대한 이해와 지지를 얻을 수 있다. 새로운 미디어의 출현은 국민과의 쌍방향적 의사소통을 위한 다양한 채널의 사용이 가능할 뿐만 아니라 필수적임을 보여주고 있다. 이러한 미디어 환경변화에 대응하여 정부는 보다 적극적으로 소통형 정부로 변화해야 한다.

3 리스크 커뮤니케이션 활성화

3.1. 리스크 커뮤니케이션 시스템의 필요성과 원칙

위험 이슈는 사전에 예방하거나 적절히 대응하지 못하면 기업/정부의 명성은 물론 존립을 위협하는 위기로 확장된다. 따라서 위험상황 예방 및 위기관리 차원에서 전략적 대응이 요구되는데, 리스크 커뮤니케이션 전략이 그 해답이다.

위험관리가 제대로 이루어지지 않을 때 기업은 문을 닫고 국가는 혼란에 휩싸인다. 메르스 사태는 위험 대처방안이 작동하지 않을 때 벌어질 수 있는 상황을 다시금 극명히 드러내 보였다. 따라서 기업 및 사회, 국가의 지속성장을 위해 위험관리는 필수적이다.

다양한 공공갈등의 영역과 수준에서 위해요소와 위험인식이 포함된 사례들의 경우 해당 지역주민의 감정적·문화적 요소가 함께 작용하기 때문에 정책을 기획한 대로 집행하기 더욱 어렵다. 특히 정보통신기술의 발달은 위해요소와 위험인식이 손쉽게 사회수준으로 확산되고 강화될 수 있는 여건을 제공하였다. 이러한 환경적 여건과 위험인식이 정책에서 복합적으로 작용하기 때문에 다양한 측면을 정책에 관련된 기관들이 신중히 고려해야 할 것이다. 특히, 다른 정책에 비해 위해요소는 개인의 생명과 건강에 직접적으로 관련이 있기 때문에, 위험에 대한 불확실성으로 인해 발생하는 주민들의 불안감 혹은 정보의 격차 등은 첨예한 충돌과 갈등의 장기화를 야기한다. 또한 위험의 불확실성이 정부와 시행기관에 불신이 쌓이는 악순환이 반복되기 때문에 정책의 시행과정에서 갈등이 더욱 심화되며, 이러한 현상은 다시금 정부에 대한 불신을 강화시키며 무조건적인 반대라는 극한의 상황을 야기할 수 있다.

위해요소와 위험인식이 중요한 이유는 이러한 악순환의 고리가 하나의 사례에서 마무리되는 것이 아니라 인터넷 등을 통해 손쉽게 확산이 되며 사회적으로 학습(social learning)이 이루어진다는 점에 있다. 즉, 이미 많은 전문가들이 공통적으로 지적하고 있듯, 정책이 의도한 효과를 달성하는 데 필요한 정당성의 확보, 신뢰, 주민의 지지는 해당 사례에서 효과적인 협상에 의해서만 결정되는 것이 아니라 이미 발생한 유사한 갈등사례와의 관계 속에서 발생하는 것이다. 따라서 위험인식이 내포된 정책의 경우 효과적인 리스크 커뮤니케이션은 정책의 효과성을 결정하는 요인이라고 해도 과언이 아닐 것이다. 커뮤니케이션의 절차적 정당성과 실질적으로 대표성 개인과 집단의 참여, 커뮤니케이션 방식으로 인해 야기될 수 있는 부정적 이미지(고압적, 권위적, 일방적)의 쇄신, 신뢰를 형성하기 위한 추가적인 정책의 사후관리가 중요하다고 할 수 있다.

위기상황은 위기 자체가 주는 위협보다는 불필요한 오해와 루머 그리고 왜곡된 정보전달 등 커뮤니케이션 문제로 인해 위기를 더 크게 증폭시킨다. 이러한 현실에도 불구하고 현재 우리 기업과 정부의 리스크 커뮤니케이션 능력과 대응 전략은 미약한 수준이다. 또한 리스크 커뮤니케이션 대응을 언론대응 정도로만 인식하는 경우가 적지 않다. 따라서 다양한 이해관계자들에게 적용할 수 있는 리스크 커뮤니케이션 모델이 시급히 마련되어야 하는 상황에 직면하고 있다. 위기관리를 효율적으로 수행할 수 있는 위기관리 커뮤니케이션 시스템을 제대로 갖추고 있지 못하기 때문이다.

위기관리에 대한 중요성이 높아지면서 위기 징후를 포착하기 위한 시스템의 구축과 위기를 준비하고 공유하려는 노력이 중요해지고 있는데, 그 핵심에 커뮤니케이션이 자리하고 있다. 총체적인 위기관리 활동이 곧 커뮤니케이션 활동과 연결되기 때문이다. 리스크 커뮤니케이션이 요구되는데, 기업/정부에 위기사건이 발생했을 경우 기업/정부와 관련된 다양한 이해관계자(소비자, 시민단체, 지역주민, 언론 등) 간 커뮤니케이션 과정을 관리하여 사건이 위기로 발전하는 것을 막고 조직의 명성을 방어하기 위한 전략적 커뮤니케이션 과정이 필요한 것이다.

리스크 커뮤니케이션은 위기관리 계획의 실행과 연관되어 있다. 따라서 위기관리를 계획하는 단계에서 커뮤니케이션의 원칙을 설정해 두는 것은 매우 중요하다. 또한 실행단계에서는 기업의 위기상황을 설명하고 대변할 수 있는 대변인을 지정하고 나서 이 원칙에 따라 일관된 목소리를 내는 것이 중요하다. 특히 위기관리 계획이 미리 준비되어 있다고 보고 그것을 실행하고자 할 때 외부 공중과의 커뮤니케이션은 매우 중요한 부분이다. 실제로 위기발생 시 기업 혹은 정부가 어떠한 리스크 커뮤니케이션을 사용하느냐에 따라 다양한 이해관계자 및 국민의 반감을 최소화시키거나 반대로 명성을 훼손시킴으로써 치명적인 상처를 받을 수 있다. 또한 위기상황 시의 외부 커뮤니케이션 과정뿐만 아니라 내부커뮤니케이션 과정도 매우 중요한 요소이다. 위기는 현장 담당자에서부터 최고의사결정자에 까지 이르는 과정에서 신속하고 정확하게 전달돼야 한다. 늑장보고, 왜곡보고 등으로 상호 간극이 생기면 이미 그 위기상황은 걷잡을 수 없는 상황으로 치달을 수 있기 때문이다. 이런 문제는 커뮤니케이션 교육과 시스템 구축이 해결해 줄 수 있는 부분이다. 따라서 종합적인 관점에서 볼 때 조직의 위기가 발생한 경우 적절한 리스크 커뮤니케이션 전략을 적용하는 것은 위기대응에서 가장 핵심적인 요소라고 할 수 있다.

우리에게 시급하고 필요한 것은 총체적 위기를 극복할 수 있는 에너지, 즉 커뮤니케이션 능력을 회복하는 것이다. 모든 사람이 정보에 자유롭게 접근할 수 있고, 의사결정과정이 민주화되어야 한다. 우선 위험의 공급자(전문가, 정부)가 변화해야 한다. 대중은 위험에 대해 비합리적이거나 잘못된 인식을 가지고 있는 것이 아니라 '다르게' 인식할 뿐이다. 예를 들어 동일한 사항에 대해 과학자와 일반 사람은 상반된 의견을 제시한다. 여기서 무엇보다 중요한 것은 과학자들이 일반 대중의 인식방법을 이해해야 한다는 것이다. 대중을 설득의 대상이 아니라 위험문제를 같이 풀어나갈 파트너로 인정해야 한다. 상호이해의 기반을 위해 과학자들과 대중이 자주 직접 만나 대화를 나눌 수 있는 기회가 마련되어야 하며, 제때에 필요한 정보내용을 공개토록 해야 한다.

정부의 권위적이고 일방적인 태도로 인해 주민의 심리적 반발이 발생한다면 위험인식 격차를 해소하기 위한 커뮤니케이션이 이뤄질 수 없다. 따라서 정부의 커뮤니케이션 기술을 개선하는 것이 주민의 위험인식을 관리하기 위한 한 방안이라 할 수 있다.

이를 위해 먼저 주민과의 의사소통을 위해 소비되는 시간과 자원을 투자라고 인식해야 한다. 갈등과정이 소모적인 논쟁이라 인식하는 경우, 주민들과 마찰이 발생하고 법적인 힘을 보유한 상황에서 권위적인 태도를 보이기 쉽기 때문이다. 따라서 갈등을 해소하기 위해 충분한 시간과 재원을 확보한 후 주민과 소통할 필요가 있다. 밀양의 경우 빨리 완공해야 한다며 2009년부터 일방적으로 공사를 시도했으나, 갈등상황이 오히려 심해지면서 5년이 더 걸렸기 때문이다. 또한, 주민과의 약속을 함부로 하거나, 주민과 약속을 함부로 깨뜨려서는 안 된다. 정부나 공공기관의 특성상 담당자는 계속 바뀐다. 하지만 주민들은 지속적으로 그 지역에 머물러 있다. 따라서 과거에 한 발언에 대해 책임을 쉽게 회피할 수 있어 쉽게 약속을 행할 수 있다. 주민들은 공무원이나 업체 직원에 대해 개인이 아닌 국가나 공공기관으로 인식하기에 언행을 더욱 조심해야 한다.

그리고 주민의 입장을 이해할 수 있어야 한다. 주민의 위험인식 수준에서 각종 정보나 대안을 검토할 수 있는 자세가 필요하다. 주민은 위험에 대해 취약하다고 생각하는 약자이다. 강자가 약자를 배려해줄 수는 있으나 약자가 강자를 배려할 수는 없으므로 정부 측에서 먼저 주민을 배려하는 태도를 보일 때 유연한 의사소통과 함께 주민의 위험인식을 관리할 수 있다.

3.2. 리스크 커뮤니케이션 개념 이해

리스크 커뮤니케이션의 개념

리스크 커뮤니케이션은 위험의 요소 및 요소 간 편익과 비용의 관계, 위험발생원에 대한 평가와 이를 토대로 한 위험관리라는 총체적인 구도 속에서 개념화되는데, 관점에 따라 다양하게 정의될 수 있다. 코벨로 등(Covello, Winterfeldt & Slovic, 1986)은 리스크 커뮤니케이션을 '이해 관련 집단 간에 신체적·환경적 위험의 수준, 위험의 중요성이나 의미, 위험을 통제·관리하기 위한 결정·행동 또는 정책 등에 관한 정보를 주고받는 행위'로 규정하고 있으며, 밀레티와 피츠패트릭(Mileti&Fitzpatrick, 1991)은 리스크 커뮤니케이션의 목적을 '위험에 대한 교육 또는 정보제공, 예방행위를 촉구하기 위해 경고'하는 것으로 설명하고 있다.

또한 그래빌과 시몬스(Grabill&Simmons, 1998)는 '전문가들로부터 전달되는 일방적인 정보가 아니라 모든 커뮤니케이션 참가자들의 지식과 가치, 신념, 감정 등을 상호 교환하는 과정'이라고 보았다. 송해룡·김원제(2005)는 '개인, 집단, 조직체 사이에 인간과 환경에 관련한 위험의 평가, 극복, 내적 특성에 관해 정보를 교환하고 전달하는 커뮤니케이션 과정'으로 정의하고 있다.

리스크 커뮤니케이션은 기본적으로 대중의 위험인식과 전문가들 판단 사이에 있는 불협화음과 긴장을 완화할 수 있도록 전문가들이 대중과 소통할 수 있는 최적의 방법을 탐구하는 도구이다. 개인, 집단, 조직체 사이에 인간과 환경에 관련한 위험의 평가, 극복, 내적 특성에 관해 정보를 교환하고 전달하는 커뮤니케이션 과정이라 하겠다. 정보의 일방적인 전달 또는 일회적인 사건이 아니라, 시간의 경과에 따라 위험정보를 송신자와 수신자가 상호 주고받는 복잡한 과정이다. 이러한 커뮤니케이션 과정에서 정보의 수신자, 특히 일반 대중이 그러한 정보를 받아들이는 데 있어 영향을 미치는 요인이 무엇인지를 확인하는 것이 중요하다.

리스크 커뮤니케이션의 목표를 구체화하면 다음과 같다. 첫째, 특정 대상을 목표로 명확하고 이해하기 쉬운 용어를 사용하여 적절하고 정확한 정보를 제공해야 한다. 둘째, 일반 대중과의 리스크에 대한 인식격차를 최소화해야 한다. 셋째, 대중이 이해할 수 있는 정확한 정보를 전달해야 한다. 넷째, 기관 역량과 책임감을 기반으로 한 정책 신뢰성을 구축 및 강화해야 한다.

이러한 목표들은 다음과 같은 기능들을 통해 달성할 수 있다. 첫째, 교육과 계몽이다. 수용자들에게 위험과 이 위험을 처리하는 것에 대해 정보를 제공한다. 둘째, 위험훈련과 행동변화의 권유이다. 사람들이 위험과 잠재적인 재난을 다룰 수 있도록 돕는다. 셋째, 위험관리와 평가에 책임이 있는 시설들에 대한 신뢰성 향상이다. 사람들에게 현재 존재하는 위험관리기구들이 위험을 효과적이고 공정하게 다룰 수 있다는 확신을 심어준다. 그러나 신뢰는 생산되거나 제공되는 것이 아니라 실제적인 행위로서 쌓이는 것이다. 또한 이것은 개인이 가지고 있는 제도에 대한 불신을 공략할 수 있어야 한다. 넷째, 위험과 관련된 결정들에 참여하게 하고 해결방법에 대한 논쟁을 이끌어낸다. 이해관계자와 시민 대표들에게 위험을 평가하고 관리하며, 적절한 해결방법을 찾기 위해 논쟁할 수 있는 기회를 주도록 해준다.

리스크 커뮤니케이션은 일반인이 이해할 수 있는 수준에서 위험 관련 지식을 제공해야 하며, 리스크 이슈에 대해서 일반 공중의 참여를 통해서 합의점을 찾아나가야 한다(전형준, 2010). 일반 공중이 참여하는 리스크 커뮤니케이션에서 몇 가지 밝혀진 사실들은 다음과 같은 명제들로 정리할 수 있다(Kasperson, 2005).

첫째, 위험인식과 관련한 갈등은 대체로 참여 자체를 수단과 목적이라는 상이한 시각으로 바라보는 것에서 증폭된다. 정부를 비롯한 전문가들은 공중 참여를 그들의 목적 달성을 위한 수단으로 생각하는 경향이 강하지만, 시민을 비롯한 일반 당사자들은 참여과정이 그들의 생존과 맞닿아 있기 때문에 목적의 의미를 갖는다. 목적을 달성하기 위한 수단으로 공중 참여를 바라보는 측과 그들의 생존권을 걸고 참여를 목적 그 자체로서 보는 사람들의 인식 차이는 필연적으로 갈등을 낳게 된다.

둘째, 리스크 커뮤니케이션이 성공하기 위해서는 갈등발생 초기부터 지속적인 참여가 보장되어야 한다. 조직 중심의 전략적 차원에서 행해지는 공중 참여는 기회주의적인 속성으로 인해 많은 비판을 받아왔는데(Ebbin and Kasper, 1974), 우리의 경우 주민공청회가 유사한 예이다. 형식적인 참여 이상의 진심을 담아 공중을 참여시키고, 그들의 의견을 수용하는 태도가 리스크 커뮤니케이션을 성공적으로 이끌 수 있는 요인이다.

셋째, 위험정보를 믿을 수 있는가의 여부(believability)는 정보를 제공하는 조직의 신용(credibility)과 신뢰(trust)에 달려 있다. 사회적인 신뢰는 조직의 능력(전문성)과 투명성, 정당한 절차를 통해서 공중을 보호하려는 태도를 보여주었을 때 형성된다. 다만 여기서 능력(전문성)은 신뢰의 필요조건일 뿐 충분조건이 아니다. 위험사안에 대한 전문성과 함께 투명성과 상대방을 배려하는 자세가 요구된다.

넷째, 효과적인 공중 참여는 축적된 지식의 배분과 활용에 달려 있다. 위험 관련 논의가 전문가에게 독점되면 공중의 불신으로 이어지기 쉽다. 위험 관련 지식은 민주화되고 공평하게 배분되어야 한다. 전문가 독점의 위험 담론은 위험문제 해결을 위한 공중의 참여를 방해하고 불필요한 위험에 대한 두려움을 자극할 수 있다.

다섯째, 위험사안과 관련하여 관여도에서 차이가 있는 공중그룹들이 존재하며, 관여도 차이를 고려하여 의사소통의 목적, 메시지, 채널 등에서 차별적 전략을 구사해야 한다. 관여도가 높은 공중일수록 행위와 행동의도와 관련된 의사소통 목적을 세우는 것이 바람직하고, 관여도가 낮은 공중일수록 위험사안에 대한 인식(지각)을 높이는 데 집중하는 것이 필요하다(Grunig&Hunt, 1984).

마지막으로, 공중 참여와 관련한 많은 수단 중에 어떤 것이 어떤 조건에서 더 효과적인지에 대한 예측이론은 존재하지 않는다. 이것은 리스크 커뮤니케이션 전략이 수단별로, 상황별로 보다 세분화되어야 함을 의미한다.

리스크 커뮤니케이션의 과제 및 지향

레이스와 초시올코(Leiss and Chociolko, 1994)는 리스크 커뮤니케이션에서 제기되는 문제들을 영역별로 다음과 같이 정리한다.

우선 정보원(source)과 관련해서는 전문가들 사이의 불일치, 구체적인 제안에 의해 가장 직접적으로 영향을 받는 대중의 이해 부족, 근심과 혼란, 그리고 정보 부족의 문제가 있음을 지적하고 있다. 또한 특정한 제도(혹은 시설)가 위험을 발생시킬 가능성이 높은 사회적인 구성요소로서 지각됐을 때 기업 혹은 정부와 같은 어떤 제도들에 부속된 전문가들에 대한 대중의 신뢰성 부족을 포함한다. 따라서 정보원의 문제는 위험을 평가하는 전문가의 불편부당, 능력, 완전성에 관한 의심에서 발생되는 메시지의 정확성, 신뢰성, 혹은 완결성에 관해 의심하는 것이라고 할 수 있다.

정보 즉, 메시지의 문제는 대부분 전달되는 위험 관련 용어의 불확실성, 위험 자체의 개념에 있는 본질적인 복잡성에서 기인하는 경우가 많다. 이러한 형태의 메시지 문제들은 중개 역할을 하는 소위 채널들이 대중들과 위험에 관해 커뮤니케이션하기 위해 최선을 다하고 있지 않다는 선입견을 갖고 있을 때 더욱 큰 어려움을 초래한다.

소위 위험정보를 제공하는 전문가들에게서 채널의 문제는 건강과 환경 위험에 관해 객관적으로 보도하는 언론의 부적합성으로 여겨왔다. 편향성과 민족주의, 지나친 단순화는 저널리스트들이 위험사안에 대해 올바른 정보를 전달하고 있지 못하다고 생각하는 사람들에 의해 제기되는 책임들이다. 저널리스트들은 위험 전문가들이 사실 혹은 유포된 거짓말을 종종 숨기거나, 명확하게 표현하지 않으며 일반적으로 대중과 언론 사이의 관계를 유지하려고 하는 등 위험 이슈에 있어서 중요한 논의들을 제대로 전달하지 않으려고 한다고 비판한다.

마지막으로 수용자의 문제는 비전문가인 대중이 모든 종류의 위험 상황들에 동화되거나 반응하는 방식과 관련되어 있다는 비판과 연관되어 있다. 전문가들이 지나치게 계몽의 대상으로 수용자를 다루거나, 수동적으로 위험정보를 받아들이는 수용자의 자세가 모두 문제점으로 지적될 수 있다.

그러나 이러한 문제점을 받아들이고 원활한 리스크 커뮤니케이션 과정(프로세스)을 통해 구축된 상호 신뢰의 패러다임에서는 위험문제를 해결하기 위한 의사결정과정이 대중에게 열려 있게 된다. 따라서 정부는 대중과 상호작용을 거쳐 위험 이슈들을 원만하게 해결할 수 있다. 또한 전문가들은 위험활동에 관한 다양한 연구결과를 제시하고 토론을 유도하여 문제를 규명함과 동시에 불확실성을 솔직하게 알릴 수 있으며, 이해관계자들은 지역 수준 및 국가 수준의 논의에 참여하여 공동의 선(善)을 이끌어내는 데 협조하게 된다(정근모·이공래, 2001).

리스크 커뮤니케이션은 정보의 일방적인 전달 또는 일회적인 사건이 아니라, 시간의 경과에 따라 위험정보를 송신자와 수신자가 상호 주고받는 복잡한 과정이다. 이러한 커뮤니케이션 과정에서 정보의 수신자 특히 일반 대중이 그러한 정보를 받아들이는 데 있어 영향을 미치는 요인이 무엇인지를 확인하는 것은 중요하다. 이러한 맥락에서 리스크 커뮤니케이션의 기본적인 구성요소인 '송신자(source)-메시지(message)-채널(channel)-수신자(source)-효과(effect)'가 대중의 위험수용에 미치는 영향력을 살펴보면 다음과 같다(Fessenden. R. et al., 1987; 소영진, 2000b; 김영평 외, 2005).

첫째, 리스크 커뮤니케이션의 정보원(source)요인이다. 리스크 커뮤니케이션은 위험정보를 제공하는 송신자가 얼마나 많고, 그들이 가지고 있는 견해가 어느 정도 일치하는가 등에 큰 영향을 받는다. 예컨대, 중앙정부, 지방정부, 규제기관, 연구기관 등 공식적인 송신자가 많고 그들 간의 의견이 상충하거나 조화되지 않을수록 리스크 커뮤니케이션의 효용성은 떨어질 것이다. 실제로 위험에 대해서 대중이나 미디어를 통해 위험정보를 전달하는 기자들이 갖는 애매성은 전문가들의 의견들이 통일되지 않고 다양하기 때문이다(이정춘, 1996).

또한 송신자의 전문성과 신뢰(trust)도 중요하다. 송신자가 해당 분야 전문성을 갖추지 않았다면 효과적 리스크 커뮤니케이션을 기대하기 어려울 것이며, 수신자로부터 신뢰를 받지 못해도 마찬가지의 결과를 낳을 것이다. 특히, 위험주체들 간의 신뢰는 불필요한 오해를 줄이고, 정보의 내용이 쉽게 이해할 수 있도록 한다는 점에서 리스크 커뮤니케이션의 촉매제 역할을 한다. 신뢰는 커뮤니케이션과 상호 보완적인 관계를 맺는데, 신뢰가 없으면 의사소통이 원활하게 이루어질 수 없고, 반대로 의사소통이 없으면 신뢰도 형성될 수 없기 때문이다. 예컨대, 원자력의 위험수용에 있어서 정부기관에 대한 '신뢰'는 거의 절대적인 영향력을 미친다. 일반적으로 특정 기술에 대한 위험인식은 그 기술을 관리하거나 운영하는 주체 그리

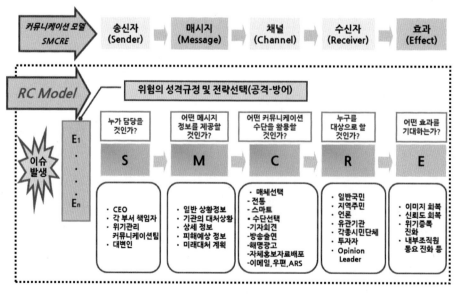

리스크 커뮤니케이션의 기본 구조

고 그에 대한 정보원에 의해 영향을 받는다. 따라서 원자력에 대한 관리, 운영, 규제를 담당하는 정부부처나 원자력 규제기관에 대한 국민들의 신뢰는 원자력에 대한 국민들의 수용 여부를 결정하는 데 있어서 중요한 역할을 미친다고 할 수 있다.

둘째, 메시지(message)요인이다. 리스크 커뮤니케이션은 메시지의 형태와 종류에도 영향력을 받는다. 메시지가 정성적인가 정량적인가, 무엇인가를 강제하는가 아니면 권고하는가, 복잡한 기술적인 정보를 얼마나 효과적으로 간소화했는가, 출처가 의심스러운 비공식적인 메시지가 얼마나 유통되는가 등의 요인에 따라 위험 인식은 영향을 받을 수 있다. 지금까지 연구에 따르면 리스크 커뮤니케이션에서 어느 한 가지 유형의 메시지가 최상이라고 말할 수 없으며, 커뮤니케이션의 목적이 교육인가, 객관적인 위험인지의 증가인가, 적절한 행동을 취하도록 하는 것인가 등에 따라 달라져야 한다(Bier, 2001; 김영평 외, 2005).

셋째, 채널(channel)요인이다. 리스크 커뮤니케이션 채널은 항시적으로 열려 있는 것이 아니라 위험이 사회문제로 증폭되고 난 이후에 열리는 경향이 있다. 하지만 문제가 사회적인 이슈로 비화되거나 증폭된다면 어떠한 과학적 정보의 충분한 제공도 대중의 인식을 쉽게 바꾸기 어렵다는 점에서, 송신자와 수신자 간의 상시적인 커뮤니케이션 채널을 마련하는 것이 매우 중요하다. 채널의 양방향성 또한 중요하다. 지금까지의 일방향적이고 의사소통으로는 원활한 리스크 커뮤니케이션이 이루어질 수 없다. 위험관리에 있어서 주민들이나 대중의 의견이나 요구가 충분히 전달될 수 있는 제도의 도입이 필요하다.

넷째, 수용자(receiver)요인이다. 리스크 커뮤니케이션에 영향을 미치는 수신자 요인은 크게 지역공동체 요인과 개인적인 요인으로 구분된다. 우선 동일한 위험에 대한 태도가 지역공동체별로 차이가 나는 것은 우선 문제를 어떻게 발견하게 되었고 정부기관이 어떻게 대처했는가와, 지역공동체가 처한 상황적인 맥락에 어떠한가에 영향을 받는다. 위험문제를 정부가 먼저 발견했는가 아닌가에 따라서 그리고 지역공동체가 다른 중요한 현안(경제문제, 실업문제 등)을 가지고 있는지 혹은 아닌지 등에 따라서 위험문제에 대한 태도가 달라진다. 또한 위험정보에 대한 수용과 반응은 개인적인 요인에도 영향을 받는다. 예컨대, 최근 건강상의 문제를 겪은 적이 있는가, 위험을 감각적으로 느낄 수 있는가, 얼마나 자주 접할 수 있는 위험인가 등의 수용자의 개인적 특성에도 영향을 받는다.

마지막으로 효과(effect)요인이다. 리스크 커뮤니케이션은 수많은 목적과 외적인 동기가 있다. 그러나 리스크 커뮤니케이션을 통해 궁극적으로 도달할 수 있는 영향력은 위험을 최소화하고 억제하는 것이다. 보다 구체적으로는 위험에 관한 경보, 정보 그리고 계몽적 조치를 통해 위험의식을 깨닫도록 하는 것, 송신자의 관점에 따라 과장된 위험묘사, 그리고 근거 없는 공포로 불안해하거나 걱정을 하거나, 소요하는 당사자들을 안정시키는 것, 여론에 경종을 울리고 정치, 경제, 행정을 좌우하는 결정기관 또는 결정자에 대한 공적 압력을 행사해 부당한 위험 행위를 억제하는 것 등을 들 수 있다(송해룡·한스페터 페터스, 2001).

3.3. 리스크 커뮤니케이션 모델 및 방법론

리스크 커뮤니케이션 모델 및 전략

위험 의사소통은 다양한 사회집단 간에 위험의 크기와 성격, 의미, 대응방안 등에 관한 인식을 공유하고자 하는 노력이나 과정을 의미한다. 이에 리스크 커뮤니케이션에 있어서 다양한 행위자들이 참여한 참여 커뮤니케이션 모델을 구축함으로써 가능하다.

우선 위험의 공급자(전문가, 정부)가 변화해야 한다. 대중은 위험에 대해 비합리적이거나 잘못된 인식을 가진 것이 아니라 '다르게' 인식하고 있으며, 과학자들은 그들의 인식방법을 이해해야 한다. 대중은 설득의 대상이 아니라 위험문제를 같이 풀어나갈 파트너로 인정되어야 한다. 상호이해의 기반을 위해 과학자들과 대중이 자주 직접 만나 대화를 나눌 수 있는 기회가 마련되어야 하며, 정보는 필요한 시점에 필요한 내용이 공개되어야 한다. 정보화시대 인터넷은 리스크 커뮤니케이션의 훌륭한 매체로써 활용될 수 있다.

결과적으로 위험에 관한 커뮤니케이션은 상호 신뢰 패러다임의 맥락에서 이루어져야 한다. 사회적 신뢰의 바탕이 형성되지 않은 상황에서 일방적인 의사소통은 그 효과가 미약하기 때문이다.

이제 리스크 커뮤니케이션 모델은 신뢰 증진을 위한 종합적 커뮤니케이션 전략으로 진화한다.

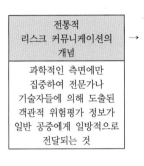
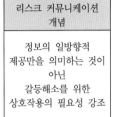

리스크 커뮤니케이션 개념 및 모델 진화

범미보건기구(PAHO: The Pan American Health Organization)는 '계획 및 준비 (planning and preparation), 개시(onset), 폐쇄 및 통제(containment and control), 회복과 평가(recovery and evaluation)' 등 다섯 단계의 리스크 커뮤니케이션 모델을 개발했다.

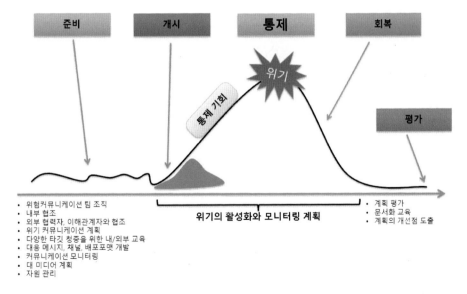

출처: http://cursos.campusvirtualsp.org/pluginfile.php/21187/mod_page/content/1/images/nnnnnnnnnn.png

PAHO의 리스크 커뮤니케이션 전략

최근 연구에 따르면, '신뢰'라는 것은 수많은 요인들에 의해 결정된다(Mayer, Davis and Schoorman, 1995; Renn and Levine, 1991). 이러한 요인들은 크게 두 집단으로 나눌 수 있다. 첫 번째는 수탁자(trustee)의 역량(능력, 전문성, 지식). 두 번째는 수탁자의 동기(자애로움, 진실성, 정직함, 공정성). 이와 같은 결과를 기초로 Siegrist, Earle and Gutscher(2003)와 Siegrist, Gutscher and Earle(2005)는 '신뢰-신용-협력(trust-confidence-cooperation, TCC)' 모델을 개발했다. 다음 그림은 이 모델을 단순화한 것이다.

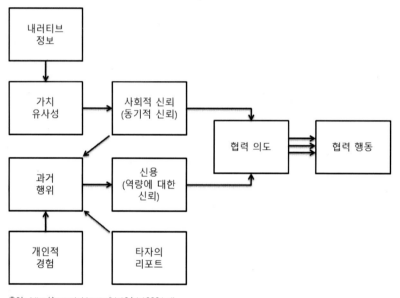

출처: http://journal.sjdm.org/bb10/bb10001.gif

신뢰-신용-협력, TCC 모델

피터 오닐(2004)은 개혁확산이론을 발전시켜 리스크 커뮤니케이션 모델을 제안하고 있다.

공중은 새로운 이론에 대한 개방정도나 실험에 대한 자발성에 따라 성공적인 혁신이나 전략을 선택하게 되는데, 혁신가(innovators), 초기 채택자(early adopters), 초기 대다수(early majority), 후기 대다수(late majority), 혁신 지체자(laggards) 등의 그룹을 형성하게 된다. 일정한 시간 내에 모든 집단에서 특정한 행동을 받아들이는 경향과 수용 과정은 다양한 영역의 수용에 있어서도 '벨 곡선(bell curve)'

또는 표준분포곡선을 그린다. 특히 왼쪽에 갑자기 증가하는 부분(take-off)은 많은 연구에서 새로운 행위나 기술을 수용하는 시점임이 증명되고 있다(Rogers, 1995).

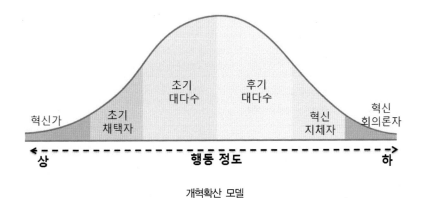

개혁확산 모델

켄트 등(Kent et al., 2002)은 로저스의 수용의 각 단계에는 서로 다른 동기 수준 (motivation level)이 있다고 가정하였다. 이러한 동기적 수준은 개념적으로 공중이 특정한 혁신을 수용하는 데 있어서 투자해야 할 시간과 에너지의 정도를 나타낸다. 이것을 설명하기 위해 그래프의 한 축을 추가하여 소용돌이 모형을 만들었다.

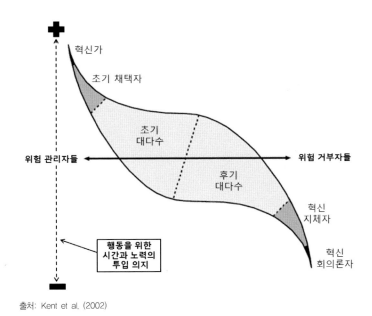

출처: Kent et al. (2002)

소용돌이 확산모형(The Diffusion vortex)

관여 수준의 따라 다음과 같이 5단계로 구분할 수 있다.

리스크 커뮤니케이션 환경에서 집단별 수용의 다양한 의미

채택 단계	관여 수준	설명
혁신가 (Innovators)	높은 관여도 (High involvement)	'글로벌 공상가': 커뮤니티의 안전 이슈에 대한 새로운 해결방법에 학습 수준, 시간, 창조성 등이 높음. 하지만 투입 비용은 고려하지 않음
초기 채택자 (Early adopters)	중간 관여도 (Medium involvement)	'사적 공상가': 개인과 가족의 안전을 위한 라이프스타일 개선을 위해 주요한 학습에 참여. 개인의 이익이 비용보다 중요함
초기 대다수 (Early majority)	낮은 관여도 (Low involvement)	'더 나은 안전 실행만을 허용하는 실용주의자': 최소한의 학습이나 개인 시간의 투자(비용)와 함께 '상품이나 서비스'에 대한 단순한 보상을 원함
후기 대다수 (Late majority)	저항(Resistance)	안전 이슈를 거부하는 실용주의자, 주류를 따르기는 함. 현재의 이익이 계속될 거라고 생각하지 않음
지체자 (Laggards and sceptics)	강한 저항 (Strong resistance)	자연재해로부터의 안전의 필요성을 거부. 어떤 이익도 거부하며, 규제와 법률적 해결을 요구함

이처럼 관여 수준에 중점을 두면 로저스의 채택 모델을 수용자의 몰입(commitment) 정도를 나타내는 아른스테인(Arnstein)의 참여 방법의 유형화 모델과 맞춰볼 수 있는 이점이 있다. 다음 그림은 두 모델 간의 관계를 보여준다. 그 결과, 다양한 수용자 집단과 다양한 커뮤니케이션 접근법들 간의 직접적인 상관관계를 알아볼 수 있다.

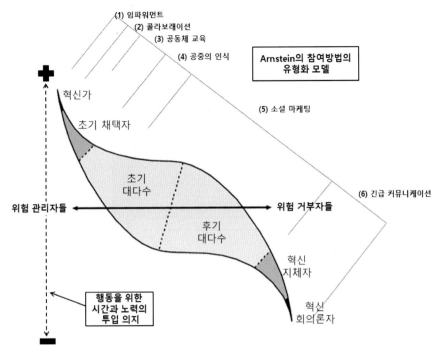

＊

(1) 임파워먼트
(2) 콜라보래이션
(3) 공동체 교육
(4) 공중의 인식

Arnstein의 참여방법의
유형화 모델

혁신가

초기 채택자

(5) 소셜 마케팅

초기
대다수

위험 관리자들 ◀━━━━━━━━━━▶ 위험 거부자들

(6) 긴급 커뮤니케이션

후기
대다수

혁신
지체자

행동을 위한
시간과 노력의
투입 의지

혁신
회의론자

몰입 수준에 따른 리스크 커뮤니케이션 방식 구분

　이 모델에 따르면, 전 세대에 걸쳐 새로운 행동을 수용하는 것은 작은 참여와 함께 시작한다. 이것은 개인적 참여자들의 행동을 변화시키는 프로그램 설계과정에 관한 것이다.

　높은 참여 준비 작업은 상대적으로 높은 투자와 두 가지 면대면 프로세스에 따른 초기 지역 프로그램의 설계를 가능하게 한다. 이 단계에서 '초기 채택자'는 일상에서 상대적으로 증명되지 않은 행동을 이행하려는 방법을 찾을 때 전문가들의 수용의 문제와 교섭한다.

　'행동 변화'의 구조는 4개의 접근법을 통한 변형의 단계적 과정이다. 각 접근법은 사회적 수용 과정의 다른 단계와 연결된다. 혁신적이고 다소 표준화된 일련의 행동들의 실전 단계에서는 하나 이상의 접근법이 동원된다.

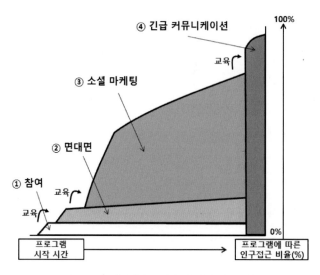

④ 긴급 커뮤니케이션

교육

③ 소셜 마케팅

② 면대면

① 참여

교육

교육

100%

0%

| 프로그램
시작 시간 | 프로그램에 따른
인구접근 비율(%) |

리스크 커뮤니케이션 모델의 네 가지 연속국면

다음 그림은 모델의 핵심적 특징을 묘사한 것이다.

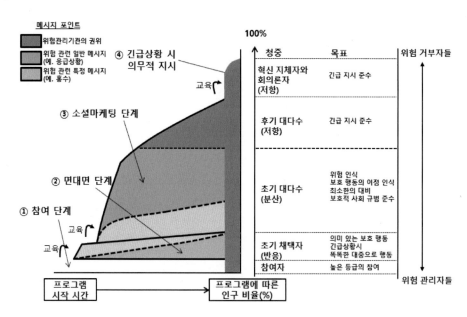

메시지 포인트

위험관리기관의 권위

위험 관련 일반 메시지
(예. 응급상황)

위험 관련 특정 메시지
(예. 홍수)

④ 긴급상황 시
의무적 지시

교육

③ 소셜마케팅 단계

② 면대면 단계

① 참여 단계

교육

교육

100%

청중	목표	위험 거부자들
혁신 지체자와 회의론자 (저항)	긴급 지시 준수	
후기 대다수 (저항)	긴급 지시 준수	
초기 대다수 (분산)	위험 인식 보호 행동의 이점 인식 최소한의 대비 보호적 사회 규범 준수	
초기 채택자 (반응)	의미 있는 보호 행동 긴급상황시 똑똑한 대중으로 행동	
참여자	높은 등급의 참여	위험 관리자들

| 프로그램
시작 시간 | 프로그램에 따른
인구 비율(%) |

통합적 리스크 커뮤니케이션 모델

이 모델은 다음과 같이 구성된다.

1) 커뮤니티 참여 특히 형성 단계에서의 참여를 강조하며, 사회적 리서치, 비판적 평가와 채택 경영에 있어 강력한 프로세스 지향. 여기서는 행동 학습과 같은 모델들이 중요하다.
2) 수용자 관점의 콘텐츠. 수용자의 욕구와 인식의 이해와 함께 시작된 프로그램이다. 단순히 조작될 수 있는 것이 아니라 수용자의 실제를 수용할 수 있는 프로그램이다. 참여 관찰, 포커스 그룹, 인터뷰, 양적 연구 방법이 이용된다.
3) 공중 참여를 심화시키는 순차적 과정. 통합된 접근법이 이용된다. 각 접근법은 다양한 방법의 이용과 다양한 목표를 가진 집단에 부합한다.

a. 커뮤니티 발전 단계

참여자: 커뮤니티, 환경, 안전 이슈의 몰입 수준에 따라 선출된 전문가

목표: (공식적 연구의 설계와 이해를 포함하는) 프로젝트의 설계와 평가를 구체화하는 전문가의 전문성과 헌신(책무) 활용

방법: 성인 학습, 건강 계획, 지역 평가 내에서 폭넓게 이용된 것 중 채택된 다양한 참여 방법

b. 커뮤니티 교육 단계

참여자: 가족, 비즈니스, 이웃의 안전을 개선하고자 하는 동기를 가진 '초기 채택자들'

목표: 재난에 있어 커뮤니티의 회복력에 영향을 미치는 역량 있는 개인들의 네트워크 구축. 다음 단계의 프로그램을 개선하기 위해 집단의 경험과 반응들을 모니터. 이 단계에서 프로그램 관리자들이 수집한 인상이나 정보들은 사회적 마케팅 단계의 설계에 중요하다.

방법: 전문가나 훈련된 교육자들과의 상호작용을 통해 니즈를 해결할 수 있는 워크샵이나 시연 같은 다양한 면대면 방법

c. 사회적 마케팅과 공중 의식 단계

수용자: 동기는 적고, 다소 산만한 일반 대중-대다수가 자연재해 위험에 대해

부정

목표: 위험 인지, 단순한 보호적 조치의 실행, 대응 기관의 권한 강화

방법: 광고, 미디어 스토리, 공중 이벤트 등의 대중 마케팅

d. 비상시 의무적 지시사항에 대한 교육

수용자: 강한 저항력을 가진 개인들을 포함한 전체 커뮤니티

목표: 당국, 안전 대피, 재산 보호 지침에 따르는 사건 이전의 커뮤니티 교육

방법: 미디어 보도, 뉴스 스토리, 방문

참여적 의사결정 방법론

방사성폐기물처분장, 폐기물소각장, 송변전시설 등의 비선호시설 입지문제 등 갈등을 야기할 수 있는 리스크 이슈와 관련한 의사결정에서 직·간접적인 이해관계자나 일반 시민의 참여요구가 증가하고 있다.

다양한 이해관계로 인해 잠재적 갈등을 내재한 공공사안과 관련한 참여욕구가 변화하는 환경하에서 정책추진의 효율성에 무게감을 두고 추진된 기존의 의사결정방식은 많은 한계를 노출하고 있다. 편의에 따른 밀실결정으로 잘못된 결정을 낳기도 하며, 절차적 하자에 따른 정당성의 결여로 사업의 집행과정에서 새로운 갈등을 낳아 사업추진이 지연되거나 불집행의 상태에 이르기도 한다.

참여, 상호호혜성, 협력, 신뢰, 소통, 네트워크를 핵심으로 하는 거버넌스 패러다임에서 합리적 시민참여의 확대를 통한 의사결정은 오히려 공공사업의 결정의 효율성을 높이고, 집행의 이행가능성을 높여줄 수 있다는 점에서 실용적일 수 있다. 여기서 참여절차가 합리적으로 설계되고, 그 운영도 합리성을 갖추어야 한다는 조건을 충족시킬 때 시민참여의 효용성이 크다는 점은 이론의 여지가 없다.

일반적으로 시민참여는 시민의 관심, 요구, 가치가 정부의 정책결정에 결합되어지는 과정으로, 쌍방향 의사소통이며 상호작용의 과정이다. 의사결정과정에서 직간접적인 이해관계자나 시민의 합리적인 참여를 통해서 갈등을 해결할 수 있는 숙의과정이 설계되어 있는 합리적인 의사결정이 이루어질 필요가 있다. 합리적인

참여절차의 설계를 통한 문제해결은 비록 그 해결과정에 오랜 시간이 걸린다 할지라도 의사결정의 질과 결정의 수용성에 긍정적인 결과를 가져올 수 있다는 점에서 의미를 갖는다.

합리적인 숙의가 가능한 참여적 의사결정이 이루어져야 하는 이유는 공공사업을 추진하는 행정기관의 결정과정에 시민참여요구가 증가하고 있고, 시민들의 의사반영욕구가 커지는 상황에서 과거의 행정기관 중심으로 이루어져 온 권위적 의사결정의 방식은 적합하지 않으며 많은 부작용을 낳는 등의 문제를 야기하고 있다는 점 때문이다. 또한 공공사업을 둘러싼 쟁점들은 다양한 성격을 지니고 있어 적극적인 참여를 허용하는 방향으로 나아가는 것이 문제해결에 유익할 수 있다는 점 때문이다. 많은 공공사업의 경우 가치충돌이 내재해 있으며, 양립불가능한 이해관계의 충돌이 나타나고 있으며, 위험인식과 판단에서 인식의 불일치요소가 있으며, 정보부족과 정보불균형에 따른 이해관계집단 간 충돌가능성이 있으며, 편향적 인지와 왜곡된 의사소통의 발생할 수 있다는 점에서 그러하다. 공공정책이나 사안의 복잡성과 불확실성, 모호성을 고려할 때 충분한 정보가 확보가능하며, 숙의토론이 가능한 합리적인 참여를 바탕으로 한 참여적 의사결정이 생산적인 대안이나 합의도출에 유익한 것이다.

참여적 의사결정에서는 의사결정과정에 합리적인 참여가 중요하다. 다루고자 하는 공공사안의 의사결정과정에서 함께 문제를 진단하고, 구체적인 대안을 창출하며, 실행방안의 탐색을 추구한다. 결정과정의 일부 혹은 여러 단계에 걸쳐 참여활동이 설계되어 질 수 있는데, 공공사업을 추진하는 관료와 시민 간의 평등성(equality)이 광범위하게 인정되어야 하며, 참여 당사자에 평등한 정보 접근과 충분한 자문에 기초한 민주적 토론이 가능해야 한다. 참여적 의사결정기법은 공공의사결정에서 숙의가능한 절차적 합리성의 확보를 가능하게 한다. 그리고 이를 토대로 의사결정에서 실질적 합리성을 높여나갈 수 있는 기회를 갖도록 할 수 있는 것이다.

참여적 의사결정을 위한 방법론은 다음과 같다(홍성만, 2014).

첫째, 시민배심원제(Citizen's Jury)이다.

시민배심원제는 공공정책이나 사업 등을 둘러싼 쟁점에 대한 여론형성 및 사회적 학습이나 시민의 의견을 정책결정에 반영하는 것을 목적으로 합의형성을 위해 일정하게 구조화된 시민참여프로그램이다. 시민배심원제를 통해서 나타난 보고서 형태의 결과물은 정책권고안 수준으로 반영되기도 하며, 때로는 구속력 있는 합의안으로 받아들여질 수도 있다.

시민배심원제는 무작위로 선별된 시민을 대상으로 숙의 가능한 절차를 구성하고, 시민패널을 선정하여, 이들에게 충분한 정보와 학습기회를 제공한다. 전문가나 이해관계자로 구성된 증인들을 대상으로 질문하고 토론을 거쳐 보고서를 작성하는 방식을 통해 운영된다.

시민이 배심원으로 참여하여 숙의과정을 통해 사회적 학습의 효과를 가지며, 이에 기초하여 사회적 합의형성에 이룰 수 있으며, 효과적인 정책결정 및 집행에 기여할 수 있다.

둘째, 규제협상(Requlatory Negotiation)이다.

규제협상은 규제로 영향받는 이해관계자가 참여하여 규제내용에 합의를 도출하는 것으로 규제기관이 협상을 통해 합의된 규제안을 도출하는 것을 목적으로 한다. 규제협상의 최종결과물은 규제합의안이고 이를 토대로 관련 규제행정기관은 규칙제정안을 작성하고 입법을 예고한다.

규제협상은 규제사안과 관련한 이해관계자 파악, 전문적인 규제협상과정의 운영, 규제합의안의 도출, 규칙제정안의 작성 과정을 거친다.

규제협상의 운영에서 규제행정기관인 정부의 역할이 중요하다. 성공적인 규제협상이 이루어지기 위해서 정부는 규제협상에 참여하는 각 이해관계집단의 실질적 대표성을 확보하여야 하며, 협상촉진자의 공정성의 확보가 필요하다. 특히 이해당사자 간 힘의 불균형이 발생하는 경우 협상촉진자의 공정성은 협상당사자의 동의를 이끌어내는 데 필수조건이다. 더불어 쟁점사안조사의 객관성 확보, 합리적 의사진행규칙과 운영규칙을 마련하는 등의 역할이 중요하다. 회의운영의 묘를 살릴 수 있는 진행자의 경험과 전문성도 중요한 역할을 한다.

규제협상이 효과적으로 진행되면 규제로 영향받는 이해관계집단은 규제내용에 대한 합의를 이루었기 때문에 정책이나 법안의 집행과정에서 새로운 갈등발생의 가능성을 낮추어준다. 더불어 정부정책에 대한 신뢰감을 형성할 수 있다.

셋째, 공론조사(Deliberative polling)이다.

공론조사는 시민패널 간 토론을 통해 쟁점사안에 대한 공론을 확인하는 것으로 단순한 여론조사와 달리 조사대상자에 숙의기회가 주어지고 이를 바탕으로 쟁점사안에 대한 입장을 도출하는 것을 목적으로 한다. 공론조사의 결과물은 일종의 제안 및 정책권고안으로 활용될 수 있다.

보통의 여론조사와 달리 숙의기반 의견 확인을 위해 2차례의 조사를 실시한다. 1차의 단순 여론조사와 2차의 숙의기반 조사 간의 차이를 확인하여 숙의를 통한 의사변경 정도를 확인할 수 있다. 공론조사는 일반 여론조사와 달리 무응답가능성 문제와 허위의사표시 문제를 극복하도록 해주는 효과가 있다. 더불어 숙의과정을 통한 의견제시가 이루어짐으로써 일반적인 여론조사가 갖는 일방적인 의사소통문제를 극복하도록 해준다.

공론조사는 그 취지를 살리면서 질의응답과정에 대한 편의에 따라 다소 변형된 형태로도 운영되기도 한다. 공론조사는 조사대상자 표본추출과 소집단토론회, 전체토론회 운영 등, 실시에 많은 비용이 소요된다는 한계가 있다. 하지만 단순 여론조사보다 조사결과의 신뢰성이 높아 쟁점사안에 대한 시민들의 질 높은 견해를 확인할 수 있다는 점에서 큰 의미를 갖는다.

다섯째, 합의회의(Consensus Conference)이다.

합의회의는 공공정책이나 사업 등의 쟁점에 대한 숙의에 기반한 시민의 견해를 발표하는 일종의 포럼이다. 공공사안에 대한 시민들의 합리적인 판단을 확인하고 정책권고안을 도출하는 것을 목적으로 한다. 통상 선별된 시민패널이 정치적 혹은 사회적으로 논쟁적인 주제에 대하여 전문가에게 질의하고 의견을 청취하여 시민패널들의 최종 견해를 보고서 형태로 도출한다. 합의회의의 결과물로 나온 시민패널보고서는 관련 정책결정과정에 참고가 될 수 있도록 국회, 정부기관, 언론기관 등에 전달되어 제안 및 정책권고안으로 활용될 수 있다.

합의회의는 시민패널의 구성, 쟁점사안에 대한 정보제공, 전문가 의견 청취 및 질의응답, 숙의를 통한 보고서 작성의 과정을 거친다.

숙의적 시민의견을 반영하는 정책을 형성할 수 있다. 더불어 쟁점에 대한 사회적 학습의 효과와 시민의 합리적인 판단능력을 제고하는 등의 효과를 기대할 수 있다. 무엇보다도 시민패널들이 충분하게 제공된 정보와 찬성과 반대 입장의 전문가의 질의 및 답변을 토대로 집중된 숙의과정을 통해 주제에 대한 합의안을 도출할 수 있다는 점에서 가치갈등 사안에 적합한 시민참여적 의사결정방법이라 할 수 있다.

여섯째, 시나리오워크숍(Scenario Workshop)이다.

시나리오워크숍은 통상 지역의 발전계획입안과 미래전망을 평가하는 수단으로 쟁점사안을 둘러싸고 다양한 시나리오를 작성 및 평가하여 해결방안의 도출을 목적으로 한다. 시나리오 워크숍의 결과물은 공동실행계획의 수립이나 정책권고안으로 활용할 수 있다.

지역개발 비전과 로드맵, 개발방식에 관해 지역사회 이해관계자가 모여 몇 개의 집단으로 나뉘어 대안별 시나리오를 검토하고, 대안 간의 장단점을 비교분석하고 바람직한 비전과 방식 및 로드맵의 합의를 도출해내는 의사결정방식이다. 갈등 현안에서 다양한 행위자들의 견해를 종합화하는 해결안을 도출할 수 있다. 이 과정에서 이해관계집단 구성원 간 상호이해 및 신뢰를 구축하는 효과를 가지고 있다.

이상의 다양한 참여적 의사결정방식의 적절한 적용은 리스크 이슈로 인한 사회적 갈등 및 혼란을 사전에 방지하고 정책수용성 및 실효성을 높이는 장치가 될 것이다.

3.4. 리스크 커뮤니케이션의 기본 원칙

리스크 커뮤니케이션의 기본 토대

리스크 커뮤니케이션은 리스크에 대한 자세한 설명, 위험평가에서 나타나는 차이점에 대한 객관적이고 공정한 논쟁과 더불어 리스크에 대한 갈등의 해결책을 제시하는 데 기여한다. 이러한 리스크 커뮤니케이션 과정에서 정보전달과 지식전달은 매우 객관적인 형태를 지녀야 한다.

리스크에 대한 정보만을 가지고 갈등의 해결책을 제시할 수 있다는 것은 매우 잘못된 것이다. 다음과 같은 세 가지 구성요인에 대한 정확한 인식이 필요하다.

첫째, 관련자 간 관계의 질이다.

리스크 커뮤니케이션의 효과는 커뮤니케이션 과정에 관련된 참여자 간의 사회적 관계의 질에 주로 좌우된다. 원활한 사회적 관계는 상호 커뮤니케이션의 내용을 발전시키고 계발하는 토대를 만들어낸다. 관계의 질 향상은 다음과 같은 질문에 대답함으로써 이끌어낼 수 있다.

▷ 관련자들이 커뮤니케이션을 열린 것으로 간주하는지
▷ 정보의 흐름이 투명하게 이루어지는지
▷ 커뮤니케이션에 참여하여 함께 만들어갈 수 있는 과정이 모두에게 공평한지
▷ 커뮤니케이션 파트너의 독자적인 위치가 진지하고 믿음직한 것으로 평가되는지

리스크 상황 시 이해관계자 간 관계의 질을 높일 수 있는 가장 중요한 방법은 바로 '신뢰 관계'를 구축하는 것이다. 공정성, 사회적 책임 등의 개념은 리스크 커뮤니케이션과 관련하여 중요한 논쟁점이 되고 있다.

둘째, 정보디자인이다.

리스크에 대한 정보와 지식의 전달은 리스크 커뮤니케이션에 있어서 핵심적인 부분이다. 리스크 정보와 지식을 효율적으로 디자인하기 위한 과제는 다음과 같이 제시된다.

▷ 무엇을 전달해야 하는가? (리스크 이슈에 대한 핵심주제의 파악)
▷ 어떤 질문을 해야 하는가? (각각의 위험관점을 고려)
▷ 무엇을 어떻게 전달하고, 어떤 답변을 해야 할까? (이와 관련하여 리스크에 대한 양적이고 질적인 서술 필요)
▷ 리스크를 분명하게 드러내기 위해서는 어떠한 비교방법이 도움이 될 것인가? (양적인 위험서술에 대한 이해를 높이기 위해서 적합한 위험대상과 비교)

리스크 커뮤니케이션은 여타 커뮤니케이션처럼 명백하고 이해가능하고 그리고 상호관련적인 것을 제시하면서 실제적인 커뮤니케이션을 끌어내야 한다. 리스크 메시지를 정확하게 제시하는 것 외에 적합한 정보채널의 선택과 제때에 필요한

정보의 전달은 밀접한 관련을 맺는다.

셋째, 상호 대화의 형성이다.

상호 대화(커뮤니케이션)를 만들어가는 과정은 크게 3단계로 나뉘는데, 정보에 대한 권리를 열람하고 확인할 수 있는 1단계를 거쳐, 2단계에서는 관련자들의 관심사가 포괄적으로 담길 수 있는 커뮤니케이션 행위가 수행되어야 한다. 마지막으로 3단계에서는 중요한 의사결정에 공동으로 참여할 수 있는 참여기회가 제시되어야 한다. 이러한 당사자 간의 상호 대화는 리스크 커뮤니케이션의 핵심이 된다. 당사자에 대한 관점을 고려하지 않는 일방향적인 정보는 성공적인 커뮤니케이션을 담보할 수 없다.

리스크 커뮤니케이션의 합리화를 위한 장치

정부 혹은 시행자와 반대 주민 간의 위험인식의 차이가 발생하는 이유는 주로 전문지식의 차이에서 나타난다. 따라서 적절한 정보의 제공은 주민의 주관적 위험인식 수준을 낮춰 위험인식 차이를 줄여줄 수 있다.

주민의 위험인식에 영향을 주기 위해서는 정보의 질과 양이 충족되어야 하며, 공신력 있는 출처의 정보가 적절한 시기에 제공될 필요가 있다. 특히 전문성을 갖춘 제3의 전문가, 기관, 시민단체, 연구기관 등을 통해 분석자료 제공, 공개토론회를 수시로 개최해 제공할 수 있는 정보의 절대적 양을 늘려야 할 필요가 있다. '찬반진영'이 각각 신뢰하는 정보생산기관(연구기관)에 의뢰, 이로부터 생산된 연구결과에 대한 논변절차(argumentation process)를 거쳐 '합의된' 정보와 지식을 전달 및 공유하는 방향으로 정보제공과 의사소통이 이루어져야 한다(박정호, 2015).

또한 먼저 주민들이 이해하기 쉬운 형태와 내용으로 충분한 정보가 제공되어야 한다. 이러한 이유는 주민들은 이들 지역의 대표들이 제공하는 정보나 제한된 의견에 의존하여 위험인식을 형성하는 경우가 많기 때문이다. 따라서 더욱 많은 공공갈등의 당사자들이 직접적으로 다양한 정보에 쉽게 접근할 수 있도록 하는 방안을 마련하는 것이 중요하다. 이러한 정보제공을 통해 주민들이 궁금한 정보를 다시 사업자에게 구하는 과정을 거치지 않아야 한다. 주민들은 이러한 과정 자체에서 시행기관과 정부가 감추려는 정보가 있는 것인지 의심하게 되기 때문이다. 또한 질적인 측면에서 부정적인 정보와 긍정적인 정보를 모두 제공해야 한다. 사업에 부정적인 정보를 감추는 경우 주민들은 감춰진 정보보다 더 크게 의심을 하게 된다.

다음으로 정보의 출처가 신뢰성이 있어야 한다. 갈등상황에서 주민들은 정부가 제공하는 데이터에 대해서 신뢰하지 않고 자신들이 찾은 데이터만 신뢰하면서 위험인식이 고착화될 수 있다. 따라서 공신력 있는 제3자의 데이터가 제공될 필요가 있다. 마지막으로, 적절한 타이밍에 정보가 제공되어야 한다. 갈등초기에 주민들이 필요로 하는 데이터를 미리 준비한다면 주민의 선입견이나 편향된 정보습득을 개선할 수 있다.

리스크 커뮤니케이션 과정에서 준수해야 할 몇 가지 원칙들이 있다. 우선 공중의 참여를 최대한 보장해야 하는데, 다음과 같은 원칙들이 요구된다. 당사자들이 생존과 맞닿은 문제임을 이해하고, 진심으로 공중을 참여시킨다. 갈등발생 초기부터 지속적인 참여를 보장한다. 주민들이 정보를 믿을 수 있도록, 정보제공자로서 신뢰와 신용을 얻기 위해 노력한다. 위험 관련 지식을 민주적으로 배분해 공중의 참여를 촉진한다. 위험사안에 대해 관여도가 높은 공중에게는 행위의도를 알리는 데 집중하고, 관여도가 낮은 공중에게는 위험사안에 대한 인식을 높이는 방점을 둔다.

신뢰를 구축하는 데 집중해야 하는데, 다음과 같은 원칙들이 요구된다. 위험과 관련된 의사결정 시 외부 이해 관련 집단이나 이해 공중으로부터 독립성을 유지하고, 의사결정주체를 중립적으로 구성한다. 의사결정 진행상황을 인터넷에 올리고, 인터넷을 통해 공중들과 의사를 교환한다. 공중을 문제해결과정의 구성원으로 받아들인다.

갈등 장기화를 막기 위한 노력이 요구되는데, 다음과 같은 원칙들이 준수되어야 한다. 적극적인 의견수렴을 거쳐 결정한다. 진정성 있는 커뮤니케이션이 되도록 노력한다. 상대방(주민 등)을 의사결정의 주체로 고려한다. 되도록 더 많은 사람들을 참여하게 해 더 많은 이야기를 듣는다. 정책을 시행하는 데 있어서 치밀하게 준비를 할 수 있는 충분한 시간을 확보한다. 해당지역의 특성, 변화가능성, 실질적 인식, 이해관계자와의 관계 등에 대해 분석한다. 주민대표가 정말로 주민들을 대표하고 있는지 지속적으로 확인한다. 논의과정에서 참여하지 못하는 소외된 주민들이 없는지 미리 살핀다. 찬성하는 주민들이 다수인 것처럼 보이더라도, 반대하는 주민들도 있지 않은지 살핀다. 주민들의 의견을 결정과정에 고려하고 반영한다. 객관적인 정보를 제공할 수 있는 독립적인 중간지원조직을 활용한다. 필요시 권위 있는 연구기관을 참여시킨다. 왜 안전한지, 만약 발생할 수도 있는 위험 상황에 어떤 조치와 대비가 준비될 예정인지에 대한 설득력 있는 정보를 제공한다.

3.5. 리스크 커뮤니케이션 실행전략 및 지침

리스크 커뮤니케이션의 일반원칙

위기상황에서 커뮤니케이션은 정상적으로 이루어지기 어렵다. 위기가 발생하면 짧은 시간에 엄청나게 많은 정보를 처리해야 하며, 이러한 상황에서 수집된 정보들은 사실과 잘못된 사실(유언비어 등)이 혼재된 형태로 구성되어 있기 때문에 정보에 대한 불확실성도 매우 높을 수밖에 없다. 그러나 성공적으로 위기를 극복한 국내 조직의 사례들은 커뮤니케이션 전달 과정에서 몇 가지 공통적인 원칙을 보여주고 있다.

① 신속성의 원칙: 최대한 빨리 대응한다.

위기관리 커뮤니케이션에서 '신속함'의 개념은 위기발생 후 조직의 대변인이 언론에 제공하는 첫 성명서까지의 시간을 의미하게 된다. 조직의 위기가 언론에 알려진 후 3시간 안에 초기대응을 실행하라는 것이 현재의 일반적인 지침이다. 최근에는 정보의 확산을 가속화하는 인터넷 등의 커뮤니케이션 기술의 발전으로 미디어가 위기를 보도하는 시간이 더욱 빨라지고 있다. 위기에 대한 조직의 초기 대응이 성공하면 조직은 언론을 비롯한 다양한 스테이크홀더들에게 주도권을 행사할 수 있고 상황도 통제가 가능하게 된다.

② 일관성의 원칙: 한목소리로 말한다.

조직은 위기상황에서 일관적 메시지를 전달해야 한다. 위기상황에서는 훈련되지 않는 조직원들이 조직의 비공식적인 대변인 역할을 수행할 가능성이 높다는 사실에 주목할 필요가 있다. 미디어가 조직의 위기에 관련된 답변을 요구하는 경우 조직의 구성원들은 갑자기 조직의 대변인 역할을 부여받게 된다.

이러한 상황에서 위기 관련 정보를 조직원들과 충분하게 공유하여 일관된 목소리를 내는 일은 메시지의 신뢰도를 확보하는 데 있어 매우 좋은 방법이 될 수 있다.

③ 개방성의 원칙: 열린 커뮤니케이션 체계를 운영한다.

위기상황에서의 개방성은 다양한 개념으로 해석되고 있다. 보다 구체적으로 본다면 미디어의 이용가능성, 정보의 공개성, 그리고 정직성 등의 개념을 통해 개방성의 원칙의 중요성을 파악할 수 있다. 먼저, 미디어의 이용가능성 차원에서의 개방성은 미디어의 정보욕구 충족을 위한 시설제공과 커뮤니케이션 채널 제공을 의미한다. 최근에는 인터넷 홈페이지를 신속한 정보제공과 교환을 위한 커뮤니케이션 채널로 활용하는 경향도 늘고 있다.

최근의 공개성 차원에서 개방성은 법적인 관점과 PR적 관점 사이의 딜레마를 내포하고 있다. PR의 입장에서는 위기 관련 정보를 미디어에 완전하게 공개하는 것을 원칙으로 하고 있지만, 조직의 법률 관련 고문을 맡고 있는 변호사들은 제한적 정보의 공개를 주장하고 있기 때문이다. 또한 정보의 완전한 공개가 항상 가능하거나 긍정적 결과를 항시 담보하지는 않는다. 따라서 위기관리를 총괄하는 조직의 경우 정보의 완전한 공개가 초래할 수 있는 모든 결과에 대한 시뮬레이션을 사전에 시행해볼 필요가 있다.

④ 공감성의 원칙: 희생자에 대한 동정심과 유감을 적극적으로 표현해야 한다.

위기는 또한 희생자라는 새로운 스테이크홀더 그룹을 만들어낸다. 위기상황에서의 희생자는 위기로 인해서 육체적, 정신적, 재정적(경제적)인 고통을 당하는 사람을 총칭한다. 이러한 희생자의 존재 유무는 조직의 최초 대응의 내용과 형식을 결정하는 매우 중요한 전략적 의의를 지닌다고 하겠다. 조직의 위기로 인해서 희생자가 발생했다면 대변인은 위기 관련 최초의 성명서에서 희생자에 대한 동정 그리고 관심 및 유감의 표현을 적극적으로 해야 할 필요성이 있다. 희생자에 대한 조직의 적극적인 차원의 관심 표명은 신뢰성 회복전략의 일환으로서 스테이크홀더들에게 받아들여질 수 있다.

⑤ 신뢰성의 원칙: 조직의 최고 책임자를 개입시킨다.

위기관리 커뮤니케이션의 핵심은 무엇보다도 조직의 신뢰성을 회복시키는 것이다. 위기상황에서 특히, 치명적인 사건 사고로 인해 심각한 피해상황이 발생했을 때 조직의 최고 책임자를 위기관리에 가시적으로 개입시키는 것은 매우 중요한 부분이다. 이는 대부분 위기관리 커뮤니케이션의 성공사례들에서도 빈번하게 확인할 수 있는 부분이다. 예컨대, 위기관리의 대표적인 성공사례로 간주되고 있는 '존슨 앤 존슨'의 타이레놀 사건에서도 버크 회장이 사건 발생 직후 TV에 직접 촬영하여 회사가 당면한 위기극복을 위한 구체적인 조치들은 상세하게 설명하는 등 적극적으로 개입하는 모습을 보여주었다는 점이 위기를 조기에 극복할 수 있는 중요한 동인으로 작용했다. 이렇듯 최고 책임자의 책임성 있는 모습을 등장시키는 것은 위기를 봉합하는데 매우 중요한 고려요인이 되어야 한다.

⑥ 긍정성의 원칙: 긍정적인 면을 최대한 부각시킨다.

긍정성의 원칙은 신속한 정상조업(조직활동) 재개의 가능성, 충분한 피해보상에 대한 약속, 조직원의 희생적인 수습 노력 등의 긍정적인 요소를 위기상황 이전의 다른 측면에까지 위기가 번져나가는 것을 방지하기 위한 적극적인 커뮤니케이션 전략의 하나로 볼 수 있다.

리스크 커뮤니케이션을 위한 일곱 가지 원칙과 지침
(Covello&Sandman, 2001; 박정호, 2015)

원칙 1. 대중을 정당한 파트너로 인정하고 그들을 참여시켜라.

민주주의 사회에서의 리스크 커뮤니케이션을 위해서는 다음의 두 가지 전제를 기억해야 한다. 첫째, 대중과 지역사회는 그들의 삶, 재산, 그들이 가치 있게 여기는 것들에 영향을 주는 결정에 참여할 권리가 있다. 둘째, 리스크 커뮤니케이션의 목적은 대중의 우려를 불식시키거나 아무런 조치를 취하지 않기 위함이어서는 안

된다.

리스크 커뮤니케이션은 대중에게 정보를 제공하고 그들을 참여적, 적극적, 합리적, 해결지향적, 협동적으로 만드는 것을 목적으로 해야 한다.

▷ 지침: 초기 단계에 구성원들을 참여시켜라.
- 중요한 것들이 아직 결정되지 않은 단계부터 지역사회구성원들을 참여시킴으로써 대중에 대한 존중을 표현하라.
- 리스크에 관한 결정은 리스크의 중요도와 대중이 걱정하는 부분을 함께 고려해 내려질 것임을 밝혀라.
- 해당 리스크와 관련된 이해당사자 모두를 참여시켜라.
- 대중은 당신에게 책임을 뒤집어씌울 것이므로 도덕적, 윤리적 잣대를 높여라.

원칙 2. 커뮤니케이션 대상자의 말에 귀를 기울여라.

대중은 치사율과 양적인 위험 평가수치보다 신뢰, 통제, 혜택, 권한, 자발성, 공정성, 공감, 배려, 공손함, 연민 등의 문제에 더 관심을 보이는 경우가 많다. 대중이 당신이 자신들의 말을 듣고 있지 않다고 느끼거나 인식하면, 그들은 당신의 말을 듣지 않을 것이다. 양방향적인 리스크 커뮤니케이션이 효과적이다.

▷ 지침: 추측하지 말고 알아내려고 노력하라.
- 리스크에 대해 대중이 무엇을 알고 있고 어떻게 생각하며 무엇을 원하는지에 대해 추측하지 마라. 대신 대중이 어떤 생각을 하고 있는지 알아내기 위해 시간을 투자하라.
- 인터뷰, 조력자와 함께하는 그룹 토론, 자문단, 수신자부담 전화, 설문조사 등의 기법을 사용하라. 사안에 관계된 모든 이해관계자의 이야기를 들어라.
- 리스크 커뮤니케이션 대상자와 당신을 동일시하고 그들의 입장이 되어 보라.
- 당신의 우려와 대중의 우려를 함께 언급함으로써 대중으로 하여금 당신이 그들이 한 말을 이해했다고 믿게 만들어라.
- 리스크 커뮤니케이션을 더욱 복잡하게 만드는 숨겨진 의제, 상징적 의미, 광

범위한 사회적, 문화적, 경제적, 정치적 고려 등을 파악하라.

원칙 3. 솔직하고 개방적으로 행동하라.

리스크 커뮤니케이션의 첫 번째 목표는 신뢰형성이다. 전달자를 신뢰할 수 있는 사람으로 인식해야 대중이 커뮤니케이션을 받아들인다. 일단 당신이 '신뢰할 수 없는 사람'으로 낙인찍히면, 이를 바꾸기는 상당히 어렵다.

무엇을 근거로 타인을 신뢰하거나 신뢰하지 않기를 결정할 것인가는 단기적일 때와 장기적일 때의 판단 근거가 다르다. 단기적으로는 언어적, 비언어적 의사소통을 근거로 믿을 만한 사람인지 여부를 판단하지만, 장기적으로는 그 사람의 행동과 성과를 기준으로 판단하게 된다.

▷ 지침: 신뢰는 요구하는 것이 아니라 노력해 얻는 것이다.
· 대중에게 신뢰를 요구하지 마라.
· 대중이 당신을 신뢰하게 될 것이라고 기대하지는 마라.
· 대중의 질문에 '잘 모르겠다' 또는 '불확실하다'라고 대답해야 할 때도 있다. 그럴 경우, 자세히 알아보고 다시 알려주겠다는 의사를 표시하라.
· 실수를 했다면 정정하라.
· 가능한 한 빨리 위험정보를 공개하라. 위험 수위를 축소하거나 과장하지 마라.
· 추측은 최대한 자제하되, 반드시 추측을 할 때는 주의해야 한다.
· 대중이 당신을 의심하고 있다면 더 많은 정보를 공유하라. 공유하는 정보의 양을 줄여서는 안 된다. 그러면 대중은 당신이 중요한 사실을 숨기고 있다고 생각할 수 있다. 다른 공신력 있는 출처에서 기존에 이미 다뤄진 데이터를 포함해, 모든 데이터의 불확실성, 강점, 약점에 대해 토론하라. 적절한 시기를 택해 발생 가능한 최악의 상황에는 어떤 것이 있는지 밝히고 위험의 범위에 대해서도 밝혀라.

원칙 4. 다른 공신력 있는 정보의 출처와 협력하라.

협력자가 있다면 리스크 정보를 더욱 효과적으로 전달할 수 있다. 다른 정보 출처와 갈등을 빚거나 대중이 정보에 동의하지 않으면 커뮤니케이션이 어려워진다.

▷ 지침: 시간과 자원을 투자하라.
· 조직 내, 조직 외 의사소통을 조직화하는 데 시간을 투자하라.
· 다른 기관과의 협력관계를 형성하기 위해 꾸준히 에너지와 자원을 투입하라.
· 공신력과 권위가 있는 중재자를 고용하라.
· 리스크에 대한 질문에 가장 잘 대답할 수 있는 사람을 찾기 위해 여러 사람과 의논하라.
· 공신력 있는 대학의 과학자, 의료진, 시민 자문단, 신뢰받는 지역 공무원, 국내 또는 지역의 오피니언 리더와 함께 커뮤니케이션을 시행하라.

원칙 5. 매체의 필요를 충족시켜라.
언론은 리스크에 대한 정보의 주된 전달자다. 그들은 의제를 설정하고 결과를 결정하는 데 중요한 역할을 한다. 언론의 특성을 파악해야 한다. 언론은 정치적인 사안에, 간결한 것보다 복잡한 것에, 안전보다는 부정행위나 비난 리스크에 더욱 관심이 많다는 것을 이해해야 한다.

▷ 지침: 언론에 활용당하지 말고 언론을 활용하라.
· 기자들을 만나고 정보를 제공하라. 방송매체를 위한 육성 코멘트, 그래픽, 시각자료 등 각 매체의 필요에 따라 가공된 정보를 제공하라.
· 인터뷰에서는 주제를 벗어나지 마라. 미리 몇 가지 긍정적인 핵심 메시지를 준비해서 인터뷰에서 그 메시지를 몇 번 반복해서 말하라.
· 복잡한 리스크 문제에 관해서는 근거자료를 제공하라. 추측하지 말고 보도되어도 괜찮은 이야기만을 하라.
· 인터뷰에서 당신이 말하는 모든 내용은 녹음된다. 인터뷰를 짧게 하라.
· 칭찬이나 비판이 담긴 기사를 모니터링하라.
· 특정 에디터나 기자들과는 장기적 신뢰관계를 수립하기 위해 노력하라.

원칙 6. 연민을 가지고 조심스럽게 말하라.

대중들은 기술 용어를 잘 모른다. 그런 용어는 전문속기를 할 때는 유용할지 몰라도 대중과의 커뮤니케이션에는 방해물이 된다. 연민과 배려는 수치와 기술적 사실보다 대중을 설득하는 데 더 큰 힘을 발휘한다. 신뢰가 낮고 우려가 높은 상황에서는 더욱 그렇다.

▷ 지침: 하고 싶은 말이 아닌 듣고 싶은 말을 하라.
· 명확한 언어를 사용하되 지나치게 기술적인 언어는 피하라.
· 그 지역의 일반적인 풍습을 세심히 따라 말을 하고 옷을 입어라.
· 최대한 간결하게 말해야 하지만, 사람들이 정보를 필요로 할 때는 이를 존중하고 정보를 더 제공하겠다고 제안하라.
· 메시지를 명확하게 전달하기 위해 그래픽이나 그림자료를 사용하라.
· 리스크에 대한 균형 잡힌 시각을 형성하기 위해 비교를 사용하라.
· 리스크 데이터를 개인화하라. 기술적인 데이터가 대중들에게 와 닿도록 이야기하고, 예시나 일화 등을 사용하라.
· 죽음, 부상, 질병에 대해 냉담하고 몰인정한 언어를 사용하지 마라. 사람들이 표현하는 불안, 두려움, 화, 분노, 무력감 등의 감정을 수용하고 이에 (말과 행동 모두로) 반응하라. 모든 질병, 부상, 죽음은 비극이며 피해야 한다고 인정하고 말하라.
· 진행 중이거나 앞으로 취할 수 있는 조치에 대한 토론을 항상 포함시키려고 노력하라.
· 지킬 수 있는 약속만 하라.

원칙 7. 조심스럽게 계획하고 성과를 평가하라.

리스크 커뮤니케이션 전략은 목적, 대상자, 매체에 따라 달라져야 한다. 리스크 커뮤니케이션은 조심스럽게 계획하고 평가할 때에만 성공한다.

▷ 지침: 아는 만큼 소통할 수 있다.

- 명확하고 분명한 목적을 가지고 커뮤니케이션을 시작하라. 대중에게 정보를 제공하는 것이 목적인가, 안심시키는 것이 목적인가? 보호적인 조치를 취하는 것이 목적인가, 대중이 잘 대처할 수 있도록 하는 것이 목적인가? 이해관계자들을 대화에 포함시키는 것이 목적인가, 함께 문제해결을 하는 것이 목적인가? 등 목적에 따라 소통의 내용을 다르게 계획해야 한다.
- 리스크에 대한 기술적 정보를 평가하고 그 정보의 강점과 약점을 파악하라.
- 커뮤니케이션 대상자 집단 내의 주요 이해관계자와 하위집단들을 파악하라. 전체 집단 내 특정한 이해관계자와 하위집단들을 목표로 정하고 의사소통하라.
- 효과적인 발표 기술과 인간관계 기술을 가진 대변인을 모집하라.
- 기술분야 직원을 포함한 전체 직원에게 커뮤니케이션 기술을 교육하라. 그들이 커뮤니케이션을 잘 해낼 경우 이를 파악하고 이에 대해 보상하라.
- 메시지를 미리 시험하라.
- 리스크 커뮤니케이션 활동을 조심스럽게 평가하고 실수로부터 배워라.

위기관리를 위한 리스크 커뮤니케이션 실행 10단계

제1단계. 초기 사실 확인
- 관련 상황에 대한 조사: 30분 혹은 1시간 이내에 주요 Fact 정리
- 위기관리팀 소집/보고
* 누가, 무엇을, 언제, 어떻게, 어디서 그리고 왜?
* 어떠한 영향(결과)이 있었는가?
* 우리가 취한(혹은 취할) 대응조치는 무엇인가?
* 현재 누가 영향을 받았고 앞으로 추가 영향을 받을 대상은?
* 필요한 자원은 무엇인가? 등

제2단계. 위기관리팀 소집
- 위기관리팀 소집(CEO, 각 부서장)
- 위기상황의 문제 조사 및 분석, 대응단계별 구체적 액션 결정
- 주요 대응분야별 역할 및 책임 확인
- 부서별 이해관계자 대응 커뮤니케이션 전략 및 액션 결정
* 누구에게, 무엇에 대해, 어떻게, 언제 등 답변 준비

제3단계. 위기관리센터 운영
- 장기 이슈로 진행될 경우 상황 컨트롤 할 수 있는 관리센터 운영

– 문의처리 시스템 구축
* 외부 문의사항 대응, 기록, 위기관리팀에 보고

제4단계. 양방향 커뮤니케이션 유지
– 주요 이해관계자들의 시각 모니터링, 타깃 그룹과의 정보교류 지속
– 부정적 인식 개선을 위해 이해관계자의 관심사항 대응
– 새로운 문의사항에 시의적절한 대응 메시지 개발 및 전달 작업 지속

제5단계. 방문자 관리
– 리스크 현장 방문하는 피해자의 가족, 친구, 언론, 통행인 등 방문자 관리
– 관련 정보제공을 할 수 있도록 특정팀 운용
– 온라인 방문자의 문의사항 적극 관리

제6단계. 조사작업 지속
– 상황 업데이트(하루 3번 이상 미팅), 대내외적 정보 공유
– 새로운 정보와 관련 정보에 대한 분석 공유
– 최악의 상황을 가정한 시나리오 가정, 세부사항 지속 체크
* "관련 위기상황이 종결되기 전까지는 끝맺음이란 없다"

제7단계. 필요시 전략 조정
– 위기가 전개되는 방향에 맞추어 계획 및 운용방식 보완
– 새로운 가능성 및 맹점 파악 노력 지속
– 위기해결을 위해 노력하고 있음을 대내외적으로 인식시키는 커뮤니케이션 활동
  지속

제8단계. 모니터링 유지
– 주요 이해관계자들의 반응 및 인식 수집 지속
* 면대면 커뮤니케이션, 핫라인, 포털사이트 이슈 토론방, 이메일 등

제9단계. 위기관리 과정 리뷰
– 위기상황이 종결되면 위기대응과정을 전체적으로 리뷰
* 어떤 대응 액션이 성공했는가?, 어떤 대응 액션이 실패했는가?
* 어떤 대응 액션을 놓쳤는가?
* 핵심 러닝 포인트는 무엇인가?
* 스케줄 및 액션 플랜에 맞게 이루어졌는가?
* 어떤 개선사항이 필요한가?

제10단계. 위기종결 공표
– 위기 리뷰 리포트 작성, 주요 미디어와 이해관계자들에게 제공
– 위기종결 상황 공표, 위기관리 협조에 감사하는 뜻 전달
* 일정 기간 주요 이해관계자들의 인식을 지속적으로 모니터링하고 대응 지속

3.6. 소셜미디어와 리스크 커뮤니케이션

스마트폰은 세계의 시위 풍경을 바꿔놓고 있다.

2017년 현재 한국에서는 스마트폰을 이용한 시위가 대세로 자리 잡고 있다. 1인 방송은 시위 현장 곳곳의 숨은 장면을 널리 생중계하고, 바람에도 꺼지지 않는 촛불 앱도 등장했다.

2016년 스페인에서는 세계 최초로 홀로그램 집회가 열렸다. 공공건물 주변에서 시위를 금지하는 법률을 비꼬기 위해 시위 모습을 담은 3차원 영상을 투명 스크린에 띄웠다. 실제 사람이 모이지 않았지만 그 메시지는 더 강렬했다. 2010년 민중봉기로 독재 정권을 무너뜨린 튀니지의 재스민 혁명은 SNS가 꽃피운 것으로 평가된다. 실시간으로 시위 소식을 전하고 정보를 공유했는데, 시위 열기는 SNS를 타고 주변국까지 번져나갔다. 홍콩 시민들은 2014년 행정장관 선거의 완전 직선제를 요구하며 시위를 벌였다. 최루액을 우산으로 막는 모습에 '우산 혁명'이라 불렸다. 미완의 혁명으로 남았지만, 학생들이 자발적으로 조직한 시위는 홍콩 젊은이들의 힘을 보여주기에 충분했다. 시민들이 권력에 맞서 목소리를 내는 시위 현장. 기술과 의식의 변화는 평화롭고 재미있는 시위, 그러면서도 효과적인 시위를 가능하게 하는 것이다.

소셜미디어로 시위 정보를 공유하는 것을 넘어 '시위 앱'이 개발되고, 유튜브·페이스북 등에선 시위 현장이 생중계된다. 한국에선 스마트폰 촛불 앱이 대통령 탄핵 집회를 물들였다. 서울 광화문광장 집회 소식을 다룬 뉴욕타임스, 로이터통신 등은 진짜 촛불 대신 스마트폰 촛불 앱을 켠 시민들과 종이 팻말 대신 '스마트폰 피켓 자동 생성기'로 시위 문구를 쓴 시위대에 주목했다.

미국에서는 도널드 트럼프 대통령에 반대하는 시위가 소셜미디어를 타고 축제처럼 진행됐다. 취임식에 맞춰 낮 12시 30분부터 3시간 동안 페이스북에서 '러버톤(LOVE-A-THON)' 행사가 생중계됐다. 워싱턴 도심에 모인 영화배우 등 40명은 트럼프 취임을 축하하는 대신 여성 인권, 기후변화 대응, 소수민족 권리를 옹호하는 기부행사를 했다. 페이스북을 통해 150만 명이 이 집회를 지켜봤다. 2017년 2월 12일(현지 시간) 루마니아 수도 부쿠레슈티 정부 청사 앞에 모인 반정부

시위대엔 준비물이 있었는데, 바로 색종이와 스마트폰이다. 시위를 앞두고 대형 국기를 만들자는 플래시몹 제안이 페이스북에 올라오자 시민들은 빨강, 노랑, 파랑 색종이를 들고 광장으로 향했다. 현지 뉴스포털 지아레는 이날 오후 7시 40분쯤부터 광장 왼쪽엔 빨강, 중앙엔 노랑, 오른쪽엔 파랑 색종이를 든 사람들이 구획별로 자리를 잡았다고 전했다. 오후 9시가 되자 약 6만 명이 스마트폰 불빛 위로 색종이를 포갰다. 높은 곳에서 내려다본 시위대의 모습은 3색의 국기 '트리콜로리'였다. 시민들은 부패 사범을 사면한 정부를 규탄하며 "부패 척결"을 외쳤다 (한겨레신문, 2017. 2. 13).

스마트폰 플래시몹의 효과는 컸다. BBC 등 외국 언론은 루마니아 반정부 시위 소식을 대대적으로 보도했다. 스마트폰 이벤트 사진 한 장으로 루마니아 반정부 시위가 다시 한 번 전 세계에 알려졌다.

시위를 위한 앱은 갈수록 진화한다. 시위 일정과 장소를 공유하는 것을 넘어 집회 앱들이 속속 나오고 있다. 한국에선 2015년 10월 '집회시위 제대로'라는 스마트폰 앱이 출시됐다. 경찰의 불심검문을 받거나 차 벽에 막혔을 경우 등 집회 현장에서 겪을 수 있는 상황에 대한 대처방안을 알려준다. 홍콩에서는 2014년 우산 혁명 이후 인터넷접속이 끊겨도 메시지를 주고받을 수 있는 앱 '파이어챗'이 개발됐다. 중국 당국이 인스타그램 등 소셜미디어 접속을 막고 검열을 지속하자 IT업체인 오픈가든은 인터넷망 대신 반경 61m 안에 있는 다른 스마트폰의 와이파이나 블루투스 통신 기능을 활용하는 근거리용 메시지 앱을 내놓았다. 당국의 검열을 피하는 기능이 추가된 '파이어챗'은 2014년 10월 출시 이틀 만에 20만 건이 다운로드됐다. 2016년 홍콩의 독립을 요구하는 시위 물결 속에 시민들은 스마트폰 게임인 '포켓몬고'를 활용하기도 했다. 중국 당국은 우산 혁명이 홍콩 독립 운동으로 확산되는 것을 막기 위해 관련 집회를 모두 금지하고 있다. 2016년 8월 홍콩 도심 몽콕에서 민주화 시위를 기획한 시위대는 시위 현장에서 포켓몬고 게임을 하라는 지침을 내리기도 했다. 포켓몬고 게임을 하는 척하다가 기습시위를 하는 형식이었다.

시민들은 SNS에서 촛불집회 참여를 독려하며 결속력을 다지고 집회현장상황을 실시간으로 공유하며 집회 동력을 이어간다. 현장에서는 집회 상황을 사진과 동영상 등으로 담아 자신의 SNS를 통해 실시간으로 전달 및 공유한다. SNS에 촛불집회 이야기가 꾸준히 올라와 집회에 대한 시민들의 관심을 계속 유지하는 역할을 하는 것이다. 현장의 생생한 열기를 타인에게 전달하고 경찰의 과잉대응이나 일부 과격 시위대의 폭력행위 등 부적절한 상황을 감시 및 견제하는 역할까지 한다. 이용에 제한이 없는 SNS는 다양한 사람들이 목소리를 낼 수 있는 창구이고 소통할 수 있는 장이다. 스마트폰이 촉발한 초연결사회는 시민들이 SNS를 통해 생활정치에 참여하는 '모바일민주주의' 시대를 열고 있음이다.

소셜미디어와 커뮤니케이션 혁명

2014년 9월 홍콩의 '우산 혁명' 사태는 똑똑한 개인들에 의해 촉발되었다.

혁명은 온갖 'SNS 무기'를 장착하고 일어서는 '똑똑한 개인'인 10대와 20대의 불만표현이다. 불만을 표현하는 세대가 온다는 미래예측이 맞아 들어가고 있는 것이다. 시민들은 최루탄을 막기 위해 우산을 들고 나섰다.

인터넷을 통한 개인의 역량 강화와 개방화는 대세이다. 홍콩에 시민이 없다면 무슨 소용이랴. 똑똑한 개개인들과 타협하지 않으면 안 되는 시대가 되었다. 소셜미디어의 등장과 발전은 인간이 타인과 소통하고 관계를 맺는 방식에 근본적인 변화를 가져왔다.

최근의 웹 2.0 환경과 소셜패러다임은 정보의 개방적 공유와 융합의 플랫폼을 제공함으로써 보다 적극적인 시민참여 가치와 관계의 연계 및 집합적 행동의 확산을 촉진하고 있다. 기존의 온라인 미디어가 대중 미디어와 유사하게 미디어적 측면, 즉 커뮤니케이션과 정보의 공급이라는 측면에 역점을 두고 있었던 반면, 소셜미디어는 웹 2.0의 성격인 개방, 참여, 공유를 바탕으로 사람 간의 네트워킹에 초점을 둠으로써 '나'뿐 만이 아니라 '타자'와 함께하는 공공선을 추구하는 데 보다 적극적으로 활용되고 있다.

소통과 연결의 개방성, 상호작용과 공유의 공동성, 정보의 생산과 전달의 속보성 등은 다층적 차원에서의 참여를 보다 가시적이고 가치 있게 만든다. 그리고 이 같은 참여적 가치는 비즈니스 영역뿐만 아니라 정치 분야에서도 빛을 발한다.

소셜미디어가 제공하는 정치적 소통과 참여가 언제 어디서나 가능한 환경, 그리고 이러한 소셜미디어를 매개로 한 정치적 소통방식과 이슈 형성 과정이 이용자들의 사소한 일상생활이나 감정 공유를 기반으로 하기 때문에 생활과 정치가 밀접하게 결합하는, 이른바 정치의 일상화를 보편화시킬 수 있다는 점 등은 거시 담론뿐 아니라 미시담론을 통한 숙의민주주의(deliberative democracy)의 가능성을 높여준다. 더 나아가 직접민주주의적 요소를 가미함으로써 대의민주주의를 보완한다.

소셜미디어는 정치인에게는 자신을 지지한 유권자에 대해 보다 면밀하고 성실한 대응과 책임을 다하여 재선에 대한 긴장을 갖게 하고, 유권자에게는 적극적인 참여를 통해 정치적 관심을 높이고 정치인에 대한 주의(감시)를 일상화한다. 양측 모두에게 정치적 긴장감과 정치적 효율성을 높일 수 있는 수단을 제공하는 것이다. 이러한 SNS의 정치적 매개 역할은 기성 정치에 대한 경고와 함께 직접민주주의와 대의민주주의를 혼합한 형태의 새로운 민주주의 패러다임을 이끌어내고 있다.

소셜미디어의 정치적 기능은 세 가지로 요약된다(한국정보화진흥원, 2012).

첫째, SNS는 정치 관련 정보를 공유함으로써 의제 설정과 여론의 민주화를 가져온다. 여론은 단순히 정보나 의견 전달에 의한 것이 아닌 상호 대화 과정을 통해 형성된다. SNS는 기존 언론의 일방향적 의제 설정과 그에 대한 수동적 반응에서 벗어나 정보공유와 대화를 통해 자발적 커뮤니케이션을 유도하면서 의제를 공유하고 짧은 시간에 많은 사람들에게 의견 교환과 확산을 활성화시킴으로써 새로운 의제 설정 채널로서 기능한다.

둘째, 대화를 통해 유사한 정치적 지향성을 가진 사람들의 연계와 집합을 촉매하고 정치 학습의 매개로 활용된다. 소셜미디어 영역에서 자신과 유사한 정치적 지향성을 가진 사람들의 연계와 집합은 상대적으로 빈번하고 신속하게 이루어지며, 일단 커뮤니티가 형성되면 그 안에서의 보다 폭넓은 의견과 정보교환을 통해 특정 이슈에 대한 정치 학습이 이루어진다.

셋째, 수평적 대화를 통해 공유된 인식을 수용하고, 투명성, 신속성, 관계성을 바탕으로 집합적 여론 형성을 통해 다양한 수준의 정치참여를 활성화한다.

오프라인 공간에서처럼 온라인 소셜 영역에서도 적극적으로 자신의 주장과 의견을 표현하는 사람들은 얼마 되지 않지만 그에 동조하는 사람들이 작은 표현을 통해 의견을 공유하기 시작하면 공유된 의견의 확산은 엄청난 속도와 범위로 뻗어나간다. 이러한 예를 가장 잘 볼 수 있는 곳이 트위터 공간이다.

소셜 영역에서는 20%의 적극적인 행동을 하는 사람들도 중요하지만, 80%의 소극적인 사람들도 어떠한 형태로든 변화를 일으키는 행동을 하고 있는 것이다. 이렇게 다수를 구성하는 소극적 참여자들이 서로의 행위를 통해 자극을 받고, 보다 적극적인 참여로의 전환이 쉽게 일어나는 곳 또한 소셜 공간이다.

넷째, 적극적인 자기표현과 관계 형성을 통해 셀프브랜딩(self-branding)의 도구로 활용한다. SNS의 정보 공유(sharing) 속성에 의한 파급효과가 증가하고, 대화 (conversation) 속성에 따른 유권자들과의 직접적인 커뮤니케이션이 가능해지면서 대중뿐만 아니라 정치인들의 SNS에 대한 관심과 활용도 역시 높아지고 있다. 정치인들의 높은 팔로워수는 트위터를 친밀한 관계 형성(relationships)과 셀프브랜딩의 도구로 간주하며 적극 활용하고 있는 것을 의미한다.

온라인 공론장은 다양한 견해와 이질적 주장들이 자유롭게 표출되고 때로는 부딪히며 서로 소통하는 '온라인 광장'의 모습을 찾기가 어렵고, 집단별로 분열돼 서로 다른 주장과 의견들이 상호작용하지 못하고 파편적으로 갈라져 있다. 이로 인해 온라인 공간에서 커뮤니티별, 집단별로 신뢰의 체계가 상이하게 배분되고, 이것은 다시 온라인 루머가 집단별 믿음의 체계에 따라 다양한 온라인 네트워크를 통해 확산되고 오래 지속되는 원인이 된다. 결국 온라인 루머 확산은 집단적 편향과 소통 부재 문제를 드러낸 온라인 공론장 및 시민사회의 취약성을 반영(고동현, 2014)한다고 하겠다.

우리 사회는 감정적 대립과 집단의 이익을 우선하는 상황으로, 대화와 타협의 문화가 없는 시민사회의 미성숙이 사회갈등을 초래하고 사회적 신뢰를 떨어뜨리는 주요 요인으로 작동한다. 따라서 대화와 타협을 통한 '대화민주주의'의 활성화를 촉진함으로써 사회적 합의구조의 사회문화적 기반을 강화할 필요가 있다.

성숙한 사회에서는 개인이 다양한 배경과 의견을 가진 다른 시민들과 토론을 통해 여러 사회적 이슈에 대해 공론을 형성해나간다. 이때 타인의 견해에 대한 관용과 타협은 필수적이다. 사회적 합의과정에서 다양한 행위주체들은 자신의 입장과 견해를 단지 관철시키기 위해 노력하는 것이 아니라, 상호교류의 과정에서 자신을 되돌아보는 성찰의 기회를 가질 필요가 있다.

온라인 공론장은 사안에 대한 찬반의 대립구도가 아니라 구체적이고 현실적인 대안에 대해 토론을 진행하여 끊임없는 상호작용 과정이 일어나도록 하는 것이 중요하다. 정보를 취사선택하고, 나와 다른 사람의 입장을 고려하여 지속적인 상호교류의 과정에서 자신을 표현하는 '성찰적 시민성'을 향상시키는 노력이 중요하다.

네티즌의 부정적 이용방식을 줄이는 것은 일방적인 통제에 의해서보다는 네티즌의 표현 욕구와 참여 에너지를 긍정적인 방식으로 제도화할 수 있느냐에 달려있다. 결국 일방적인 법적 규제의 확대보다는 정부와 시민사회가 협력하여 다원화되고 자율적인 공론장을 형성하는 작업이 무엇보다 중요하다고 하겠다(고동현, 2014).

범국민적으로 건전한 인터넷 소통방법 모색과 사회적 공감대 형성을 통해 긍정적 측면의 스마트미디어 역할을 강조할 필요가 있다. 인터넷과 모바일 기반의 스마트미디어를 통하여 전달되는 과잉정보와 발생된 과잉정보를 여과 없이 사용하는 언론의 행동 개선이 필요하다.

사이버공간이 위험과 관련된 유언비어를 유포하는 개인 논쟁의 장에 머무는 것이 아니라, 장기적 측면에서 사회와 소통하고 정부와 국민이 소통하는 장으로 이끌어가는 노력이 필요하다.

뉴미디어를 정부와 개인, 그리고 개인과 그룹 간 리스크 커뮤니케이션의 도구로 활용하는 미국 FEMA(Federal Emergency Management Agency)의 사례와 같이 우리나라에서도 스마트미디어를 새로운 리스크 커뮤니케이션의 창구로 적극 활용할 필요가 있다. 단 이러한 시도의 가시적 성과는 지속적인 정부의 관심과 노력이 뒷받침될 경우에만 가능하다.

더불어 인터넷 사용에 대한 지속적인 교육과 훈련의 필요성이 대두된다. 사이버상에서 남을 배려하고 올바른 인터넷 및 SNS 사용법을 홍보하고 교육해야 한다. 미디어 교육과정을 필수 또는 권장과목으로 지정하고 인터넷 윤리교육을 실시하는 방안도 강구해야 한다. 최근 발생하는 중·고등학생들의 무분별한 SNS

사용과 도덕적 무감성에 대한 교육기관의 지속적인 관심이 필요하다.

소셜미디어 부상과 리스크 커뮤니케이션의 변화

뉴미디어, 특히 소셜미디어의 등장은 위기 시 주요 정보제공자였던 정부와 기존 전통 미디어에 전적으로 의존해온 사람들의 행태를 바꾸고 있다. 소셜미디어는 네트워크로 연결되고, 효과적인 시민의 반응과 개인 간의 정서적 상호작용을 위한 새로운 공간을 제공한다. 보다 중요한 것은 이용자가 직접 작성하는 콘텐츠의 기술적 특성상 일반인이 공공문제에 대해 발언할 수 있는 기회가 확장되었다는 것이다.

소셜미디어는 리스크 및 위험의 전과 진행 중, 후의 상황에서 위험 관련 정보가 다루어지는 방식도 변화시키고 있다. 위험 관련 정보는 텍스트, 음성, 동영상이나 기타 멀티미디어의 형태로 있는데, 소셜미디어는 위험정보를 다루는 제작 및 조작, 가공, 공유, 전파 등의 모든 과정에 개입해 영향을 미친다. 위기 발생 전에 위기관리자들은 소셜미디어를 통해 위험에 관해 이용자들에게 교육하고 준비할 수 있도록 홍보하고, 소셜미디어 사용자들은 신뢰관계를 구축한다. 긴급한 위기 발생 현장에서 소셜미디어는 더욱 중요하다. 위기 대응 관리자들은 정확한 정보를 빠르게 전달해야 할 책임이 있고 이는 다양한 소셜미디어 채널, 특히 소식 전달에 가장 빠른 트위터나 페이스북 같은 경로를 통해 전파되고 공유되고 있다. 특히 소셜미디어는 보통 모바일 기기를 통해 접속되기 때문에 위기 소식을 지인들에게 전파하기 유용하다.

세계적으로 모바일 기기들이 일상생활 곳곳에 들어오기 시작하면서 재난상황에서 소통하는 방식도 바뀌고 있다. 위험 지대에 있는 사람들은 모바일 네트워크를 이용해 더 안전한 곳을 검색할 수 있고, 언론인은 말 그대로 '걸어 다니는 모바일 방송국 또는 라디오 스튜디오'가 될 수 있다. 이와 같이 소셜미디어 사용자는 모두 잠재적인 감시자이자 시민 언론가, 사진 기자이며, 그들을 둘러싼 세상을 계속 관찰하고 인터넷에서 발견한 것을 공유하는 '시끄러울 수도, 친절할 수도 있는 이웃'이다. 또 위기사건의 직접적인 이해관계자들은 보통 관련된 고급 정보를 가진 이들이라 할 수 있다. 이들은 핵심적인 정보의 출처가 되고 사건을 폭넓게 이해하도록 하는 조력자가 된다(CERC, 2012).

물론 모든 이용자들이 소셜미디어를 통해 리스크 커뮤니케이션에 적극적인 행태로 참여하는 것은 아니다. CERC 보고서에 따르면, 리스크 커뮤니케이션에서 소셜미디어 이용자들은 대체로 다음과 같은 유형으로 분류할 수 있다고 한다(CERC, 2012).

첫째는 방관자들(Lurkers)이다. 이 사람들은 커뮤니티의 대화에서 댓글을 달거나 대화에 참여하지 않고 콘텐츠를 읽기만 하는 사람들이다. 위기에 관한 정보를 모으고 위기상황을 경험하지만 직접적으로 위기상황에 대응하지는 않는다.

둘째, 초보자(Novices) 유형은 이제 막 소셜미디어 커뮤니티에 들어온 사람으로, 보다 활동적인 관찰자들이다. 제한된 양의 콘텐츠를 만들고, 몇몇 대화에 참여해 사진을 첨부하거나 댓글을 단다. 초보자들은 위기상황에서 콘텐츠 생산과 공유에 더 깊이 관여하는 경향이 있다.

셋째, 인사이더(Insiders) 유형은 대화에 지속적으로 참여하고 콘텐츠를 생산한다. 이들은 다른 이용자와 함께 사람들이 만든 게시물에 댓글을 달고, 평가한다. 위기상황에서 이들은 소셜미디어를 통해 위험 관련 정보를 찾을 것이고, 위기 대처 기관이 소셜미디어에서 빠르고 정확하게 정보를 제공하길 기대한다.

넷째, 지도자(Leaders) 유형은 능숙한 사용자들로 정보를 서로 연결하고 새롭게 게시된 게시물에 댓글을 달며, 잘못된 정보나 행동에 대한 수정이 필요할 경우 바로잡는다. 위기상황에서 사람들은 이 유형의 사람들의 계정을 기존 미디어나 위기에 관한 정보 출처로 팔로우하고, 지도자 유형의 사람들은 잘못된 정보를 더 자주 수정하는 경향을 보인다. 다섯째, 원로(Elders) 유형은 다른 취미가 생겼거나 시간문제와 같은 이유로 소셜미디어 사용을 그만둔 사람들이다. 그러나 위기 시 필요할 경우, 이들도 소셜미디어에 다시 참여할 수 있다.

'사회적 관계'가 바탕인 소셜미디어는 정보 소통과 공유의 확산을 통해 세상을 변화시키는 힘으로 자리 잡았다. 특히 소셜미디어가 사회변동을 유도하는 최근의 추세를 반영하여, 위험정보 확산의 특성에 주목할 필요가 있다. 일본의 지진 및 쓰나미 재난(2011년 3월 11일), 아이티 대지진(2010년 1월) 발생 당시 소셜미디어를 통한 재난상황보고 및 재난정보공유 현상을 확인할 수 있었다. 이러한 사례들에서 시민들은 소셜미디어를 이용해 재난대응에 적극적으로 참여하였다. 그리고 정보 생산자와 소비자의 소통으로 형성된 '집단지성'의 힘이 효과적인 재난대응에 도움을 주고 있다.

개인의 커뮤니케이션 수단으로서 소셜미디어가 긴급 상황과 위기 대응에서 결정적인 요소로 진화하고 있다. 소셜미디어는 위기 시 빠르고 효과적으로 소통할 수 있는 기능을 제공하고, 사람들의 의사소통방식, 흥미 있는 주제에 대해 서로 정보를 공유하는 방식을 변화시키고 있다. 오늘날 많은 사람들이 소셜미디어가 적재적소에서 리스크 커뮤니케이션의 중요한 역할을 할 수 있다는 데 공감한다(Laad&Lewis, 2012).

재난이나 위기상황에서 소셜미디어를 이용하는 것은 다음과 같은 장점을 가진다(류현숙 외, 2012). 우선, 트위터 등 속보성 SNS 제보로 재난상황에 대한 정보의 전파속도는 가히 획기적으로 향상되었다. 미국 허드슨강 비행기 추락사건이나 중국 신장·위구르 유혈사태 등을 통해 확인할 수 있었다. 특히 트위터를 통한 재해 알림은 기존 매체인 매스미디어보다 신속한 게이트키핑 때문에 더욱 주목을 받는다. 매스미디어의 경우 자기 조직의 신뢰성을 위해서라도 재해에 대한 진위 여부 확인 등 공신력을 확보하기 위한 노력 및 절차를 중시하지만, 재난에 처한 개인에게는 재해가 개인에게 미치는 당면한 영향력이 매우 크기 때문에 '속보성'이 압도적으로 중요하다. 따라서 신뢰성 확보를 위한 절차로 소모되는 시간과 자원이 상대적으로 비싸다고 느껴질 수 있다. 이러한 재해 알림이 단순한 속보 알림을 넘어서 실질적인 재난구호활동으로 조직화되는 사례 또한 눈여겨볼 필요가 있다. 실제 재난상황에서 시민은 재난 구조원에게 구호를 요청하며, 시민들 간 관련 정보를 공유하여 피해상황을 확인하는 사례를 찾아볼 수 있다. 나아가 재난지역의 주민들뿐만이 아니라, 전 세계에 있는 사람들이 함께 참여하며 피해지역에 있는 사람들의 대응 및 복구활동을 돕는 양상까지 나타난다. 재난현장 구호에 있어 지리 정보는 현장 구호 요원뿐만 아니라 피해를 입은 주민들에게도 반드시 필요한데, 이러한 정보를 현장의, 그리고 나아가 지구 반대편에 있는 대중의 힘을 이용하여 가장 빠르고 정확하게 구축하고 있는 것이다.

또한 시민 개개인이 프로슈머로서 소셜네트워크를 통해 재난대응에 적극적으로 참여하는 것 역시 긍정적인 변화이다. 지금까지 재난에 대한 피해자이지만 준비 및 대응 면에서 수동적인 역할에 머물러 있었기 때문이다. 아이티 대지진, 일본 대지진, 미국의 조플린 토네이도 사례, 호주의 퀸즐랜드 홍수 사례에서 발견되듯이 소셜미디어는 실종자 찾기와 지인 찾기, 소셜네트워크를 통한 자발적인 복구 기금 모금 등과 같은 대응활동을 위한 정보 생산자와 소비자의 소통공간으로 자리 잡았다(한국정보화진흥원, 2011).

기존 오프라인 네트워크는 시간적 공간적인 이유로 제약받을 수밖에 없어 광범위한 참여를 확보하기 쉽지 않았으나, 최근 소셜미디어를 이용함으로써 보다 용이하게 관계망 형성이 가능해진다는 장점도 있다. 즉, 소셜미디어의 이용은 정보공유뿐만 아니라 네트워크를 형성하는 수준의 참여로 심화될 수 있는 가능성을 부여한다. 이러한 수준의 참여는 크게 기술적 지원이나 자원봉사를 위한 네트워크 형성, 또는 스마트 모바일 기술을 활용한 재난지역 지도제작의 형태로 나타났다. 크라이시스 캠프(Crisiscamp)와 이를 지원하는 크라이시스커먼스(crisiscommons.org), 재난지역 지도제작을 위한 우샤히디(Ushahidi) 등이 대표인 예이다. 이러한 민간의 참여는 기존의 피해상황 인식 및 조사 프로세스를 획기적으로 단축시켜 빠른 대응 및 복구가 가능하도록 했으며, 재난구호자들과 재난피해자들을 효과적으로 연결시키는 결과를 가져왔다.

한편 전달매체로서 트위터 등은 속도의 향상뿐만 아니라 기존 통신수단을 대체·보완하는 역할을 한다는 데 의미가 있다. 일본 대지진 당시, 전파 송수신탑이 무너지고 전화사용량도 급격히 증가해 다른 모든 통신수단이 마비되었어도 무선 인터넷은 사용할 수 있었다. 비교적 안정된 인터넷 인프라를 기반으로 무수한 리트윗과 함께 단시간 확산되는 SNS의 전파력·영향력이 결합됨으로써 신속한 재난정보전달이 가능해졌다. 물론 소셜미디어를 통한 물리적 복원력 강화뿐만이 아니라, 버지니아 총기사건과 관련해 범인과 피해자들의 신상에 대한 정확한 정보를 집계할 수 있었듯이 시민 저널리즘 형태의 최신 복원(resiliency) 현상도 확인된다. 이런 사례들은 높은 참여도를 가진 소셜미디어의 민주적 효과를 보여준다(류현숙 외, 2012).

그러나 소셜미디어를 위험커뮤니케이션에 활용하는 데 있어서 이렇듯 많은 장점이 존재함에도 불구하고 한계점이나 문제점 역시 분명히 존재한다. 무엇보다 웹 2.0 패러다임과 집단지성의 출현 당시 제기되었던 정보의 정확성 및 신뢰성 문제는 스마트 재난대응의 모든 수준에서 가장 중요한 이슈로 제기될 여지를 안고 있다(Vieweg, Palen, Liu, Hughes,&Sutton, 2008 등). 집단지성의 경우 부정확한 정보의 문제는 대개 시간을 두고 전개되는 전체집단의 정보 검증 및 교정 과정을 통해 해소된다. 하지만 사안의 특성상 신속하고도 급박한 대응이 요구되는 재난안전관리 분야에서 부정확한 정보가 제공되거나 상충되는 정보들이 한꺼번에 제공될 경우, 이는 의도치 않은 치명적 결과나 혼선을 초래할 수 있다.

이 밖에도 소셜미디어 이용에 따라 다음과 같은 문제들이 상존한다(Veil et al, 2011). 첫째, 기술 실패, 해커, 스토커, 바이러스, 비방 글, 불확실한 정보 등에 관한 우려 사항과 잘못된 정보가 쉽게 퍼질 수 있는 문제가 있다. 둘째, 데이터 소진이나 네트워크 폭주 문제가 있으며, 셋째, 일부 긴급 상황 담당 인력을 대민 감시 시스템(surveillance system)에 활용함으로써 발생할 수 있는 문제가 있다. 이미 사생활 침해, 의견의 쏠림과 편 가름 현상, 인터넷 윤리와 같은 문제는 정보통신기술의 '사회적 침해성'을 잘 나타내며 수많은 논쟁을 야기하고 있다(송해룡 2012). 또한 아직까지 정부가 어떻게 소셜미디어를 비공식적으로 잘 활용할 것인가에 대해 알려진 바가 적으며, 공식적으로도 전보다 소통이 효과적인지 투명한 방식인지도 알려진 바가 적은 것도 한계로 작용한다.

그러나 이러한 부작용 내지 우려 사항에도 불구하고 소셜미디어를 사용해야 하는 이유가 명백하다는 입장이 우세하다(Veil et al., 2011; CERC, 2012). 위험관리 이해관계자들은 이미 위기에 관한 커뮤니케이션을 위해 소셜미디어를 사용하고 있으며, 대중은 위기상황에 관한 더 자세한 정보를 얻기 위해 인터넷을 이용하고 있기 때문이다. 나아가 소셜미디어 사용자들은 기존 미디어를 우회하여, 자기 생각과 사진·멀티미디어 메시지들을 직접적으로 게시함으로써 스스로 정보의 검열자가 되고 있다. 따라서 상존하는 문제점에도 불구하고, 리스크 커뮤니케이션 관리자들은 소셜미디어를 이용할 필요가 있다.

스마트기술과 민간의 참여 확대

최근 대형 재난 및 테러의 발생으로 국가위기 및 재난관리의 중요성이 한층 증가되고 있으며, 재난 및 테러의 강도와 빈도가 높아짐에 따라 정부의 재난대응과 복구능력만으로는 한계가 있다는 인식이 확산되고 있다. 다시 말해 재난관리의 역량 강화 및 복원력 제고를 위해서는 국가 위주의 재난관리가 아닌 민간·지역사회와의 협력체계 구축이 필요하다는 것이다. 사적 부문의 동원은 재난안전관리계획의 주요 부분이라 할 수 있는데, 개인은 물론 단체들은 비상상황 및 그 전후단계에 활용할 수 있는 풍부한 기술 및 자원을 제공한다. 비상관리 전문가 및 재난안전관리 참여자들의 협력은 지역 시민들의 삶과 건강에 중요한 영향을 미칠 수 있으며, 공동체가 재난 복구에 얼마나 신속히 대응할 수 있느냐에 따라 재난대응 결과가 달라진다.

특히 최근의 스마트기술을 이용한 재난대응 사례들을 볼 때 이러한 민간참여적 역할이 더욱 중요해짐을 알 수 있다. 즉, 스마트폰 등과 같은 스마트기기를 활용해 재난·안전관리에 대한 민간 부분의 참여 확대 및 자율적인 감시가 현실적으로 가능해졌으며, 이는 효과적인 재난관리를 위해서 필수적일 수 있음을 시사한다.

기술의 정당성은 기술 자체의 효용에서만 얻어지는 것은 아니다. 사회·정치적 논리에 의해 수용성을 갖게 될 때 하나의 기술은 그 지배적 지위를 획득하게 된다(조희정 외, 2010). 정보화와 유비쿼터스화가 공공서비스 혁신에 대해 갖는 전반적인 중요성은 이미 오래전부터 널리 받아들여졌지만, 모든 공공서비스 영역이 이러한 기술 혁신에 동일한 수준으로 반응하지는 않는다.

그렇다면 재난안전관리 영역에서 스마트기술이 유독 주목을 받는 이유는 무엇인가. 이는 두 가지 측면에서 살펴볼 수 있다. 하나는 스마트기술 자체의 기술적 특성이다. 즉, 긴급한 상황에 대한 신속한 인지와 대응이 생명인 재난안전관리 영역에서 기존의 물리적 장소성을 극복하고 인지와 정보 유통상의 시공간을 압축시켜주는 스마트기술은 기본적인 장점을 지니고 있다.

하지만 이 점만으로 재난안전관리에 있어 스마트기술이 갖는 특별한 장점을 모두 설명하는 데에는 한계가 있다. 이전에도 재난안전관리 공공서비스 업무에 필요한 수준의 기술은 이미 확보되어 있었기 때문이다. 바로 이 지점에서 다른 한 가지 측면, 즉 스마트기술이 재난안전관리 영역에서 갖는 사회정치적 정당성의 문제가 중요해진다. 재난안전관리 분야와 스마트기술의 유행이 갖는 접점으로 소위 웹 2.0의 가치인 '참여, 공유, 협력'에 주목할 필요가 있다. 현대의 재난 분야는 그 효과적인 관리를 위하여 갈수록 민간 분야의 참여, 특히 재난상황에 특화된 체계화되고 조직적인 참여를 요청하고 있다. 그리고 스마트폰, 모바일 앱, 소셜미디어 등은 각 개인이 연결될 수 있는 범위와 이를 통해 구성하는 시공간을 무한대로 확장하는 동시에, 그 연결방식을 보다 심화된 관여(engagement)와 유기적인 상호작용으로 변형시켜주고 있다.

이처럼 정부가 자발적인 민간참여를 기반으로 여러 재난안전관리 조직들을 유기적으로 연결하고 재난안전관리의 전 단계에 걸친 신속한 입력-판단-지시-수행 프로세스를 구성해야 하는 시대적 요구와, 새로운 디지털 경제 영역에서 새롭게 부상한 스마트기술이 민간 영역에 제시한 참여와 공유의 기제들은 실제 재난 사례들 속에서 서로의 영역에 깊숙이 침투해 이전과 사뭇 다른 거버넌스를 구축하는 것을 확인할 수 있다. 특히 정부와 시민사회가 건강한 관계를 구축하고 있거나, 양자가 모두 허약해 초국적 개입에 대한 개방성을 갖고 있는 해외 사례들에서 민-관의 경계가 약해지고 스마트기술을 기반으로 더욱 심화된 참여와 상호 연계가 나타나는 재난대응 사례 및 체계들이 많이 발견된다. 국내에서도 스마트폰의 확산과 소셜네트워킹의 확대 등으로 인해 정보 전파 및 공유의 수단으로 이들이 재난상황 알림 및 전파와 관련해 주로 민간 영역에서 활용되는 사례들이 많이 발견된다. 정부 역시 국내외 추세에 부응하기 위해 민간 재난 관련 봉사단체의 조직 및 연계 활동을 지원하기도 하고, 기존의 유선 방송 및 인터넷 포털 중심의 일방향성 재난대응뿐만 아니라 스마트폰용 재난안전 앱 개발과 같은 신기술 요소 등을 부분적으로 도입한 것을 확인할 수 있다. 다만 민-관 재난대응 거버넌스가 사전 사후를 망라한 유기적, 참여적, 수평적 활동보다는 다분히 사후 대응 위주의 조직 지향적, 관주도적인 수직적 특성을 드러내고 있음이 확인된다. 또한 스마트기술을 민-관의 수평적이고 유기적인 참여 및 연대 구성의 수단으로 적극 활용하기보다는 스마트기술 활용 참여와 오프라인 참여가 따로, 그리고 민-관 협력 조직과 스마트기술 도입이 각각 따로 진행되는 양상을 띠면서 전반적으로 종합적이고 포괄적인 재난안전관리체계 안에 이들 각 요소가 유기적으로 배치되지 못함으로써, 민간의 광범위한 참여 에너지가 관의 계획 주도하에 충분히 응집, 흡수되지 못하는 양상을 드러낸다. 자연스레 새롭게 도입된 스마트기술 역시 즉각적인 양방향 소통(sharing)과 민-관 융합(networking) 행정에 활용되기보다는 일방적 공지 또는 접수 기능에 주로 활용되어왔다. 우리 재난안전관리 영역에 있어 시민참여의 특성이 여전히 형식주의(tokenism)에 속하는 정보제공(informing) 또는 자문(consultation) 단계에 머물러 있음을 시사한다(류현숙, 2012).

따라서 민간 영역의 다양한 개인 및 단체들의 참여를 포함할 수 있는, 종합적이고 체계적인 스마트기술 활용 재난안전 거버넌스 체계를 갖출 필요가 있다. 특히 이와 같은 체계 수립 과정에서 현재와 같이 제한적이고 수직적인 민-관 협력을 특징으로 하는 재난안전관리 체계를 개선하는 데 스마트기술이 적지 않은 기여를 할 수 있을 것이다. 그리고 이는 현재와 같이 정부가 단순한 스마트기술의 기계적 메커니즘만을 도입하는 것이 아니라 그 활용상의 사회정치적 특성까지 적극 도입할 경우에만 가능할 것이다. 기존에 재난안전 대응활동에 대한 참여가 부진했던 계층이나 세대로의 참여 확대에 도움이 되는 것은 물론, 이러한 참여 구성원들의 확대뿐만 아니라 참여방식 면에서도 보다 유기적이고 효율적인 양상을 띠게 될 것으로 기대되기 때문이다. 다만 이러한 기대 효과에 급급한 나머지 최근 스마트기술의 역기능으로 자주 지적되는 다양한 측면들, 예컨대 기술의 안정성이나 비용 문제, 정보 정확성이나 프라이버시 문제, 집단지성이 아닌 집단 감정이 정책 일관성에 혼선을 초래하는 상황 등을 초래하지 않도록 면밀한 정책적 대비나 보완을 병행하여야 할 것이다.

소셜미디어를 활용한 정부 정책소통

인터넷과 소셜미디어는 어떻게 이해하고 활용하는가에 따라 정부의 대국민 커뮤니케이션 및 경쟁력 강화에 커다란 위협이자 기회로 작용할 수 있다.

소셜미디어를 활용한 정부 정책 PR을 성공적으로 수행하기 위해서는 공중여론을 조작이나 관리의 대상이나 객체로 바라보던 시각에서 탈피하여 대화와 소통의 상대로 인식을 전환하고, 정책 관련 정보를 통제하기보다 정책개발과정에 국민을 참여시켜 정책의 가능성과 문제점을 다차원적으로 점검하고, '집단지성'을 활용하여 정책집행의 여러 가지 장애물들을 극복할 수 있는 창의적인 솔루션을 찾아내는 데에 집중해야 한다. 이러한 것들을 가능하게 하여 정책의 완성도를 높이려면 세 가지 중요한 태도의 전환이 이루어져야 한다. 첫째, 기존의 권위주의적인 태도를 상호작용적인 태도로, 둘째, 단순히 정부나 정책 관련 정보를 무미건조하게 알리는 제도적인(institutional) 태도를 진심을 가지고 상대와 대화하는 친밀한 (personal) 태도로, 셋째, 정부나 정책에 대한 부정적 의견을 통제하고 줄이려는 조작적인(manipulative) 태도에서 더 많은 국민의 참여를 이끌어내어 다양한 의견을 가감 없이 수용하고 검토하는 협력적 태도로 전환하는 것이 필요하다(황상재, 2011).

전통적인 매스미디어 환경에서의 PR 조직의 역할은 정부와 언론, 그리고 국민 간의 커뮤니케이션을 매개하고 관리하는 것에 초점을 두고 있었지만, 새롭게 등장한 소셜미디어 환경에서는 정부, 언론, 그리고 국민 간의 직접적 소통의 기회가 급격히 증가하면서 이러한 매개자로서의 역할이 크게 축소되고 있다. 따라서 기존의 방식으로 소셜미디어를 활용할 경우 기존 일방적으로 정보를 알리는 부속매체로 전락할 가능성이 높기 때문에, 변화된 환경에서의 PR의 역할에 대한 성찰과 재인식이 필요하다.

소셜미디어 환경에서의 PR은 정부의 언론 및 국민을 향한 커뮤니케이션을 대행하는 것이 아니라, 이들 삼자 간의 커뮤니케이션을 더욱 원활하고 효과적으로 만들도록 보조하는 것을 목적으로 해야 한다. 즉, 이들 간의 커뮤니케이션 과정을 모니터링해서 문제점을 파악하고 개선책을 제시할 뿐만 아니라, 언론 및 국민들의 의견들을 수렴해서 정책을 발전시키는 데에 반영될 수 있도록 하는 역할을 수행해야 한다는 말이다. 이를 위해서는, 단순히 정책 관련 언론보도를 모니터링하는 것을 넘어서 소셜미디어 환경에서 주도적 역할을 수행하는 오피니언 리더들, 즉 활동공중(active public)과 이들의 영향을 받는 인지공중(aware public) 및 잠재공중(latent public)을 선별하고 이들 간의 관계를 파악하여 적절한 소통전략을 마련하는 것에 중점을 두어야 한다.

소셜미디어를 활용하여 국민과 소통할 때, 익명의 직원들에 의해 운영되는 정부 공식 홈페이지나 블로그는 개인들의 네트워크에서 이질적인 존재가 되기 쉽다. 일반 국민들이 호기심을 갖고 관계 맺기를 시도하는 대상은 조직이 아니라, 조직에서 일하는 사람들이기 때문이다. 따라서 실무진이나 개별 관료들이 직접 실명으로 운영하는 다수의 개별적 소통채널을 구축하고 이들을 조율하는 방식으로 접근하는 것이 소셜미디어를 이용한 PR 효과를 증대시키는 데에 더 적절하다.

직원들이 자율적으로 소셜미디어를 활용할 경우 다양한 오해나 갈등이 발생할 수 있으므로 PR 담당자들이 이들을 모니터링하여 문제점 및 개선점들을 도출하고 그에 따라 운영에 관한 매뉴얼을 구축하는 것이 필요하다.

새롭게 변화된 소셜미디어 환경에서 PR 업무를 적절히 수행하기 위해서는 그에 맞는 조직이 구성되어야만 하는데, 기존의 수직적이고 위계적인 구조의 PR 조직은 빠르게 변화하는 소셜미디어 환경에 적응하는 데에 적절하지 않다. 또한, 정책개발 과정에의 국민의 참여를 확대하기 위해서는 PR 조직이 타 부처 및 기관들로부터 유리되어 있어서는 안 된다. 따라서 위계적인 조직구조를 가진 독립적 기관으로서의 PR 조직보다는 각 부처나 기관의 정책 관련 담당자들이 운영하는 소셜미디어의 광범위한 네트워크를 구성하고, 이러한 네트워크의 일부분이 되어서 개체들 간의 상호작용을 관리하고 조율하는 의미에서의 PR 전문가들의 조직을 구성할 필요가 있다. 이러한 수평적이고 분산적인 네트워크를 통해서 정책 담당자들은 정책 관련 정보를 국민에게 제공하기 전에 PR 전문가들에게 자문할 수도 있고, PR 담당자들 또한 지속적인 모니터링을 통해 커뮤니케이션의 개선방안을 제시할 수도 있을 것이다.

부처의 정책과 사업을 담당하는 실 국의 대표 SNS 계정을 만들고 운영할 필요가 있다. 부처 대변인실의 SNS 운영은 전체로서의 부처를 대표하는 것이지만, 실질적으로 정책과 사업을 집행하는 실 국에서 운영하는 것이야말로 정책과 국민과의 접점을 높일 수 있는 계기가 될 수 있다. 향후 소셜미디어는 더욱 진화할 것으로 예상되며, 이를 위해서는 정책부서와 정책이해관계자 간의 소통이 더욱 활발해질 필요가 있다.

재난상황 시 소셜미디어 활용 전략

재난상황 시 소셜미디어를 효율적으로 활용하기 위해서는 다양한 조건이 마련되어야 한다(류현숙, 2013).

첫째, 거시적 위기 개념에서 일상의 위험 개념으로 전환해야 한다.

거시적인 위기보다는 일상의 위험을 관리하여 국민의 체감효과를 제고할 수 있는 방안이 필요하다. 시민들의 재난안전관리를 위한 소셜미디어 활용수준을 높이고 일상의 위험에 주의를 기울이도록 하는 재난 및 위험정보시스템을 구축하려면, 신고자들이 큰 부담을 갖지 않고 자신의 의견을 자유롭게 공유하고, 그 정보가 무시당해도 심각하지 않을 시스템을 구축할 필요가 있다. 이때 위험정보를 분석하여 경중 여부를 판단하는 책임은 정부기관이 담당해야 한다. 재난/위험 공유시스템을 개방적이고 가볍게 구축하려면 위험정보와 관련될 수 있는 어떠한 정보(날씨정보, 산길정보, 안개정보, 교통사고 정보 등)든 공유할 수 있는 시스템이어야 한다.

둘째, 정부 재난정보제공기관의 단일화가 요구된다.

시민들이 각자 다른 소셜미디어, 소셜네트워크 서비스를 사용하더라도 재난정보를 제공하는 정부기관이라는 것을 쉽게 인지할 수 있도록 정보제공기관을 통합할 필요가 있다. 재난현장과의 신속하고 유기적인 관계를 구성하기 위해서도 단일화가 필요하다. 실질적 대응조치를 위해서 '정보처리체계'가 무엇보다 중요하기 때문이다.

기관 간 정보공유가 원활하게 이루려면 단계별 공공정보 표준을 마련하여, 개방형 시스템 구조를 마련해야 한다. OPEN API와 CC(Creative Commons) 적용 환경도 구현해야 한다(조희정, 2013). 그리고 재난과 관련된 잘못된 정보가 유통되는 것을 대응하면서도, 시시각각 변하는 현장상황과 그에 따른 재난 대처방안을 트윗 혹은 리트윗하는 방식으로 현장과의 관계를 구축하는 것이 바람직하다.

셋째, 소셜미디어에 대한 접근성이 제고되어야 한다.

우선 고연령층을 비롯한 정보 취약계층은 재난안전관리에 있어서 사각지대에 놓일 가능성이 농후하다. 스마트폰의 경우 연령이 낮은 학생에게 초점을 맞추고,

가정용 PC는 농/임/어업 종사자들과 연령이 높은 사람들에게 맞춰야 한다. 또한 TV나 포탈과 재난 관련 정보의 파트너쉽을 맺고, 소셜미디어를 구축하는 방안도 모색할 필요가 있다. 이렇듯 기존 미디어와 연동하여 재난정보를 확산시키는 것은 정부기관이 제공하는 정보의 신뢰도와 속도, 시의적절한 제공 등의 문제를 개선할 수 있기 때문에 이용취약계층뿐만 아니라 현재 이용자들에게도 유익하다. 지역 차원에서 전국적인 또는 관심 지역의 재난정보를 실시간으로 확인할 수 있는 애플리케이션의 공급이 요구되고 있으나, 아직까지는 재난정보를 일목요연하게 확인할 수 있는 애플리케이션은 찾아볼 수 없다. 정보제공의 수단을 다양화하여 수요자의 연령대별, 지역별 맞춤형 서비스 제공에 부합하는 전략이 필요하다.

넷째, 각 소셜미디어 특성에 적합한 전략이 요구된다.

모든 소셜미디어 채널이 이용자들의 관계망을 형성한다는 점에서 공통적이지만 채널마다 독특한 속성도 존재하기 때문에 채널의 고유특성에 적합한 위험소통 방안을 모색해야 한다.

소셜네트워크 분석결과를 보면, 향후 정부기관의 트위터 활용은 재난정보의 확산을 위해 정부 재난기관의 트위터를 중심으로 그룹에 속해 있지 않은 트위터 이용자들과 같은 행태를 띨 필요가 있다. 집단을 구성하기보다는 재난정보를 트윗하고, 그룹에 속해 있지 않은 트위터 이용자들과 마찬가지로 특정한 관점에 상관없이 리플라이나 멘션하여 다양한 그룹이나 개인과 관계를 유지하는 것이다. 플릭커, 페이스북과 같은 이미지 서비스에서는 검색이 쉽도록 인상적이고 즉자적인 태그(Tag)가 효과적이므로, 이것 또한 재난/위험 관련 시공간적인 구조를 형성하도록 확대되어야 한다(조희정, 2013). 또한, 카카오톡(카카오스토리)의 압도적 이용률(56.6%)에 주목할 때, 카카오톡을 대상으로 향후 재난정보 공유 시스템을 구축하는 방안을 모색할 필요가 있다. 카카오톡의 '플러스 친구', '추천 친구'로 홍보하는 것도 한 방법일 것이다.

다섯째, 정부-민간 위험소통 정책과 전략의 제고가 요구된다.

정부와 민간 간의 위험소통을 제고하려면 재난안전관리 담당기관이 재난안전정보의 생산과 제공에 대해 공급자 중심이 아닌 수요자 중심으로 인식을 전환해야 한다. 공공기관 계정의 신뢰를 확보하기 위해서도 많은 양의 정보를 제공하는 것보다 수요자가 원하는 정보를 적시에 제공하는 것이 중요할 것이다. 따라서 재난안전 정부부처 및 공공기관에서는 소셜미디어에서 어떤 정보들이 주목받고 이슈화되는지를 상시 모니터링할 필요가 있다.

하지만 시민들로부터의 정보는 정부기관 데이터와는 형태가 다른 비정형데이터이다. 따라서 비정형, 정형데이터를 조합, 분석하는 플랫폼 구축이 시급하다. 비정형 데이터 중 위험정보를 내재한 데이터 생산자를 규제하는 제도적 장치(법적 근거)도 마련해야 한다. 다만 제도적 장치의 보완을 통해 이를 추진하는 것은 규제강화, 표현의 권리 등 여러 측면에서 실현가능성이 낮다. 따라서 소셜미디어의 정보 생산자와 소비자 간 건강한 정보 생태계가 구축될 수 있도록 위험정보의 확산을 통해 사회적 혼란을 야기하는 경우에 국한해서 정보 생산/제공자를 규제하는 등 정부개입이 필요할 것이다.

여섯째, 오류 또는 거짓 정보에 대해 적절히 대응해야 한다.

건강한 소셜미디어 생태계를 구축하려면, 중단기적으로는 관련 정부기구가 오류 또는 거짓 정보로 인한 위험정보의 확산 가능성을 여과, 차단하고 리트윗이나 맨션 등에 대한 지속적 점검이 필요하다. 정부의 재난정보 제공기관을 사칭하는 SNS 계정의 영향력을 줄여야 한다.

마지막으로 정부-민간 위험소통이 활성화되어야 한다.

정부-민간 위험소통 활성화를 위해 재난정보 유력자(Hub)를 활용할 수 있다. 소셜네트워크에는 소수의 유력자(Hub)가 존재한다. 이들 계정과 협력관계를 갖는 것은 위험에 대한 합리적인 공론장 형성에 도움을 줄 것이다. 공론장을 형성하기 위해서는 유력자들이 재난문제에 관심을 기울이도록 정확한 재난정보를 적시에 제공하는 노력이 있어야 한다.

보다 구체적으로 재난상황에서 소셜미디어를 효과적으로 사용할 수 방법에 대한 고민이 요구되는데, 신종플루 사태 당시 소셜미디어를 활용한 위험소통을 성공적으로 수행한 미국의 질병관리본부(CDC)의 제언은 주목할 만하다. CDC는 2002년, 재난상황에서의 위험소통 시, 기관의 기본원칙으로 다음과 같은 여섯 가지를 제시했다(Reynolds, 2010).

첫째, 빨라야 한다. 만일 담당기관이 관련 재난정보를 알고 있다면 최대한 빨리 대중들에게 관련 정보를 제공해야 한다. 만일 정보제공이 어렵다면 왜 그런지를 대중들에게 알려주어야 한다.

둘째, 정확한 정보를 주어야 한다. 관련 정보를 알게 되면 즉시 대중에게 공개해야 한다. 알고 있는 것과 현재 모르는 것을 명확히 설명하라.

셋째, 신뢰감을 주어라. 진실만을 말하고, 대중이 패닉에 빠질 것을 우려하여 사실을 숨기지 말라. 불확실한 것보다는 모르는 것이 나을 때가 있으며, 루머는 종종 비관적인 현실보다 파괴적이다.

넷째, 동감을 표명하라. 대중들의 걱정하고 있다는 사실을 인정하라. "우리는 이 현상이 우려스럽다는 것을 잘 알고 있습니다"와 같은 표현은 신뢰를 얻는 데 도움이 되곤 한다.

다섯째, 대중의 행동을 이끌어라. 사람들에게 무엇을 할지 알려주어라. 사람들의 행동은 흥분을 가라앉히고, 질서를 되찾게 도와준다.

여섯째, 대중을 존중하라. 그들의 의견을 들어라. 내가 대접받고 싶은 것처럼 대중을 대접하라.

처음의 세 가지 제언은 기관의 책임과 관련된 것이고, 뒤의 세 가지 제언은 대중의 심리적 상황을 고려하여 효과적 소통을 위한 것이다. 이러한 원칙은 CDC가 2009년 신종플루 사태 때 소셜미디어를 효과적으로 활용할 수 있는 전제였다.

빠르고 신뢰할 수 있는 서비스가 지속적으로 성공을 거두고, 대중의 자발적인 참여가 늘어난다면, 대중 참여의 진정한 양방향 소셜미디어의 활용도 반드시 불가능한 것은 아닐 것이다. 결국 재난상황에서 소셜미디어의 활용은 각 기관의 특성을 고려하여, 신속성과 정직성을 기반으로 감당할 수 있는 형태로 진행되어야 한다.

소셜미디어는 다양한 사고 전, 사고가 발생하는 동안, 그리고 사고 발생 후에 매우 다양한 안전-안심 정보를 확산하는 데 사용될 수 있다. 사고가 없을 경우에 정부는 소셜미디어를 활용하여 시민들에게 각종 위험 혹은 위기에 대한 정보를 제공할 수 있으며 관련 전문가 네트워크를 구축하는 데 활용될 수 있다. 재난발생 후에는 소셜미디어를 통해 상황에 대한 신속한 뉴스와 업데이트가 이루어질 수 있다.

　재난정보 제공에서 소셜미디어가 효과적인 이유는 정보를 생산하는 사람들이 매우 많기 때문이다. 소셜미디어를 사용하는 모든 사람들이 정보의 생산자이며 동시에 수신자가 될 수 있다. 그러므로 특정 기자와 통신원에 의존하는 TV와 신문이 제공할 수 없는 정보를 제공할 수 있으며, 보다 빠른 속도로 재난에 대한 정보를 제공할 수 있다. 다만 신속한 정보를 제공하는 반면, 수많은 사람들이 정보를 교환하기 때문에 잘못된 정보 및 오류에 대한 질적 관리가 필요하다.

　재난상황에서는 많은 허위정보가 발생할 수 있다. 언론이나 SNS를 통해 거짓과 허위정보가 넘쳐난다. 책임 있는 과학자 당국자가 정보를 주지 않으면 혼란을 줄 수 있다. 단기적인 예측에서 더 권위가 있고 과학적이며 시의적절한 정보를 제공하도록 해야 한다. 또 과학자들도 대중을 상대로 투명성을 확보해야 한다. 기술적인 부분뿐 아니라 일반 대중과 소통하는 방법을 숙지해야 한다.

에필로그: 안심사회를 향해···

삶의 지속 및 안락한 삶을 위해, 기업의 지속가능 경영을 위해, 국가의 지속발전을 위해 리스크 관리는 절대적으로 중요하다. 일종의 보험이다. 개인이 평안할 때 보험료는 적지 않은 부담이다. 그러나 막상 사고가 닥치면 보험은 엄청난 고마움으로 다가올 것이다. 리스크 커뮤니케이션에 대한 준비 역시 그러하다. 당장은 쓰임새 없는 것처럼 보이지만 정작 위기가 닥치면 효력을 발휘한다. 우리의 미래를 위한 안전장치인 셈이다.

위기관리에 대한 우리의 생각을 근본적으로 혁신할 필요가 있는바, 다음과 같은 관점들에 대한 성찰이 요구된다.

첫째, 위기를 사전에 관리하는 것이 아닌 비용개념으로 보는 관점이 문제이다.

위기관리를 단순히 비용 지출 개념으로 보는 것은 잘못된 생각이다. 위기관리는 투자개념으로 보아야 한다. 오히려 엄청난 피해를 입고 이를 복구하는 데 큰 비용을 지불하는 것보다는 당장은 위협적이지 않지만 발생 가능한 리스크 대비에 투자하는 것이 보다 비용효율성이 높다.

둘째, 위기관리를 위기가 발생했을 경우 대응하는 전략 정도로 이해하는 관점이 문제이다.

위기관리에서 가장 바람직한 전략은 위기의 징후를 사전에 탐지하여 위기가 발생하는 것을 예방하는 것이다. 따라서 위기관리는 위기가 발생한 사후에 처리하는 것이 아니라 사전예방과 사후처리를 아우름을 명심해야 한다. 기업이든 국가경영이든 사후약방문(死後藥方文)식의 위기 대응은 동일한 위기 시에도 적절한 대응을 할 수 없게 한다.

셋째, 위기관리를 하나의 독립된 국가 및 기업 경영 활동 분야로 보는 관점이 문제이다.

전반적인 조직 시스템 내에서 위기관리를 대비하고 이해해야 한다. 조직구성원의 사기와 스트레스 해소 방안, 조직의 문화, 위기관리를 고려한 조직의 전략 등 조직 시스템의 모든 면을 고려해야만 비로소 총체적인 위기관리가 가능한 것이다.

넷째, 위기관리는 단기적인 처방으로 가능하다고 보는 관점이 문제이다.

이해관계자들과의 장기적인 관계(relation)에 기반하지 않으면 위기관리는 성공하기 어렵다. 지속적이며 장기적인 관계를 유지하며 사회적 책임을 다하고 커뮤니케이션의 폭을 넓히는 등의 노력이 필요한 것이다.

이준익 감독의 영화 <동주(DongJu; The Portrait of A Poet)>(2016)는 이름도, 언어도, 꿈도 허락하지 않았던 1945년, 평생의 친구이자 라이벌이었던 시인 윤동주와 독립 운동가 송몽규의 청춘을 담았다. 영화 속에서 동주는 세상이 시로 바꿀 수 없을 만큼 참담하다는 사실뿐만 아니라, 그럼에도 행동하지 않고 시를 써야만 한다는 사실에도 부끄러움을 느낀다. 창씨개명까지 해야 하는 자신에 대해 윤동주는 깊은 부끄러움을 갖고 있었으며, 잎새에 이는 바람에도 괴로워했던 그의 섬세한 감성은 부끄러움의 진정한 의미를 우리에게 일깨워준다. 오늘의 시대는 부끄러움이 없는 시대이다. 부끄러움은 사라지고 후안무치의 세상이 됐으며 물신적 세속주의에 깊이 물들어 있다. 부끄러움을 안다는 것은 자기를 돌아보고 자기반성의 삶을 사는 것이다.

이종사촌 송몽규의 기개 앞에 윤동주는 늘 부끄러워했다. 하지만 평소 그가 존경했던 시인 정지용이 그런 동주에게 말한다. "부끄러움을 아는 건 부끄러운 게 아니야. 부끄러움을 모르는 게 부끄러운 거지."

'부끄러움을 느낀다'는 감정의 영역을 넘어서 '부끄러움을 안다'는 이성의 영역으로 이어져야 한다고 <동주>는 역설한다. 부끄러움을 안다는 것은 옳고 그름을 분간할 수 있다는 뜻이고 모든 합리성은 여기서부터 출발한다. 우리는 동주의 삶에서 부끄러움의 방식을 배워야 한다. 부끄러워해야 할 사람들은 오히려 큰소리를 치고 수치나 모멸의 공격적 언어로 사태를 무마한다. 우리는 부끄러움 가운데서 스스로 부조리를 바라볼 수 있는 것이다.

위험사회를 살아가기 위한 신념을 제시한 울리히 벡의 충고가 더욱 절실해지는 상황이다. "새로운 것들에 대한 잘못된 집착을 버리고 아울러 전통의 풍부함을 간직하게 하면서 우리에게 쏟아지는 새로운 것들을 진정 새롭게 생각하고, 대처하며 살아갈 수 있는 용기와 지혜"가 우리에게 필요하다. 소모적인 갈등이 아니라 생산적인 갈등, 적대적 반목이 아닌 화해와 상생에 이르는 반대의견이 흐르는 시냇물처럼 굽이치지지만 수로(水路)를 이탈하지 않는 것처럼, 종국에는 대해에 이르러 한데 뒤섞이는 그 감동스러운 자연의 이치를 겸허히 배우는 지혜가 필요한 것이다.

결국 사람이 중요하다. 선한 의지의 말이다.

볼테르(Voltaire)의 모토, "나는 당신과 의견이 다르다. 하지만 당신의 견해가 억압받는다면 나는 당신의 표현의 자유를 위해 끝까지 싸우겠다." 이 말이 성립하려면 상식과 신뢰가 지배하는 세상이 되어야 할 것이다.

로버트 프로스트(Robert Frost)의 말대로 어느 길로 나아갈지, 언제나 답은 우리 자신(들)에게 있다.

숲속에 난 두 갈래 길 앞에서 망설였다.
그리고 결국 나는 사람들이 많이 다니지 않은 길을 택했다.
그리고 그것 때문에 모든 것이 달려졌다.
-로버트 프로스트, <가지 않은 길(The Road not Taken)> 중에서

참고문헌

강응만·김태룡(2013), <정책갈등의 요인과 해소전략>, ≪한국정책연구≫ 13(2), pp.137-154.

고경민(2010), <공공갈등의 예방과 민주적 갈등관리 프로세스: 제주 해군기지 건설과 영리병원 허용 갈등사례의 함의>, ≪분쟁해결연구≫ 8(2), pp.5-35.

고동현(2014), <온라인 신뢰 : SNS 시대 루머 확산의 문제와 대책>, 국민대통합 정책연구협의회 이슈보고서(vol. 2).

과학기술정책연구원 미래연구센터(2016), ≪인공지능, 4차 산업혁명 그리고 인간의 미래: 미래는 더 나아질 것인가≫, 한라시그마밸리.

김대환(1998), <돌진적 성장이 낳은 이중 위험사회>, ≪계간 사상≫(1998 가을), pp.26-45.

김동광(2002), <과학과 대중의 관계변화: 대중에 대한 인식 변화를 중심으로>, ≪과학기술학연구≫ 통권 제4호, 제2권 제2호, pp.1-24.

김석준·강인호·김정렬·강제상(2000), ≪거버넌스 연구≫, 대영문화사.

김석준·강인호·김정렬·강제상(2002), ≪거버넌스의 이해≫, 대영문화사.

김영욱(2002), ≪위기관리의 이해: 공중관계와 위기관리 커뮤니케이션≫, 책과 길.

김영욱(2006), 위험사회와 위험 커뮤니케이션: 위험에 대한 성찰과 커뮤니케이션의 필요성>, ≪커뮤니케이션 이론≫ 2(2), pp.192-232.

김영욱(2008), ≪위험, 위기 그리고 커뮤니케이션≫, 이화여자대학교 출판부.

김영평 외(1995), <한국인의 위험인지와 정책적 함의>, ≪한국행정학보≫ 29권 3호.

김원제(2003), <한국사회 위험의 특성과 치유>, ≪사회연구≫ 제5호, pp.169-196.

김원제(2006), <기업의 지속가능경영을 위한 위기관리 커뮤니케이션 연구>, ≪BSID 전략보고서≫, 대한상공회의소 지속가능경영원.

김원제(2015), <디지털미디어시대의 위험요소, 우리는 무엇을 준비해야 하는가?>, ≪문학사상≫ 5월호, pp.177-185.

김원제(2015), <기술문명이 잉태한 정신질환, 아이디스오더>, ≪시선과 시각≫ 한국대학출판협회 서평집, pp.16-21.

김원제·김찬원(2015), <디지털위험 관리조직에 대한 신뢰가 위험지각과 위험관리에 미치는 영향: 전문가 조사를 중심으로>, ≪한국인터넷정보학회지≫ 16권 4호, pp.83-91.

김원제·박성철(2016), ≪대한민국의 10대 잠재 리스크≫, 서울: 커뮤니케이션북스.

김유향·권순영(2011), <일본대지진과 재난대응 미디어로서 SNS의 가능성>, ≪이슈와 논점≫, p.214.

김재현(1994), <하버마스 사상의 형성과 발전>, ≪하버마스의 사상≫, 나남출판사.

김태오(1991), <J. Habermas의 의사소통적 합리성과 그 교육적 의미>, 경북대 박사논문.

김학성(1995), ≪산업사회와 위험사회≫, 황해문화.

김학수(1993), ≪한국 과학기술의 대중화정책 연구≫, 일진사.

김흥회(2011), <협력 거버넌스 모형의 구축과 적용: 경주 방폐장 선정 과정의 분석>, ≪정부학연구≫ 제17권 제2호, pp.143-182.

나태준(2006), <정책 인식 프레이밍 접근방식에 따른 갈등의 분석: 교육행정정보시스템 도입 사례를 중심으로>, ≪한국정책과학학회보≫ 10(4), pp.297-325.

나태준(2014), <국민대통합을 위한 환경분야 정책방향의 설정>, 국민대통합 정책연구협의회 이슈보고서 vol. 1.

노진철(2015), <세월호 참사와 한국 사회의 위기관리 현실>, 행복세상 2015 국가위기관리 정책토론회, 세월호 참사 1주기 추모 및 국가위기관리 시스템 개혁 발제문.

노진철(2004), <위험사회학: 위험과 사회의 관계에 대한 사회 이론화>, ≪경제화 사회≫(가을호), pp.98-123.

노진철(2004), <개입주의 국가의 강화: '압축적 근대화'의 신화로부터 위험사회의 성찰로>, ≪현상과 인식≫ 28(4), pp.141-167.

류현숙(2012), <스마트모바일 기술을 활용한 재난안전관리 민간역할 확대방안 연구>, 한국행정연구원 연구보고서.

류현숙(2012), <재난안전에서 소셜미디어 활용 현안과 과제>, ≪재난안전지≫, p.14.

류현숙, 홍승희, Mergel, I.(2012), <스마트모바일 기술을 활용한 재난안전관리 민간역할 확대 방안 연구>, KIPA 연구보고서.

미래창조과학부 미래준비위원회(2015), 미래이슈 분석보고서.

박상은(2015), <대형사고는 어떻게 반복되는가: 세월호 참사 이후 돌아본 대형사고의 역사와 교훈>, ≪사회운동≫.

박정호(2015), <갈등과정에서의 의사소통의 유형화에 관한 연구>, 한국행정연구원 연구보고서.

박정호(2014), <정부신뢰와 정부정책에 대한 국민들의 수용성>, 국민대통합 정책연구협의회 이슈보고서(vol. 2).

박준(2013), <한국 사회 갈등 현주소>, 전경련 제2차 국민대통합 심포지엄.

박태순(2007), <사회간접자본시설사업(SOC)의 사업유형별 갈등관리 모형구축 및 실무매뉴얼 작성연구>, 국토교통부 연구용역보고서, (사)사회갈등연구소.

박통희(1999), <신뢰의 개념에 대한 비판적 검토와 재구성>, ≪한국행정학보≫ 33(2), pp.1-17.

박희봉(2011), <정부신뢰와 소통 제고를 위한 Public Relations 시스템 구축(국정소통 증진을 위한 정부 PR 시스템 개선방안)>, 한국행정연구원 연구보고서.

삼성경제연구소(1996. 11), <기업의 위기관리: 실천적, 전략적 리스크 매니지먼트>, 연구보고서.

삼성경제연구소(1997. 5), <환경경영전략으로서의 환경위기관리 방안>, 연구보고서.

성균관대 SSK 위험커뮤니케이션연구단(2015), <2015 대한민국 안심지수 : 한국인의 안심수준 평가 보고>.

성균관대 SSK 위험커뮤니케이션연구단(2015. 5), <국내 항공사의 안심수준>.

성균관대 SSK 위험커뮤니케이션연구단(2015. 7), <국내 놀이공원의 안심수준>.

성균관대 SSK 위험커뮤니케이션연구단(2015. 9), <국내 학교급식(중·고등학교) 안심수준>.

성균관대 SSK 위험커뮤니케이션연구단(2015. 11), <국내 여객선의 안심수준>.

성균관대 SSK 위험커뮤니케이션연구단(2016), <2016 대한민국 안심지수: 한국인의 안심수준 평가 보고>.

성균관대 SSK 위험커뮤니케이션연구단(2016. 3), <북한 리스크에 대한 안심수준>.

성균관대 SSK 위험커뮤니케이션연구단(2016. 4), <신종 전염병 위험에 대한 안심수준>.

세월호참사 특별조사위원회(2016), <안전사회 실현과제 보고서>.

소영진(2000), <위험 의사소통의 제도화 방안>, 《사회과학》 51호, pp.27-63.

송해룡(2012), 《리스크 커뮤니케이션-미디어와 공론장》, 성균관대학교 출판부.

송해룡(2013), 《위험거버넌스와 리스크 커뮤니케이션》, 한국학술정보.

송해룡(2014), 《위험 사회와 위험 인식-리스크 커뮤니케이션의 갈등 구조》, 성균관대학교 출판부.

송해룡·김원제(2005), 《리스크 커뮤니케이션과 위험수용》, 커뮤니케이션북스.

송해룡·김원제·조항민(2008), 《리스크 커뮤니케이션과 위기관리 전략》, 한국학술정보.

송해룡·김원제(2012), <원전주변 지역주민의 위험지각이 위험태도와 위험수용에 미치는 영향>, 《한국콘텐츠학회지》 12권 6호, pp.238-248.

송해룡·김원제(2013), <원자력발전소에 대한 공중의 신뢰, 낙인과 낙관적 편향성이 위험인식에 미치는 효과>, 《한국콘텐츠학회지》 13권 3호, pp.162-173.

송해룡·김원제(2013), <자연재해에 대한 위험특성과 위험인식이 위험심각성에 미치는 효과>, 《한국콘텐츠학회지》 13권 4호, pp.198-207.

송해룡·김원제(2014), <자연에 대한 인식, 과학기술에 대한 인식, 위험인식 및 위험 심각성의 관계 : 생명공학기술을 중심으로>, 《한국위기관리논집》 10권 1호, pp.29-43.

송해룡·김원제(2014), <공중의 환경위험이슈에 대한 커뮤니케이션 행동 연구: 지구온난화 쟁점(상황)을 중심으로>, 《스피치와 커뮤니케이션》 23호, pp.273-309.

송해룡·김찬원·김원제(2013), <미디어의존과 미디어보도 태도에 대한 수용자의 신뢰성 연구: 원자력 기술을 중심으로>, 《정치커뮤니케이션연구》 29호, pp.115-147.

송해룡·김찬원·김원제(2014), <조류인플루엔자에 대한 공중의 위험관여도, 위험인식, 심각성 지각과 예방행동 의도의 관계>, 《한국위기관리논집》 10권 5호, pp.33-49.

송해룡·김찬원·김원제(2014), <사이버범죄에 대한 미디어의존과 위험 심각성 및 주관적 지식이 예방행동 의도에 미치는 영향>, 《한국위기관리논집》 10권 5호, pp.93-100.

송해룡·김찬원·김원제(2014), <공중의 사이버범죄 위험특성과 공포감이 결과적 심각성 지각에 미치는 영향>, 《정치커뮤니케이션연구》 32호, pp.129-156.

송해룡·김원제(2014), 《한국사회 위험특성과 한국인의 위험인식 스펙트럼》. 한국학술정보.

송해룡·김원제(2015), <다차원적 접근을 통한 원자력발전소에 대한 신뢰가 위험인식 및 위험수용에 미치는 효과>, 《정치커뮤니케이션연구》 통권 36호, pp.39-62.

송해룡·김원제·김찬원(2015), <공중의 원자력발전소에 대한 신뢰성, 위험인식, 효용성에 관한 연구>, 《한국위기관리논집》 제11권 제4호, pp.123-140.

송해룡·김원제·조항민·김찬원·박성철(2015), 《국내 실패사례에서 배우는 리스크 커뮤니케이션 전략》, 서울: 커뮤니케이션북스.

송해룡·김원제·조항민·김찬원·박성철(2015), 《해외 성공사례에서 배우는 리스크 커뮤니케이션 전략》, 서울: 커뮤니케이션북스.

송해룡·조항민·이윤경·김원제(2012), <리스크 커뮤니케이션 개념화, 구조분석 및 영역 설정에 관한 연구>, 《분쟁해결연구》 제10권 1호, pp.65-100.

송해룡·한스 페터 페터스(2001), ≪리스크 커뮤니케이션≫. 커뮤니케이션북스.

LG경제연구원(2006. 5), <리스크 관리 연착륙의 조건>, CEO REPORT.

LG경제연구원(2003, 3), <환경친화적 경영으로 기업 가치를 높이자>, ≪LG 주간경제≫ 718호.

원용진(2003), <위험사회와 커뮤니케이션>, ≪문화과학≫ 35호, pp.75-90.

유명순 외(2013), <유해물질 리스크커뮤니케이션 전략 이원화 방안: 초과민 반응 위해정보 와 대중적 무관심 위해정보 소통 심층 비교분석>, 식품의약품안전평가원.

유재웅(2010), ≪정부PR≫, 커뮤니케이션북스.

유현정(2008), <국민 안전권 확보를 위한 고찰>, ≪한국위기관리논집≫ 제4권 제2호, pp.1-15.

윤수재(2014), <시민참여를 통한 공공갈등관리의 실효성 제고 방안>, 한국행정연구원 이슈 페이퍼 통권 2014-09.

윤정현(2014), <한국의 극단적 재난사례: "만약 원전사고가 일어난다면?">, ≪Future Horizon: Summer 2014≫(제21호), pp.8-13.

윤종설(2013), <민주적 갈등관리를 위한 주민의 참여와 대표성 확보방안>, 한국행정연구원 연구보고서.

윤태범·장현주(2007), <사회투자정책 추진을 위한 거버넌스 구조>, 사회투자정책 심포지움 발표자료.

윤태범.(1999), <부패방지를 위한 정부의 역할 및 활동방향>, 한국행정학회 특별세미나.

이도석(2014), <뉴미디어 환경에서의 위험인식 변화와 위험증폭>, 국민대통합 정책연구협의 회 이슈보고서(vol. 3).

이동연(2014), <세월호 참사와 한국 재난 자본주의의 불편한 진실>, ≪세월호 대참사와 재 난 안전 문제에 대한 심층 토론회 자료집≫.

이민규(2014), 건전한 SNS 소통방법을 위한 제언, 정책브리핑(www.korea.kr).

이민호(2013), <사회적 소통 제고를 위한 국정 PR시스템 구축 및 운영방안: 거버넌스 및 소 통 메커니즘을 중심으로>, 한국행정연구원 연구보고서.

이상팔(1995), <지역주민의 위험정책 수용에 관한 연구>, 고려대 박사논문.

이완수(2014), <세월호 참사 보도의 교훈과 대안- '뉴스의 비극적 드라마화'로 사건 본질 놓 쳐>, ≪신문과 방송≫ 2014년 6월호, pp.6-9.

이영희 (2010), <핵폐기물 관리체제의 국제비교: 기술관료적 패러다임 대 과학기술사회론적 패러다임>, ≪경제와 사회≫ 통권 제85호, pp.67-92.

이영희(2010), <참여적 위험거버넌스의 논리와 실천>, ≪동향과 전망≫ 79호, pp.281-314.

이영희(2014), <사회적 대응력 향상을 위한 재난 시티즌십>, ≪Future Horizon: Summer 2014≫(제21호), pp.17-19.

이영희(2014), <재난관리, 재난거버넌스, 재난시티즌십>, ≪경제와 사회≫ 제104호, pp.56-80.

이재열(1998), <대형사고와 위험: 일상화된 비정상성>, ≪계간 사상≫ 가을호.

이재은(2015), <세월호 참사를 통해 본 국가위기관리 시스템의 혁신 방안>, 행복세상 2015 국가위기관리 정책토론회, 세월호 참사 1주기 추모 및 국가위기관리 시스템 개혁 발 제문.

임재춘(1998. 7), <원자력안전과 국민이해 추진방향>, 국회환경포럼, 시민참여를 통한 원전 안전규제에 대한 토론회 발표문.

임현진·이재열(2005), <한국사회의 역동적 전환: 위험사회에서 안전사회로>, 광복60년 기 념 4차 종합학술포럼 발제문.

임현진 등(1997), <신체적, 심리적 안전과 삶의 질>, ≪한국인구학≫ 20(1), pp.161-199.

전주상(2000), <비선호시설 입지갈등요인에 관한 연구: 노원·목동·강남 쓰레기소각장 건설사례의 비교분석>, ≪한국사회와 행정연구≫ 11(2), pp.275-295.

정근모·이공래(2001), <과학기술 위험과 통제시스템>, 한국과학기술정책연구원.

정무권(2012), <위험사회론과 사회적 위험의 역동성>, ≪한국사회와 행정연구≫ 33(2), pp.195-224.

정유선(2014), <재난 거버넌스와 국가-사회 관계: 대만 921 지진의 사례>, ≪아세아연구≫ 57(2), pp.7-46.

정정화(2014), <원전시설 갈등의 문제점과 해소방안>, 제3회 갈등관리 포럼 (국책사업 추진을 둘러싼 갈등과 정부의 과제) 자료집.

정지범(2009), ≪행정연구원 사회위험·안전관리 연구총서: 국가종합위기관리≫, 법문사.

정지범(2013), <재난상황에서 발생하는 갈등의 현황과 대응 전략 마련>, 한국행정연구원 연구보고서.

진실의 힘 세월호 기록팀(2016), ≪세월호, 그날의 기록≫, 진실의 힘.

차재필(2011), <사회위험 전망과 스마트 안전관리>, ≪IT 정책연구시리즈≫, 한국정보화진흥원.

최남희(2015), <재난사회의 사회적 자본과 공동체>, ≪재난안전≫(봄호) 제17권 1호, pp.109-115.

최성욱(2007), <지역사회와 위험거버넌스 구축: 여수 국가산업단지 사례를 중심으로>, ≪지방정부연구≫ 10(4), pp.237-259.

최흥석(2014), <국민의 정부 불신 원인분석>, 갈등관리포럼·한국갈등학회 공동 세미나 발제자료.

하연섭(2014), <위험사회에 대응하는 정부개혁의 방향>, 국민대통합 정책연구협의회 이슈보고서.

한국과학기술학회(2015), ≪과학기술학의 세계: 과학기술 사회를 이해하기≫, 서울: 휴먼사이언스.

한국보건사회연구원(2014), <사회갈등 지수 국제비교 및 경제성장에 미치는 영향>, 연구보고서.

한국정보화진흥원(2011), <재난안전 부문의 소셜미디어 활용 선진사례 연구>.

한국정보화진흥원(2011), <소셜미디어 부작용 유형 분석 및 대응방향>, ≪IT 정책연구시리즈≫.

한국정보화진흥원(2012), <IT 역기능의 新유형 분석과 대응방향>, ≪정책연구≫ 20, pp.12-16.

한국정보화진흥원(2012), <소셜시대의 참여민주주의>, ≪정보문화이슈≫, pp.12-03.

한국정보화진흥원(2014), < '잊힐 권리' 관련 유럽사법재판소 판결 분석 및 시사점>, ≪정보화 법제연구≫ 제3호.

한국인터넷진흥원(2012), < '잊혀질 권리'의 국내 제도 도입 반영 방안 연구>, 연구보고서.

한상진(1998), <위험사회에 대한 동·서양의 성찰: 유교의 잠재력은 남아 있는가>, ≪계간 사상≫ 봄호, pp.94-119.

한상진(1998), <왜 위험사회인가?: 한국사회의 자기반성>, ≪계간 사상≫ 가을호, pp.3-25.

한상진(2009), <소통사회학의 도전과 과제: 민본21기획>, ≪2009년 한국사회학회 전기사회학대회 논문집≫, pp.455-476.

홍성만(2014), <참여적 의사결정 이해와 실제>, 소통갈등관리교육표준안. 국민대통합위원회.

황상재(2011), <정부신뢰와 소통 제고를 위한 Public Relations 시스템 구축(정부와 언론 간 소통 증진을 위한 PR 시스템 개선 방안)>, 한국행정연구원 연구보고서.

황성욱·문빛·이종혁(2014), <지방자치단체 공공소통 평가모형에 관한 연구>, ≪한국언론학보≫ 58권 5호, pp.255-285.

행정자치부(2010), <안전지수 개발 및 안전문화진흥원 설립에 관한 연구>.

현대경제연구원(2004. 6), <지속가능 경영의 개념과 시사점>, ≪경제주평≫.

홍성태(2007), ≪대한민국 위험사회≫, 당대.

Adam, B., Beck, U., and Loon, J. V.(2000), *The Risk Society and Beyond*, London: Sage Publications Ltd.

Agranoff, Robert, and Michael McGuire.(1998), "Multinetwork Management: Collaboration and the Hollow State in Local Economic Policy", *Journal of Public Administration Research and Theory 8(1)*, pp.67-91.

Airmic(2002), "Risk Management Standard", ALARM, IRM.

Augustine, N.R.(1995), "Managing the crisis you tried to prevent", *Harvard Business Review 73(6)*, pp.147-158.

Barton, R. A.(1983), *Behavior in organizations: Understanding and managing the human side of work*, Boston: Allyn&Bacon.

Beck(1992), *Risk Society*, London: SAGE; 홍성태 역(1997), ≪위험사회≫, 새물결.

Bennet, P.(2001), "Understanding responses to risk", in Bennet, P., and Calman, K.(ed), *Risk communication and public health*, Oxford medical publications.

Benoit, W. L.(1995), *Accounts, excuses, and apologies: A theory of image restoration strategies*, NY: State university of New York press.

Bernstein, Peter L.(2008), 안진환 역(2008), ≪위험, 기회, 미래가 공존하는 리스크≫, 한국경제신문사.

Burke, K.(1973), *The philosophy of literary form: Studies in symbolic action*, CA: University of California press.

CERC(2012), "BE FIRST. BE RIGHT. BE CREDIBLE.: Crisis Emergency Risk Communication."

Cha, Y. J.(2000), "Risk Perception in Korea: A Comparison with Japan&the United States", *Journal of Risk Research 3*, pp.321-332.

Collins, H. M.(1987), "Certainty and the Public Understanding of Science: Science on Television", *Social Studies of Science* 17.

Comfort, Louise K.(2005), "RISK, SECURITY, AND DISASTER MANAGEMENT", *Annual Review of Political Science 8*, pp.335-356.

Coombs, W. T(2001), "Designing post-crisis messages: Lessons for crisis response strategies", *Review of business 21(3)*, pp.37-49.

Coombs, T.(1999), *Ongoing crisis communication: Planing, Managing, and Responding*, Sage publications. Inc, 이현우 역(2001), ≪위기관리 커뮤니케이션≫, 커뮤니케이션북스.

Covello, V., von Winterfeldt, and Slovic, P.(1986), "Risk Communication: A Review of the Literature", *Risk Abstracts 3*.

Cutter(1993), *Living with Risk: The Geography of Technological Hazards*, Edwards arnold.

Drennan, L. T. and McConnell, A.(2007), *Risk and Crisis Management in the Public Sector*, Routledge: London.

Environmental Protection Agency(1988), *Seven Cardinal Rule of Risk Communication*, Washington.

Fearn-Banks, K.(1996), *Crisis communication: A casebook approach*, Mahwah, NJ: Lawrence Erlbaum Associates.

Fink, S.(1986), *Crisis management: Planning for the inevitable*, NY: AMACOM.

Flynn, J., Slovic, P., and Kunreuther, H.(eds. 2001), *Risk, Media and Stigma*, UK; Earthscan Publications Ltd.

Gerrard, S.(2001), "Learning from experience: the need for systematic evaluation methods", in Bennet, P. and Calman, K.(ed), *Risk communication and public health*, Oxford medical publications.

Gibson, James L(2006), "Enigmas of Intolerance: Fifty Years after Stouffer's Communism, Conformity, and Civil Liberties", *Perspectives on Politics 4-1*, pp.21-34.

Giddens, A.(1994), *The Consequence of Modernity*, Stanford: Stanford University Press

Gonzalez-Herrero, A.,&Pratt, C. B.(1995), "How to manage a crisis before or whenever-it hits", *Public Relations Quarterly 40*, pp.25-30.

Gregory, J. and Miller, S.(1998), *Science in Public: Communication, Culture and Credibility*, NY: Plenum.

Green, E., Short, S. D., Raquel Duarte-Davidson, and Levy, L. S.(2001), "Public and professional perceptions of environmental and health risks", in Bennet, P. and Calman, K.(ed), *Risk communication and public health*, Oxford medical publications.

Guth, D. and Alloway, G.(2008), "Untapped Potential: Evaluating State Emergency Management Agency."

Habermas, J.; 한상진(1996), ≪현대성의 새로운 지평≫, 나남신서.

Habermas, J.(1984), *The Theory of Communicative Action Ⅰ-Reason and the Rationalization of Society*, trans by T. McCarthy, Boston: Beacon Press.

Habermas, J.(1996), *Between fact and norms: Contributions to a discourse theory of law and democracy*. Cambridge, MA: MIT Press.

Helene Joffe(1999), *Risk and 'The Other'*, Cambridge University Press.

Hjorth, L. and Arnold, M.(2011), "The personal and the political: Social networking in Manila", *International Journal of Learning and Media 3(1)*.

Hobbs, J.D.(1995), "Treachery by any other name: A case study of the Toshiba public relations crisis", *Management Communication Quarterly 8*, pp.323-346.

Hofer, C. W.&Schnel, D. E.(1978), *Strategy formulation: Analytical concepts*, Paul, Min, West.

Hutter, Bridget M.(2006), "Risk, Regulation, and Management", in Peter Taylor-Gooby and Jens O. Zinn (eds.), NY: Oxford University Press, *Risk in Social Science*, pp.202-227.

Irwin, A.(1997), *Citizen Science*, London: Routledge.

Jenster, P. V.(1987), "Using critical success factors in planning", *Long range planning 20(4)*, pp.102-109.

Jerome, Fred(1986. 4), "Check it out, Journalists communicating about risk", *Technology Society*.

John R. Durant, Geoffrey A. Evans and Geoffrey P. Thomas(1989), "The Public Understanding of Science", *Nature July*.

Jones, D. K. C(1993), "Environmental hazards in the 1960s", *Geography 78(339)*, pp.161-165.

Keeney, Ralph L.&Detlopvon Winterfeldt(1986. 4), "Improving risk communication", *Risk Analysis*.

Krimsky, S.&D. Golding eds.(1992), *Social Theories of Risk*, London: Praeger.

Laad, G and Lewis, G.(2012), "Role of social media in crisis communication."

Lasorsa, D.(1989), "Real and Perceived Effects of 'Amerika'", *Journalism Quarterly* 66(2).

Leidecker, J. K.&Bruno, A. V.(1984), "Identifing and using critical success factors", *Long range planning 17(1)*, pp.23-32.

Lerbugner, Otto.(1997), *The crisis manager: Facing risk and responsibility*, Mahwah, NJ: Lawrence Erlbaum Associates.

Leesa Lin, L., Savoia, E., Agboola F., and Viswanath K.(2014), "What have we learned about communication inequalities during the H1N1 pandemic: a systematic review of the literature", *BMC Public Health 2014-14*, p.484 http://www.biomedcentral.com/1471-2458/14/484

Littlejohn, R. F.(1983), *Crisis Management: A team approach*, NY: AMA Publications.

Marcus, A.A,&Goodman, R.S.(1991), "Victims and shareholders: The dilemmas of presenting corporate policy during a crisis", *Academy of Management Journal 34*, pp.281-305.

Marra, F. J.(1992), "Crisis public relations: A theoretical model. Doctoral dissertation not published", University of Maryland, College Park, MA.

McAuley, E, Duncan, T.E,&Russell, D.W.(1992), "Measuring causal attributions: The revised causal dimensions scale", *Personality and Social Psychology Bulletin 18*, pp.566-573.

McLauglin. M.L., Cody, M.J.,&O'Hair, H.D.(1983), "The management of failure events: Some contextual determinants of accounting behavior", *Human Communication Research* 9, pp.208-224.

Mileti, D. S., and Fitzpatrick, C.(1991), "Communication of Public Risk; Its Theory and its Application", *Social Practice Review vol 2*.

Millstone, Erik.(2009), "Science, Risk and Governance: Radical Rhetorics and Realities of Reform in Food Safety Governance", *Research Policy 38*, pp.624-636.

Minogue, K.(1998), *The Silencing of Society: The True Cost of the Lust for News*, London: Social Affairs Unit.

Mishra, A. K.(1996), "Organizational Responses to Crisis: The Centrality of Trust", R. M.

Kramer and T. R. Tyler. (eds), *Trust in Organizations: Frontiers of Theory and Research*, Newbury Park, CA: Sage.

Mitroff, I. I., and Anagnos, G.(2001), *Managing crises before they happen: What every executive and manager needs to know about crisis management.* NY: AMACOM.

Mitroff, I. I., and Pearson, C. M.(1993), *Crisis Management: A diagnostic guide for improving your organization's crisis-preparedness.* San Francisco, CA: Jossey-Bass Publishers.

Moore, Christopher W.(2003), *The Mediation Process: Practical Strategies for Resolving Conflict*, 3rd Ed, San Francisco: Jossey-Bass.

O'Hair, D. H., McLaughun, M. L. and Cody, M. J.(1983), "The management of failure events: Some contextual determinants of accounting behavior", *Human communication research 9(3)*, pp.208-224.

Ortwin Renn(2008), "Risk Communication-An integral part of chemical regulation under REACH." SETAC 2008(Brussels).

Palen, L., Vieweg, S., Sutton, J., Liu, S. and Hughes, A.(2007), "Crisis Informatics: Studying Crisis in a Networked World", Paper presented at the Third International Conference on e-Social Science, Ann Arbor Michigan. http://ess.si.umich.edu/papers/ paper172.pdf

Pauchant, T.C.,&Mitroff, I.I.(1992), *Transforming the crisis-prone organization: Preventing individual, organizational, and environmental tragedies.* San Francisco: Jossey-Bass.

Peter O'Neill.(2004), "Developing A Risk Communication Model to Encourage Community Safety from Natural Hazards", SES Com Safety Program 4 04.doc.

Pidgeon, N., Henwood, K., and Maguire, B.(2001), "Public health communication and the social amplication of risks: present knowledge and future prospects", in Bennet, P. and Calman, K.(eds), *Risk communication and public health*, Oxford medical publications.

Putnam, Robert.(1993), *Making Democracy Work: Civic Traditions in Modern Italy*, Princeton: Princeton University Press.

Rand, P. and Rodriguez, G.(2007), "Relating to the Public: The Evolving Role of Public Relations in the Age of Social Media", Council of Public Relations Firms.

Reynolds, Barbara J.(2010), "Building trust through Social Media-CDC's experience during the H1N1 influenza response", *MHS Spring*.

Rockart, J. F.&Scott Morton, M. S.(1984), "Implications of Changes in Information Technology for Corporate Strategy", *Interfaces 14(1)*, pp.84-95.

Rousseau, D. M., S. B. Sitkin, R. S. Burt, and C. Camerer.(1998), "Not So Different after All: A Cross-Discipline View of Trust", *Academy of Management Review 23(3)*, pp.393-404.

Schmidt, Vivien A.(2001), "Discourse and the Legitimation of Economic and Social Policy Change in Europe", in Steven Weber (ed.), NY: Columbia University Press, *Globalization and the European Political Economy*, pp.229-72.

Schmidt, Vivien A.(2002), *The Futures of European Capitalism*, pp.209-256. NY: Oxford

University Press.

Schmidt, Vivien A. and Radaelli, Claudio M.(2004), "Policy Change and Discourse in Europe: Conceptual and Methodological Issues", *West European Politics 27(2)*, pp.183-210.

Scott, A.(2000), "Risk Society or Angst Society?", in Adam, B., Beck, U., and Loon, J. V.(2000), *The Risk Society and Beyond: Critical Issues for Social Theory*, London: Sage Publications Ltd.

Siegrist, M. and G. Cvetkovich.(2000), "Perception of Hazards: The Role of Social Trust and Knowledge", *Risk Analysis 20(5)*, pp.713-719.

Singer, E&Endreny, P. M.(1993), *Reporting on Risk*, Russel Sage Foundation; 송해룡 역 (2003), ≪위험보도론≫, 커뮤니케이션북스.

Siomkos, G.,&Shrivastava, P.(1993), "Responding to product liability crises", *Long Range Planning 26(5)*, pp.72-79.

Slovic(1987), "Perception of risk", *Science*, p.236.

Stephenson W. and Bonabeau, E.(2007), "Expecting the Unexpected: The Need for a Networked Terrorism and Disaster Response Strategy", *Homeland Security Affairs* 3(1).

Sturges, D. L.(1994), "Communication through crisis: A strategy for organizational survival", *Management Communication Quarterly 7(3)*, pp.297-316.

Taig, T.(2001), "Risk communication in government and the private sector: wider observations", in Bennet, P. and Calman, K.(eds), *Risk communication and public health*. Oxford medical publications.

Thomas P. Hughes(1983), *Networks of Power: Electrification in Western Society*, Baltimore.

Tyler, L.(1997), "Liability means never being able to say you're sorry: Corporate guilt, legal constraints, and defensiveness in corporate communication", *Management Communication Quarterly 11*, pp.51-73.

UNDP(1997), "Corruption and Good Government."

Veil, S. and Buehner, T.(2011), "Work-In-Process Literature Review: Incorporating Social Media in Risk and Crisis Communication", *Journal of Contingencies and Crisis Management 19(2)*, pp.110–122.

Walter Reese-Schäfer; 선우현(1998), ≪하버마스-철학과 사회이론≫, 거름.

Walzer, M.(1998), *Spheres of Justice*, Perseus Books.

Ware, B. L. and Linkugel, W. A.(1973), "They spoke in defense of themselves: On the generic criticism of apologia", *Quarterly journal of speech 59*, pp.273-283.

Waters, R., Burnett, E., Lamm, A. and Lucas, J.(2009), "Engaging stakeholders through social networking: How nonprofit organizations are using Facebook", *Public Relations Review 35*, pp.102-106.

White, C., Plotnick, L., Kushma, J. and Hiltz, S.(2009), "An online social network for emergency management", *International Journal of Emergency Management 6(3)*, pp.369-382.

World Economic Forum(2015), *Global Risks 2015: 10th Edition.*

William, Adams C.(1992-1993), "The Role of Media Relation in Risk Communication", *Public Relation Quarterly 37(Winter)*.

Wynne, B.(1992), "Risk and Social Learning: Reification to Engagement", in Krimsky, S.&D. Golding eds., London: Praeger, *Social Theories of Risk*, pp.275-297.

Yi, M.(2012), "Social Media and Risk Communication: The Role of Social Networking Sites in Food-safety Communication."

강인규, <세월호가 '사고'라는 당신이 되새길 청와대의 기막힌 주문>, 오마이뉴스(2016. 4. 20).

강찬호, <가습기 살균제, 세월호, 메르스 사건의 공통점은?>, 프레시안(2015. 7. 14).

고승혁, <촛불로 엄지로... 시민 곁으로 정치가 왔다>, 국민일보(2017. 1. 2).

권경우, <위험사회와 안전사회>, 교수신문(2014. 6. 24).

권오성, <컴퓨터·스마트폰 연 1697시간 사용, 내 정보는 안전할까>, 한겨레신문(2015. 3. 17).

권태호, <느리고 불편해야 선진국이다>, 한겨레신문(2016. 5. 12).

김누리, <방관사회>, 한겨레신문(2014. 8. 18).

김선주, <희망도 슬프다>, 한겨레신문(2016. 4. 6).

김윤철, <혁명의 의미>, 경향신문(2017. 1. 3).

김인숙, <봄날, 기억해야 할 것들>, 경향신문(2016. 4. 7).

김종철, <삼척주민투표, 국민주권, 개헌>, 한겨레신문(2014. 11. 7).

김준현, < '비밀주의' 뒤로 숨은 메르스 보도>, 기자협회보(2015. 7. 1), http://www.journalist.or.kr/news/article.html?no=36848

김현정, <세월호 참사는 나에게 무엇이었나-끝날 때까지 끝난 게 아니다>, PD저널(2014. 7. 21).

노정태, <메르스 '괴담'을 조장하는 것은 정부다>, 허핑턴포스트(2015. 6. 2), http://www.huffingtonpost.kr/jeongtae-roh/story_b_7490630.html

노현웅, <제도정치의 실패가 '광장 민주주의' 불렀다>, 한겨레신문(2016. 12. 21).

민경배, <[비상식의 사회] 각자도생을 뛰어넘은 지혜로운 집단지성>, 주간경향 1132호(2015. 6. 3), http://weekly.khan.co.kr/khnm.html?mode=view&code=115&art_id=201506231024451

민주언론시민연합, <세월호 참사 2주기, '광화문 농성'이 부끄럽다는 조선>, 보도자료(2016. 4. 20).

박병률, <전문가 상실의 시대>, 한겨레신문(2014. 8. 1).

박유경, <부자의 메르스 vs. 빈민의 메르스, 다르다!>, 프레시안(2015. 7. 2), http://www.pressian.com/news/article.html?no=127765

박형신, <한국사회 분열의 감정적 원천은 공포 전가 전략이다>, 교수신문(2016. 1. 19).

박효재, <컴퓨터 바이러스 장난에서 시작...국가안보까지 위협>, 경향신문(2016. 1. 18).

소영현, <관심병사와 안전하지 않다는 감각>, 교수신문(2014. 7. 3).

서태욱·김희래, < "부자들은 부패" "없는 자들 깽판"...계층 간 혐오 극심>, 매일경제(2016. 2. 26).

성한표, <언론은 왜 옥시만 때리나?>, 한겨레신문(2016. 5. 2).

소준섭, <이제 그만 멈추라. 거부하고 저항하라>, 프레시안(2014. 8. 25).

시민건강증진연구소, <메르스 괴담, 왜 시민은 정부를 못 믿나?>, 프레시안(2015. 6. 1), http://www.pressian.com/news/article.html?no=126828

시민건강증진연구소, <메르스, 담뱃값, 영리 병원의 공통점은?>, 프레시안(2015. 12. 28),

http://www.pressian.com/news/article.html?no=132074

신승환, <[민교협의 정치시평] 성찰적 지성이 절실히 필요하다>, 프레시안(2016. 1. 15).

심재율, <알파고가 남긴 질문 '인간이란?'>, 사이언스타임즈(2016. 3. 16).

안종주, <<먹거리 X파일> 이영돈은 틀렸다>, 프레시안(2013. 11. 21).

안종주, < "박근혜는 '불통 바이러스' 슈퍼 전파자">, 프레시안(2015. 6. 9),
　　　　http://www.pressian.com/news/article.html?no=127105

안종주, < '메르스'를 '케르스'로 만든 박근혜, 불안하다>, 프레시안(2015. 6. 1),
　　　　http://www.pressian.com/news/article.html?no=126846

엄기호, <시민을 '악마'로 만드는 국가>, 경향신문(2015. 6. 8),
　　　　http://news.khan.co.kr/kh_news/khan_art_view.html?artid=201506082039435&code=
　　　　990100

엄주웅, <세월호 이후, 언론참사는 현재 진행형이다>, e-시민과 언론(2015. 5. 22).

유경현, <원전을 불안하게 생각하는 진짜 이유>, PD저널(2015. 3. 31).

윤현, <96명 사망 참사... 법원, 27년 만에 "사고 아닌 국가 잘못">, 오마이뉴스(2015. 4. 27),
　　　　http://www.ohmynews.com/NWS_Web/View/at_pg.aspx?CNTN_CD=A0002204639
　　　　&PAGE_CD=ET001&BLCK_NO=1&CMPT_CD=T0016

이나영, <촛불세대에게 배워라>, 경향신문(2017. 1. 1).

이대근, <우리는 이렇게 살 이유가 없다>, 한겨레신문(2015. 11. 24).

이중원, <위험거버넌스와 소통>, 경향신문(2012. 9. 16).

이호중, <기억을 넘어서: 거짓의 역사에 대한 기억의 저항>, 경향신문(2016. 4. 14).

이호중, <인공지능, 그리고 인권>, 경향신문(2016. 4. 26).

이효상, <군대문화·갑질·여성혐오...정치·조직·일상에 만연한 '미개'>, 경향신문(2016. 3. 22).

장준호, <위험사회, 이젠 멈춰서 성찰하라>, 경향신문(2014. 5. 7).

전규찬, <세월호 참사와 한국언론, '기레기' 환멸의 끝은 있을까?>, 미디어스(2014. 7. 24).

정영인, <특별한 위험사회>, 리더스 경제신문(2014. 6. 1).

정용인, <IS는 왜 잔혹한 참수영상에 집착하는가>, 주간경향 1153호(2015. 12. 1),
　　　　http://weekly.khan.co.kr/khnm.html?mode=view&code=117&art_id=201511241434411

정유진, <일반 '온난화 불신론' 드러난 배후>, 한겨레신문(2015. 3. 23).

정윤수, <충격! 느낌표를 붙여야 할 사건>, 경향신문(2016. 3. 10),
　　　　http://news.khan.co.kr/kh_news/khan_art_view.html?artid=201603092118455&code=
　　　　990304

조성하, <위험사회>, 당당뉴스(2014. 5. 8).

최민, <세월호 참사이후 한국사회 안전은 어디로 가고 있는가?>, 한국노동안전보건연구소,
　　　　≪일터≫ 통권 147호(2016. 4).

하승수, <폭염, 여섯 번째 대멸종의 위기 징후?>, 프레시안(2014. 7. 12).

한겨레신문, <[사설] 정부에 대한 이 불신과 갈등을 어떻게 해소할 건가>, 한겨레신문(2015.
　　　　12. 23).

한국기자협회 편집위원회, <세월호 기억하겠다던 약속, 어디로 갔나>, 기자협회보(2016. 4. 13).

한영익 외, <정권 폭력·공포에 맞선 1987년... 정치적 무관심 반성한 2016년>, 중앙일보
　　　　(2017. 1. 9).

홍찬숙, <[공감] 위험은 셀프?>, 경향신문(2016. 5. 17).

김원제

(주)유플러스연구소 연구소장(대표이사), 성균관대학교 겸임교수다. 중앙대학교에서 언론학 석사학위를, 성균관대학교에서 언론학 박사학위를 받았다.

저서로 ≪미디어스포츠 사회학≫(2016 개정판), ≪대한민국의 10대 잠재 리스크≫(공저, 2016), ≪한국 실패 사례에서 배우는 리스크 커뮤니케이션 전략≫(공저, 2015), ≪해외 성공 사례에서 배우는 리스크 커뮤니케이션 전략≫(공저, 2015), ≪미디어 콘텐츠, 창조기획과 스마트비즈니스≫(공저, 2015), ≪한국사회 위험특성과 한국인의 위험인식 스펙트럼≫(공저, 2014), ≪위험 커뮤니케이션의 이론과 실제≫(공저, 2013, 문화체육관광부 우수학술도서), ≪구텐베르크의 귀환≫(공저, 2012, 문화체육관광부 우수학술도서), ≪스마트 미디어 콘텐츠 인사이트≫(공저, 2011), ≪전자책 빅뱅≫(공저, 2010), ≪콘텐츠 실크로드 미디어 오디세이≫(2009, 문화체육관광부 우수교양도서), ≪위험 인지와 위험 커뮤니케이션≫(공저, 2009), ≪리스크 커뮤니케이션과 위기관리 전략≫(공저, 2008), ≪디지털미디어 길라잡이≫(공저, 2007), ≪퓨전 테크 그리고 퓨전 비즈≫(2007, 문화체육관광부 우수교양도서), ≪위험보도≫(공저, 2006), ≪스포츠코리아≫(2006), ≪문화콘텐츠 블루오션≫(공저, 2005) 등이 있다.

위험사회를 넘어,
안심사회의 조건

'위험사회 한국'의 소통현실 성찰
그리고 '안전국가-안심사회'를 위한 과제

초판인쇄 2017년 5월 22일
초판발행 2017년 5월 22일

지은이 김원제
펴낸이 채종준
펴낸곳 한국학술정보㈜
주소 경기도 파주시 회동길 230(문발동)
전화 031) 908-3181(대표)
팩스 031) 908-3189
홈페이지 http://ebook.kstudy.com
전자우편 출판사업부 publish@kstudy.com
등록 제일산-115호(2000. 6. 19)

ISBN 978-89-268-7920-7 93070